看護医療学校受験

オープンセサミシリーズ 参考書 ①

国　語

平成30年告示 学習指導要領対応

東京アカデミー｜編

東京アカデミー七賢出版

はじめに

オープンセサミ・シリーズは、看護・医療系学校入試に完璧に対応できるよう、入試問題を分析し作成した看護・医療系専用の参考書です。豊富な問題演習と分かりやすく丁寧な解説により、繰り返し学習することによって、基礎を確実に固めながら、同時に自然に入試傾向をつかむことができるよう構成されています。

あなたがこのシリーズを十分に活用し、目的を達成されることを念願します。

東京アカデミー看護医療試験研究室スタッフ一同

■本書の特色と利用法■

◆本書の内容・構成は次の通りです。

① 全体が現代文・口語文法・古文・文学史・漢字の五分野からなっています。

② 現代文・古文は、基礎編・読解編・問題演習に分かれていて、一つ一つ段階を踏んで着実に実力を養うことができます。

●基礎編では、現代文なら指示語・空欄補充など、設問の種類ごとの解法を、古文なら語彙や文法事項を、というように、文章を読み問題を解くための基本事項を整理して習得できます。

●読解編では、現代文・古文とも、随筆・小説など、文章の種類ごとに内容を理解する訓練ができます。

●問題演習では、実力を計ることができます。A～Cは難度を示します。A基本問題、B標準問題、C応用問題を示します。

③ 口語文法では、基本事項が整理されており、確認問題で習得の度合いを計ることができます。

④ 文学史・漢字では、過去の入試問題をもとに必須事項が整理されています。

◆この本を使うに当たって、ぜひ次のことに注意して下さい。

① 現代文・古文では、要所要所に導入部があり、有用な事項が詳しく述べられています。問題が解けなかったとき、間違えたときには、導入部に立ち返って、理解を確かなものにしましょう。

② 例題には解説がありますが、一通り自分で解いてから解説を読みましょう。また、練習問題や確

認問題にもヒントがついていますが、自力で解けないときや文意がとりにくいときにだけ参照するようにしましょう。自力で問題を解くからこそ、自分がどの程度わかっているかが自覚できます。その上で解説を読めば、自分がどういう点をわかっていなかったかがより明確になります。

目次

■現代文基礎編

第1章　指示語……2
例題　『現代における科学と人間』　朝永振一郎……4
練習　『感想㈠』　小林秀雄……6
第2章　空欄補充……8
例題　『ジャーナリズムの思想』　原　寿雄……10
練習1　『波』　山本有三……12
2　『目玉と脳の大冒険』　荒俣　宏……13
第3章　段落分け……14
例題　『源氏物語の世界』　中村真一郎……16
練習　『おふくろの筆法』　三浦哲郎……18
第4章　要旨・主題……20
例題　『人はなぜ旅に出るのか』　島内景二……22
練習1　『わたしの絵本体験』　松居　友……24
2　『日本の心』　唐木順三……25
第5章　修辞法……28
例題　『小さき者へ』　有島武郎……30
練習　『旅愁』　横光利一……32

□現代文読解編

第1章　評論文の読解……36
例題　『室町記』　山崎正和……38
練習1　『日本語　表と裏』　森本哲郎……41
2　『子どもと自然』　河合雅雄……44
第2章　小説の読解……48
例題1　『黒子の刻印』　山田詠美……50
2　『戯作三昧』　芥川龍之介……53
練習1　『道草』　夏目漱石……56
2　『赤蛙』　島木健作……59
3　『海と毒薬』　遠藤周作……62
第3章　随筆の読解……66
例題1　『獏の食べのこし』　中島らも……68
2　『花嫁』　石垣りん……71
練習1　『公園通りの午後』　渡辺淳一……74
2　『大和路・信濃路』　堀　辰雄……77
第4章　詩の読解……80
例題1　「富士山（作品第四）」　草野心平……82
2　「ぼろぼろな駝鳥」　高村光太郎……84
練習　詩と鑑賞文　吉田精一の文章による……86

第5章　短歌・俳句の鑑賞……88
例題1　短歌……92
2　俳句……95
練習1　短歌……98
2　俳句　山本健吉の文章による……100
問題演習……102
■口語文法……159
□古文基礎編
基礎からの古文……178
第1章　歴史的かなづかい……180
第2章　助動詞……182
第3章　助詞……192
第4章　紛らわしい語の識別……208
第5章　敬語……218
第6章　重要語・古文常識語……224
第7章　修辞法……234
■古文読解編
古文読解の実践……240
第1章　物語
例題1『宇治拾遺物語』……242
2『伊勢物語』……246
練習1『古今著聞集』……250
2『大和物語』……253
第2章　随筆・日記
例題1　清少納言『枕草子』……256
2　菅原孝標女『更級日記』……260
練習1　兼好法師『徒然草』……264
2　紀　貫之『土佐日記』……267
第3章　和歌・俳句
例題1　和歌……270
2　俳句……274
問題演習……278
□文学史……289
■漢字……313
□解答……331

現代文
基礎編

第1章　指示語

ここで学ぶこと

この章では、指示語の指示内容を問う問題の解き方を学習する。指示語の指す内容は、前に書かれている場合が圧倒的に多い。したがって、指示語の前を探すのが原則。

指示語とは

他の語句や文章内容を指し示す言葉を**指示語**と言う。主な指示語は、**コ・ソ・ア・ド言葉**と呼ばれるもの。その他、「以上の」「以下の」「前者」「後者」なども、指示語と考えられる。指示語が指し示すものは、短い語句、一連の内容、さらには一段落以上の文章内容のこともある。

コ・ソ・ア・ド言葉の用法

■**これ・ここ・こう・この・こんな**（近称）

会話で**話し手の側にあるもの**を指す。また、会話や文面で**直前の語句や内容**を指す。

■**それ・そこ・そう・その・そんな**（中称）

会話で**聞き手の側にあるもの**を指す。また、会話や文面で**直前の語句や内容**を指す。

■**あれ・あそこ・ああ・あの・あんな**（遠称）

会話で**話し手と聞き手の両方から離れているもの**を指す。また、会話や文面で**過去や遠方の物事**を指す。

■**どれ・どこ・どう・どの・どんな**（不定称）

疑問や仮定を表す言葉なので、指示内容が問われることはまずない。

なお、**指示語が直後の内容を指し示すこともある**ので要注意。「A氏はこう言っている。」と述べてから、A氏の言葉を引用する場合や、「あれは去年の夏だった。」と述べてから、去年の夏の出来事を語る場合など、まず指示語を使って簡潔に話題を紹介してから、具体的な説明をする場合がこれに当たる。

指示内容のとらえ方

まず、**指示語を含む語句や文からだいたいの見当をつける**とよい。例えば、「その人」という言葉は、当然誰か「人」のことを指している。同様に、「これが一般的な考えであった。」

という文の「これ」は、「考え」と呼べる内容を指している。

次に、指示語の近くを見る。文章中の指示語は、たいていすぐ前に述べられている物事を指すから、**少しずつ前に戻って探していく**のが確実な方法である。ただし、前述したように、指示語の後に指示内容がある場合もまれにはあるので、注意を要する。

指示内容を見つけたら、**指示語と置き換えて、文意が通じるかどうかを必ず確認**しよう。その際、**後の言葉にうまく接続するように**、必要に応じて「〜（という）こと」など、**終わりの言葉を補う**。

また、**指示内容が長くてわかりにくい場合は、適当な長さに整理する**。特に、設問で字数が制限されているときは、当然それに合わせなければならない。反対に、設問に「本文中から抜き出せ」という指示があるときは、そのまま抜き出せばよい。

Open Sesame

解き方の原則

1. **内容を予測**　指示語を含む語句や文から、指示内容の見当をつける。
2. **順番に前へ戻る**　出題される指示語の多くは、直前にあるものを指している。指示語よりも前の文や文節へ、一つずつ戻って探すのが原則。
3. **置き換えて確認**　指示内容を見つけたら、終わりの言葉を適宜補った上で、指示語と置き換えて文意が通じるかを確認する。
4. **わかりやすく整理**　指示内容が長くてわかりにくいときは、適当な長さに整理する。特に、設問に字数制限がある場合は、それに合わせる。

例題　『現代における科学と人間』　朝永振一郎

　かつては、科学、特に自然科学は必ず人間の幸福をもたらすものであるという素朴な考え方が支配的であった。医学の進歩は多くの病気から人間を解放したし、物理学の成果は人類の労働の苦痛を軽減する多くの技術を生み、化学の発展からは、人類の生活を豊富にする新しい物質が生まれてきた。科学の進歩は、ときに戦争のためにつかわれたが、①これすら、人間の歴史的変化の過程における一種の必要悪として是認されるというのが一般的な考え方であった。

　しかし、第二次大戦をへて、この素朴な考え方が疑われなければならない事態が生まれてきた。

　核兵器や宇宙ミサイルの出現の結果、科学の悪用は、今まで科学が築きあげてきたすべての善いものを一きょに無にしてしまう力をもつに至った。科学の成果はすべて人類に幸福をもたらすといった考え方は、科学は人類に限りない不幸をもたらすかもしれないという考え方におきかえられねばならなくなった。

　科学の成果がそれ自身よいものであるとしたら、科学者はどんなに幸福であったろう。しかし、そうでな

解説

まず全文を通読し、大意をつかむ。これは常に基本！

原則の適用　その一　傍線部①

内容を予測

⇩傍線部①の後に「人間の歴史的変化の過程における一種の必要悪として是認される」とある。したがって、傍線部①は歴史の中に現れる悪い事態を指す。

順番に前へ戻る

⇩直前に「科学の進歩は、ときに戦争のためにつかわれたが」という箇所がある。

置き換えて確認

⇩傍線部①「これ」は代名詞であるから、「科学の進歩が……つかわれたこと」という名詞の形に改めて、置き換えてみる。「科学の進歩がときに戦争のためにつかわれたことすら、……是認されるというのが一般的な考え方であった」となり、意味が通じる。

原則の適用　その二　傍線部②

内容を予測

⇩「この原則」であるから、何らかの原則を指す。

順番に前へ戻る

いとしたら科学者はどういう態度をとるべきであろうか。また、科学者でない人たちはどういう態度をとるべきであろうか。科学の存在をのろうべきであろうか。科学の成果がすべて善ではなく、悪でもありうるということは悲しいことだが、これは冷たい事実である。しかし、人間は、科学の成果をどうつかうかという選択の自由と能力がある。現代は、人類全体がこの能力をいかに発揮するかということをためされている時代である。

　この選択にあたって、先ず想起すべきものは「全体的破滅を避けるという目標は他のあらゆる目標に優位せねばならぬ」というアインシュタインのことばであると思う。まず、②この原則をすべての人々が確認することであると思う。

　この原則の上にたって何をなすべきかをすべての人々が、真剣に考えることである。

問一　傍線部①は何を指すか。過不足なく記せ。

問二　傍線部②はどのような原則か。四十字以内で説明せよ。

⇩直前に「全体的破滅を……優位せねばならぬ」というアインシュタインの言葉が引用されている。しかし、この言葉だけでは、何に関する原則か、よくわからない。筆者は、このアインシュタインの言葉を「この選択にあたって、先ず想起すべきもの」として挙げているから、「この選択」の指示する内容を探してみる。

⇩**順番に前へ戻る**と、二つ前の文に「科学の成果をどうつかうかという選択」という文句がある。そのまま**置き換えて確認**すると、「科学の成果を……という選択にあたって、先ず想起すべきもの」となり、意味が通じる。

⇩以上の内容を合成すると、「科学の成果をどうつかうかという選択にあたって、先ず想起すべき『全体的破滅を……優位せねばならぬ』」という原則となる。意味は通じるが、長すぎてわかりにくい。

わかりやすく整理

⇩重要でない部分を削除したり、別の言葉に言い換えたりして、制限字数内に収まるよう簡潔にまとめる。解答は「～原則」という形で結ぶこと。

解答

問一　科学の進歩がときに戦争のためにつかわれたこと。

問二　科学の成果を利用する際には全体的破滅を避けることを最優先にすべき、という原則。（三十九字）

練習問題『感想㈠』

小林秀雄

　母が死んだ数日後のある日、妙な経験をした。誰にも話したくはなかったし、話した事はない。もっとも、妙な気分が続いてやり切れず、「ある童話的経験」という題を思いついて、よほど書いてみようと考えた事はある。今は、ただ簡単に事実を記する。仏に上げる蠟燭《ろうそく》を切らしたのに気づき、買いに出かけた。私の家は、扇ヶ谷の奥にあって、家の前の道に沿うて小川が流れていた。もう夕暮であった。門を出ると、行手に蛍が一匹飛んでいるのを見た。この辺りには、毎年蛍をよく見掛けるのだが、①その年は初めて見る蛍だった。今まで見た事もないような大ぶりのもので、見事に光っていた。おっかさんは、今は蛍になっている、と私はふと思った。蛍の飛ぶ後を歩きながら、私は、もう②その考えから逃れる事ができなかった。ところで、無論、読者は、私の感傷を一笑に附する事ができるのだが、そんな事なら、私自身にもできる事なのである。だが、困った事がある。実を言えば、私は事実を少しも正確には書いていないのである。私は、その時、これは今年初めて見る蛍だとか、普通とは異って実によく光るとか、そんな事を少しも考えはしなかった。私は、後になって、幾度か反省してみたが、その時の私には、反省的な心の動きは少しもなかった。おっかさんが蛍になったとさえ考えはしなかった。何も彼《か》も当り前であった。従って、当り前だった事を当り前に正直に書けば、門を出ると、おっかさんという蛍が飛んでいた、と書く事になる。後になって、私が、「ある童話的経験」という題を思いついた所以である。

　ゆるい傾斜の道は、やがて左に折れる。曲り角の手前で、蛍は見えなくなった。人通りはなかった。S氏の家を通り過ぎようとすると、中から犬が出て来て烈《はげ》しく私に吠《ほ》えかかった。いつもそこにいる犬で、私が通るごとに、また、あいつが通るという顔つきをする。言わば互によく知り合った仲で、無論、一ぺんも吠えついた事なぞない。それが、私の背後から吠えつくのが訝《いぶか》しかった。私は、その日、いつもの不断着《ふだんぎ》で、変った風体に見えるはずもなかった。それよりも、かなり大きな犬だから、悪く駈け出したりして、がぶりとやられては事だ、と思い、同じ歩調で、後も見ず歩きつづけたが、犬は、私の着物に、鼻をつけるようにして、吠えながらついて来る。そうしているうちに、突然、私の踝《くるぶし》が、犬の口に這《は》入《い》った、はっと思ううちに、ぬるぬるした生暖かい触覚があっただけで、口は離れた。犬は、もう一度同じ事をして、黙ってしまった。私は嫌な気持をこらえ、同じ歩調で歩きつづけた。後を振りかえれば、私を見送っている犬の眼にばったり出くわすであろう。とたんに、犬は猛然と飛びかかって来るだろう。③そんな気持がしたから、私は後を見ず歩いた。もうそこは、横須賀線の踏切りの直《す》ぐ近くであったが、その時、後の方から、あわただしい足音がして、男の子が二人、何やら大声で喚《わめ》きながら、私を追いこし、踏切りへの道を駈けて行った。

④それをまた追いこして、電車が、けたたましい音を立てて、右手の土手の上を走って行った。私が踏切りに達した時、横木を上げて番小屋に這入ろうとする踏切番と駈けて来た子供二人とが大声で言い合いをしていた。踏切番は笑いながら手を振っていた。子供は口々に、本当だ本当だ、火の玉が飛んで行ったんだ、と言っていた。私は、何んだ、⑤そうだったのか、と思った。私は何の驚きも感じなかった。

問一　傍線部①の指示内容を十字以内で述べよ。

問二　傍線部②の指示内容を本文中の語句を適宜用いて、二十字以内で説明せよ。

問三　傍線部③の指示内容を本文中の語句を適宜用いて、三十五字以内で説明せよ。

問四　傍線部④の指示内容を本文中の語句を適宜用いて、三十字以内で説明せよ。

問五　傍線部⑤は、どういう事柄に対する了解を表しているか。その説明として最も適切なものを、次の中から一つ選び、記号で答えよ。

ア　いつもは吠えない犬がその日吠えたのは、大きな蛍が自分の前を飛んでいたからであるということ。

イ　子供たちが「火の玉」だと言っているものは、踏切番によれば、大きな蛍を見間違えたに過ぎないということ。

ウ　自分の前を飛んでいた大きな蛍は、亡き母の霊魂にほかならないということ。

エ　子供たちが何やら叫んでいたのは、「火の玉」を目撃したからであるということ。

【要注意】

①解答の字数制限

「〇〇字以内で説明せよ」という問いでは、指定された字数から十字引いた字数より、多く書かなければならないと考えよう。例えば、三十字以内という指定があれば、最低でも二十一字は書く必要がある。問題の作成者は、自分なりに解答を作った上で字数を制限している。指定された字数よりあまりに短い解答は、何かが足りないか的外れであるかのどちらかである。

同様に、「〇〇字以内で抜き出せ」という問いでも、正解の字数は、指定された字数より十字以上少なくならない。ただし、二十五字以内のように五字単位の指定がされている場合には、正解の字数は当然二十一字以上になると考えておこう。

なお、「〇〇字以内で説明せよ」という問いでは、解答が短い名詞句になる場合を除いて、句点をつけるのが原則であり、その句点も当然字数に含まれるので注意しよう。

②選択肢

選択肢を見て、簡単に正解がわかってしまうようでは、試験として意味がない。そこで、選択肢形式の設問では、正解の選択肢の他に、一見正解のように思われる、紛らわしい選択肢が作られる。本文をじっくり読み、慎重に考えて、最も適切な選択肢を選ぼう。

第2章　空欄補充

ここで学ぶこと

この章では、本文中の空欄に語句を補充する問題の解き方を学習する。知識によるものと、文章の内容から考えるものとがあるが、空欄の前後をよく読むことが原則。

問題の種類

空欄補充の問題は次の二通りに大別できる。

■知識によって解答するもの

熟語・慣用句・ことわざ・人名・作品名などを補充する問題では、知識が要求される。読書によっていろいろな言葉に接するとともに、熟語や慣用句・ことわざなどは**普段の生活で使う**ように心がける。

■本文の内容・文脈から考えて解答するもの

空欄に入るのは、短い語句から数十字の文まで、様々である。選択肢から選ぶ問題がほとんどだが、本文中から適語を探す問題や、自分で考えて記入する問題が出題されることもある。

問題の解き方

知識によって解答する問題は、知識の有無がすべてだが、本文の内容や文脈から考える問題の場合は、**空欄の前後をじっくり読み、何がどう書かれているか、文章のつながりはどうなっているかなど、よく考える**ことが必要である。

選択式の問題では、空欄の前後に目を通したら、**必ず選択肢を全部見て、最適なものを選ぶ**こと。意味が通じさえすれば正解というわけではなく、中には紛らわしいものもある。意味の似たような選択肢がある場合には、意味の違いに十分注意して選ぼう。

ところで、空欄補充の問題では、選択肢が複数の空欄に対して用意されていることが多い。そのため、一つの空欄だけに着目して選択肢を見たのでは、どの選択肢を選ぶべきか決めかねることがある。そういうときは、**正解の選択肢を一つに決められる空欄から先に埋めていく**と、選択肢の残りが少なくなって、考えやすくなる。

接続語と陳述の副詞

空欄に接続語や陳述の副詞を入れる問題は、文脈から考える問題の一種だが、語彙の知識があやふやでは解答できないので、ここで整理しておく。

■**接続語**……文と文、節と節をつなぐ言葉。

例　**〈順接〉**だから　したがって　**〈逆接〉**しかし　だが　ところが　**〈例示〉**たとえば　**〈転換〉**さて　ところで　**〈添加〉**さらに　しかも　**〈選択〉**それとも　あるいは　**〈並列〉**および　また　**〈限定〉**ただし　**〈原因理由〉**なぜなら　**〈換言〉**つまり　すなわち

■**陳述の副詞**……文や節の結びと呼応する副詞。

例　**〈打消〉**けっして　全然　少しも　**〈推量〉**たぶん　おそらく　きっと　**〈打消推量〉**よもや　まさか　**〈仮定〉**もし　たとえ　**〈比況〉**まるで　あたかも　ちょうど　**〈願望〉**どうか　ぜひ　**〈疑問〉**どうして　なぜ

Open Sesame

解き方の原則

1　前後の内容から判断　空欄の前後にどのような内容が書かれているかを読みとり、手がかりをつかむ。接続語を入れる場合は、空欄の前後のつながりから考え、陳述の副詞を入れる場合は、空欄を含む文や節の結び（副詞がかかる語）から考える。

2　選択肢を全部見る　文意が通じるからと言って、正解とは限らない。よく考えて、最適なものを選ぶ。

3　確実な所から埋める　正解の選択肢が一つに絞りにくい空欄もある。正解がはっきりわかる空欄から埋めていく。

例題 『ジャーナリズムの思想』　原　寿雄

ジャーナリズムが犯罪事件を大きく取り上げるのは何のためか。本音を言えば、読者や視聴者の関心が強いからというのが最大の動機だが、メディアの建前としては、社会の病理を人びとに知らせ、犯罪防止に役立たせたいということである。本来、治安維持は治安当局の任務であり、ジャーナリズムは報道の結果としてそれに協力する形になることはあっても、あくまでワキ役のはずである。ところが現状では、ジャーナリズムが治安維持の主役を自認しているかのような振舞いが目立つ。とくに日本の場合は、昔からの勧善懲悪の思想が根強いため、〝警察につかまるような悪人〟に対しては、新聞・放送が先頭に立って「一罰百戒」の A 制裁を加える。社会もそれを期待するところがある。

容疑者の悪人らしさを強調するために「ふてぶてしい表情」とか「薄笑いを浮かべて」などの表現パターンが長いあいだ続いてきたのも、そのためである。テレビが容疑者の連行場面を放映するのは、昔の刑罰の一種である「市中引きまわし」の名残《なごり》なのに、今なおやめようとしないのも、日本ではとくに B な「見せしめ」の刑罰思想が生

解説

まず、全文を通読し、大意をつかむ。これは常に基本！

原則の適用　その一　A

前後の内容から判断

⇩「新聞・放送」が容疑者に加える制裁を形容する言葉である。次の文の「社会も」が大きなヒントとなる。

原則の適用　その二　B

前後の内容から判断

⇩テレビが容疑者の連行場面を放映するのは、「昔の刑罰の一種である『市中引きまわし』の名残」と述べている。「市中引きまわし」は、「見せしめ」の一例であることを押さえる。

原則の適用　その三　C

前後の内容から判断

⇩視聴者はモザイクの後ろに手錠がかけられていることを承知しているのだから、手錠が見えないように配慮をしても、「見せしめ」の刑罰思想という基本姿勢は何ら変わらず、単なる表面上の行為に過ぎない、という文脈である。

原則の適用　その四　D

前後の内容から判断

きているからではないか。手錠が見えないようにモザイクをかけるなどの配慮はしても、基本姿勢は変わらない。視聴者はモザイクの後ろに手錠がかけられているのを承知しているのだから、［C］過ぎる。

日本のジャーナリズムはこの点で、犯罪者の更生を重視した「教育刑」の刑罰思想ではなく、犯罪者は罪を償うために相応の懲罰を受けるべきだとする「応報刑」の思想に立っている。一方で、教育刑の視点から死刑制度に［D］なジャーナリストも少なくない点を考えると、捜査報道では［　I　］ということであろうか。

問一　［A］～［D］に入る語を次の中から一つずつ選べ。

ア　形式的　**イ**　伝統的　**ウ**　強制的
エ　批判的　**オ**　教育的　**カ**　社会的

問二　［I］に入る文を次の中から一つ選べ。

ア　「応報刑」の思想に懐疑的にならざるを得ない
イ　犯罪防止の役目を自ら買って出ている
ウ　「見せしめ」を求める世論に引きずられている
エ　容疑者に対する制裁が目的となっている

⇩二十四行目に述べられているように、「教育刑」は犯罪者の更生を重視した刑罰思想である。そのような視点に立った場合、犯罪者に更生の余地を与えない「死刑制度」に対して、どのような姿勢をとるだろうか。

原則の適用　その五　［I］

選択肢を全部見る

⇩空欄の直前で、「教育刑の視点から死刑制度に批判的なジャーナリストも少なくない点」を指摘しているので、空欄に入るのはこの指摘を踏まえた記述であるはず。そこで、選択肢に目を通すと、**ア**と**ウ**は一応この指摘を踏まえた記述となっている。しかし、**イ**は前述の指摘と何ら関係がなく、**エ**も前述の指摘とはむしろ矛盾し、ともに文意が通じない。⇩答えは**ア**と**ウ**に絞られる。

前後の内容から判断

⇩二十四行目で、日本のジャーナリズムは「教育刑」の思想ではなく、「応報刑」の思想に立っているとしている。とすれば、**ア**は筆者の見解に反することになる。教育刑の視点から死刑制度に批判的なジャーナリストも少なくないにもかかわらず、日本のジャーナリズムがあくまで「応報刑」の思想に立っているのは、「読者や視聴者の関心が強いから（二行目）」「社会もそれを期待するところがある（十三行目）」とあるように、メディアの受け手の反応に関係があると考えられる。

解答

問一　A**カ**　B**イ**　C**ア**　D**エ**
問二　**ウ**

練習問題1　『波』　山本有三

「生徒総代、尋常科三年生君塚きぬ子」

葬儀委員のひとりは、教員総代の弔辞が終わると、彼女の名を呼びあげた。きぬ子は列から離れて、しずかに、棺の安置してある壇のほうに進んだ。弔辞をたたみ、棺の前に納めて、引き下がってくる教員総代の先生と、彼女はすれちがった。彼女はやや身をよけながら、軽くその先生に一礼した。行介は彼女の落ちついた動作を見て、まず、[a]した。が、舞台に立っている子役の母親のように、彼は喜びと不安に満ちながら、きぬ子からちょっとも目を離さなかった。

　正面の祭壇は教室から運んできた教壇の台が一面に敷きつめられていて、地上よりも一段高くなっていた。そこにあがるとき、どうしたのか、きぬ子は少しよろけた。行介ははっとしたが、しかし、倒れるほどではなかった。うしろのほうの人にはほとんど気がつかないくらいだった。

　きぬ子は壇の上に立ったが、ふところから弔辞を出さなかった。壇の上に立ったら弔辞を出すのだと、あれほど教えておいたのに、何を[b]しているのだろう。行介は[c]した。駆けて行って、注意してやりたいほどだった。けれども、おごそかな式場の気分を乱すことは、控えないわけにはいかなかった。大勢の前に出たので、彼女は急におじけたのだろうか。[Ⅰ]あれだけ練習してあるのだから、まさか忘れる気づかいはあるまい。今、弔辞を出すだろう。今、弔辞を読むだろうと、彼はただそれのみを待っていた。しかし、きぬ子は突っ立ったままでいた。[Ⅱ]彼女の肩が波のように動揺するのが見えただけだった。

　突然、彼女は壇の上で「わあっ」と泣きだしてしまった。「なんというやつだ」と行介は思った。手を取るようにして、あんなに教えてやったのに、壇にあがるや否や、いきなり泣きだしてしまうやつがどこにある。「やっぱり女の子はだめだ。」彼はしみじみそう思った。[Ⅲ]苦心して弔辞まで書いてやったのに、それを広げもしないうちに、あんなぶざまなことをされては、彼のほうこそ泣きだしたいくらいだった。彼の受け持ちのなかから、こんな意くじのない生徒をだしたと思うと、自分が大勢の前で失敗を演じた以上にたまらなかった。彼は歯をくいしばったまま、下を向いてしまった。が、それとほとんど同時に、彼の耳もとでもまた「[A]」という声が破裂した。

　彼は[d]してあたまをあげた。三年の女生徒たちは、みんな、両手でうるんだ目をおさえていた。はなをすする音が、つづいて、あちらにも、こちらにも起こった。それは波紋のように次第に広がって行った。やがて広い校庭は、すすり泣きの声でいっぱいになってしまった。自分こそ何を考えていたのだ！　泣いていないのは彼くらいのものだった。行介は顔があげられなかった。何か大きな力が、彼のえりもとに落ちてきた。そして、彼のあたまをぐいぐい大地にこすりつけた。

問一　[a]～[d]に入る語を次の中から一つずつ選べ。

ア　まごまご　イ　びくびく　ウ　がっかり
エ　いらいら　オ　びっくり　カ　ほっと

問二　[Ⅰ]～[Ⅲ]に入る語を次の中から一つずつ選べ。

ア　やはり　イ　せっかく　ウ　しかし
エ　ただ　オ　だから　カ　いちいち

問三　[A]に入る言葉を考えて、記せ。

練習問題2『目玉と脳の大冒険』荒俣　宏

　中国では金魚を陶製の水鉢や瓶《かめ》で飼った。その証拠に、品種改良されて作りだされた数十種の金魚は、どれも上から見ていちばん興味ぶかい形態を持つ。たとえば出目金。あれを真横から見ると、目が飛び出しているかどうかが分からなくなる。さらに頂天眼なる品種では、目が完全に上を向いており、水面を睨《にら》みつけるようにできている。一説によれば、中国人はこの金魚の目が天を向くよう、光の射さない深い瓶《かめ》にいれて育てるらしい。また、主として日本で作られた錦鯉《にしきごい》の場合もそうだが、こうした淡水産鑑賞魚は、まず、見おろして眺《なが》めるものと相場が決まっていた。これは甲虫《かぶとむし》やらヘビやらを眺める[A]と同じである。

　ところが一八世紀にヨーロッパへ渡った金魚たちは、[Ⅰ]無知とはいえ西洋のとんでもない不作法な鑑賞法にぶつかってしまうのだ。それはガラスの器に容《い》れられて、横や下からジロジロ眺め回されることだった。[Ⅱ]、スカートの中を覗くような、〝倒錯〟である。この倒錯の源は、当時の王侯貴族たちが所有した風俗に由来する。ローマ皇帝以来、西洋の王侯たちは、クジャクでもフラミンゴでもオウムでも、異国から来た珍しい動物を鑑賞し、しかる後にそれを「[B]」しようとした。つまり、食おうとしたのだ。食うことに異常な熱意を示した彼等は、中国伝来の金魚にも食指を動かしたに違いない。こうして金魚は、食卓用のガラス鉢に飼われるという実に奇怪な経緯を経て、いわゆるキンギョ鉢をその主たる住居とすることになった。

問一　[A]・[B]に入る語を次の各語群から選べ。

A　ア　趣味　イ　視点　ウ　手口　エ　装置
B　ア　販売　イ　購入　ウ　賞味　エ　吟味

問二　[Ⅰ]・[Ⅱ]に入る語を次の中から一つずつ選べ。

ア　いわば　イ　また　ウ　しかし　エ　いかに

問三　本文から「つまり、水面から魚を見おろす視線が、金魚の鑑賞法だったのだ。」という文が脱落している。元あった場所を探し、前の文の末尾六字を抜き出せ。

第3章　段落分け

ここで学ぶこと

この章では、本文をいくつかの段落に分ける問題の解き方を学習する。形式段落に分ける場合と、意味段落にまとめる場合とがあるが、どちらも文章構成の把握がポイント。

段落とは

一つながりの文章を、内容の展開に従って、いくつかのまとまりに分けたものを**段落**と言う。

普通「段落」と言うと、改行によって、目に見える形で分けられているものを指している。このような段落は、詳しくは**形式段落**（**小段落**）と言う。また、いくつかの形式段落を、内容の関連から一つにまとめて扱う場合、これを**意味段落**（**大段落**）と言う。

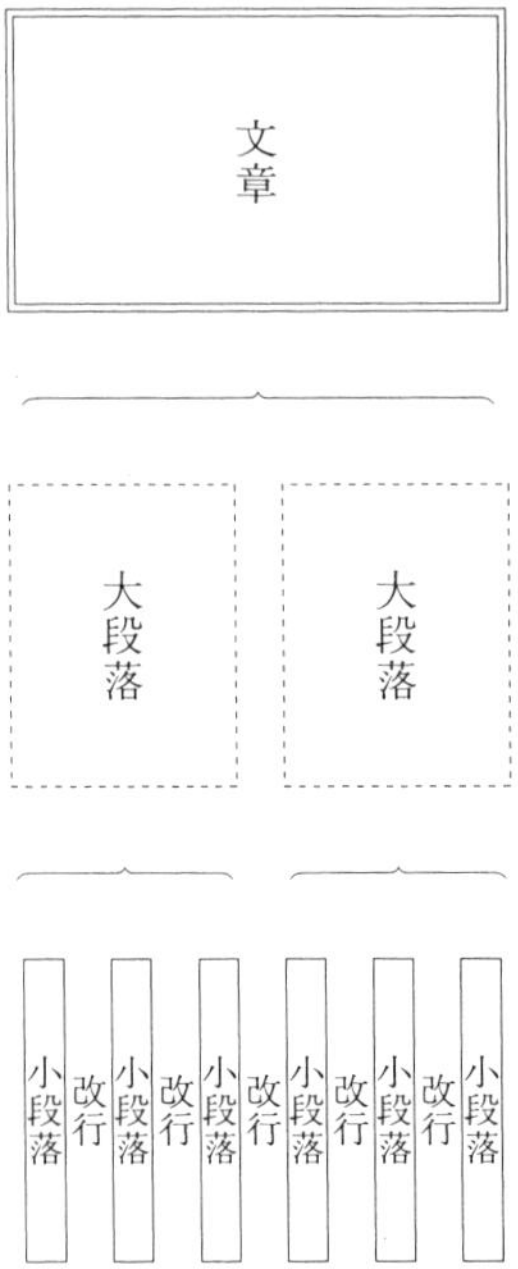

問題の種類

段落分けの問題には次の二通りがある。

■**形式段落に分けるもの**

改行がなく、一かたまりになっている文章をいくつかの小段落に分ける問題。

■**意味段落に分けるもの**

何箇所か改行があって、形式段落に分かれている文章をいくつかの大段落に整理する問題。

問題の解き方

段落は文の長さで機械的に分けるものではない。**段落と段落の分かれ目は、内容の転換や変化によって決まる**ものである。したがって、段落分けの問題では、まず**本文を通読して大意を把握し**、**全体の構成をつかむ**必要がある。その上で、もう一度文脈を丁寧にたどり、話題や論点が変わっている箇所、前の内容を具体的に述べたり、あるいはまとめたりしている箇所などを探す。

その際、しばしば**手がかりとなるのが、文頭の接続表現**である。例えば、話題を転換するときには「さて、ところで」、抽象的な記述を具体的に説明するときには「例えば」、要約するときには「つまり、要するに」などの語が用いられることが多い。

これらの語を手がかりにしながら、段落の分かれ目らしき箇所の見当をつけていくわけだが、このときに特に重要なのが、筆者の**中心思想や結論が明示されている箇所を押さえる**ことである。文章全体の中での主要段落がわかれば、他の段落の役割や前後関係も自ずと見えてくるだろう。

区切る箇所の見当をつけたら、最後に、**段落ごとに内容がまとまっているかどうかを、文章全体の中での位置づけや役割を考えながら確認**しよう。

Open Sesame

解き方の原則

1 **大意・全体の構成をつかむ**　まず本文を通読して大意をつかみ、文章全体の流れを押さえる。

2 **接続語と中心思想に注意**　接続語を手がかりにしながら、文脈を丁寧にたどり直し、話題や論点の転換箇所などを探す。筆者の中心思想や結論がある主要段落を押さえると、他の段落の役割や前後関係が明確になる。このようにして、区切る箇所の見当をつける。

3 **内容の再確認**　最後に、段落ごとに内容がまとまっているかどうかを、文章全体の中での位置づけを考えながら確認する。

例題『源氏物語の世界』　中村真一郎

政治的区分によれば、我が国には古代、奈良、平安、鎌倉、室町、江戸、近代というような時代が、縦に列《なら》んでいる。しかし、文化の質というものを考えれば、この各時代はそれぞれ、等価だというようなものではない。私の観るところでは、日本の文化とは平安文化であり、その以前の時代はそれを準備し、それ以後の時代はそれの様ざまの変形である。たとえば、桂離宮と日光東照宮というように、同時代であって極端に対立している二つの建築物の両方に、私は王朝美学の二つの方向への変貌を発見する。桂は平安末期以来の一途に、冷えさびて行った方向の到達点であろうし、東照宮は戦国末期の新しい民族的エネルギーによる、王朝の新しいルネッサンスの輝かしい成果である。その現れは、桂においては老熟しきった末の枯れた雅《みやび》やかさであり、東照宮においては子供らしい華やかさであろうとも、いずれも王朝文明というものの、ある要素の展開であることには間違いはない。だから、私たちは王朝を学ぶことによって、日本そのものを学ぶことになる。王朝以後の各時代は、いずれも王朝を復活さ

解説

まず、全文を通読し、大意をつかむ。これは常に基本！

原則の適用

大意・全体の構成をつかむ

⇩(1)　最初の数行で、日本の文化とは平安文化であり、平安以前の時代はそれを準備し、平安以後の時代はその変形であるという私見を提示している。

(2)　これに続いて、桂離宮と日光東照宮という具体的な建築物を例にして、この二つがいずれも王朝文明（平安文化）のある要素の展開であることを説明している。

(3)　次に、王朝を学ぶことが日本そのものを学ぶことであり、王朝文明が日本における文化の源泉であるという、(1)とほぼ同趣の見解を主張している。

(4)　最後に、文学の話になり、『源氏物語』『枕草子』という具体的な作品名を出して、平安文学と現代文学とのつながりを説明している。

接続語と中心思想に注意

⇩七行目に「たとえば」という例示の接続語があり、ここから(1)の内容の例証が始まる。

十七行目に「だから」という順接の接続詞があり、

せることによって、新しい文明を創りだした。文明というものが連続であるが故に、それは当然である。我が王朝文明は、フランスの歴史において十七世紀古典主義の文明の占めている位置に酷似していると言えるだろう。話を文学だけに限っても、日本の文学史の脊《せ》骨《ぼね》が勅撰集の流れであることは明瞭であるし、散文芸術においても『源氏物語』と『枕草子』との対立が、伝統となって現代にまで繋《つな》がっている。たとえば私小説的モラリストの系譜とフィクションによるロマネスクの系譜とが、微妙に交錯しているのが、今日の日本小説の姿であるが、前者の先祖は『枕草子』であろうし、後者の源泉は『源氏物語』にあると考えても、不自然ではないのである。

問　本文を四つの段落に分けるには、どこで区切るのが適当か。第二段落、第三段落、第四段落の最初の四字を抜き出して答えよ。

ここから(1)(2)の内容のまとめが始まる。したがって、(3)が中心思想すなわち結論となり、(1)は結論の概略、(2)は本論と考えられる。

　さらに、二十七行目にも「たとえば」がある。二十四行目の「話を文学だけに限っても」から、文化の一つの分野である文学の話が始まっており、「たとえば」以下はその具体例に当たる。「たとえば」の前で段落を分けると、文学の話が寸断されてしまうので、「話を文学……」以下を一かたまりと考えて、補論とするのが適切である。

内容の再確認

⇩冒頭から「たとえば」の前までは、日本の文化とは平安文化であることを概論する《結論の概略》。

「たとえば」から「だから」の前までは、桂離宮と日光東照宮という具体例を出して論証する《本論》。

「だから」から「話を文学だけに限っても」の前までは、王朝文明（平安文化）が日本文化の源泉的な役割を果たしていることを主張する《結論》。

「話を文学だけに限っても」以下は、文学に関する具体的な話を出して論証する《補論》。

解答

第二段落……たとえば　第三段落……だから、

第四段落……話を文学

練習問題『おふくろの筆法』 三浦哲郎

おふくろは、紙になにか文字を書くときはきまって鉛筆で書いていた。鉛筆以外の筆記用具——毛筆だとか、万年筆だとか、ペンだとかが、家になかったわけではない。けれども、おふくろはいつも鉛筆を使っていた。①それも、手のひらのなかにすっぽり隠れてしまうほどにちびた鉛筆ばかりで、芯《しん》もまるくなったのを使っていた。それでは書きにくいだろうから、すこし削ってやろうかというと、いらないという。②芯が尖《とが》っていると、いまにも折れそうな気がして、思うように書けない。それに、書くといってもべつに大したことを書くわけでもないのだから、放っといてくれとおふくろはいった。実際、おふくろは鉛筆を使うといっても、大したことを書くわけではなかった。③つまり文章なんぞを書くわけではなかった。手紙だって文章だから、おふくろは手紙を書くわけでもなかった。私は、おふくろが誰かに手紙や葉書を書いているのをいちども見たことがなかった。それではなにを書くのかというと、忘れないためのちょっとしたメモのたぐいである。④ひさしぶりに手紙をくれた人の住所とか、買物の品目とか、漬物を漬け込む日程とか、そんなものを古封筒の裏や、新聞紙のきれはしや、剝《は》いだ日暦の余白などに書き留めていた。⑤おふくろは明治の小学校を出ただけで、文字など書くのは苦手であった。たとえちょっとしたメモのようなものでも、それを書くときは難渋した。見ていると、まず鉛筆の芯をちょっと舐《な》める。それから、力を入れてごしごしと書く。すぐ、つかえる。鉛筆の尻で頭を掻《か》く。またごしごしと書く。つかえる。今度は左右の腕をぽりぽりと掻く。⑥「なるほど、かいてるなあ。」といって冷やかすと、「黙ってなせ。」と、おふくろは怒る。覗《のぞ》いて見ようとすると、「駄目《わかんね》。」といって、子供のように両手で隠す。だから、私は、二十を過ぎるころまで、おふくろが書いた文字を見たことがなかった。自分のおふくろがどんな文字を書くのか知らなかった。⑦私は、郷里の高校を出ると、東京の大学に進学した。けれども、学資を貰《もら》っていた兄に不都合なことがあり、一年だけで中退して郷里へ帰って、中学校の助教員を二年勤めた。それから、また一年間、受験勉強をして、おなじ大学へ入り直した。ちょうど最初の級友たちが卒業したあとへ、私はまた一年生として入学したわけである。⑧私は、安い学生寮に入っていた。寮生はおおむね貧乏で、みな郷里からの送金を待ち兼ねていた。郵便配達が門を入ってくると、どの部屋の窓も一斉に開いて、「俺、○○、きてない？」「××ある？」そういう声が飛び交った。私には、毎月二度に分けて、ぎりぎりの生活費が届いた。⑨それにはいつも父の手紙が入っていた。父は若いころから商家の帳簿を付け馴れていて、達筆であった。文面も律義そのもので、かならずどこかに浪費を戒める文句が入っていた。⑩ところが、あるとき、いつものようにして届けられた書留の封筒を開けてみると、いつもよりすこしすくない金額の為替と一緒に、ついぞ見馴れない鉛筆書きの手紙が出てきた。『前略。お元気でしか。父さんがとちぜん病気で倒れますたすけに、わたすが代って手紙を書きまし。……』⑪手紙はそう書き出されていた。いうまでもなく、おふくろが自分で書いた手紙である。私は、おふくろは手紙など書けないと思っていたから、はらはらしながら読んでみた。父が脳軟化症で倒れたときの様子が、こまごまと書かれていた。⑫手紙の常識に囚《とら》われずに、自分の見たままを残らず知らせようとする文章が期せずして迫力に富んだ描写になっていた。何事もまるで目に見えるように書かれていた。私は読み終わって驚いた。⑬おふくろの手紙は、田舎言葉まる出しになっているところを除けば、まず、よい手紙だといってよかった。よく見ると、鉛筆の文字には一つ一つ濃淡があり、芯を舐めながら一字一字力をこめて書いたことがわかった。これだけの手紙を書くのに、おふくろは何日夜ふかしをしただろうかと私は思った。⑭鉛筆の芯で頭を掻いているおふくろが、目に浮かんだ。両腕を掻くぽりぽりという音が耳の奥によみがえった。⑮あのときの、あのおふくろの手紙が忘れられない。父はもうとっくに亡くなって、おふくろは今年八十四になるが、いまでも時々郷里から鉛筆書きの手紙をよこす。相変わらず芯を舐めながらごしごしと書いた手紙で、いまだに田舎言葉まる出しである。甚だ郷愁をそそる手紙だというほかはない。

問　右の文章を、内容の面から五つの段落に分けるとすれば、本文中の記号①から⑮までのうち、分かれ目に当たるのはどれか。順番に四つ答えよ。

第4章　要旨・主題

ここで学ぶこと

この章では、本文の要旨・主題についての問題の解き方を学習する。問題の種類や形式は多様だが、本文中で何がどう述べられているかを的確に把握することがポイント。

要旨・主題とは

文章の中心思想、筆者が述べようとする中心的な考えを**要旨・主題**と言う。要旨は主に論理的文章に用いられ、主題は主に文学的文章に用いられる。

問題の種類と形式

要旨・主題に関する問題には次のようなものがある。

■本文に題名をつけるもの

題名にふさわしい語句を本文から抜き出す問題、本文中の語句を用いて題名をつける記述式の問題、適切な題を選択肢から選ぶ問題などがある。

■本文の要旨・主題を述べるもの

本文の要旨や主題をまとめる記述式の問題、与えられた要約文の空欄を補充する型の問題、要旨・主題を選択肢から選ぶ問題などがある。

問題の解き方

以上のように、問題の種類や形式は様々だが、問題を解く際の基本的な考え方は共通している。

まず、**本文を通読し、一貫して述べられていることは何か、そのことについて筆者はどう考えているのかをつかむ**。

選択式の問題では、必ず一読してから選択肢に目を通すようにしよう。本文を読む前に選択肢を見てしまうと、先入観を持って本文を読むことになり、間違えやすい。むしろ、無心に本文を読んだ方が筆者の言いたいことを把握しやすく、その後で選択肢を見た方が正解を絞りやすいだろう。

要約文の空欄を補充する場合も同じこと。まず本文を通読してから、要約文と照合する方がよい。

次に、**本文全体の構成を見て、話題がどのように展開されているかをよく考え**ながら、**本文の核となる重要な箇所を探す**。

評論文の場合は、具体例や補足説明などの非本質的な部分を取り除き、論旨を支える**重要語句（キーワード）**や**抽象的なまとめの文、結論**など、筆者の主張が特にはっきりと現れている部分を探す。**小説や随筆**の場合は、**モチーフ（題材）**や**強調されている事柄、特徴的な表現がされている箇所**に注意する。

キーワードや特徴的な表現が見つかったら、題名をつける問題はほぼ解けたことになる。要旨や主題を述べる問題も、この部分を核にして、全体の流れを踏まえて肉付けすればよい。

選択肢から選ぶ場合は、拡大解釈や部分論に惑わされないよう気をつけながら、それぞれの選択肢が本文のどの箇所を踏まえているかを確認しよう。**重要な箇所を最も的確に押さえている選択肢が正解**である。

Open Sesame

解き方の原則

1 概略をつかむ　まず本文を通読し、何をどう述べているかをおおまかにとらえる。

2 全体の構成を確認　本文全体の構成を見て、話題がどのように展開されているかをよく考える。

3 核心をつかむ　評論文では、キーワードや抽象的なまとめの文、結論など、筆者の主張が特によく現れている箇所を見つける。小説や随筆では、モチーフや強調されている事柄、特徴的な表現に注目する。こうした重要な箇所に、設問の要求に応じて適宜肉付けして解答する。

例題　『人はなぜ旅に出るのか』　島内景二

ここのところ、異常なまでに海外旅行が盛んになっている。テレビを見ても、新聞を読んでも、旅行熱をあおるCMや広告があふれている。世界に国境がなくなったとか、地球が狭くなったとか言われるようになってから久しい。

たしかに、空間的にも時間的にも、世界は狭くなった。そして、そのことによって、空間移動のもつ意味が変質してしまったのではなかろうか。「私の趣味は旅行です」と言う人は多い。しかし、旅は「趣味」でするものなのだろうか。現代には、獲得するものも喪失するものもない、のっぺらぼうの旅しかないのだろうか。

昔から、旅は現実の延長線上にあるものではなかった。旅は、非日常に至るための命がけの手段だった。人間は、現実を離れて旅に出ることで一回り大きくなる。そしてもう一度、現実社会に帰ってくるのである。

昔話には、旅を主題にするものが多い。その主人公は、若者がほとんどである。彼（ないし彼女）らは、何らかの条件で損なわれており、人格が未熟なのである。そのような若者が現実世界で生きていけるようになるためには、いったん別世界を旅するという試練が

解説

まず、全文を通読し、大意をつかむ。これは常に基本！

原則の適用

概略をつかむ

⇩本文は旅のあり方について述べている。旅は本来、成長のための試練であったというのが、筆者の考えである。

全体の構成を確認

⇩第一段落では、海外旅行ブームに代表されるような現在の旅のあり方を述べ、第二段落で、これに疑問を投げかけている。この二つの段落は、読者に問題を提起するはたらきをしており、序論に当たる。

第三段落で話題が転換し、昔の旅がどういうものであったかを抽象的に述べている。第四段落では、昔話の中の旅がどういうものであったかを具体的に説明している。さらに、第五段落では、昔話の中の「宝物」の獲得が、新たな自己の獲得でもあることを指摘している。この三つの段落は、昔の旅を説明しつつ、筆者の旅行観を読者に提示するはたらきをしており、本論に当たる。

第六段落では、それまでの内容を踏まえて、筆者の

必要だと考えられていたのだった。昔話の若者は、旅の途中で、大きな試練（化け物退治だったり、知恵くらべだったりする）に直面する。それを見事に乗り越えた場合にのみ、数々の宝物が手に入ることになる。一寸法師の打ち出の小槌《こづち》が示しているように、この宝物＝如意宝は、所有者にありとあらゆる幸福をもたらすものなのだった。昔話における旅の終わりは、立派な配偶者の獲得、故郷への帰還、家の建築、社会的地位の上昇などで締めくくられていることが多い。このように旅とはかけがえのない「如意宝」を獲得することで、未熟な人間が向上してゆくプロセスだったのである。

獲得は、喪失の別の名前でもある。人は、昨日までの未熟な自分を喪失し、より向上した自分を獲得する。旅先で如意宝をもらったり奪ったりする話は、新しい自分自身に生まれ変わったことを象徴しているのだと、私は考えている。

旅は、「一から出直す」ことでもある。人は、旅先で自分自身の全人生を反復し、そのうえで今後の人生を切り開いてくるのだ。旅には、それ以前の人生を総括する試練が必要なのである。

問　本文の要旨を六十字以内で述べよ。

旅行観を端的に語っている。この段落が結論に当たる。

核心をつかむ

⇒本文中で、筆者の主張が特に明瞭に現れているのは、結びの「旅には、それ以前の人生を総括する試練が必要なのである。」という文である。この結びの文を核として、肉付けしていこう。

三十一行目の「未熟な人間が向上してゆくプロセス」、三十四行目の「より向上した自分を獲得する」は、内容の上で結びの文と関連性が強い。このような、核となる箇所と関連性のある語句を残らず探し出し、適切と思われるものを選んで、核となる文と組み合わせる。

また、第一・第二段落の内容もごく簡単にまとめて、解答に加えておくのがよいだろう。そうすれば文脈もたどることができ、筆者の考えをわかりやすく表現することができる。

字数制限があるので、語句はなるべく簡潔なものに置き換えること。例えば、結びの文の「それ以前の人生」は、「過去」としても十分意味が通じる。

解答　旅は本来、趣味でするような手軽なものではなく、未熟な人間が過去を総括して、より向上した自分を獲得するための試練だった。（五十九字）

練習問題1　『わたしの絵本体験』　松居　友

わたしはかなり年を経るまでは、身近な人の死というものに出会ったことはありません。にもかかわらず、誰にでも必ずあるように、死というものは幼いわたしにとっても大変おおきな問題で、わたしは死をひどく恐れていたのです。

今でも良く思い出されることではあるのですが、夜寝る前になると必ず死のことを考えはじめ、死にたくないと思うばかりではありません、死なないためにはどうしたら良いかなどと真剣に悩むのでした。石というのは死なないから、石に生まれればよかったなどと本気で思ったものでした。

ある日、怖れと悲しみにいたたまれなくなり、寝ている父と母の所へゆき、思いきっていいました。「死ぬのが怖い。ぼくが大きくなったら、死ななくてすむ薬が出来るだろうか。」わたしは真剣でありました。父と母は、今考えると寝入りばなを起こされたためでしょう、しつこく聞くわたしにとりあわず「馬鹿なことを聞くものじゃない、はやく寝ろ」と言いました。このときわたしは、大人というものは、死という問題に触れたがらないものだということを、強く感じたのではありますが、子どもにとってはほとんど唯一のたよりである父や母さえ問題を解決できないでいるのを見て、ますます不安になったのです。

その後もこの問題は長く尾を引き、わたしはますます孤独に悩み考えるようになるのです。今になって思うことは、子どものこうした悩みに対して、大人が意識的に目をそらすということは最もまずいことだと思います。そして子どもは、外見上は悩みもなく無邪気な顔をしてはいるのですが、内面には実に数知れぬ問題をかかえているのです。

そして、そうした悩みや悲しみに対して、子どもが何よりも求めているのは、大人の共感であるのです。わたしが死を恐怖するあまり父や母のもとへ行ったのは、今考えると本当に死なない薬が欲しかったからではありません、共感が欲しかったからなのです。たとえ答えが見い出せなくとも、共に考えて欲しかったのです。そうすれば、その子は孤独から救われるのです。本質的に、幼いわたしが恐れていたのは、死よりも、孤独であったと言えましょう。

問　本文の表題として最も適切なものを次から選べ。

ア　死を恐れる心
イ　子どもは本当に無邪気か
ウ　孤独を克服する方法
エ　子どもに一番必要なもの
オ　子どもを理解できない親たち
カ　死なない薬

練習問題2『日本の心』　唐木順三

美しい泉のわくところ、樹齢何百年の老木のそびえるところ、昔の人が一種神聖な場所として怖れたところへ行って、ジュースの空き缶、サイダーの瓶を捨て、チョコレートの銀紙を捨て、樹皮を削ってわが名を刻み、等々と言う所行は、「怖れ」の感情のないところから起きてくる。争って清い水を汲もうとして水源を荒らすということも出てくる。したがって、有刺鉄線で水源を囲む必要も、当然に起こってくる。そして、それを特別に不思議とは思っていない。これは、たんにわたしが行った泉に限ったことではない。いたるところの観光地、名山、景勝の地においても同様である。

　世間では、右のような所行を、往々にして公徳心の欠如ということで説明しようとしている。公徳心の欠如は、街頭でも、車中でも、集会場でも、人間の集まるところいたるところで見られることである。わたしがここで特に問題にしているのは、社会道徳や公徳心という、人間と人間の関係だけの問題ではなく、人間と人間を越えたものとの間の関係、また、自分と自分以上のものとの間の関係についてである。もちろん、人は、人に対して、恐ろしいと感じたり、恐怖心を持ったりする。わたしがそれと区別して、「怖れ」という文字を使ったのは、人間の人間に対する恐怖心とは違った「おそろし」という感情をそれにおいて示したかったからである。社会道徳や公徳心は、教育の仕方、テレビやラジオやジャーナリズムなどを通してのしつけの仕方によって、徐々にではあるが、よい方へ向かっているし、また向かいうるであろう。しかし、わたしがここで言っている「怖れ」の感情は、公徳心の場合のように簡単ではない。

　というのは、近代という時代は、ここで言う「怖れ」をなくそうとする方向に進んできたからである。それは、人間の理性の力を信じ、理性を正しく行使するならば、世に不可解なことはひとつもないと信じ、人知人力の無限の能力を信ずるという方向をたどって、今日に至った。したがって、人知人力以上のもの、神聖なものを、人知未発達の時代の遺物とするか、無用の長物とするか、または無視するか、そういう方向に進んできている。つまりは、「怖れ」という感情を、不用のもの、無用のものとしてきたのである。それがヨーロッパの近代の特色であるが、ヨーロッパは、その科学技術的先進性のために、世界の優位に立ち、ヨーロッパの近代がすなわち世界の近代ということになった。日本の近代化は、敗戦後においていよいよ促進されてきたのだから、「怖れ」などという感情が青少年の間から消え去っていったのも、また当然といえば当然であろう。

「怖れ」は、自己を越えた存在との関係から起こる感情である。そして、自己を越え、人知人力を越えたものを無用にし、拒否することによって成立した近代が、そういう高度の感情を失っていくことも、当然といえば当然だが、この当然は、正当とはいいがたい。自然は、人知によって分析され、解明しつくされるほど浅薄なものではない。大きな自然の命に触れることのなくなってしまうとき、人間の生活は、その奥行きを失ってしまうだろう。

問　筆者の最も言いたいことを次から選べ。

ア　社会道徳や公徳心の欠如が見られるのは科学技術の発達による近代化の特徴で、日本では特に敗戦後にその傾向が著しい。

イ　近代社会において、自然に対して「怖れ」の感情を持つことは、人知未発達の時代の遺物と考えるのもやむをえないことである。

ウ　人間の理性を正しく行使してゆけば世に解決できないものはなく、人知人力の無限の可能性を信じていけば社会道徳は向上する。

エ　人力や人知の及ばないものに対して「怖れ」の気持ちを持つことは、人間生活の奥行きを深くするものだから失ってはならない。

オ　社会道徳や公徳心も教育により、徐々にではあるがよい方向に向かいつつあり、観光地や景勝地においてその傾向は顕著に現れつつある。

カ　自然は人知によって分析・解明しつくされるほど浅薄なものではないという認識に立ち、自然を大切にする公徳心を養う必要がある。

第5章　修辞法

ここで学ぶこと
この章では、修辞法に関する問題の解き方を学習する。大別すると、修辞法の名称を問うものと、表現されている内容を問うものがある。

修辞法とは

人は、ある物事を印象的に伝達しようとするとき、表現に様々な工夫を凝らす。この工夫を**修辞法**と言う。修辞法は、表現技法・レトリックなどとも呼ばれる。修辞法のうち、文章に最もよく用いられ、出題の対象にもされやすいのは、**比喩**である。

比喩の種類

比喩の主なものは次の三種類。

直喩（**明喩**）……「まるで」「あたかも」「〜のような」「〜みたいな」「〜のごとし」など、何かにたとえていることがはっきりわかる言葉を用いるもの。
〔例〕彼女の肌は雪のように白い。

隠喩（**暗喩**）……言葉づかいからは、別の物事にたとえていることがわからないもの。
〔例〕僕は戦いに敗れた獅子だ。

擬人法（**活喩**）……事物を人間同様に表現するもの。
〔例〕そよ風が、わたしの頬をくすぐる。

比喩以外の修辞法

比喩以外で、よく用いられる修辞法は次の通り。

誇張……物事を実際以上に表現すること。
〔例〕変なことを言うから、心臓が止まるじゃないか。

皮肉……本心と反対の言葉で、遠回しに批判すること。
〔例〕今時そんなことも知らないなんて、大したものだ。

逆説……表面上矛盾した言葉で意外な真実を語ること。
〔例〕バカになれない人間が、この世で一番バカだ。

倒置……本来の語順を逆にして、意味を強めること。
〔例〕知らないんだってば、本当に。

体言止め……名詞や代名詞で文を終えること。
〔例〕ああ、なんて素晴らしいアイデア。

擬音語……実際の音声をまねした言葉。

〔例〕雨がざあざあ降っている。

擬態語……事物の状態を音声に似せて表現した言葉。

〔例〕そんなにがみがみ言うことはないだろうに。

＊擬音語や擬態語を比喩の一種（声喩）とする考え方もある。

修辞法の理解

実際の文章の中には、技巧を凝らした表現も少なくない。こうした複雑な表現を的確に理解する上で何より大切なことは、**その表現が何について述べたものなのかをつかむ**こと、すなわち、**表現されているものの実態をつかむ**ことである。

さらに、筆者がなぜその表現を選んだのか、実態と表現を照らし合わせて考え、**筆者の表現意図をつかむ**ことも必要である。その際、そこに**どのような修辞法が用いられるかを判別**できれば、筆者の表現意図もつかみやすくなる。

Open Sesame

解き方の原則

1　**実態をつかむ**　何について述べた表現なのかを考え、その実態をつかむ。

2　**種類を判別**　修辞法の名称を問う問題はもちろんのこと、表現内容・表現意図を問う問題でも、修辞法の種類の判別は重要なポイントになる。主な修辞法は頭に入れておき、きちんと判別できるようにしておく。

3　**筆者の意図をつかむ**　表現されている実態と表現の仕方を照らし合わせ、筆者がその表現を選んだ意図をつかむ。

例題『小さき者へ』　有島武郎

昼過ぎになると戸外の吹雪は段々鎮《しず》まっていって、濃い雪雲から漏れる薄日の光が、窓にたまった雪に来てそっと戯《たわむ》れるまでになった。然し産室の中の人々にはますます重い①不安の雲が蔽《おお》い被《かぶ》さった。医師は医師で、産婆は産婆で、私は私で、銘々《めいめい》の不安に捕われてしまった。その中で何等の危害をも感ぜぬらしく見えるのは、一番恐ろしい運命の淵に臨んでいる産婦と胎児だけだった。二つの生命は昏々《こんこん》として死の方へ眠って行った。

産気がついてから十二時間目に、最後と思わしい激しい陣痛が起った。②肉の眼で恐ろしい夢でも見るように、産婦はかっと瞼《まぶた》を開いて、あてどもなく一所《ひとところ》を睨《にら》みながら、苦しげというより、恐ろしげに顔をゆがめた。そして私の上体を自分の胸の上にたくし込んで、背中を羽がいに抱きすくめた。若し私が産婦と同じ程度にいきんでいなかったら、③産婦の腕は私の胸を押しつぶすだろうと思う程だった。④そこにいる人々の心は思わず総立ちになった。医師と産婆は場所を忘れたように大きな声で産婦を励ました。

解説

まず、全文を通読し、大意をつかむ。これは常に基本！

原則の適用　その一　傍線部①

実態をつかむ

⇩産室の人々の心にのしかかる重苦しい不安感を、雲が蔽い被さった状態にたとえている。

種類を判別

⇩意味上比喩と言えるが、形式からはわからない。

原則の適用　その二　傍線部②

実態をつかむ

⇩産婦の形相を、眼を見開いたまま恐ろしい夢を見ているときの状態にたとえている。

種類を判別

⇩「ように」という言い方で、一目で比喩とわかる。

原則の適用　その三　傍線部③

実態をつかむ

⇩産婦がとっさに出した力の、意外な強さを表現している。

種類を判別

⇩女性の力で人の胸が押しつぶされることはまれであ

ふと産婦の握力がゆるんだのを感じて私は顔を挙《あ》げて見た。産婆の膝許《ひざもと》には血の気のない嬰児《えいじ》が仰向けに横たえられていた。産婆は毬《まり》でもつくようにその胸をはげしく敲《たた》きながら、葡萄酒《ぶどうしゅ》葡萄酒といっていた。看護婦がそれを持って来た。産婆は顔と言葉とでその酒を盥《たらい》の中にあけろと命じた。激しい芳芬《ほうふん》と同時に盥の湯は血のような色に変わった。嬰児はその中に浸された。暫くしてかすかな産声《うぶごえ》が気息もつけない緊張の沈黙を破って細く響いた。

A大きな天と地との間に一人の母と一人の子とがその刹那《せつな》に忽如《こつじょ》として現われ出たのだ。

その時新たな母は私を見て弱々しくほほえんだ。私はそれを見ると何んという事なしに涙が眼がしらに滲《にじ》み出て来た。それを私はお前たちに何んといっていい現わすべきかを知らない。私の生命全体が涙を私の眼から搾《しぼ》り出したとでもいえばいいのか知らん。その時から生活の諸相が総《すべ》て眼の前で変ってしまった。

問一　傍線部①～④に用いられている修辞法は何か。

問二　傍線部Aの表現に込められている筆者の意図を、前後の記述を踏まえて説明せよ。

る。

原則の適用　その四　**傍線部④**

実態をつかむ

⇩いっせいに緊張したという、人々の心の状態を表現している。

種類を判別

⇩「総立ち」は本来、人間の動作を表す。

原則の適用　その五　**傍線部A**

実態をつかむ

⇩「大きな天と地との間」とあるが、実際には小さな産室での出来事である。また、子だけでなく、母も「現われ出た」とある。産婦として産室にいた女性を「現われ出た」と表現するのは、「新たな母」（三十一行目）とあるように、初産で母となったからである。

筆者の意図をつかむ

⇩初めての出産と子の誕生とを誇張して表現することで、生命の誕生のみならず、女が母になることの厳粛さを表している。

解答

問一　①隠喩　②直喩　③誇張　④擬人法

問二　新たな生命の誕生と女が母になることとは、同じくらい厳粛であるということを劇的に表現するため。

練習問題『旅愁』

横光利一

①夕日が前から雲間に光線を投げていた。およそ羊のことをもう二人が忘れてしまっているころ、遠くの方からかえるの鳴くような声が聞こえてきた。それがだんだん続くと、かえるではなく牧場のどこかで羊を呼ぶチロルの歌だとわかってきた。

「ああ、あれだわ。」

と千鶴子は言って矢代の腕を引いた。チロルの歌は咽喉《のど》のすり枯れたような哀音をたたえ、「ころころころ」と同じリズムで聞こえていたが、そのうちに、「るくるくるく」としだいに高く、明瞭になってきた。牧人らしく雲と氷に磨かれた声である。

歌につれてあちこちから鈴の大群の移動し始める音が起こってきた。すると、四方から蝟集《いしゅう》してくる羊の群れが谷間に徐々に現れた。初めは入りまじる白雲のように見えた羊の群れも、幾千匹となくどよめき合してくるに従って②提《つつみ》を絶った大河のように見る見るうちに峡間《はざま》いっぱいに押し詰まり、下へ下へと流れてきた。

矢代は胸の下が冷えて空虚になるのを感じた。日没の光に山々の頂はほの明るく照りわたっていた。その下を羊の鈴の音が交響しながら、それが谷々にこだまして戻ってくる倍の響きとなり、③総立ち上がる蚊の大群のように空中に渦巻いた。チロルの歌はその中を貫く一本の主旋律となって、羊の流れを高く低く呼び集めて近づくのだった。

「るくるくるくるく、るるるるるる――るくるくるくるく、るるるるる――」

「まるで神様を見ているようだわ。」

と千鶴子は小声で言うと、またぼんやり放心して下を見降ろした。まだ末の方で広がり散っている、羊の群れは、犬の声にしめつけられつつ新たな団塊となり、更に速度を速めて前の群団の中へ流れ込んだ。空の光は刻一刻薄らいで紫色に変わっていた。羊の流れは④地をはう霧のようにかすみながらも、鈴の響きだけ、ますます大きく膨らんでくると、むっと熱気に似た獣類のにおいが舞い襲ってきた。

「すごいなあ。」

と思わず言った矢代の声も、もう真下に迫った犬の吠《ほ》え声に聞こえなかった。ひたひたとさざ波の寄せるような速度で下る⑤羊の河は、氷河とは反対に峡間を流れ曲がり、羊飼いの歌を山の斜面のかなたへ押し流して進んだ。そのたびに、「ぐらん、ぐらん」と響き合う鈴のこだまが余韻を空に氾濫《はんらん》させつつ、深まる夕闇《ゆうやみ》の谷底をだんだん遠くへ渡っていく。

太陽は全く落ちてしまった。羊の群れも峡間から消えて見えなくなった時、矢代と千鶴子は初めて顔を見合わせたが、どちらも何も言わなかった。下の空虚になった牧場にはまだ A闇が羊に代わって流れていた。はるか遠くの谷の

方から、まだ夢のように続いている鈴の音をしばらく聞いてから、
「さあ、だいぶ冷えてきましたな。」
と矢代は言って立ち上がった。二人は山小屋へ帰っていった。

問一　傍線部①～⑤に用いられている修辞法を次の中から一つずつ選んで、記号で答えよ。

ア　直喩　**イ**　隠喩　**ウ**　擬人法
エ　誇張　**オ**　皮肉　**カ**　逆説

問二　次の**ア**～**エ**から、傍線部Aに関する説明として誤っているものを一つ選び、記号で答えよ。

ア　羊の群れが去って行くのと前後して闇が濃くなったことを表現している。
イ　闇が羊に「代わる」ことは実際にはあり得ないので、誇張表現である。
ウ　眼前の光景に圧倒されていた「矢代」と「千鶴子」には、羊と闇とが連続するもののように感じられたのである。
エ　羊の群れが去った後も、まだ羊の鈴の音が聞こえていたために、羊と闇とが連続する印象が強まったのである。

【要注意】

設問には「本文の内容と一致しない選択肢を答えよ」とあるのに、勘違いして、本文の内容と一致するものを探してしまう。当然ながら、選択肢のほとんどが、それなりに本文と一致するように思える。どれを選ぼうか、迷っているうちに時間がどんどん過ぎていく。そのあげく、苦心して選んだ答えは、これまた当然ながら不正解。

わかっているのについしてしまうのが、そんなミスである。設問が何を要求しているか、きちんと確かめてから解答しないと、思わぬ大失点につながる。設問はくれぐれも慎重に読もう。

現代文
読解編

第1章　評論文の読解

ここで学ぶこと
論理的に書かれた文章を読む際には、論理の筋道をつかむことが必要である。論理の筋道とはどういうものか、また、筋道をつかむためにはどうすればよいのかを考えてみよう。

ある事柄について論理的に叙述した文章を、評論文（あるいは論説文）と言う。評論文は、物事を筋道を立てて述べたものであるから、その筋道をたどることで、内容を理解することができる。

「筋道を立てて述べる」というのは、**ある論題をめぐって、具体的な説明と抽象的な要約とを行いながら論理を展開する**、ということである。言い換えれば、具体的に説明した内容を抽象的に要約したり、反対に、抽象的に述べた内容を具体例を用いて説明したりして、言葉や表現を変えながら論を組み立てていくということである。（左図を参照）

したがって、**「文章の筋道をたどる」**というのは、文章を読みながら、その文章の論題（論点）は何か、それが文章中のどの箇所で具体的に説明され、どの箇所で抽象的に要約されるのかを押さえ、**論がどのように組み立てられているかを把握する**ということにほかならない。ちなみに、筆者自身の考えは、具体的な説明の部分よりも、抽象的な要約の部分にはっきり現れるものである。評論文は、このような論理の筋道に着目すれば、理解しやすくなるだろう。

ところが、私達は、今まで自分が知らなかったことについて説明されると、わかりにくいと思い込みやすい。そのために、筋道さえたどれば理解できるものまで理解できなくなってしまうことがある。したがって、文章を読むときは、「これは知っている」「これは知らない」といった**先入観を捨て、純粋な気持ちで文章に接する**ことが大切である。

ただし、自分自身が人に物事を筋道を立てて説明できなければ、いくら人の話の筋道をたどろうとしても、なかなかできるものではない。**日頃から人に何かを説明するときは、筋道を立ててわかりやすく話す**よう心がけよう。

■評論文の基本的構成■

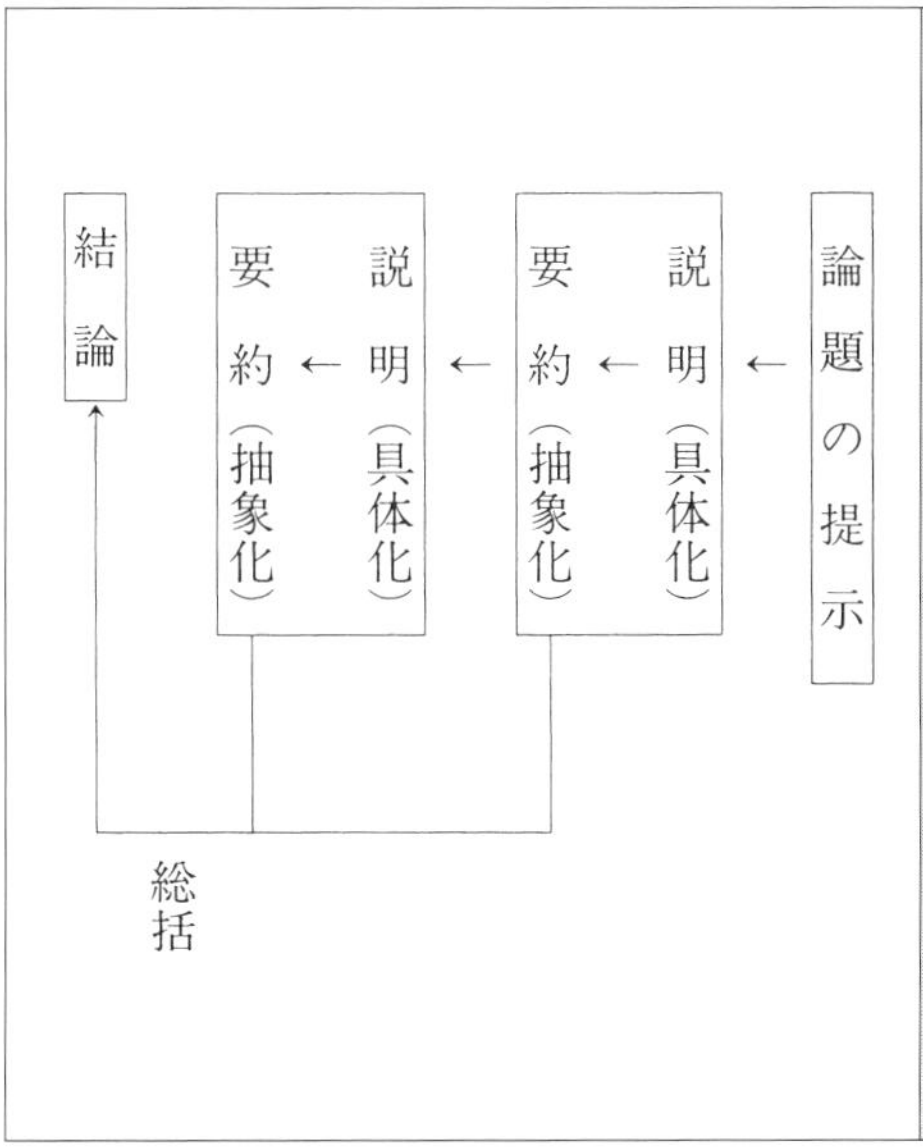

Open Sesame

読解のための要点

1 「筋道を立てる」とは　ある論題をめぐって、具体的な説明と抽象的な要約とを行いながら論を展開することである。

2 「筋道をたどる」とは　文章の論題は何か、それが文章中のどこで具体的に説明され、どこで抽象的に要約されるのかを押さえ、論の組み立てをつかむことである。

3 筋道をたどるためには　先入観を捨て、純粋な気持ちで文章に接しなければならない。自分自身が、日頃から人に何かを説明するとき、筋道を立ててわかりやすく話すよう心がけることが大切である。

評論文　例題

室町記

山崎正和

Open Sesame

文学には様々な形態があるが、中でも、小説は親しみ深いものだろう。芸術的なものから通俗的なものまで幅広く、そして数多く作られている小説。「小説」という言葉は、英語のノベルを訳したものだが、なんと、世界最初の小説は日本にあったのだ。

小説とはどういうものかという芸術学上の定義はむずかしいのですが、ごく常識的にいえば、それは普通の人間、われわれと同じような人間の世界を描いた散文芸術である、といっていいかと思います。ところが、日本でも西洋でも、どこの国でも文学のもっとも古いかたちは、伝承物語あるいは神話であって、小説ではありません。神話というのは、名前のとおり普通の人間を超えた者――神とか英雄とかを扱う文学で、もう少し現代的ないい方をすれば、そういう神や英雄を媒体にして国家、あるいは民族を描く文学だといえるでしょう。そういう大きなものの象徴として人間が描かれるわけですから、ギリシア神話のばあいであれ、日本の神話のばあいであれ、そこに出てくる主人公は、普通の人間の心理構造とか感情とか性格といったものを持っていません。

1　本文中から、頻出する重要語句を探してみよう。

OPEN SESAME 解説

本文は、『源氏物語』が世界最古の小説であることを説明した文章である。まず第一段落の冒頭で小説の定義を示し、それから、その定義に沿って、神話と小説との違いを述べている。第二段落と第三段落が本論に当たるが、そこでも小説の定義を踏まえて、『源氏物語』の特徴を具体的に説明している。

本文の構成を図にしてみると、次のようになる。

第一段落
- 小説……「?」を主人公とする。
- 神話……「?」を描かない。⇩小説ではない。

第二・第三段落
- 『源氏物語』……「?」を描く。⇩小説である。

このように、本文はあるキーワードを軸として構成されているのである。

解答　普通の人間

われわれから見ると、彼らは思いがけない残酷なことをやってみたり、想像もつかない大らかな感情を持っていたりして、それがまた神話の魅力にもなるわけです。日本のばあいもむろんそうなので、①『古事記』や『日本書紀』などに現われる物語は、世界的な標準から見ていわゆる神話であるといっていいでしょう。

しかしながら、日本できわめて特徴的なのは、そういう神話からあまり時をへだてない早い段階で、すでに普通の人間のこまごまとした感情、あるいは微妙な心理関係を主題にした文学が生まれたということです。その代表的な作品が『源氏物語』であって、たしかに『源氏物語』は②その意味で、世界最初の小説であるといっても過言ではないと思われます。

この『源氏物語』は、実は私たちがあまりよく読んでいない作品で、世界的に名を知られているほどには日本人が親しんでいるとはいいにくいのですけれども、しかしその帖々をひもといてみると、③私たちが意外の目を見はるような並みはずれた感情とか、あるいは理解を絶するような行動は、どこにも見あ

2　傍線部①のように言えるのは、なぜか。

OPEN SESAME 解説

「いわゆる神話であるといっていい」ということは、神話としての特徴を備えているということである。本文の七行目に「神話というのは」とあり、以下に神話についての説明がある。そこで述べられているような神話の特徴を、『古事記』や『日本書紀』も持っているのである。

解答　普通の人間の心理構造や感情、性格を持たない神や英雄を主人公とし、それを媒体にして国家や民族を描いているから。

3　傍線部②は、具体的に言うとどういう意味か。

OPEN SESAME 解説

傍線部②の前に「その代表的な作品が『源氏物語』であって」とある。この中の「その」は、直前の文の内容を指している。つまり、『源氏物語』は「普通の人間のこまごまとした感情、あるいは微妙な心理関係を主題にした文学」の「代表的な作品」であるという意味で、「小説」と言えるのであり、また、「神話からあまり時をへだてない早い段階」に生まれたという意味で、「世界最初」なのである。

解答　神話からあまり時をへだてない早い段階に、普通の人間の心理を主題として書かれた文学作品であるという意味。

たりません。むしろ読みようによっては、あの美しい文体のかげに、あまりにもドメスティックなというか、④ひどくちまちました人間関係が描かれているのに、奇妙な感じさえ受けるほどです。

ここには早くも、日本の文学のひとつの顕著な特色として、人間くささという性質がはっきりあらわれているように思われます。このばあいの人間とは、くりかえすようですが、われわれと同じような生活感情を持った普通の人間という意味で、しかもその人間はつねにもうひとりの人間と世俗的な関わりの中に生きています。物語のどの章をとっても、そこにはたとえば男女の恋愛だとか、それにまつわる嫉妬だとか、あるいは社会的な栄達や、そこから脱落した人間の心理というふうなものが、事こまかに描かれているわけです。

4　傍線部③とほぼ同じ内容の語句を二つ探してみよう。

OPEN SESAME 解説

筆者は、傍線部③について、『源氏物語』の中には「どこにも見あたりません」（三十五行目）と言っている。見当たらないもののことをわざわざ持ち出すのは、傍線部③のようなものを描いた文学、すなわち「神話」と『源氏物語』とを対比するためである。したがって、神話について述べている第一段落から探すのが近道である。

解答　思いがけない残酷なこと
想像もつかない大らかな感情

5　傍線部④を具体的に説明している箇所を探してみよう。

OPEN SESAME 解説

傍線部④は、『源氏物語』が世界最古の小説であることを実証している部分である。本文中で、『源氏物語』の中身に触れているのは第三・四段落であるが、第三段落は概略を述べるにとどまり、具体的な内容は第四段落で説明されている。

解答　たとえば男女の恋愛だとか、それにまつわる嫉妬だとか、あるいは社会的な栄達や、そこから脱落した人間の心理というふうなもの

練習1　日本語　表と裏

森本哲郎

ある①ハンバイ会社の壁に、こんな標語が貼《は》ってあるのを見かけた。「セールスは[A]ときに始まる」。それを見て私は、あっぱれな精神！　と大いに感心したのだが、同時に、なんと[B]的なスローガンだろうか、と思った。[a]この標語は「日本人にとって断るということは、[b]きっぱりと断ることではない」といっているように思えたからである。[c]断ることがきっぱり断るのと同義であるなら、こんな標語は成り立つわけがない。いくら説得しても、客は最後まで「[Ⅰ]」というであろうからだ。ところが、こうしたスローガンが立派に通用し、社員を②鼓舞しているところを見ると、日本人の否定は[C]な否定ではなく、あくまで一応の否定であって、その否定はいつか肯定に転じる可能性を持っていることが、わかる。別言すれば、日本人にとってきっぱり断ること、最後まで「[Ⅱ]」といいつづけること、それがいかに困難であるか、この標語が見事にいい当てているのである。

　このように、日本人は完全な否定を言明することをためらい、つねにいくばくかの肯定の余地を残すのを美徳と考えるから、外国人とのあいだでしばしばトラブルが起きる。たいていの民族は、否定は否定、肯定は肯定と、それこそイエス、ノーをはっきりと区別している。否定だか肯定だかわからないと、いらいらし、勝手にどちらかにきめて行動する。[d]日本人はびっくりして、じつはそうではないんです、などと訂正する③破目になる。外国人のあいだで通念のようになっている日本人は④フカカイだというイメージは、このような日本人の否定のあいまいさに大半を負うている。

そのいい例が「結構です」という慣用語であろう。この場合の「結構」というのは「申し分のない」「たいへんよい」という意味であるが、同時に拒絶の意志を表明する⑤サイにも用いられる。この場合は、「自分はこのままで充分満足しているので、これ以上は望みません」ということであり、「結構」本来の意味とけっして矛盾した表現ではないのだが、「いかがですか?」と何かをすすめられ、「結構です」(ヴェリィ・グッド)といえば、外国人ははっきりとした肯定と受けとるにちがいない。

[e]なぜ日本人はそのようなあいまいな否定の表現を使うのか。きっぱりと断るのをよしとしないからだ。肯定とか否定というのは、あくまで主体の意志や判断について言明されることなのであるが、日本人はそのサイにも[D]とのかかわりあいで使い分けるのである。「結構」とは「充分に満足すべき状態」を意味し、[f]それが[D]のことがらについて用いられるときには「すばらしい」の意になり、[E]について使うときには「充分満足しているのだから、これ以上は望まない」という婉曲な拒絶の意となる。だから「結構です」といえば、「[Ⅲ]」であり、「結構ですね」というと「[Ⅳ]」となる。「結構ですね」と「ね」を加えると、それは相手についての言明になるからである。つまり、それは「あなたの申し

ここに着目

問三　この標語を引用した後で、筆者は、「断る」ということについて繰り返し述べている。

問四　B　この後、筆者はこのスローガンのことをどう説明しているか。

C　「あくまで一応の否定」、「いつか肯定に転じる可能性を持っている」ような否定に対し、そうでない否定とは、つまり、どんな否定か。

出は結構なことですね」ということであり、したがって、「遠慮なく頂戴いたしましょう」ということになるのだ。

問一　傍線部①④⑤を漢字に直せ。

問二　傍線部②③の読みをひらがなで記せ。

問三　[A]に入る語句を、本文中の語句を参考にして四字で記せ。

問四　[B]～[E]に入る漢字二字の語を本文中から一つずつ抜き出せ。

問五　[a]～[f]に入る最適な語句を次から一つずつ選べ。

ア　すると　**イ**　しかし　**ウ**　けっして　**エ**　では
オ　すこしも　**カ**　ところで　**キ**　もし　**ク**　たとえ
ケ　なぜなら　**コ**　もちろん　**サ**　したがって

問六　[Ⅰ]～[Ⅳ]に、**ア**「イエス」か、**イ**「ノー」の、いずれかふさわしいほうを入れよ。

問七　この文章に題名をつけるとすれば、どんな題名がふさわしいか。本文中から最適な語句を十五字以内でそのまま抜き出せ。

D「結構」という言葉が、「すばらしい」という賞賛の意味になるのは、誰の事柄について用いる場合か。

E「結構」という言葉が、「これ以上は望まない」という拒絶の意味になるのは、誰の事柄について用いる場合か。

問五　a～cは、文末や句末との呼応から考える。dの直後の「日本人はびっくりして……」は、前文の「……どちらかにきめて行動する」を受けて、これに引き続く内容である。eでは、日本人の否定のあいまいさから、その理由へと話が切り替わっている。fの後に述べられている二つの意は、前で述べられている「結構」の意味を踏まえている。

問七　筆者が、この文章の中で一貫して問題にしていることは何か。

練習2　子どもと自然

河合雅雄

A　①教育と一語でいうが、じつは「教」と「育」の二つの方法によってこの内容が支えられていることに留意すべきであろう。サルの教育には、「教」の要素がほとんどない。子どもは親やきょうだい、仲間たちのすることを見て、見よう見まねで覚えていく。ゴリラやチンパンジーでは、あかんぼうが毒のある植物などを食べようとすると、母親が手で制し、取りあげることがある。類人猿ではこのような禁止行動は見られるが、これを食べなさい、と積極的に教えることはない。

B　サルの教育原理はただ一つ、それは長じてからひとりで生きていく能力をつけることである。その根本は、自分で食物を得る能力、危険なもののaニンチとそれから逃れる方法、社会性のbカクトクなど、独立して生きていくために必要な事柄を身につけることである。してはならないことは禁止やcセイサイによって知るが、他は自分自身で周囲から学びとらねばならない。サルの教育の中心は育である。身体的にdミジュクなときは、親やきょうだいがかばってやり、とくにあかんぼう期には、母親の強いe庇護の下に育っていく。

C　小さい時から独立心を養い、将来ひとりで生きていくf術を学ぶという基本は、未開のg狩猟民族における教育原理でもある。原ひろ子さんの名著『ヘヤー・インディアンとその世界』には、子どもがひとりで生きていく姿が生き生きと描かれている。「ものは自らおぼえるもの」という思想がテッテイ(h)していて、誰かから教えてもらう、習う、という言葉はヘヤー語にはない。②「ヘヤー社会では、人が一人前になるのは、各人の力による」という原則が貫かれている。このことは、アフリカのサン族（ブッシュマン）やピグミー族でも基本的に同じである。しかし、こうした社会の中で子どもは放っぽらかされているのではなく、温かく見守られて育てられていく。つまり、「［ア］」中心の世界なのである。

D　「教」というのは、近代社会になってから発達したものだ。江戸時代には寺子屋や塾があり、「教」が社会的営為として行われ、先生と生徒の関係は成立していたが、そこで求められるのはあくまで生徒の［Ⅰ］であった。職人や芸の世界でも同じく、弟子は教えられるよりも、自ら学びとる姿勢が教育の基本であって、塾も職場も育てるための培地としての意味あいが強かった。

E　現在の学校教育は「［イ］」の色彩が強すぎ、教育論ではなくて教育技術論やその開発への指向が強すぎる。子どもたちはさまざまなパーソナリティーを持っている。それらの資質をゆったり育て開花させる培地作りが、今一番大切だと思われる。

問一　傍線部a～hのカタカナを漢字に直し、漢字には読みがなをつけよ。

問二　［ア］・［イ］に、本文中に使われている一字の語をそれぞれ入れよ。

問三　［Ⅰ］に入る語として最も適当なものを次の中から一つ選べ。

ア　自発性　**イ**　創造性　**ウ**　個性　**エ**　人間性　**オ**　独自性

ここに着目

問二　冒頭で、「教育」の内容は、「教」と「育」の二つの方法によって支えられていると述べ、以降でそれぞれについて説明している。「サルの教育」には「教」の要素がほとんどなく、その中心が「育」であることを押さえた上で、「ヘヤー社会」と「現在の学校教育」が、「サルの教育」と共通するのか、相違するのかを考える。

問三　次文の「自ら学びとる姿勢」に最も近い語を選ぶ。

問四　「育」から「教」へと話が転じているのは、どの段落か。

問四　本文が起承転結の構成だとすれば、「転」に相当するのはどの段落か。A〜Eの記号で答えよ。

問五　段落A〜Eのうち、(1)BとCの関係、(2)DとEの関係はそれぞれ次のどれに相当するか。

ア　対比　　イ　反証　　ウ　類似　　エ　付加　　オ　補完

問六　傍線部①について、次の問いに答えよ。

(1)「教」において失ってならないものは何か。本文中から一語で抜き出せ。

(2)「育」に重きを置く社会において最も重要視されている教育目的は何か。本文中からこれに該当する二十五字の語句を抜き出せ。

問七　傍線部②の「ヘヤー社会」の「原則」に必ずしも合致しないものを次の中から二つ選べ。

ア　狩猟の方法にたけていく。　　イ　明日の天候を予知できる。
ウ　神を畏れ敬う心を身につける。　　エ　雑草の中から薬草を識別できる。
オ　ライオンの習性を熟知する。　　カ　星の運行を見て吉凶を占う。

問八　筆者の論から考えて、現代の教育に欠けているものは何だと考えられるか。次の中からそれに最も関連があると思われるものを二つ選べ。

ア　才能　　イ　余裕　　ウ　技能　　エ　努力
オ　個性　　カ　熱意　　キ　配慮

問五　(1)は、Cの冒頭文「……未開の狩猟民族における教育原理でもある」に着眼する。(2)は、江戸時代には「塾も職場も育てるための培地としての意味あいが強かった」のに対して、現在の学校教育には「培地作りが、今一番大切だ」と述べている。

問六　(1)は「教」、(2)は「育」について述べている段落から探すのが近道。(2)は同趣の記述が複数あるので、字数に合ったものを抜き出すこと。

問七　「未開の狩猟民族」であるヘヤー・インディアンにとって、「将来ひとりで生きていく術」には必ずしもならないものを選ぶ。

問八　現在の学校は、「それらの資質（＝さまざまなパーソナリティー）をゆったり育て開花させる培地」になっていないのである。

第2章　小説の読解

ここで学ぶこと

小説の読解について、よく「行間を読め」と言われる。行間とは、行と行の間の、何も書かれていないところだ。そんなところから、何をどう読みとればよいのだろうか。

「登場人物の心情がうまく読みとれない。」
「作者が何を言いたいのか、よくわからない。」

小説を読みながら、こういう戸惑いを感じる人は少なくないだろう。中には、戸惑いが高じて文学嫌いになってしまう人もいる。しかし、優れた文学作品は、必ず私達の心を豊かなものにしてくれる。理解できないからと言って嫌いになる前に、理解する努力をしたいものである。

では、小説を理解するためには、どういう点に気をつけて読めばよいのだろうか。

小説では、評論文とは違って、物事がくだくだしく説明されることはほとんどない。何から何まで説明してしまうと、読者が想像力をはたらかせる余地がなくなってしまうからだ。小説は、読者の想像力に訴えかけるように、説明的な表現を極力省いて書かれる。小説の読解に、「行間を読む」ことが必要と言われるのは、そのためである。

つまり、**「行間を読む」**とは、**読者が想像力をはたらかせて、積極的に作品の世界に参加すること**である。そうやって、読者は徐々に作品の中に入って行き、ついには**作品の世界と一体になること**ができるのである。もちろん、想像力をはたらかせると言っても、ただやみくもに空想するわけではない。**文章中の具体的な記述を踏まえ、細かい部分にも気をつけて、全体の流れに合致するように考える**のだ。

登場人物の心情を理解するには、時代や場面の設定状況、その人物に関する描写（言動・態度・表情）などを手がかりにしながら、登場人物の身になって考え、自分自身がその人物になったような感覚が味わえるよう、存分に想像力をはたらかせて読むことが必要である。そうすることで、登場人物の気持ちも、作者の訴えようとすることも、自然にだんだんとわかってくるものである。

とは言っても、文学の題材になるような人間心理には、たいへん複雑で微妙なものもあり、それを十分理解するためには、高度な読解力が必要となる場合もある。高度な読解力は一朝一夕に身につくものではなく、毎日の生活の中で**感受性を磨き**、養うものである。**優れた文学作品を数多く読む**ことはもちろんのこと、**映画を観たり、音楽を聴いたり、美術を鑑賞したりする**のも、感受性を高める上でたいへん有意義なことである。

そして、何より大切なのは、多くの人とふれあうなどして、**自分自身の生活を充実させ、豊かな人生経験を持てるよう努力する**ことだ。人の心を理解する力は、そうしたちょっとした心がけを持ち続けることによって、徐々に身につくものなのだから。

Open Sesame

読解のための要点

1 **「行間を読む」とは**　想像力をはたらかせて、作品の世界と一体になることである。文章中の具体的な記述を踏まえ、細かい部分にも気をつけて、全体の流れに合致するように考えることである。

2 **行間を読むには**　優れた文学作品を数多く読むだけでなく、文学以外の様々な芸術作品にも触れて、感受性を高めるとよい。何よりも、自分自身の毎日の生活を充実させ、豊かな人生経験を持つことが大切である。

セサミ先生　質問です

小説　例題1

黒子《ほくろ》の刻印　山田詠美

Open Sesame

若年期における苦悩は様々であるが、必要以上に自分の容姿や外見にこだわることが多いのではないだろうか。これに恋愛が絡んでくると、苦悩はますます深くなる。ここでは、若い女性の屈折した心理を描いた小説を読んでみよう。

（双子の美花と梨花はよく似ていたが、梨花の左の頰《ほお》には大きな黒子《ほくろ》があり、梨花はその黒子ゆえに幸せになれないと思っていた。美花とは別々の大学に進むことにより、善良でお人好しのイメージ作りに成功した梨花が、ある日、結婚を前提としたつきあいをしている横山を家に連れてきた。）

横山は、とても自然に家族に溶け込んだ。彼は、とても育ちの良い、それでいてやんちゃな青年のように振る舞って、両親を喜ばせた。梨花は、気楽な仲間のように彼に接していたが、内心は穏やかではなかった。彼が、時折、心奪われたかのように、呆《ぼう》然《ぜん》と美花を見ているのに気付いたからだった。美花は、いつもと違い、控え目な様子で母の手伝いをしていたが、時折、実に自然な仕草で、横山の気を引いていた。

1　傍線部①には、梨花のどのような心理が表れているか。

OPEN SESAME 解説

「ぎこちない笑顔」とは、不自然な笑顔、作り笑いのことである。つまり、内心は笑える心境ではないにもかかわらず、横山の前では笑顔を装っているということである。

そこで、梨花の内心から見ていこう。本文後半を読むと、梨花が美花に憎しみの感情を抱いていることがわかる。その美花が何食わぬ顔で「横山の気を引いていた」ことは、梨花には許しがたいことであったろう。その上、横山が美花を「誉めたたえた」のであるから、梨花が横山の言動を不愉快に感じていたことは、容易に想像できる。

一方、梨花がそのような内心とは裏腹に、横山に笑顔で応えているのはなぜだろう。本文の前書きにあるように、梨花は「善良でお人好しのイメージ作り」をしてきた。当然、横山も梨花をそのような女性と思い込んでいる。横山の美花に対する賛美を不快に思う気持ちは、「善良でお人好しのイメ

「おまえに双子の妹がいるなんて知らなかったなあ。しかも、あんなに綺麗《きれい》な人」

横山は、翌日、感動を覚えたという調子で美花を誉《ほ》めたたえた。梨花は、①ぎこちない笑顔で相槌《あいづち》を打ちながら、②ある決心をしていた。そして、その決心を実行に移すために、アルバイトを始めた。彼女は、自分の頬の黒子が、久し振りに浮き上がって来るように感じていた。

数日たって、横山の許《もと》に駆けつけた梨花の頬には、大きなガーゼが張り付いていた。彼女は、手術をして、黒子の除去を行なったのだった。

横山は、驚き、そして、次に、不思議そうに尋ねた。

「なんだって、そんなことを……」

「あなたのためよ。ない方がいいと思って」

「困るよ、そんな」

横山は、しばらく下を向いていたが、やがて決心したように言った。

「結婚の話だけど、ちょっと、待ってくれないかな」

「どういうこと？」

「③ちょっとさ、自信なくて」

ージ」とは相反するものであり、これを横山に知られたくないという心理がはたらいているのである。

解答 横山が美花を誉めたたえたことを不快に思いながらも、それを横山に悟られたくないという心理。

2 傍線部②は、何を「決心」したのか。

OPEN SESAME 解説

直後に「その決心を実行に移すために、アルバイトを始めた」とあり、次の段落で「決心」の中身が種明かしされている。

解答 手術をして、黒子を除去すること。

3 傍線部③で、横山が自信がないと言ったのは、どのような意味か。

OPEN SESAME 解説

自信がないから結婚話を先延ばしにしてほしいという横山の言葉を、梨花は「美花のせい」だと思い込み、美花を罵倒する言葉をまくしたてた。しかし、横山の真意は、「仕事に慣れるまで、結婚なんて出来ない」(四十行目)」ということだったのである。

解答 まだ仕事に慣れていないから、結婚生活に自信がもてないということ。

4 傍線部④は、何をたとえているか。

「美花のせいね」

　横山は、うろたえたように梨花を見た。

「どうしたのよ、返事してよ。あの子に何か言われたのね!!　人でなし!!　あの女はね、いつだって、私のことを陥れようとする人だから!!　ちょっとぐらい綺麗だからって、最低よ!!　私、殺してやりたいくらい憎んでるわ!!　私は、あの子のおかけで、ずっと不幸だったんだから!!」

　横山は、唾《つば》を飛ばしてまくしたてる梨花を唖然《あぜん》としてながめていた。いったい、どうしちまったんだ。仕事に慣れるまで、結婚なんて出来ないって言おうとしてたのに。

　彼は、わめき続ける梨花を、まるで④知らない女を見るように見続けていた。ガーゼの下には、もう、あの黒い塊が存在していないのだろうか。だとしたら、どこに行っちまったんだろう。彼は、呆然と、梨花の胸のあたりに目をやるばかりだった。梨花は、そんな横山の困惑には一向に気付かずに、取り除いた筈《はず》の黒子を心の奥底に移動させ続けていた。

OPEN SESAME 解説

「わめき続ける梨花」が、横山には「まるで知らない女」のように見えたのである。横山にとって梨花は善良でお人好しな女性であった。しかし、美花に対する憎悪の気持ちを剝き出しにしてわめき続ける梨花は、横山が知っている梨花ではなかった。それは、「いったい、どうしちまったんだ」という横山の言葉に如実に表れている。

解答　これまで理解していた梨花とは違う人格をもつ女性。

5　**この小説の「黒子」は、何を象徴しているか。**

OPEN SESAME 解説

　よく似た双子の姉妹でありながら、梨花は黒子があるために、自分は美花のように綺麗でないという思い（コンプレックス）にかられてきた。「黒子」を取りさえすれば、その思いも消えるはずであった。しかし、皮肉なことに、黒子を除去したことが発端となり、梨花は横山の前で美花を罵倒する言葉を吐き捨ててしまう。「ちょっとぐらい綺麗だからって、最低よ!!」という言葉の奥には、美花に対するコンプレックスが依然として残っていることを物語っている。最後の一文に「取り除いた筈の黒子を心の奥底に移動させ続けていた」とあるように、顔の「黒子」を除去しても、「黒子」に象徴されているコンプレックスは、依然として梨花の心の奥底に残り続けていたのである。

解答　コンプレックス（劣等感）

小説　例題2

戯作三昧

芥川龍之介

Open Sesame

明治より前には「芸術」という言葉はなく、江戸時代には、小説は「戯作」と呼ばれていた。戯作は低俗な娯楽とされ、戯作者（小説家）の生活もあまり恵まれていなかった。そんな時代に創作に打ち込んだ作家の一人・滝沢馬琴を主人公にした小説を読んでみよう。

馬琴は薄暗い円行燈《まるあんどん》の光の下で、八犬伝の稿をつぎ始めた。執筆中は家内のものも、この書斎へははいって来ない。ひっそりした部屋の中では、燈心の油を吸う音が、こおろぎの声と共に、空しく夜長の寂しさを語っている。

　はじめ筆を下ろした時、彼の頭の中には、①かすかな光のようなものが動いていた。が、十行二十行と、筆が進むのにしたがって、その光のようなものは、次第に大きさを増してくる。経験上、その何であるかを知っていた馬琴は、注意に注意をして、筆を運んでいった。神来の興は火と少しも変わりがない。起こすことを知らなければ、一度燃えても、すぐにまた消えてしまう。……

「あせるな。そうして、できるだけ深く考えろ。」

馬琴は、ややもすれば走りそうな筆をいましめな

OPEN SESAME 解説

1　傍線部①〜④は、何を意味しているか。

　まず、①〜④を通して見てみると、それが馬琴の頭の中にあるもので、光や星にたとえられていることがわかる。しかも、それは最初小さかったのが、しだいに大きく激しい流れとなっていっている。

　そこで、傍線部①について見てみよう。傍線部①を、一つ後の文で「その光のようなもの」と言い換え、さらに後の文では、馬琴は「経験上、その何であるかを知っていた」と言っている。そして、「その何であるか」について、十一行目で「神来の興は火と少しも変わりがない」と説明している。指示語を注意深く追っていけば、傍線部①が「神来の興」であることがわかる。

　傍線部①〜④は「神来の興」の比喩（③は直後が比喩）であり、馬琴の脳裏を流れる光として表現されている。馬琴は「神来の興」に導かれて、八犬伝を書き進める。そして、次に示すように、馬琴の筆の勢いは、「神来の興」が豊かになるにつれて増している。

がら、何度もこう自分にささやいた。が、頭の中にはもうさっきの②星を砕いたようなものが、川よりも早く流れている。そうしてそれが刻々に力を加えてきて、否応《いやおう》なしに彼を押しやってしまう。

a馬琴の耳にはいつか、こおろぎの声が聞こえなくなった。彼の眼にも、円行燈のかすかな光が、今は少しも苦にならない。筆は自ら勢いを生じて、一気に紙の上をすべりはじめる。彼は神人と相搏《あいう》つような態度で、ほとんど必死に書きつづけた。

③頭の中の流れは、ちょうど空を走る銀河のように、滾々《こんこん》としてどこからかあふれてくる。彼はそのすさまじい勢いを恐れながら、自分の肉体の力が万一それに耐えられなくなる場合を気づかった。そうして、かたく筆を握りながら、何度もこう自分に呼びかけた。

「根かぎり書きつづけろ。今おれが書いている事は、今でなければ書けない事かもしれないぞ。」

しかし④光のもやに似た流れは、少しもその速力を緩めない。反《かえ》って目まぐるしい飛躍の中に、あらゆるものを溺らせながら、澎湃《ほうはい》として彼を襲ってくる。

	神来の興	馬琴
第二段落	かすかに動いていたのが、次第に大きくなる。	注意に注意をして、筆を運ぶ。
第三段落	川よりも早く流れ、刻々に力を加えてくる。	筆が走るのを警戒するが、否応なく押しやられる。
第四第五段落	空を走る銀河のように、滾々としてどこからかあふれてくる。	筆が一気に紙の上をすべり、体力を心配しながら必死に書き続ける。
第六段落	あらゆるものを溺らせながら、襲ってくる。	一切を忘れて、嵐のような勢いで筆を駆る。

では、「神来の興」とは、どういうものか。

人の脳裏にあって、創作活動を支えるもの、それは芸術的なひらめきである。芸術的なひらめきが次第に鮮明になり、膨れ上がっていく様子を、作者は光の流れが盛んになる様子に見立てたのである。

このようなひらめきのことを、英語でインスピレーションと言うが、昔ヨーロッパでは、インスピレーションは神から授けられるものと考えられていた。それで、作者は「ひらめき」の意味で、「神来の興」（神に由来する感興）という言葉を用いたのである。

解答　芸術的なひらめき

彼は遂に全くその虜《とりこ》になった。そうして一切を忘れながら、その流れの方向に、嵐のような勢いで筆を駆った。

　この時彼の王者のような目に映っていたものは、利害でもなければ、愛憎でもない。まして毀誉《きよ》に煩わされる心などは、とうに眼底を払って消えてしまった。あるのは、ただ不可思議な悦《よろこ》びである。あるいは恍惚《こうこつ》たる悲壮の感激である。この感激を知らないものに、どうしてb戯作三昧の心境が味到されよう。どうして戯作者の厳《おごそ》かな魂が理解されよう。ここにこそ「人生」は、あらゆるその残滓《ざんし》を洗って、まるで新しい鉱石のように、美しく作者の前に、輝いているではないか。……

2　波線部aのようになったのは、なぜか。

OPEN SESAME 解説

　筆を下ろす以前の馬琴には、「こおろぎの声」（四十行目）が聞こえていたが、「神来の興」に導かれながら書き進めていくうちに、こおろぎの鳴き声が耳に入らなくなったのである。

解答　馬琴が八犬伝の執筆に集中するようになったから。

3　波線部bは、どのような心境か。

OPEN SESAME 解説

　「三昧」とは、一心不乱の状態。「戯作三昧」とは、我を忘れて創作に没頭することをいう。その心境とは、利害・愛憎・毀誉などと無関係な、「不思議な悦び」（四十二行目）、あるいは「恍惚たる悲壮の感激」（四十三行目）の境地である。作者は、その中でこそ人生はすべての汚れを払って「美しく」「輝いている」（四十七行目）と言っている。

解答　世俗的な価値には一切無関係であり、しかも、人生が本来の輝きを放って見えるような、純粋な感動の境地。

練習1　道草　夏目漱石

「おれ達夫婦も世間から見れば随分変わってるんだから、そう人[a]の事ばかりとやかく言っちゃいられないかもしれない。」

「やっぱり同じことですわ。みんな自分だけは好《い》いと思ってるんだから。」

健三はすぐ癪《しゃく》にさわった。

「お前でも自分じゃ好いつもりでいるのかい。」

「いますとも。あなたが好いと思っていらっしゃる通りに。」

彼らの争いはよくこういうところから起こった。そうして折角《せっかく》おだやかに静まっている双方の心をかき乱した。健三はそれを慎みの足りない細君の責めに帰した。細君はまた偏屈で強情な夫のせいだとばかり解釈した。

「字が書けなくっても、裁縫ができなくっても、やっぱり姉のような亭主孝行な女の方がおれは好きだ。」

「今時そんな女がどこの国にいるもんですか。」

細君の言葉の奥には、男ほど手前勝手なもの[α]はないという大きな反感が横たわっていた。

筋道の通った頭を持っていない彼女には［Ⅰ］新しい点があった。彼女は形式的な昔風の倫理観にとらわれるほど厳重な家庭に人[b]とならなかった。政治家を以て任じていた彼女の父は、教育に関して［Ⅱ］無定見であった。母はまた普通の女のようにやかましく子供を育て上げる性質ではなかった。彼女は宅にいて比較的自由な空気を呼吸した。そうして学校は小学校を卒業しただけであった。彼女は考えなかった。けれども考えた結果を野性的によく感じていた。

「単に夫という名前がついているからというだけの意味で、その人(c)を尊敬しなくてはならないと強いられても自分にはできない。もし尊敬を受けたければ、受けられるだけの実質をもった人間になって自分の前に出て来るがよい。［A］という肩書などはなくっても構わないから。」

不思議にも①学問をした健三の方はこの点において［Ⅲ］旧式であった。自分は自分の為に生きて行かなければならないという主義を実現したがりながら、②夫の為にのみ存在する妻を最初から仮定して憚《はばか》らなかった。

「あらゆる意味から見て、妻は夫に従属すべきものだ。」

二人が衝突する大根《おおね》はここにあった。

夫と独立した自己の存在を主張しようとする細君を見ると健三はすぐ不快を感じた。［Ⅳ］「女の癖《くせ》に」という気になった。それが一段はげしくなるとたちまち「何を生意気な」という言葉に変化した。細君の腹には「いくら女だって」という挨拶がいつでも貯えてあった。

「いくら女だって、そう踏みつけにされてたまるものか。」

健三は時として細君の顔に出るこれだけの表情を明らかに読んだ。

「［B］だから馬鹿にするのではない。馬鹿だから馬鹿にするのだ、③尊敬された

ここに着目

問二　a　同じ健三のセリフの「おれ達夫婦」との対応から考える。

b　「人となる」は、成人すること。

c　「その人」とは、「夫という名前がついている」という特定の人を指す。

問三　A　「肩書」は、前に出てく

ければ尊敬されるだけの人格をこしらえるがよい。」

健三の論理はいつの間にか、細君が彼に向かって投げる論理と同じものになってしまった。

問一　[Ⅰ]～[Ⅳ]に最適な語句を次から一つずつ選べ。

ア　ややともすると　イ　ほとんど　ウ　それとなく

エ　存外　オ　案の定　カ　かえって

問二　波線部a～cの「人」は、それぞれどういう意味か。次から一つずつ選べ。

ア　人類　イ　個人　ウ　他人　エ　一人前

問三　[A]・[B]に最適な語句を本文中から一つずつ抜き出せ。

問四　傍線部①のような夫に対し、妻が対照的に描写されている部分を二箇所、それぞれ二十字以内でそのまま抜き出せ。

問五　傍線部②と意味の同じ部分を、夫のセリフから十字以内でそのまま抜き出せ。

問六　傍線部③と同様の論理を語っている部分を、妻のセリフからそのまま抜き出せ。

問七　二重傍線部αのように妻に受けとられる夫の言動の特徴を、本文中から三十字以内でそのまま抜き出せ。

る「名前」と同じ意味で使われている。これと対照的な意味で使われているのは、同じ細君のセリフの「実質」である。

B　健三のセリフの「馬鹿にする」は、その前の細君のセリフの「踏みつけにされて」に対応する。

問四　「学問をした」とは、大学を出ているということ。この小説の舞台は明治時代だが、明治時代に大学に進めたのは、ごく少数のエリートだけだった。

問五　「夫の為にのみ存在する妻」とは、言い換えれば、「自分を犠牲にしてでも夫に尽くす妻」ということ。

問六　健三の論理のどこが細君の論理と同じなのか。

問七　「手前勝手」は「自分勝手」と同じく、自己中心的な態度のこと。設問文の「夫の言動の特徴」に留意したい。

練習2　赤蛙

島木健作

何かを期待してじっと一所を見つめているというのは長いものだ。それは長く思われたが、五分は経《た》たなかっただろう、赤蛙は再び動きだした。前と同じように流れの方へ向かって。そして飛び込んだ。これも前と同じに。一生懸命に泳ぎ、押し流され、水中に姿を没し、中洲の突端にとりつき、はい上がり、またもとの所へ来てうずくまる、——何から何までが前の時と同じ繰り返しだった。そして今不思議な見ものを見るような思いで凝視している私の目の前で、赤蛙はまたもや流れの方へ向かって歩き出したのである。

私は赤蛙をはじめて見つけた時、その背なかの赤褐色が、濡れたように光っていたことを思い出した。して見ると私は初めから見たのではない。私が見る前に、赤蛙はもう何度もこの繰り返しをやっていたものかわからない。「[A]」私は笑いだした。

赤蛙は向こう岸に渡りたがっている。しかし赤蛙はそのために何もわざわざ今渡ろうとしているその流れをえらぶ必要はないのだ。下が一枚板のような岩になっているために、速い流れをなしている所が全部ではない。急流のすぐ上に続くところはよどんだゆっくりとした流れになっている。①流れは一時そこで足を止め、深く水をたたえ、次の浅瀬の急流にそなえてでもいるような所なのである。その小さな淵[a]

の上には、柳のかなりな大木が枝さえ垂らしているという、赤蛙にとっては誂《あつら》え向きの風景なのだ。［B］

私がそんなことを考えている間にも、赤蛙はまたも失敗してもどってきた。［C］私は道路からいくつかの石を拾って来て、中洲をめがけて投げはじめた。赤蛙を打とうという気はなかった。私はただ彼を驚かしてやりたかった。彼に周囲を見まわすきっかけを作り、気づかせてやりたかった。石は赤蛙の周囲に幾つも落ちた。速い流れにも落ちた。淵にも落ちて、どぶんという音はこっちを見よとでもいうかのようだった。赤蛙はびくっとしたように頭を上げたり、ちょっと立ち止まったりしたが、しかし結局予定通り動くことをやめなかった。飛び込んで泳ぐこともやめなかった。私は石を投げることをやめて、また石の上に腰を下ろした。

秋の日はいつか日がかげりつつあった。山や森の陰の所はうすあおくさえなって来ていた。私は冷えが来ぬうちに帰らねばならなかった。②しかし私は立ち去りかねていた。

しだいに私は③不思議な思いに、とらわれはじめていた。赤蛙は何もかも知ってやっているのだとしか思えない。そこには執念深くさえもある意志が働いているのだとしか思えない。微妙な生活本能をそなえたこの小動物が、どこを渡れば容易であるか、あの小さな淵がそれであることなどを知らぬわけはない。赤蛙はある目的をもって、意志をもって、あえて困難に突入しているのだとしか思えない。彼にとって力に余るものに挑み、戦ってこれを征服しようとしているのだとしか思えない。

問一　波線部a～cの読みをひらがなで記せ。

問二　A～C に入る最も適切な語を次から一つずつ選べ。

ア　私はそろそろ退屈しはじめていた。

イ　私はもう一度その姿を目でさがし求めた。

ウ　馬鹿なやつだな——

エ　なぜあの淵を渡ろうとせぬのだろう?

問三　傍線部①に用いられている表現上の技法は何か。

問四　傍線部②の理由として最も適切なものを次から一つ選べ。

ア　同じことを繰り返す赤蛙を、最後まで見届けたくなったから。

イ　向こう岸に渡るにはどうしたらよいか、赤蛙に知らせたかったから。

ウ　無意味に見える赤蛙の行動に、不思議な感動を覚え始めたから。

エ　久しぶりに散歩に出たのに、すぐ帰るのはもったいないから。

問五　傍線部③の内容を、本文中の語句を用いて五十字以内で具体的に説明せよ。

問六　本文の主題として最も適切なものを次から一つ選べ。

ア　急流を懸命に泳ぎ渡ろうとしている赤蛙から受けた感動的な印象。

イ　一見何でもなさそうな自然の営みの中に、無限の不思議が隠れているという発見。

ウ　同じことを徒に反復する赤蛙を反面教師として得た、現実的な教訓。

エ　赤蛙を見守り続けている間の、とりとめのない空想。

ここに着目

問二　A　自分が見る以前から、赤蛙は同じことを繰り返していたのかもしれないと思って、「笑いだした」私のセリフである。

B　「何もわざわざ今渡ろうとしているその流れをえらぶ必要」などなく、「赤蛙にとっては誂え向きの風景」があることを踏まえる。

C　「赤蛙はまたも失敗してもどってきた」のである。

問三　「足を止め」に着目。

問四　本文の展開を押さえる。傍線部②の理由に当たる箇所はどこか。

問五　傍線部③の説明は、傍線部の後にある。

問六　本文を通して、作者が最も伝えたかったことは何か。「私」の心情の変化を踏まえて考えること。

練習3　海と毒薬　遠藤周作

命ぜられるままに、たち上って作文を読みはじめた。何時もなら、この時間はぼくにとって楽しいものなのだ。自分の書いたものを模範作文として皆に朗読することは大いに①虚栄心を充たしてくれたのだが、この日は読みながら、心は落ちつかなかった。斜め横の椅子《いす》に腰をおろした転入生の眼鏡が気になったのである。彼は東京の小学校から来ている。髪の毛を伸ばし、白い襟のでたシャレた洋服を着ている。

（負けんぞ）とぼくは心の中で呟《つぶや》いた。

作文の時、ぼくはいつも一、二カ所のサワリを作っておく。サワリとは師範出の若い教師が悦《よろこ》びそうな場面である。別に意識して書いたのではないが、鈴木三重吉《すずきみえきち》の「赤い鳥」文集を生徒に読みきかせるこの青年教師から賞《ほ》められるために、純真さ、少年らしい感情を感じさせる場面を織りこんでおいたのだ。

「夏休みのある日、木村君が病気だと聞いたので、さっそく見まいに行こうと考えた」とその日もぼくは皆の前で朗読した。

これは本当だった。けれどもそれに続くあとの部分で、例によってぼくはありもしない場面を作りあげていた。病気の木村君のため、苦心して採集した蝶《ちょう》の標本箱を持っていこうとする。ネギ畠の中を歩きながら、突然、それをやることが惜しくなる。幾度も家に戻ろうとするが、やっぱり木村君の家まで来てしまう。そして彼の悦んだ顔をみてホッとする……。

「よおし」ぼくが読み終った時、教師は②いかにも満足したように組中の子供を見まわした。「戸田クンの作文のどこがええか、わかるか。わかった者は手をあげよ」

二、三人の子供が自信なげに手をあげた。ぼくには彼等の答えも、教師の言いたいこともほぼ見当がついていた。木村マサルという子に標本箱を持っていってやったのは本当である。だが、それは彼の病気に同情したためではない。キリギリスの鳴きたてる畠を歩いたことも事実である。だが、これをくれてやることが惜しいとは思いもしなかった。なぜならぼくは三つほど、そんな標本箱を父から買い与えられていたからだ。木村が悦んだことは言うまでもない。だが、あの時、ぼくが感じたのは彼の百姓家のきたなさと優越感とだけであった。

「アキラ。答えてみろや」

「戸田クンがマサルに標本箱……大切な標本箱、やりはったのが偉いと思います」

「それは、まあ、そやけれど、この作文のええ所は」教師は白墨をとると黒板に――良心的――という三文字を書きつけた。「ネギ畠を歩きながら標本箱やるのが惜しゅうなった気持をありのままに書いているやろ。みなの作文には時々、ウソがある。しかし戸田クンは本当の気持を正直に書いている。良心的だナ」

ぼくは黒板に教師が大書した良心的という三文字を眺めた。③どこかの教室でかすれたオルガンの音がきこえる。女の子たちが唱歌を歌っている。別にウソをついたとも仲間や教師をダマしたとも思わなかった。今日まで学校でも家庭でもそうだったのだし、そうすることによってぼくは優等生であり善い子だったのである。

ななめ横をそっと振りむくと、あの髪の毛を伸ばした転入生が鼻に眼鏡を少しずり落して黒板をじっと見詰めていた。ぼくの視線に気づいたのか、彼は首にまいた白い繃《ほう》帯をねじるようにしてこちらに顔をむけた。二人はそのまましばらくの間、たがいの顔を探るように窺《うかが》いあっていた。と、彼の頬《ほお》がかすかに赤らみ、④うすい笑いが唇《くちびる》にうかんだ。（みんなは瞞《だま》されてもネ、僕は知っているよ）その微笑はまるでそう言っているようだった。（ネギ畠を歩いたことも、標本箱が惜しくなったことも皆、ウソだろ。うまくやってきたね。だが大人を瞞せても東京の子供は瞞されないよ）

⑤ぼくは視線をそらし、耳まで赤い血がのぼるのを感じた。オルガンの音がやみ、女の子たちの声も聞えなくなった。黒板の字が震え動いているような気がした。

問一　傍線部①「虚栄心」の意味を答えよ。

問二　傍線部②「いかにも満足したように」とあるが、その理由を二十五字以内で答えよ。

問三　「ぼく」の作文に書かれた内容のうち、ウソであるものを次の中からすべて選べ。

ア　病気の木村君のために、蝶を採集した。

イ　蝶の標本箱を持っていった。

ウ　突然、蝶をやることが惜しくなった。

エ　幾度も家に戻ろうとした。

ここに着目

問二　「ぼく」は、教師が作文で求めているものを、「純真さ、少年らしい感情を感じさせる場面」として「織りこんでおいた」。教師が黒板に書きつけた「良心的」の説明は、彼の「満足」の説明にもなっている。

問三　第三・第四・第六段落を丁

オ　彼の悦んだ顔をみてホッとした。

問四　傍線部③「どこかの教室でかすれたオルガンの音がきこえる。女の子たちが唱歌を歌っている」とあるが、この部分から読みとれる「ぼく」の気持ちに最も近いものを次の中から一つ選べ。

ア　教師がわかりきったことを言うので退屈な気持ち。
イ　教室の外の音が気になって授業に集中できない気持ち。
ウ　自分の思い通りに授業が進んでいるという余裕のある気持ち。
エ　清らかな歌声を聴いて、自分の汚れた心を反省する気持ち。
オ　斜め横の転入生が気になって、つい周囲の様子をうかがう気持ち。

問五　傍線部④「うすい笑い」には、「ぼく」に対するどのような気持ちが込められていると「ぼく」は感じたのか。漢字二字で答えよ。

問六　傍線部⑤「ぼくは視線をそらし、耳まで赤い血がのぼるのを感じた」とあるが、このときの「ぼく」の気持ちを二十五字以内で説明せよ。

寧に読めば、事実関係がわかるはず。

問四　「ぼく」の意識が、教師の言葉→どこかの教室の音楽→自分の心、と移っていることに注意。また、最後の場面と対比させて考えるとよい。

問五　「ぼく」にとって「その微笑」は、（みんなは瞞されてもネ、僕は知っているよ）（……皆、ウソだろ。うまくやってきたね。……）と言っているようだったのである。

問六　（負けんぞ）と思っていた転入生に、ウソをついたことを知っていると言わんばかりの「うすい笑い」を浮かべられ、「ぼく」は彼を直視できず、耳まで赤い血がのぼり、「黒板の字が震え動いているような気」までしているのである。

第3章　随筆の読解

ここで学ぶこと

この章では、評論文と小説の読解の要点を踏まえた上で、筆者の個性が如実に現れる随筆をどのように読解するかについて考えてみよう。

心に浮かんだことや、見聞きしたり体験したりしたことを、思いつくままに自由に書いた文章を「随筆」と言う。随筆には、日常的なものを題材にして、それに対する感想や意見を述べる形のものが多く、取り上げる題材や書き手によって、評論風の硬い文章になったり、小説風の軟らかい文章になったりする。

例えば、筆者がある事柄に関する意見を題材にし、その事柄についての考え方に重きを置いて書いた場合には、評論的な色合いを帯びた随筆になる。一方、心温まるエピソードを題材にして、登場人物の心情面に重きを置いた文章を書いた場合には、小説的な色彩のある随筆になる。もちろん、作品によってはこの二つの要素を兼ね備えたものもあるが、程度の差こそあれ、随筆は、**評論的な要素のある随筆**と**小説的な要素のある随筆**の二つに大別される。

したがって、随筆の読解に当たっては、第1章の評論文の読解、第2章の小説の読解で学習してきた、**「筋道をたどること」と「行間を読むこと」が基本**となる。まず、このことを理解しておこう。

では、随筆ならではの醍醐味はどこにあるのだろうか。「事実は小説よりも奇なり」と言われるように、随筆で取り上げられる題材には、それ自体に面白みや意義があり、考えさせられるものも多い。だが、**随筆の魅力は**題材の妙よりも、むしろ、その**題材に味つけを施す書き手の「個性」にある**と言えるだろう。

ここで言う「個性」とは、簡単に言えば、筆者のものの見方や感じ方のことである。したがって、随筆の読解には、**筆者のものの見方や感じ方を察知し、筆者が「何をどのように見、どのように思ったか」を読みとる**ことが大切である。

書き手のものの見方や感じ方は、一般的に感想や意見の部分に現れると考えられがちだが、必ずしもそうとは限らない。

例えば、筆者が自ら体験したことを題材にしている場合、その体験の叙述の中にも、すでに筆者のものの見方や感じ方が投影されているものである。

そこで、**筆者の「語り口」にも着眼**したい。体験そのものを好意的・肯定的に書いているのか、あるいは、批判的・否定的に書いているのか。その語り口が、感想や意見の部分を読解する手がかりにもなるだろう。また、語り口は決して表面的なものではなく、その奥には、筆者の人生観なり哲学なりが必ずある。そこに目を向けることも、随筆の読解には必要なことである。

このように、随筆の題材には、すでに感想や意見への伏線が置かれていることが多い。優れた随筆には、冒頭からすでに周到な配慮が払われているものである。

Open Sesame

読解のための要点

1 **随筆には**　評論的要素のある随筆と小説的要素のある随筆があり、「筋道をたどること」と「行間を読むこと」が、随筆読解の基本である。

2 **随筆の魅力とは**　題材に味つけをする筆者の個性にある。随筆の読解には、筆者のものの見方や感じ方を察知し、筆者が「何をどのように見、どのように思ったか」を読みとることが大切である。

3 **筆者の個性は**　感想や意見の部分はもとより、その語り口にも現れる。語り口に着眼することも、随筆読解のポイントである。

随筆　例題1
貘《ばく》の食べのこし
中島らも

Open Sesame

時代とともに、父親と子供の関係も変化している。特に価値観の多様化が進む現代では、その変化は著しい。昨今、「父親の権威がなくなった」「父親の家庭内での存在が希薄」と言われる。そんな今の時代の「お父さん」について考えてみよう。

新聞でやっている『明るい悩み相談室』に、「様子がおかしいお父さん」を持った子供たちからの投書がたくさん届く。

　ある女子高生からなのだが、学校でいやなことがあって、帰校してから自分の部屋で泣いていると、いつの間にかお父さんが後ろに立っていた。はっ、として振り向くと、お父さんは両腕をひろげて抱きとめる仕草をしながら、「おい。泣くんだったら、俺のこの胸で泣け」と言ったのだそうだ。その子はそれでシラケてしまって、涙も引っ込んでしまったという。

　こういう風に、青春ドラマの中に子供を引っ張り込んで感激を共有しようとたくらむお父さんもいれば、かたほうには「ギャグで受け」て意思の疎通をはかろうとするお父さんもいる。

1　傍線部①は、具体的に言うとどのようなことか。

OPEN SESAME 解説

　筆者は、現代の父親と子供の関係の具体例として、高校生からの手紙を二つ紹介している。該当箇所は、後者の「『ギャグで受け』て意思の疎通をはかろうとするお父さん」の事例である。お父さんのくだらないギャグに対して、お母さんも弟も無視しているのだが、黙殺するにしのびないこの女子高生だけは、どうしてあげるというのか。

解答　父の面子がつぶれずにすむように、笑って反応してあげること。

2　傍線部②の姿をまとめている箇所を探してみよう。

OPEN SESAME 解説

　「子供とのコンタクトをとるのに、その方法を暗中模索してオロオロしてしまっている」姿が一例であることをまず押さえる。また、筆者は、「かつての父親」の姿を「父権制や天皇制や秩序護持のためのモラルといった抽象概念が肉体をまとった存在」（三十九行目）とやはり女子高生からの手紙だが、この子のお父さんはやたらに駄ジャレを連発する。たとえば夕食のテーブルを覗《のぞ》きこんで、「お？　今日は菊菜《きくな》のおしたしか。菊菜のことはもう聞くな！………なんてな」

こう言って家族一同の顔を見まわすのである。お母さんも中学生になる弟も、完全にこれを無視してムシャムシャご飯を食べている。心やさしい娘としては黙殺するにしのびなくて、仕方なく自分一人だけ「アハハハハ」と笑って反応してあげるのだという。自分一人が犠牲になりさえすれば、お父さんの面子《メンツ》もつぶれずにすむのだが、ときには「どうして自分だけが……」と、①役割りを投げ出したくなることもある、という手紙だ。

どちらの例でも明らかだが、②今の時代のお父さんは、③「異星人」である自分の子供とのコンタクトをとるのに、その方法を暗中模索してオロオロしてしまっている。ありのままの自分をそのまま子供にぶつければいいようなものなのだが、そうする自信がない。なりゆきとして「熱血父さん」なり「ひょうきん父さん」なり、何者かを演じ、仮装することに

称しているので、これとは対照的な表現を探す。

かつての父親は、「父権制や天皇制や秩序護持のためのモラル」などの頑強な土台の上に乗るだけで、父親としての存在が証明された。しかし、現代の父親は、存在証明となるべく肉体にまとう頑強な抽象概念を何ひとつ持っていないのである。「暗中模索」―「求めて漂っている」がほぼ同義であること、「頑強な」―「弱々しく」、「肉体をまとった」―「裸」がそれぞれ対照的な表現であることに着眼する。

解答　弱々しく、存在証明を求めて漂っているだけの裸の個

3　傍線部③のように表現しているのは、なぜか。

OPEN SESAME 解説

われわれにとって、「異星人」はどのような存在か。おそらく、言語も思考回路も価値観も異なる存在であろう。全く別の世界に住む彼らが何を思い、何を考えているのか、われわれにはわかるはずもない。子供をそのような「異星人」にたとえているのである。

解答　父親にとって、子供は全く理解できない相手であるから。

4　傍線部④は、具体的に言うと何か。

よって子供に声をかけようとする。つまり、一年中サンタクロースであり続けようとしてボロを出し続けているわけである。

かつての父親は、父権制や天皇制や秩序護持のためのモラルといった抽象概念が肉体をまとった存在であった。そうした頑強な土台の上に父親は個人としての自分の名前を表札にしてかかげるだけで事足りたのだ。

ところが縦と横の紐帯《ちゅうたい》を分断された核家族の中では、お父さんは④乗っかるべき既成のコンセプトを何ひとつ持っていない。そこにあるのは、弱々しく、存在証明を求めて漂っているだけの裸の個でしかない。父親が厳然としてそびえる、子供にとっての最初の「敵」であり得た時代はもう二度とこないだろうし、きてほしくもない。ただ、だからといって、理由のない白旗をかかげて作り笑いで子供に歩み寄っていくのでは悲しすぎる気もする。和解というものは闘いの後にこそ提示されるべきものだからだ。

OPEN SESAME 解説

「かつての父親は……裸の個でしかない。」（三十九行目から四十八行目まで）では、かつての父親と現代の父親の時代状況による違いを述べており、傍線部④を含む一文は、現代の父親について述べた箇所である。かつての父親は持っていたのに今の父親は持っていない、という文脈なので、かつての父親について述べた箇所に手がかりがあるはずである。「乗っかるべき既成のコンセプト」↓「そうした頑強な土台」とたどっていけば、答えは自ずと見えてくる。

解答　父権制や天皇制や秩序護持のためのモラル

5　**筆者は、父親は子供に対してどのようにふるまうのがよいと考えているか。**

OPEN SESAME 解説

筆者は、現代の父親を、「何者かを演じ、仮装することによって子供に声をかけよう」として、かえって「ボロを出し続けている」と分析している。また、子供にとって最初の「敵」であった「かつての父親」の時代は「きてほしくもない」とする一方で、「理由のない白旗をかかげて作り笑いで子供に歩み寄っていく」ことを「悲しすぎる」と述べている。三十二行目の「ありのままの自分をそのまま子供にぶつければいい」がキーセンテンスである。

解答　演じたり迎合したりせずに、ありのままの自分をぶつけるのがよい。

随筆　例題2

花嫁

石垣りん

私がいつもゆく公衆浴場は、湯の出るカランが十六しかない。そのうちのひとつぐらいはよくこわれているような、小ぶりで貧弱なお風呂《ふろ》だ。

その晩もおそく、流し場の下手《しもて》で中腰になってからだを洗っていると、見かけたことのない女性がそっと身を寄せてきて、

「すみませんけど。」

という。手をとめてそちらを向くと、

「これで私の衿《えり》を剃《そ》ってください。」

と、持っていた軽便カミソリを祈るように差し出した。剃ってあげたいが、カミソリという物を使ったことがないと断ると、

「いいんです、ただスッとやってくれれば。」

「大丈夫かしら。」

「ええ、簡単でいいんです。」

Open Sesame

「いま幸せですか」と言われて、即座にハイと答えられる人は、どのくらいいるだろう。「幸せ」という言葉は、簡単そうで難しい言葉だ。何を幸せと感じるかは人それぞれだが、人に自分の気持ちを伝えられるのも、幸せの大切な要素ではないだろうか。

1　傍線部①で、筆者がためらっているのはなぜか。

OPEN SESAME 解説

一つには、カミソリを使ったことがないからである。十一行目に「カミソリという物を使ったことがないと断る」とあるように、筆者は使い慣れないカミソリで相手を傷つけることを恐れている。しかし、それだけではない。二十行目に「知らない人に衿を剃ってくれ、と頼むのが唐突」とあるように、筆者は、見ず知らずの女性からの突然の申し出に驚いている。相手の真意がつかめなかったのである。

解答　カミソリを使い慣れていない上に、相手の真意もつかめず、どう対応すべきかわからなかったから。

2　傍線部②は、どういう意味か。

OPEN SESAME 解説

「ゆたかでない人間」とは、暮らし向きが貧しく質素なこの女性を指す。しかし、この女性の結婚を明日に控えた喜びは、深く大きい。「喜びのゆたか

と言う。

①ためらっている私にカミソリを握らせたのは次のひとことだった。

「明日、私はオヨメに行くんです。」

私は二度びっくりしてしまった。知らない人に衿を剃ってくれ、と頼むのが唐突なら、そんな大事を人に言うことにも驚かされた。でも少しも図々《ずうずう》しさを感じさせないしおらしさが細身のからだに精一杯あふれていた。私は笑って彼女の背にまわると、左手で髪の毛をよけ、慣れない手つきでその衿足にカミソリの刃を当てた。明日嫁入るという日、美容院へも行かずに済ます、②ゆたかでない人間の喜びのゆたかさが湯気の中で、むこう向きにうなじをたれている、と思った。

剃られながら、私より年若い彼女は、自分が病気をしたこと、三十歳をすぎて、親類の娘たちより婚期がおくれてしまったこと、今度縁あって神奈川県の農家へ行く、というようなことを話してくれた。私は想像した、彼女は東京で一人住まいなんだナ、つい昨日くらいまで働いていたのかも知れない。そ

さ」という抽象的なものが「うなじをたれている」というのは擬人法であるが、この場合、実際に女性自身がうなじをたれていることに注意したい。女性の全身に喜びがあふれているのを、「喜びのゆたかさ」を主語にして擬人的に表現しているのである。

解答　貧しくつつましやかに生きてきた女性が、ようやく結婚の機会を得て、深い喜びを全身にたたえているということ。

3　傍線部③で、「――」という記号で省略されているのは、どういう言葉か。

OPEN SESAME 解説　「それで」は、原因理由を結果につなぐ順接の接続詞。したがって、「――」の部分には、直前の「お嫁にゆく、そのうれしさと不安のようなものを今夜分けあう相手がいない」ということの、結果に当たる言葉が省略されているはずである。

二十一行目に「そんな大事を人に言うことにも驚かされた」とあるように、筆者は最初、見知らぬ女性がなぜ「明日、私はオヨメに行く」と打ち明けたのかわからなかった。しかし、身の上話を聞くうちに、理由が飲み込めたのである。

理由
喜びと不安とを誰かと分けあいたい。

⇩

結果
明日結婚することを筆者に打ち明ける。

解答　この女性は見知らぬ私に明日結婚することを打ち明

してお嫁にゆく、そのうれしさと不安のようなものを今夜分けあう相手がいないのだ、③それで――。私は④お礼を言いたいような気持ちでお祝いをのべ、名も聞かずハダカで別れた。

　あれから幾月たったろう。⑤初々しい花嫁さんの衿足を、私の指がときどき思い出す、彼女いま、しあわせかしらん？

けたのか。

4　傍線部④のような気持ちになったのは、なぜか。

OPEN SESAME 解説

　筆者は当初、見ず知らずの自分に、明日結婚することを打ち明ける女性の真意がつかめずにいた。しかし、彼女から病気をしたことや婚期が遅れたことなどの身の上話を聞き、結婚するうれしさと不安を分かちあう相手がいないから、自分に結婚することを打ち明けたのだと察する。結婚前夜の心情を分かちあう相手に自分を選んでくれたということは、彼女の人生の節目に立ち合わせてくれたということである。筆者はその尊さ、意味の重さに、思わずお礼を言いたいような気持ちになったのである。

解答　見ず知らずの自分を、結婚前夜の心情を分かちあう相手に選んでくれたから。

5　傍線部⑤は、どういう意味か。

OPEN SESAME 解説

　二十五行目に「慣れない手つきでその衿足にカミソリの刃を当てた」とある。その手の指に感じたものを、筆者は心に深く刻み込んだ。そのことを「指」を主語にした擬人法で表現したのである。

解答　カミソリを持つ手に鮮やかに感じた衿足の初々しい感触が、今でも忘れられず、懐かしいということ。

練習1　公園通りの午後　渡辺淳一

冬の陽だまりの午後、私が病室へ行くと、少女は熱でうるんだ眼で窓を見ていた。

なにか用事でもできたのか、少女の義母はいなかった。

私が近づくと、少女は待っていたようにいった。

「いつごろ、退院できますか」

A

少女は一旦、うなずいたがすぐ、

「わたし、いま考えていたんですけど、今度退院したら、①うんといい子になります」

B

「違うんです。わたしはいままで我儘《わがまま》で、勝手で、自分のことしか考えていなかったのです。でも今度治ったら、きっと②みなに優しくしてあげます。お友達にも、弟にも、お義母《かあ》さんにも」

C

「そうなんですけど、わたしはいままで抗《さか》らってばかりいたんです」

少女は熱で乾いた唇を軽く嚙《か》んだ。

「わたし将来お医者さんになろうかと思うんです。でもお医者さんになるのは難しいでしょうね」

[D]

「もしお医者さんになれなかったら、看護婦さんでもいいんです。看護婦さんになるには、高校を卒業してから、看護学校に入ればいいのですね」

私はうなずいてから、ふと、この少女があと数日後に、この世から消え去ることに気がついた。三日か四日か、あるいはもう少しあとかもしれない。

しかし一週間後、少女は確実にこの世にいない。いまの最高の医学をクシ[a]しても、巨万の富をもってしても、権力者のゼツダイ[b]な力をもってしてもその事実は変えられない、死は彼女に約束された[I]である。

「わたし、看護婦さんになったら、苦しんでいるカンジャ[c]さんに、うんと親切にしてあげます」

少女はあきらかに未来を語っていた。決してくることのない未来を、確かにくると思いこんでいる。

いまの言葉の無意味なことを、少女は知らない。虚[i]しい夢であることに気がついていない。

[E]

「看護婦さんになる前に、一度ヨーロッパに行ってみたいんです」

私は熱のある少女の額に軽く掌《てのひら》を触れて、病室を出た。

少女が息をひきとったのは、それから五日あとだった。

少女は沢山《たくさん》の未来を語って死んだ。お義母さんにも、お父さんにも、看護婦にも、私にまで語り、明け方、話すのにツカ[d]れたように死んでいった。冷たくなった死体が去ったあとには、白いマットの上に小さな凹《くぼ》みだけが残った。

　その上に、また明るい朝の陽《ひ》が射しはじめていた。つい少し前まで、少女が語っていた無数の未来はどうなったのか。あれほどシンケン[e]に語られた未来は、どこに葬[ii]ればいいのだろうか。

　若い人が死んだあとにはいつもそんな虚しさと戸惑《とまど》いが残る。

問一　[A]～[E]には、少女と会話している「私」の言葉が入る。最も適切なものを次の中から一つずつ選べ。
ア　お義母さんは、よく看病してくれるだろう。
イ　あまり話すと、また呼吸《いき》が苦しくなるから、もう休みなさい。
ウ　そんなことはない。君なら大丈夫だよ。
エ　まだ、はっきりはいえないけど、もう少し暖かくなったらね。
オ　いまでも、君は我慢《がまん》強いし、いい子だよ。
問二　[I]に入る言葉を本文中から漢字二字で抜き出せ。
問三　少女がいなくなったことを象徴的に表現している箇所を二十字以内で抜き出せ。
問四　少女が傍線部①・②のように言ったのは、同じ理由からである。その理由を本文中の会話を参考にして、四十字以内で説明せよ。
問五　波線部a～eを漢字に直せ。
問六　二重傍線部i・iiの読みをひらがなで記せ。

ここに着目

問一　全体として、少女の話に「私」が応答する形で、二人の会話は展開している。少女に対する返答としてふさわしいものを選ぶ。
問二　少女にとって、死は、近い将来確実に訪れるものである。
問三　象徴的に表現するというのは、言い換えれば、ある物事を直接述べるのではなしに、別の物事を通して、間接的に述べることである。
問四　少女は、病気をしたために、普段しないような体験をした。そのために考えが変わったのである。では、少女はどのような体験をしたのか。

練習2　大和路・信濃路

堀　辰雄

この春、僕はまえから一種の憧れをもっていた馬酔木《あしび》の花を大和路のいたるところで見ることができた。

そのなかでも一番印象ぶかかったのは、奈良へ着いたすぐそのあくる朝、途中の山道に咲いていた蒲公英《たんぽぽ》やなずなのような花にもひとりでに目がとまって、①なんとなく懐かしいような旅びとらしい気分で、二時間あまりも歩きつづけたのち、やっとたどりついた浄瑠璃寺《じょうるりじ》の小さな門のかたわらに、丁度いまをさかりと咲いていた一本の馬酔木をふと見いだしたときだった。

最初、僕たちはその何の[a]カマえもない小さな門を寺の門だとは気づかずに危うくそこを通りこしそうになった。その途端、その門の奥のほうの、一本の花ざかりの緋桃《ひもも》の木のうえに、突然なんだかはっとするようなもの、――ふいとそのあたりを翔《か》け去ったこの世ならぬ美しい色をした鳥の翼のようなものが、自分の目にはいって、おやと思って、そこに足を止めた。②それが浄瑠璃寺の塔のさびついた九輪だったのである。

なにもかもが思いがけなかった。――さっき、坂の下の一軒家のほとりで水菜を洗っていた一人の娘にたずねてみると、「九体寺やったら、あそこの坂を上りなはって、二丁ほどだす」と、そこの家で寺をたずねる旅びとも少なくはないと見えて、いかにも［A］教えてくれたので、僕たちはそのかなり長い急な坂を息をはずませながら上り切って、さあもうすこしと思って、僕たちの目のまえに急に立ちあらわれた一かたまりの部落とその菜畑を何気なく見過ごしながら、③心もち先をいそいでいた。あちこちに桃や桜の花が咲き、一めんに菜の花が満開で、――［B］向こうのわら屋根の下からは七面鳥の鳴き声さえのんびりと聞こえていて、――まさかこんな田園風景のまっただ中に、その有名な古寺が――はるばると僕たちがその名にふさわしい物古《ものふ》りた姿を(b)シタいながら山道を骨折ってやってきた当の寺があるとは思えなかったのである。

「なあんだ、ここが浄瑠璃寺らしいぞ。」僕は突然足をとめて、声をはずませながら言った。「ほら、あそこに塔が見える。」

「まあ本当に……」妻もすこし［C］ような顔つきをしていた。

「なんだかちっともお寺みたいではないのね。」

「うん。」僕はそう返事ともつかずに言ったまま、桃やら桜やらまた松の本の間などを、その突きあたりに見える小さな門のほうに向かって行った。どこかでまた七面鳥が鳴いていた。

その小さな門の中へ、石段を二つ三つ上がって、はいりかけながら、「ああ、こんなところに馬酔木が咲いている。」と僕はその門のかたわらに、丁度その門とほとんど同じくらいの高さに伸びた一本の灌木《かんぼく》がいちめんに細かな白い花をふさふさと垂らしているのを認めると、自分のあとからくる妻のほうを向いて、④得意そうにそれを指さして見せた。

ここに着目

問二　はるばると旅した人の、旅情を詠んだ句を選ぶ。直前の「途中の山道に咲いていた蒲公英やなずなのような花にもひとりでに目がとまって」に着目しよう。

問三　直前の「そこの家で寺をた

問一　波線部ａ・ｂを漢字に直せ。

問二　傍線部①と同種の感慨を述べた句を次から選べ。

ア　あやめ草足に結ばん草鞋の緒

イ　山路来て何やらゆかしすみれ草

ウ　山中や菊はたをらぬ湯の匂《におい》

エ　あらたうと青葉若葉の日の光

問三　[A]に入る最も適当な語句を次から選べ。

ア　のびのびと　イ　うきうきと　ウ　はきはきと　エ　しみじみと

問四　[B]に入る最も適当な語句を次から選べ。

ア　あまつさえ　イ　おもいのほか　ウ　さいわい　エ　もちろん

問五　[C]に入る最も適当な語句を次から選べ。

ア　満足した　イ　当惑した　ウ　不満な　エ　意外な

問六　傍線部②は何を指すか。二十五字以内で抜き出せ。

問七　傍線部③の心情として最も適当なものを次から選べ。

ア　意外　イ　楽観　ウ　期待　エ　焦燥

問八　傍線部④で筆者が得意になったのは、どうしてか。本文中の言葉を用いて六十字以内で説明せよ。

ずねる旅びとも少なくはない」ことから考える。

問四　直後に「七面鳥の鳴き声さえ」とあることから考えると、「おまけに」や「その上」といった意味の語句がふさわしい。

問五　「まさかこんな田園風景のまっただ中に……あるとは思えなかった」とある。直後の「ちっともお寺みたいではない」という言葉から、「妻も」どう思ったかを考える。

問六　「九輪だった」とあることから、指示内容の見当をつける。

問七　筆者夫妻が先を急ぐ理由は何か。筆者夫妻の旅の目的から考える。

問八　筆者は馬酔木に対して、どのような思いを抱いていたのか。また、浄瑠璃寺に対しては、どうか。それぞれ該当する部分を本文中から探す。

第4章　詩の読解

ここで学ぶこと

詩は、表現が複雑なものが多いので、難解に思う人もいる。しかし、わかったときには、強い愛着を覚えるものだ。では、どうすれば、詩がわかるようになるのだろうか。

文学作品の中でも、詩ほど好き嫌いがはっきり分かれるジャンルは他にない。詩が好きな人はこう言う。「私達が感じていながら、うまく言えなくてもどかしく思っていることが、詩の中に印象的に表現されているから楽しい。」詩が嫌いな人は、こう言う。「詩の言葉はやたらに凝っていて、何が言いたいのか、よくわからない。」

この二人は、全く違うことを言っているわけではない。二人とも詩の表現のことを言っているのだ。確かに、詩の表現には、私達が普段使っている言葉よりも複雑なものが多くある。しかし、それは、詩というものが感動そのものを伝えようとするからである。

感動そのものは、「嬉しい」「悲しい」といった感情とは少し違う。例えば、死は悲しいものだが、親しい者の死に直面したとき、すぐには「悲しい」という感情が湧かず、むしろ、「あり得ないことが起こった」とでもいうような深い驚きに襲われ、言葉を失ってしまうことがある。「悲しい」という感情は、こうした驚きが、時間が経つにつれて、心の中で整理されて生じるものなのである。

本当の感動は言葉にならない。**言葉にならない感動そのものを何とか言葉にしようとするから、詩は様々に工夫された表現になる**のである。詩を理解するには、**様々な表現技法や、詩にどんな種類があるのかを知っておく**ことも、もちろん必要である。しかし、一番大切なことは、**詩の主題である感動そのものをつかむ**ことである。

では、感動そのものをつかむには、どうすればよいのだろうか。それには、**詩の核になる部分を見つける**ことが第一である。核には作者の思いを込めた重要な言葉や内容が含まれており、その部分を軸にして全体が構成されているからである。

ただし、言葉の表面だけにとらわれていては、詩は理解できない。詩を読むのに特に大切なことは、**感動する心を持つ**ことである。自分に感動する心がなくて、どうして詩の表現する感動そのものをつかむことができるだろうか。自分が感動する心で接するからこそ、相手も、生き生きとした姿を見せてくれるのである。だから、詩を読むときも、感動する心を忘れないようにしよう。

感動する心を持つというのは、言い換えれば、**世界を愛することでもある**。詩を読むときに限らず、普段の生活の中でも、やはり感動する心を大切にして、人や花、そして、自分自身を愛したいものである。

■詩の分類■

詩は、言葉づかいから、**文語詩**と**口語詩**に分けられる。また、形式から、**定型詩・自由詩・散文詩**に分けられる。

定型詩……伝統的に、音数やその配列の順序などが一定している詩。日本では五七調や七五調のものをいう。

自由詩……音数などが一定でない詩。

散文詩……句ごとに改行せず、普通の文章（散文）のようにつなげて書かれた詩。

このような外見的な特徴による分類の他に、次のような内容による分類もある。ただし、詩の内容は実に様々で、簡単には分類できないものも多いので、これはあまり厳密なものではない。

叙事詩……人物の行動や事件を描写した詩。

叙情詩（抒情詩）……作者の心情を主観的に表現した詩。

叙景詩……自然の風物を主題にした詩。

象徴詩……物事や感情を象徴的・比喩的に表現した詩。

■詩の技法■

詩によく用いられる主な技法は次の通り。

押韻……韻を踏むこと。句の頭に踏むのは頭韻、末に踏むのは脚韻。

音数律……句の音数を一定にそろえること。五七調・七五調など。

反復（リフレイン）……同じ語を繰り返し用いること。

対句……同じ形の句を二つ並べること。

比喩……直喩（明喩）、隠喩（暗喩）、擬人法（活喩）。現代文基礎編第5章を参照。

Open Sesame

読解のための要点

1 **詩の表現が複雑なのは**　言葉にならない感動そのものを、何とか言葉で伝えようとして、工夫するからである。

2 **詩を理解するためには**　様々な表現技法や詩の分類を覚えておくことも必要だが、感動そのものをつかむことが一番大切である。

3 **感動そのものをつかむには**　詩の核になる部分を見つけること、感動する心を持つことが大切である。

4 **「感動する心を持つ」とは**　出会い・ふれあいを大切にし、世界を愛することである。

詩　例題1

富士山（作品第四）

草野心平

Open Sesame

春の情景を詠んだ叙景詩を読んでみよう。春と言っても、桜が咲いているわけではない。ヨシキリがさえずり、アシやウマゴヤシが生い茂る、のどかな田園の春だ。遠くには、富士山が見える。情景描写の中にさりげなく述べられている、作者の心情に注意しよう。

川面《づら》に春の光はまぶしく溢《あふ》れ。そよ風が吹けば①光りたちの鬼ごっこ葦《あし》の葉のささやき。行行子《よしきり》は鳴く。
行行子の舌にも春のひかり。

土堤の下のうまごやしの原に。
自分の顔は両掌のなかに。
ふりそそぐ春の光りに却《かえ》って物憂く。
眺めていた。

少女たちはうまごやしの花を摘んでは巧みな手さばきで花環《はなわ》をつくる。それを縄にしてなわ跳びをする。
花環が円を描くとその中に富士がはいる。②そのたびに富士は近づき。とおくに坐る。

耳には行行子。
③ほほにはひかり。

1　傍線部①には、どういう修辞法が用いられているか。

OPEN SESAME 解説

「ささやき」という名詞で句を終えている。

また、「光り」があたかも人間のように「鬼ごっこ」をし、「葦の葉」も「ささやき」をかわすと言っている。そよ風によって、川面の光が乱反射し、葦が葉ずれの音を立てている様子を描写したものである。

解答　擬人法・体言止め

2　この詩の中で、作者の心情が特にはっきりと表現されているのは、第何連の第何行か。

OPEN SESAME 解説

まず、第一連を見ると、「春の光はまぶしく溢れ」「光りたちの鬼ごっこ」「行行子の舌にも春のひかり」というように、「光」という言葉が三回も使われている。あたかも光の洪水のようである。しかも、さえずる小鳥の舌にまで、光が当たっていると言う。実際にそれが見えたというよりは、作者がそう感じたということであろう。作者は、そのくらい明るい日射しの中にいるのである。

しかし、作者は、春の日射しを単純に喜んではいない。

第二連の二行目に「自分の顔は両掌のなかに」とあるのは、両手で顔をおおっていることを表す。続けて、その次の行で「ふりそそぐ春の光りに却って物憂く」と言っているように、作者は陽光の明るさとは裏腹に、憂鬱な気分になっている。例えば、周りが明るく華やかであると、かえって孤独を感じたり、もの寂しい思いに陥ったりすることが誰しもあるだろう。作者もおそらく、そのような感覚・心境にあったのだろう。

解答　第二連の第三行

3　傍線部②は、どういうことを表現しているか。

OPEN SESAME 解説

富士山は、少女たちの回す花環の彼方にそびえている。作者は少女たちの手前にいる。その位置からは、少女たちが花環を回すたびに、その中に富士山が出たり入ったりするように見えるのである。

花環に入ると、富士山は花環に縁取られて近くにあるように感じ、花環から出ると、遠くにあるように感じる。その変化を、擬人法を用いて描写したのである。

解答　花環の向こうにある富士山が、花環の回転につれて、近づいたり遠ざかったりして見えるという視覚的な変化。

4　第四連には、どういう修辞法が用いられているか。

OPEN SESAME 解説

二句とも名詞で終わっている。また、この二句はどちらも「名詞・には・名詞」という同一の句型をしている。

解答　体言止め・対句

5　傍線部③は、作者のどのような心境を表しているか。

OPEN SESAME 解説

第二連では、作者は顔を両手でおおっていた。これでは、頬に光が当たらない。傍線部③で、作者の頬に光が当たっているのは、いつの間にか顔をおおうのをやめていたからである。

作者は、まばゆいばかりの陽光にかえって憂鬱な気分になっていたが、無邪気に遊ぶ少女たちや、花環に縁取られて軽快に遠近する富士山を見ているうちに、しだいに心がなごんでいったのであろう。

解答　おおらかで開放的な心境。

詩　例題2

ぼろぼろな駝鳥　高村光太郎

1 何が面白くて駝鳥《だてう》を飼ふのだ。
2 動物園の四坪半のぬかるみの中では、
3 脚が大股過ぎるぢやないか。
4 頸があんまり長過ぎるぢやないか。
5 雪の降る国にこれでは羽がぼろぼろ過ぎるぢやないか。
6 腹がへるから堅パンも食ふだらうが、
7 駝鳥の眼は遠くばかり見てゐるぢやないか。
8 身も世もない様に燃えてゐるぢやないか。
9 瑠璃色《るりいろ》の風が今にも吹いて来るのを待ちかまへてゐるぢやないか。
10 あの小さな素朴な頭が無辺大の夢で逆まいてゐるぢやないか。
11 これはもう駝鳥ぢやないぢやないか。
12 人間よ、

Open Sesame

例題1では、春の情景を描写した叙景詩を読んだ。今度は、作者の心情を主観的に表した叙情詩を読もう。ここで取り上げる詩は、作者の感情をそのまま文字にしたような詩で、作者の訴えが力強くそして痛切に伝わってくる。「駝鳥」の境遇を踏まえながら主題を読みとろう。

1　この詩は語法上どのような特徴があり、その特徴はどのような効果をもたらしているか。

OPEN SESAME 解説

この詩の全十三行のうち、八行が「……ぢやないか」という表現で結ばれている。「ぢやないか」の「か」は、ここでは疑問の意ではなく、難詰（非難して問い詰める）の意ととらえるのが妥当である。3〜10で「ぢやないか」を繰り返すことによって、駝鳥についての抗議を次々と力強くたたきつけている。そこには、作者の怒りが込められており、「ぢやないぢやないか」という曲折した断定で激しく難詰している11で、しだいに高められてきた作者の激情は頂点に達し、「駝鳥が駝鳥ではない」という最も強烈な背理を突きつけている。

解答　「ぢやないか」という強い語調で問い詰める表現を繰り返し用いることによって、作者の激情の高まりと抗議をいっそう生彩なものにしている。

> もう止せ、こんな事は。

2　この詩は三つに分けることができるが、第二・第三の部分はそれぞれどこから始まるか。

OPEN SESAME 解説

冒頭の1では、「何も面白くない」という意を込めた反語的な表現で問題提起をしている。これを受けて、2～11の「……ぢやないか」の繰り返しの部分で、その理由を述べている。2～5では作者が見た駝鳥の実際の姿を述べ、6～11では駝鳥の気持ちを思い描く形で述べている。そして、最後の12・13で「人間よ、／もう止せ、こんな事は。」と、作者の主張を端的にまとめている。

解答　第二……2　第三……12

3　傍線部は、どのような世界の比喩か。

OPEN SESAME 解説

2～5では、「動物園の四坪半のぬかるみの中」に閉じ込められている駝鳥の痛ましい様子を描写している。小さな檻の中で飼われていては、「大股」で大地を駆け回ることも、「頸」を伸ばすこともままならず、冬の寒さに「羽」は「ぼろぼろ」になる。駝鳥は、人間の手によって抑圧された不自由な生を余儀なくされているのである。

駝鳥が待ちかまえている「瑠璃色の風」とは、「動物園の四坪半のぬかるみの中」とは対照的な世界である。駝鳥は生きるために「堅パン」を仕方なく食べているが（6）、その「眼」は「身も世もない様に」悲しみに「燃えてゐる」（7・8）。駝鳥の素朴な頭に逆まく「無辺大の夢」（10）とは、自由な生、本来の生への欲求であろう。

解答　自然のままの自由な世界

4　「駝鳥」が何の象徴になっているかを踏まえて、この詩の主題を考えてみよう。

OPEN SESAME 解説

主題は12・13に集約されている。「こんな事」の直接的な指示内容は、動物を自然の状態に置かず、人間が勝手に閉じ込めていることであり、そのことへの怒りが主題と読めるが、果たしてそれだけだろうか。

抑圧のない世界を望み、自然な生を求めているのは、動物園の檻の中に閉じ込められた駝鳥だけではない。駝鳥をそのような境遇に追いやっている人間自体が、自らが作った文明社会という檻の中に閉じ込められ、あえいでいる。このことを、作者は駝鳥を通して言いたいのである。「遠くばかり見てゐる」眼、「身も世もない様に燃えてゐる」眼に、突きつめた人間の悲哀の表情を読みとるとき、この詩は深刻な文明批判の様相を呈し始める。

解答　抑圧された人間性に対する怒り

練習　詩と鑑賞文　吉田精一の文章による

南風は①柔い女神をもたらした
青銅をぬらした　噴水をぬらした
ツバメの羽と黄金の毛をぬらした
潮をぬらし　砂をぬらし　魚をぬらした
静かに寺院と風呂場と劇場をぬらした
この②静かな柔い女神の行列が
私の舌をぬらした

（西脇順三郎）

この詩は初期の詩の中では、珍しくわかりやすいものに属する。場所はおそらくローマあたりであろう。「[A]」とは、ギリシアよりもローマにふさわしい。「青銅」とは何のことか。あるいは青銅で作った彫刻のことだろうか。ローマの市街の広場には、必ずといっていいくらい、この種のものがある。噴水もまた同じである。「ツバメの羽」はよいとして「[B]」とは何だろう。あるいは女性のブロンドの髪の毛だろうか。ギリシア人やローマ人にはこの種の髪の色は少なく、北欧系に多いのだが――。「潮をぬらし　砂をぬらし　魚をぬらした」は海岸の光景ととるよ

ここに着目

りしかたがない。地中海の沿岸のイメージを都会風物のうらに想像したのであろう。そしてこの雨水をくちびるに感じたとき、詩人は女神とくちづけしたような感じがした、というのである。ここに春雨のやさしい感触を人格化した、[C]なよろこびのようなものが感じられる。

問一　[A]・[B]に入る最も適当な言葉を詩の中から抜き出せ。

問二　[C]に入る最も適当な言葉を次から選べ。

ア　精神的　**イ**　幻想的　**ウ**　理想的　**エ**　官能的　**オ**　禁欲的

問三　傍線部①「柔い女神」とは、何の比喩か。鑑賞文の中から最もふさわしい言葉を抜き出せ。

問四　傍線部②「静かな柔い女神の行列が／私の舌をぬらした」には、作者のどのような様子や心情が表現されているか。具体的に答えよ。

問五　この詩の流麗なリズムをつくっている表現技法（修辞法）を答えよ。

問六　この詩の題名として最もふさわしいものを次から選べ。

ア　惜春　**イ**　風　**ウ**　女神　**エ**　夢　**オ**　雨

問一　Aは、「ギリシアよりもローマにふさわしい」の判断材料となる言葉である。Bは、直後の「女性のブロンドの髪の毛」がヒント。

問二　「春雨のやさしい感触を人格化」して、「詩人は女神とくちづけしたような感じがした」のである。

問三　「南風」がもたらすもので、「青銅」や「噴水」や「ツバメの羽」などをぬらすものである。

問四　「私の舌をぬらした」とは、「春雨のやさしい感触」を「くちびるに感じた」のと同時に、「女神とくちづけしたような感じがした」ということである。

問五　六行目以外はすべて「ぬらした」で終わっている。

問六　何を題材にしている詩か。「女神」は比喩である。

第5章　短歌・俳句の鑑賞

ここで学ぶこと

短歌は五七五七七の三十一音、俳句は五七五の十七音を原則とする定型の短詩である。短い韻律に込められた作者の情感や心情をつかむには、どうすればよいのだろうか。

短歌

近代短歌は、大半が文語で書かれているためとっつきにくく、始めから敬遠する人が多いのではないだろうか。それでは、描かれている情景すら理解できないのも当然である。

文語が使用されていると言っても、現代語により近い形容詞や助動詞などが使われているに過ぎない。もちろん、文語の知識はある程度は必要だが、難解な文語表現が多用されているわけではなく、基本的な知識があれば対処できるものがほとんどである。まずは、**「短歌の読解は難しい」という先入観を捨てる**ことが肝心である。

短歌は、一般に「叙情性の強い詩」と言われる。題材が自然の風物や事物であっても、それを通して歌われている作者の感動や心情をとらえることが大切である。

では、作者の感動や心情をとらえるには、どうしたらよいのだろうか。それには、**歌に詠まれている季節・時刻・場所などの場面状況**、すなわち、**「作者がどのような状態にいるか」を的確にとらえ、豊かなイメージで情景を思い描く**ことが必要だ。それを通して、作者がどのような心情を歌に託しているかを探っていくのである。

その際、特に留意したいのは、歌のリズム（五七調・七五調）である。**「句切れ」に注意しながら、全体の歌調をつかむ**ことで、感動の中心がどの句にあるのかをとらえることができる。

そこで、声を出して何度も読んでみることを勧める。一回黙読しただけで、句切れの位置を考えたりするのは早計である。朗読するときは、句読点を打つような気持ちで読むようにしよう。**繰り返し朗読する**ことで、歌に描かれている世界が自然にわかってくることも多い。また、一語一語の音韻や語感にも注意しながら読み、リズムや音の効果についても考えてみよう。

■短歌の形式■

上の句			下の句	
初句	二句	三句	四句	結句
五	**七**	**五**	**七**	**七**

右記の定型からはずれるものを**破格**と言い、それぞれの句の音数が定型より多いものを**字余り**、少ないものを**字足らず**と言う。

■短歌のリズム■

短歌の意味（内容）やリズムによって、ある句の末尾で流れが切れるのを**句切れ**と言う。

初句切れ……五／七・五・七・七（初句の末尾で切れる）
二句切れ……五・七／五・七・七（二句の末尾で切れる）
三句切れ……五・七・五／七・七（三句の末尾で切れる）
四句切れ……五・七・五・七／七（四句の末尾で切れる）
句切れなし……五・七・五・七・七（一首全体が途中でとぎれることなく、つながっている）

この句切れと深い関係にあるのが**歌調**である。短歌の調子には次の二種類がある。

五七調……二句切れ、四句切れの歌。
七五調……初句切れ、三句切れの歌。

■短歌の技法■

対句や**反復**などの技法は、第４章の詩と同様に用いられる。

近代短歌では、掛詞・縁語・枕詞・序詞などの古典短歌の技法が用いられることは少ないが、見立て（**比喩**）・**倒置**・**体言止め**などは頻繁に用いられる。特に、歌の結び方によって効果の違いが生じるので、次の技法には留意したい。

連体止め……歌の末尾を連体形で止めることによって、余韻・余情を残す。
体言止め……歌の末尾を体言（名詞）で止める。下に述語部分が想像され、連体止めよりさらに深い余情を残し、詠嘆の気持ちが強く現れる。

Open Sesame

鑑賞のための要点

1. **短歌の鑑賞の第一歩は**　文語表現に慣れ、「短歌は難解だ」という先入観を捨てることである。
2. **作者の感動・心情をとらえるには**　場面状況（季節・時刻・場所）を的確にとらえ、豊かなイメージで情景を思い描くことが大切である。
3. **感動の中心語彙をとらえるには**　句切れに注意しながら、歌のリズム（五七調・七五調）をつかむことが必要である。
4. **歌のリズムをつかむには**　繰り返し朗読することが有効である。

俳句

俳句は、短歌よりもさらに短い詩形だからなおさらのこと、何か言いたいのかわからないという人がいる。そういう人にとっては、俳句も単なる言葉の羅列にしか見えないのだろう。

作者は、使える言葉が少ないからこそ、その一語一語を吟味し、主題（感動や情感）を凝縮させる形で表現する。「俳句を鑑賞する」とは、言葉の意味を追うことではなく、その**凝縮された短い表現の奥にある、作者の感動や情感を探るこ**とにほかならないのである。

では、どのようにすれば、短い言葉から作者の心情を読みとることができるのだろう。

俳句は「世界で最も短い詩」と言われるように、五七五のわずか十七音からなる。そのため、作者はある一つの言葉に、豊かなイメージを織り込もうとする。そして、それを可能にしているのが「季語」である。

季語は単に季節を表すだけのものではない。日本の風土は変化に富み、季節の移り変わりやそれに伴う行事の中に、日本人の生活が凝縮されている。それを象徴するのが季語なのである。**季語から季節感や季節の情景をとらえる**ことが、俳句鑑賞の第一歩と言えよう。

俳句は「省略の文学」とも言われる。短歌の場合と同じく俳句においても、どのような素材（主に情景）を、作者がどのような感情でとらえているかをつかむことが大切である。しかし、強い叙情性をもつ短歌とは異なり、俳句では、作者が覚えた感動を直接示さず、その感動の源となった素材（主として二つ）だけを示すのが一般的である。

したがって、その示された**素材の組み合わせに注意**し、そこから**作者の心情を推察**していかなければならない。この点、短歌に比して俳句はより叙景的だと言えよう。**感覚を研ぎ澄まして、句に描かれている情景を思い浮かべ**、そこから、言外に表されている作者の感動を読みとろう。

さらに、俳句はその短さゆえに、言いたいことを言い切る形や詠嘆する形で、内容や表現を区切ることによって、句に厚みや余情を持たせることが必要になってくる。そこで用いられるのが「切れ字」である。したがって、切れ字を含む句に主情が集約されていることが多い。換言すれば、**切れ字を探すことで、感動の中心をとらえる**ことができる、ということである。

■俳句の形式■

初句＝上五	二句＝中七	結句＝下五
五	**七**	**五**

字余り・字足らずについては、短歌と同様である。なお、非定型で口語調、季語にも拘束されない俳句を、**（無季）自由律俳句**と言う。

■俳句の技法■

体言止めや**倒置法**などは、短歌の場合と同様に用いられる。ここでは、俳句特有の技法について解説しておこう。

　俳句では**季語**を入れることが約束事となっている。季語は陰暦の四季を表す語であり、俳句の季節は次のように分けられる。

・**新年**
・**春**……一月～三月（立春～立夏前日）
・**夏**……四月～六月（立夏～立秋前日）
・**秋**……七月～九月（立秋～立冬前日）
・**冬**……十月～十二月（立冬～立春前日）

　季語は陰暦をもとにしているため、現代の感覚では間違えやすいものがあるので注意を要する。特に誤りやすい季語は覚えておきたい。なお、一つの俳句の中に異なる季節を表す言葉が使われている場合には、切れ字を伴う方や、句の主題に関係の深い方が季語となると考えておこう。

　季語とともに俳句に特有の修辞法に、**切れ字**がある。前述のように、切れ字は余情を誘引し、句の主題を強調するはたらきがある。何をもって切れ字とするかについては、様々な議論があるが、句中にある場合はもちろんのこと（ただし、意味がそこで切れている場合に限る）、句末にある場合も切れ字とみなすのが一般的な考え方である。切れ字の代表的なものは次の通りである。

・「**かな、ぞ、か、や、よ**」などの助詞
・「**けり、ぬ、つ**」などの助動詞の終止形

　この他、用言の終止形・命令形や体言なども切れ字になり得るという考え方もあるが、受験対策としては、右記の八つを覚えておけば十分だろう。

Open Sesame

鑑賞のための要点

1 **「俳句を鑑賞する」とは**　凝縮された短い表現の奥にある、作者の感動や情感を探ることである。

2 **俳句鑑賞の第一歩は**　季語から季節感や季節の情景をとらえることである。

3 **言外の感動をつかむには**　素材の組み合わせに注意しながら、感覚を研ぎ澄まして情景を思い浮かべ、作者の心情を推察する必要がある。

4 **感動の中心をつかむには**　主情が集約されていることが多い、切れ字を含む句に着目するとよい。

短歌・俳句　例題1

短歌

Open Sesame

ここで鑑賞するのは、近代を代表する歌人の作品で、いずれも有名な歌である。まずは、歌のリズム・構造・表現技巧などに留意しながら、短歌に描かれている情景を思い浮かべてみよう。歌の季節感や作者の心境・心情がうっすらと見えてくるだろう。

【語釈】

〔葛〕マメ科のつる草。夏から秋にかけて紫紅色の花が咲く。

〔しまらく〕しばらく。

〔馬追虫〕キリギリス科の昆虫。別名「すいっちょ」。

A　葛《くず》の花　踏みしだかれて、色あたらし。この山道を行きし人あり
釈　迢空

B　信濃路はいつ春にならむ夕づく日入《い》りてしまらく黄《き》なる空の色
島木赤彦

C　馬《う》追《お》虫《ひ》の髭《ひげ》のそよろに来る秋はまなこを閉ぢて想ひ見るべし
長塚　節

D　瓶にさす藤の花ぶさみじかければたたみの上にとどかざりけり
正岡子規

E　金色《こんじき》のちひさき鳥のかたちして銀杏《いちょう》散るなり夕日の岡に
与謝野晶子

1　A〜Eの中で、字余りの歌はどれか。

OPEN SESAME 解説

Aの三句「色あたらし（六文字）」、Bの二句「いつ春にならむ（八文字）」と結句「黄なる空の色（八文字）」、Dの三句「みじかければ（六文字）」が、それぞれ字余りになっている。

解答　A・B・D

2　Bの歌に用いられている修辞法は何か。

OPEN SESAME 解説

歌の末尾が、体言（名詞）の「空の色」で止められている。

解答　体言止め

3　B・Eの歌は、それぞれ何句切れか。

OPEN SESAME 解説

内容やリズムの切れ目はどこにあるのか。

Bは、上の二句で信濃路の春を待ち望む気持ちを歌い、下の三句で夕方の情景を描いている。Eは、流れるような美しいリズムで四句まで詠み下しており、結句「夕日の岡に」を倒置にして感動の余韻を残している。

解答　B二句切れ　E四句切れ

4　A〜Eの中で、次のア〜エに該当する短歌はどれか。

ア　静かにしのびよる季節の訪れを繊細・鋭敏な感覚でとらえている。

イ　情景の荘厳なまでの美しさを巧みな比喩を用いて詠んでいる。

ウ　独特の表現法で、二重の予期せぬ驚きを素朴に歌い上げている。

エ　作者が見たままの対象の様相を淡々と歌い上げている。

OPEN SESAME 解説

A　釈迢空の本名は折口信夫。有名な国文学者でもあった彼が、民俗研究のために壱岐へ行ったときに詠んだ歌である。上句は写生句。「色あたらし」が感動の中心で、この句に、踏まれた葛の花の鮮やかな色を見た驚きが込められている。それはまた、「こんな人里離れた山道を、ついさっき通って行った人がいるのだ」という発見・驚きでもある。一字空きや句読点は、彼独特の表現法である。

B　赤彦が、故郷の長野県で病床にあったときに詠んだ歌。「この信濃路はいつ春になるのだろう」という春の訪れを待ち望む思いを表している上の二句と、「夕日が沈んでもなおしばらくの間、空が黄色に染まっているなあ」という情景を描いている下の三句との間から、病床にある作者のひそかなため息が聞こえてきそうである。

C　「そよろに」は、馬追虫の鬚（触覚）がかすかに動く様子を表現したもので、馬追虫の動作に対する鋭い凝視がある。馬追虫の鬚がそろりと動くように、秋が静かにしのびよってくる。下の句「まなこを閉ぢて想ひ見るべし」は、その秋の気配は「目を閉じてしみじみ味わうのがよい」という意（助動詞「べし」は適当の意）で、秋のかすかな訪れを満喫しようとする作者の心境の深まりが感じられる。

D　病床にあった子規が、花瓶に活けてある藤の花を仰臥の状態で見たときに詠んだ歌である。「藤の花房が短くて、畳の上に届かない」というのは、客観的な目でとらえた対象のありのままの様相であり、写生短歌を唱えた子規ならではの歌である。

E　銀杏の散るさまを「金色のちひさき鳥のかたち」になぞらえている。真っ赤に照り輝く夕日の岡に、金色に輝く小鳥が舞うかのように銀杏の葉が散っている、晩秋の情景を思い浮かべてみよう。色彩感に富んだ幻想的な作品で、浪漫主義の代表歌人たる晶子の歌風をかいま見ることができる。

解答　アC　イE　ウA　エD

《試験によく出る短歌》

その子二十《はたち》櫛《くし》にながるる黒髪のおごりの春のうつくしきかな　与謝野晶子

やは肌のあつき血汐《ちしお》にふれも見でさびしからずや道を説く君　与謝野晶子

くれなゐの二尺伸びたる薔薇《ばら》の芽の針やはらかに春雨の降る　正岡子規

白鳥は哀《かな》しからずや空の青海のあをにも染《し》まずただよふ　若山牧水

不来方《こずかた》のお城の草に寝ころびて
空に吸はれし
十五の心　石川啄木

向日葵《ひまはり》は金の油を身にあびてゆらりと高し日のちひささよ　前田夕暮

春の鳥な鳴きそ鳴きそあかあかと外《と》の面《も》の草に日の入る夕べ　北原白秋

おり立ちて今朝《けさ》の寒さを驚きぬ露しとしとと柿の落ち葉深く　伊藤左千夫

白埴《しらはに》の瓶こそよけれ霧ながら朝はつめたき水くみにけり　長塚　節

桑の実を食めば思ほゆ山の家の母なし子にてありし昔を　島木赤彦

星のゐる夜ぞらのもとに赤赤とははそはの母は燃えゆきにけり　斉藤茂吉

牡丹花《ぼたんか》は咲き定まりて静かなり花の占めたる位置のたしかさ　木下利玄

短歌・俳句　例題２

俳句

Open Sesame

入試問題でまず出題されるのは、俳句の季語・季節・切れ字などの基本事項である。これらをもとに、作品に描かれている情景や作者のものの見方・感じ方をつかみ、十七文字に凝縮されている俳句の世界を味わってみよう。

A　ピストルがプールの硬き面《も》にひびき　山口誓子

B　露の玉蟻たぢたぢとなりにけり　川端茅舎

C　小春日や石を噛《か》み居る赤蜻蛉《とんぼ》　村上鬼城

D　霜の墓抱起されしとき見たり　石田波郷

E　甘草《かんぞう》の芽のとびとびのひとならび　高野素十

【語釈】

〔甘草〕マメ科の多年生植物。根は薬用・甘味用に用いる。

1

A〜Eの中で、体言止めが用いられている句はどれか。

OPEN SESAME 解説

Cの「赤蜻蛉」、Eの「ひとならび」が体言（名詞）である。

解答　C・E

2

A〜Eの中で、切れ字が用いられている句はどれか。

OPEN SESAME 解説

Bの「けり」、Cの「や」が切れ字。

解答　B・C

3

A〜Eは、それぞれどの季節を詠んだ句か。

OPEN SESAME 解説

Aの季語は「プール」。山口誓子は、都会の中から近代的な素材を掘り起こすことに努めた俳人であり、「プール」もその一つ。

Bの季語は「露（の玉）」。「蟻」は夏の季語だが、「露」が秋の季語であるから、秋の情景を詠んだ句となる。

Cの季語は「小春日」。「小春」は陰暦十月の異称で、「小春日」は冬の初めの頃の、ぽかぽかと春のように暖かい日をいう。秋の季語である「赤蜻蛉」も入っているが、句の重点は切れ字を伴った「小春日」の方にある。

Dの季語は「霜」。

Eの季語は「甘草の芽」。「甘草」は夏の季語だが、その「芽」であるから春の句となる。

解答　A夏　B秋　C冬　D冬　E春

4

A〜Eの中で、次のア〜エに該当する俳句はどれか。

ア　作者の心の衝動が伝わってくるような、冷酷な光景を描いた句。

イ　独特の調子で対象の姿を端的に描いた、視覚的・写生的な句。

ウ　ユーモラスな表現の中に、対象へのほほえましい愛情が感じられる句。

エ　緊張と静寂の後に訪れた、ある瞬間を鋭い感覚でとらえた句。

OPEN SESAME 解説

A　競泳者がプールのスタート台に並び、前傾姿勢で静止しながら、競技開始のピストルの音を今か今かと待っている。そこにあるのは、ピーンと張り詰めた空気、スタート前の静まり返った空間……。次の瞬間、そのしじまを破って号砲が鳴り響き、満々と張られた鉱物のような水面に反響する。水面を「硬き面」という水の質感でとらえているところに、作者の感覚の鋭さが感じられる。また、「ひびき」と連用形で結んでいるのがは、動きをある一瞬にとらえているからであり、その瞬間だけを切り取ったような、静止画面を見ているような句である。

B 「露の玉」と「蟻」という素材の組み合わせの妙が光る句。一匹の蟻の行く手に露の玉がある。これに出くわした蟻は、自分よりはるかに大きいこの物体に驚き、ひるんでしまう。この蟻の様子を、擬態語の「たぢたぢ」を用いることで、ユーモラスかつ的確に表現しており、作者の蟻に対するほほえましい愛情が伝わってくる。

C 本格的な寒さに向かっていく季節の中で、ふと春を思わせるような暖かな日が訪れ、やわらかな日差しに温められた石に、赤蜻蛉が「噛み居る」ようにしがみついて、じっとしている。作者の村上鬼城は、貧窮の生活に苦しみながらも俳句を続けた人で、それだけに弱いもの、小さいもの、恵まれないものに対して温かい目を向けた。この句は、単に初冬ののどかな風景を客観的に描写したものではなく、動こうともしない赤蜻蛉に、残り少ない命を生きるものを見ているととらえるべきだろう。

D 病衰の身を妻か誰かに抱き起こされたとき、ちらっと窓の外に「霜の墓」を見てしまった。結句の「見たり」には、見てはならないものを見てしまったという、眼底に焼き付くような強い響きがある。癒えざる病を抱いた作者の胸に突き刺さるような、冷徹な光景が目に浮かぶ句である。

E 三つの「の」で名詞を結び付け、切れ字も用いずに一気に詠み下している。この句には、作者の主観は全く感じられず、描かれているのは、「とびとび」に「芽」の出た「甘草」のありさまだけである。徹底した客観写生の句である。

解答　アD　イE　ウB　エA

《試験によく出る俳句》

いくたびも雪の深さを尋ねけり	正岡子規
桐一葉《きりひとは》日当りながら落ちにけり	高浜虚子
遠山に日の当りたる枯野かな	高浜虚子
赤い椿白い椿と落ちにけり	河東碧梧桐
たんぽぽたんぽぽ砂浜に春が目を開く	荻原井泉水
分け入っても分け入っても青い山	種田山頭火
冬蜂《ふゆばち》の死にどころなく歩《ある》行きけり	村上鬼城
芋《いも》の露連山《つゆれんざん》影を正しうす	飯田蛇笏
啄木鳥《きつつき》や落葉をいそぐ牧《まき》の木々	水原秋桜子
つきぬけて天上の紺曼珠沙華《まんじゅしゃげ》	山口誓子
かりかりと蟷螂《とうろう》蜂の皃《かお》を食《は》む	山口誓子
金剛《こんがう》の露ひとつぶや石の上	川端茅舎
降る雪や明治は遠くなりにけり	中村草田男
バスを待ち大路《おほぢ》の春をうたがはず	石田波郷
雉子《きじ》の眸《め》のかうかうとして売られけり	加藤楸邨

練習1　短歌

A　海恋し潮《しほ》の遠鳴りかぞへては少女《をとめ》となりし（　　　）　与謝野晶子

B　かにかくに渋民《しぶたみ》村は恋しかりおもひでの山（　　　）　石川啄木

C　幾山河《いくやまかわ》越えさり行かば寂しさの終《は》てなむ国ぞ（　　　）　若山牧水

問一　A～Cの短歌の結句（（　　）に入るもの）を次から一つずつ選べ。

ア　今日も旅ゆく　**イ**　父母の家　**ウ**　おもひでの川

問二　次の条件を満たす短歌を選べ。

(1)　五七五七七のリズムに合わない破格の歌。（一つ）

(2)　繰り返しの句法を用いて心情を強調している歌。（一つ）

(3)　初句切れになっている歌。（一つ）

問三　AとBの短歌は、「ふるさと」に関する心情を叙情的に表現した歌だが、作者自身はどうしていると考えられるか。A・B両方に当てはまるものを次から一つ選べ。

ア　ふるさとを遠く離れた異郷にいる。

イ　ふるさとに向かいつつある。

ウ　ふるさとで家族とともに生活している。

ここに着目

問一　対句表現や歌に描かれている情景から考える。

A　「少女」となったのはどこか。

C　作者は何をしているのか。

問三　Aの歌もBの歌も、「海」「渋民村」を恋しいと歌っている。

問四　A～Cの短歌は、それぞれ何調か。

問四　句切れから考える。
初句切れ・三句切れの歌は七五調、二句切れ・四句切れの歌は五七調となる。

練習2　俳句　山本健吉の文章による

竹馬やいろはにほへとちりぢりに　　万太郎

こういう句はどうだろう。作者の回想風景に現れてくる、昔の[A]であった悪童たちへの懐しさを、はっきりと見せた見事な一句だ。こんな句を万太郎といえども二度と作ってはいない。今の小学校では「いろは」など教えないそうだが、この句を読むと、昔の読本を斉誦する子供たちの声が聞こえてくる。しかも、変化のはげしい東京らしく、今はどこに散ってしまったか、消息もわからない「[B]」の子供たちの声が――。

月に行く漱石妻を忘れたり　　漱石

五高教授として熊本に赴任する時の句だ。独り下ったので、月の清さにうかれ出て、すっかり妻を連れて行くのを忘れてしまったと諧謔した。それが俳諧の滑稽であり、「俳」そのものなのだ。そんな趣も、どうも近来の句に失われたようだ。

駅の名の峠と呼ぶや雪の声　　寅彦

これは奥羽線の夜汽車で板屋《いたや》トンネルを越え、明け方峠駅に着いた時の句だ。寅彦には俳句の数はたんとはないが、俳諧連歌の好きな人で、私はどうしても入れたい人の一人だった。この句など、実にいい。「峠」という珍しい駅名を呼ぶ[C]の声が、山間のまっ白な雪景の中に、天来の[D]とも聞かれたのだ。寅彦の発句の秀逸だろう。

物干した富士やをがまむ北斎忌　　荷風

北斎の「富嶽三十六景」の延長線上にこの句はある。本所深川あたりの、物干し台のある風景である。「日和下駄《げた》」の作者でなければ思いつかない句だろう。

もちろん私はもっと人口に膾炙《かいしゃ》した、

　鶏頭の十四五本もありぬべし　子規

　去年今年貫く棒のごときもの　虚子

などの句も入れている。やはり落とせないと思うからだ。ここでは選択の一端を披露したにとどまるが、こういう句を挙げただけでも、私がこの選句に当たって如何に楽しんだか想像がつくのではなかろうか。

問一　[A]に入る語を、俳句の言葉を使って四字で答えよ。

問二　[B]・[D]に入る俳句の言葉を答えよ。

問三　[C]に入る語として適切なものを次から一つ選べ。

　ア　乗客　　イ　駅員　　ウ　雪山　　エ　作者

問四　筆者は「俳」を重視しているが、荷風の俳句のどのようなところに「俳」が認められるか。適切なものを次から一つ選べ。

　ア　富士山を「をがまむ」と表現しているところ。
　イ　北斎忌に富士山を拝むところ。
　ウ　物干しから富士山を拝むところ。
　エ　物干しをした後で富士山を拝むところ。

問五　漱石と子規の俳句から、それぞれ季語を抜き出し、季節を答えよ。

ここに着目

問一　小学校時代をともに過ごした「悪童たち」を何と言うか。

問二　B・Dともに、空欄の前後の文言がヒントになる。

問三　駅名を呼ぶ声が空欄Dのように聞こえたことに感動して詠んだ句であるから、声の主は作者ではないはず。

問四　漱石の俳句に関する記述からもわかるように、「俳」は滑稽・おどけの意。北斎の「富嶽三十六景」と「物干し台のある風景」とを比較してみよう。「忌」は命日の意。

問五　「鶏頭」は、鶏のとさかに似た花が咲く植物の名。

問題演習

A

1　次の文章を読んで、あとの問いに答えよ。

昨秋、ハワイへ行った。学会出席のためであったが、少し遊んできた。予想どおり、ハワイはすばらしいところであった。十一月末というのに、日本の六月末の気候であり、しかも日本特有のシッケ[a]はなかった。乾いた暑さなので人はほとんど暑さを感じない。そして、花が、すばらしく美しかった。熱帯独特の香りの強い花が咲き乱れ、果物はひどくうまかった。ここはたしかに極楽である。

しかし正直いうと、私はハワイの花を見ても、花を感じなかったのである。それはたしかに花であるが、われわれの想像する花ではない。日本人の理解する花とちがった花がそこにある。それは、なにゆえであろうか。ひとくちにいえば、われわれの理解している花は、咲き、そして散る花である。［A］季節によって、咲き散る花、それがわれわれの知る花である。しかしハワイの花は、そういう花ではない。［B］、季節によって咲く花もあるが、しかし多くの花は一年中咲いている。ここには咲く花の美しさはあっても、散る花の美しさはない。

われわれの祖先の愛好した花は、そういう花ではない。それは、咲く花であるより、［C］散る花である。私は日本人の美意識を決定したものは、『古今集』であると思うが、この『古今集』という歌集は、ほぼ自然の歌と恋の歌で出来上がっている。そして自然の歌の多くは、花の歌である。［D］花の歌といっても、主として散る花の美をうたう歌である。

桜と紅葉が、『古今集』でもっとも多く歌われる花であるが、桜も紅葉も、その美しさは、盛りになるところにあるというより、散るところにあるといえる。「久方の光のどけき春の日にしづ心なく花の散るらむ」（紀友則）という歌と、

「ちはやぶる神代もきかず龍田川から紅に水くくるとは」（在原業平）という歌は、この日本人好みの二つの花の散る美しさをうたった代表的な歌である。

①このことは、日本人の生と死の見方とも深く関係しているように思われる。日本人にとって好ましい人物は、散りぎわの美しい人物であった。あくまで生きぬき、ねばりぬくというような人物は、日本人好みではない。源義経、豊臣秀頼、大石良雄など、どこか日本人好みの人物には散る花の美しさがある。

花の中に人生を見るのが、日本人の人生観であるが、わけても日本人は、女を花のたとえで考えたのである。花の如くあることが、女の徳であった。どのような花の面影を宿しているか、そこに女の個性がある。源氏物語において多くの女が、花の名で呼ばれているのはbグウゼンではない。つい先程まで、日本の女は、多くの花の名を持った。花子、梅子、菊子など、女を花の名で呼んだ日本人の考え方の中には、女は花の如く生きよという理想があった。

光源氏はおそらく誰よりも花の愛好者であったであろう。彼は、植物的な花の愛好者であると同時に、②動物的な花の愛好者でもあった。花として、さまざまな女たちが、咲き散り、生まれ死に、よろこび悲しむ、そうした女たちの心を心とし、そしてそういう花のような女の命にcアイゾウの心をそそぐところに、彼のもののあわれの理想があったのであろう。

おそらく、華道はこのような花愛好の精神から生まれたのであろう。いけてある花の中に、人はさまざまな生命を見たのである。咲き散る花の生命の中に日本人は人間の生命の根源的なものを見たのであろう。

一昨年日本へ来たスペインの哲学者コラールは、日本人を理性をもった植物とよんだ。彼は日本文化が植物的生命を理想にしているのを感じたのであろう。理性をもった植物のかわりに、理性をもった花といってもよいかもしれない。理性をもった花が、正に日本文化の理想であった。

しかし、③この植物文化は、今やヨーロッパ文化のdセンレイをうけ、鉄の文化、コンクリートの文化、あるいはプラスチックの文化にかわろうとしている。われわれの生活に、植物の占める位置が、一日一日少なくなってゆく。われわれは木の家よりコンクリートの家を好むようになった。[E]、われわれが自然の花を見ることは、一日一日少なくなってゆく。それに応じて日本人自体が変質してゆく。女性の名も陽子とか美知子とか、抽象的性質を意味する名となりはじめたのである。華道の世界にも、鉄やコンクリートやプラスチックのオブジェが登場し始めてきた。それは、むしろ時代の必然であるが、鉄やコンクリートやプラスチックの文化には、生も死もなく喜びも悲しみもない。

しかし、私は思う。人は鉄やコンクリートやプラスチックだけでは生きられない。われわれの生活が鉄やコンクリートやプラスチックでかこまれればかこまれるほど、われわれは花を求めるのである。現代人の花へのeツイボの中に、私は、もっとも[F]ものへのツイボの心を見るのである。

（梅原　猛『哲学の小径』による）

問一　傍線部a〜eのカタカナを漢字に直せ。

問二　[A]〜[E]に入る最も適当な語を次から一つずつ選び、記号で答えよ。

ア　つまり　**イ**　しかし　**ウ**　しかも　**エ**　むしろ　**オ**　そして　**カ**　もちろん　**キ**　さらに

問三　傍線部①「このこと」とは、どのようなことか。二十字以内で答えよ。

問四　傍線部②「動物的な花の愛好者」とは、どのような者か。十字以内で答えよ。

問五　傍線部③「この植物文化」とは、どのような文化か。本文中の言葉を用いて五十字以内で答えよ。

問六　[F]に入る最も適当な語を次から一つ選び、記号で答えよ。

ア　日本的な　**イ**　ヨーロッパ的な　**ウ**　世界的な　**エ**　人間的な　**オ**　植物的な

2　次の文章を読んで、あとの問いに答えよ。

A　人間は常に行為しなければ、生きてゆくことができませんが、このさい重要なのは、人間がみずからの自由によってその行為を選ばなければならないということです。人間は行為を選ぶ自由をもっています。われわれは暇さえあれば寝て暮らすこともできます。また寸暇を惜しんで、勉強したり、仕事に打ち込んだりすることもできます。われわれは日常行っている一つ一つの行為を、すべてみずからの自由によって決断し、選んでいるのです。

B　この点に、おそらく、他の動物と人間とのあいだの本質的な相違があるといえましょう。人間以外の動物は、ただ本能によって行動しているだけで、自由によってその行動を選んでいるわけではありません。どうして人間だけが、このように行為をみずから選ぶ自由をもっているのかということは、おそらくもはや人間の解きえない問題であるといわねばならないでしょう。しかしとにかく、(1)人間が自由をもっており、それによって行為を選択しているということは、否定することのできない事実だといわねばなりません。

C　わたくしは必ずしも、人間が行為を選択する自由をもっていることがよいことなのだというわけではありません。人間は自由をもっているから、他の動物にくらべてすぐれているのだというのではありません。むしろ、わたくしは、自由をもっているということこそ、人間の悲しい性《さが》なのだとさえいえるのではないかと思うのです。

D　人間に自由がなければ、人間はかえってほんとうに幸福であったかもしれません。だれでも一生に一度ぐらいは、青い空を、なんの苦労も知らぬげに、自由自在に飛び回っている鳥にでもなってみたいと考えるのではないでしょうか。鳥にも外敵は襲うでしょう。餌をあさるのに骨を折ることもあるでしょう。しかし、本能のままに動いている鳥は、おそらくそのために思い悩むこともありますまい。ところが、人間はすでに自由をもっているのです。どんな人でも、いやおうなしに、自分で行為を決定しなければなりません。人生の苦労はすべてここから生じている、ともいえるかもしれません。

E　しかし、たとえそれが人間にとって不幸であるとしても、人間が自由をもっているということはどうしようもない事実なのです。われわれがこれに対していかに苦情をいったところで、どうなるものでもありません。われわれはただこの事実を認め、その上に立って行為する外はありません。

F　フランスの哲学者サルトルは、「⑵人間は自由の刑に処せられている」といっています。まさに、自由は人間のもって生まれた宿命なのだ、といえましょう。人間であるかぎり、われわれにはこの宿命からのがれる道はありません。われわれはこの宿命を甘受してゆく外はありません。

G　だが、人間がみずからの自由によって行為を選ばねばならないとすれば、そこにわれわれはどうしても自分の行為を選ぶための原理を考えないわけにはいきません。むしろ、われわれは行為を選ぶばあい、必ずなんらかの原理をもち、それにしたがって行為を選んでいるのだということができましょう。

H　暇さえあれば寝て暮らして少しも悔いを感じない人は、そういう生き方がよいのだという考え方によって、その行為を選んでいるのです。また自分の利害ばかり考えて、ひとのことを少しも思いやらずに行為している人は、自分の利益だけをはかればよいのだという考え方の上に立って、行為を行っているのです。

I　こうして人間は、自由によって行為している以上、どうしても行為を選びその生き方を決定する根本的な考え方をもたないわけにはゆかないのですが、この考え方がいわゆる人生観ないし世界観というものです。そしてこの人生観・世界観がすなわち哲学に外なりません。

（岩崎武雄『哲学のすすめ』による）

問一　本文はA〜Iの九段落で構成されているが、㈠前提（事実認定）・㈡解説（事実評釈）・㈢結論（方策提示）、という三つの大段落にまとめるとすれば、第二大段落・第三大段落の初めは何段落か。B〜Iの記号で答えよ。

問二　傍線部⑴の事実を、筆者はどのように解釈しているか。その解釈が端的に示されている箇所を、本文中から二箇所、ともに三十字以内でそのまま抜き出せ。

問三　傍線部⑵のサルトルの言葉に最も近い内容が述べられている箇所を、本文中から三十字以内でそのまま抜き出せ。

問四　次の文は、本文の結論部分をまとめた主題文である。［　①　］〜［　⑦　］のそれぞれに、最も適切な本文中のキーワードを当てはめよ。ただし、①②③④⑦は二字の漢字、⑤⑥は三字の漢字である。

「　①　」に「　②　」を「　③　」するための「　④　」が、「　⑤　」・「　⑥　」であり、「　⑦　」である。

3

次の文章を読んで、あとの問いに答えよ。

人生にとって何よりも大切なのは、いかに生くべきか、をしっかりと見定めることである。それに明確な答えを与えるためには、人生に①フシメを設けなければならない。人の一生は重き荷を負いて遠き道を行くがごとし――と徳川家康はいったが、そんなふうに一生をだらだらと歩むのは何ともやりきれないではないか。重い荷を背負って汗水たらしながら②ショウガイを歩みつづけねばならないとしたら、ものを静かに考えたり、生活を愉しんだりするいとまもなく一生を終えねばならない。貧しい時代ならそれはやむを得ないことだったのかもしれないが、これからの日本の社会は、ひとむかし前とは比較にならないほど豊かなのである。私たちはこのへんで、あらためて生き方を学び直すべきではなかろうか。

などと考えるとき、私の胸の中に浮かび上がってくる一人の人物がいる。兼好法師である。あの『徒然草』の作者だ。生き方というなら、兼好ほど生き方について思いをめぐらした男はいない。その結実が『徒然草』なのである。

といっても、むろん、これは当世流行りのハウツー式③ショセイ術を説いたものではない。[A]、ではなく、理想的な暮らしぶりとはどういうものか、それについての信念を吐露したものである。

その冒頭で兼好はこう書いている。

――人間としてこの世に生まれてきた以上、こうありたいと願うことはたくさんあろう。だが、いちばん願わしいことは、なまめかしくあるということだ……。（第一段）

なまめかしいとは、現代においては、「つやっぽい」「あだっぽい」の意に解されているが、本来は[B]のことである。つまり、けっして派手やかではないが気品がにじみ出ていて美しく感じられることであり、要するに奥ゆかしいと

④ドウギである。身の対し方、生き方において兼好が何より重視するのは、そうした「奥ゆかしさ」「上品さ」なのだ。

その美学――倫理と云うよりは美学というべきであろう――が『徒然草』の全編を貫く主題であり、ここから道徳をふくめた彼のすべての人生観が流れ出ているといってよい。彼にとっては美しいことが善きことなのであり、正しいことでもあり、aそれが人間の条件なのである。したがって、彼にとっての人生の指針は、どのようにしてそうした美学を身につけるか、ということになる。いいかえれば、人間としての教養はそれにつきるのだ。

兼好はその規範を過去に求める。過去といっても万葉のむかしではない。『源氏物語』や『枕草子』の王朝時代に極点に達したあの優雅さこそが、美的生活の理想として彼の心に映っているのである。そのむかしを繰り返し偲びつつ、彼はつくづく述懐する。

――何事も、古き世のみぞしたはしき。

（ a ）つづけてこう記す。

――当世ふうというのは、まったく下品で、ますますいやしくなっていくようだ。指物師の作る⑤ウツワの類も昔のもののほうがずっと趣があるようにみえるし、手紙の文句も先人の書いた文章のほうがはるかに立派である。人びとが口にする言葉に至っては、何とひどく情けない有様になってしまったことか……。（第二十二段）

Aこうした批評に対しては、老人の繰り言といって冷笑する人も少なくないだろう。兼好に限らず、何時の時代であっても、また、洋の東西を問わず、老人はつねにそういって嘆くものだからである。歴史はいつも過去からこのような批判に耐えながら展開してきたのである。

けれども、過去からの批判は、けっして無視できない。文化とは、［C］。したがって、問題は伝統と革新をどうつなげるかにある。『論語』にいう「 ① 」はその知恵を説いたものであり、芭蕉が教えた「不易流行」もこの課題への解答にほかならない。そして兼好の『徒然草』の読み方も、bこの観点から試みなければならないと思う。

（ b ）、その兼好であるが、彼はもちろん、ただ古き世を「よき時代《ベル・エポック》」として懐かしんでいるわけではない。彼が慨嘆するのは、せっかく先人がつくりあげた文化的な価値を後人が台なしにしてしまっているということなのである。これは現代についてもおなじようにいえる。なぜなら、現代の日本人はひたすら新しいことにとびつき、過去を屑のように捨てて、しかもみずからの生き方を何ひとつ生み出していないからである。そして、こうした価値の混乱を「多元的価値観」という便利な、都合のいい言葉におきかえ、善悪も美醜もけじめを取り払ってしまっている――これが今日の偽らざる姿ではないか。

（ｃ）私はもう一度兼好の意見に耳を傾ける必要があると思うのだ。

どのような人が「よき人」であり、どんな人物が「おろかなる人」か、兼好はそれをはっきりと分けている。彼によれば「よき人」、すなわち理想的な人間とは、知識ではなく、教養を身につけた、すくなくとも身につけたいと、それを心がけている人のことであり、「おろかなる人」とは下品な人間、落ちつきがなく、無遠慮で、口が軽く、知ったかぶりをし、自己顕示欲が強く、そして「名利《みやうり》に使はれて、閑《しづ》かなる暇《いとま》なく、一生を苦しむる」そのような人間である。

（ｄ）、人間にとっていちばん大切な教養とは何なのか。容貌や風采が立派であることは望ましいことにちがいないが、それは天与のものだからいたし方ないとして、心は賢くなろうと心がけさえすれば、いっそう賢くなるはずのものなのだから、まさしく心がけしだいで「よき人」になれるはずである。兼好によれば、教養の第一条件は、そのような賢くなりたいという向上心である。そのためには学芸を身につけねばならぬ。当時の学芸とは、漢学や詩歌、管弦の道であるが、身につけるべき教養の内容は時代とともに変わるから、むろん現代には現代の課目があろう。

（ｅ）、兼好は教養の中身よりも、身につけた教養がどのような姿で外にあらわれるかをさまざまに取りあげる。それを端的に要約するならば、前記のように、「なまめかし」くあれ、ということにつきよう。

「花はさかりに、月はくまなきをのみ見るものかは」（百三十七段）という有名なくだりに始まって、彼はことごとに「なまめかしい」すなわち「奥ゆかしい」ふるまいを説いている。花はなにも盛りにだけ鑑賞するものではなく、月も皎々《こうこう》と照り輝いている夜だけながめるものではない。むしろ、雨の降る夜にかくれている月を想い、満開の花より、これから咲こうとしている梢を見あげたり、あるいは、すっかり花が散ってしまった庭をしみじみとながめるほうが、ずっと味わい深いではないか、というのである。そして、そのような味わい方のできる人こそが教養人であり、よき人であり、奥ゆかしい品性の持ち主だ、と。

どうしてか。完成された美は、まちがいなく美しい。しかし、完成された美の対象をただ美しいとして受けとることはだれにでもできることだが、B不完全な美を、こちらの創造力によっておぎない、心のなかで完全な姿へと仕立てるのには、それなりの教養が必要だからである。美とは「②」の実体としてそこに存在するのではなく、絶えずうつろうものなのである。その「③」のさまを全体としてとらえることが真の美意識なのであり、美を観ずる人間の精神でなければならない。

（森本哲郎『生き方の研究』による）

問一　傍線部①〜⑤のカタカナを漢字に直せ。

問二　［A］〜［C］に入る適切な語句を次からそれぞれ選び、記号で答えよ。

A
ア　与えられた現実にどう対処するか
イ　困難な現実をどのように回避するか
ウ　自らの信念をどのように獲得するか
エ　現実の問題をどのように理解するか
オ　どのような信念を持って生きるか

B
ア　表面的な美しさ
イ　抑圧された美しさ
ウ　抑制された美しさ
エ　演出された美しさ

オ　秘められた美しさ

C

ア　あくまで歴史の流れに成り立つものであり、伝統と遺産の上に花咲くものだからだ
イ　あくまで歴史の流れに逆らうものであり、伝統と遺産は常に乗り越えられるからだ
ウ　あくまで歴史の法則に従うものであり、融和と協調の上に花咲くものだからだ
エ　あくまで歴史の変化に対応するものであり、革新の上に花咲くものだからだ
オ　あくまで歴史の流れに成り立つものであり、崩壊と新生の上に花咲くものだからだ

問三　「①」～「③」に入る適切な熟語を次からそれぞれ選び、記号で答えよ。

ア　生生流転　イ　永遠不変　ウ　温故知新　エ　臥薪嘗胆　オ　謹厳実直

問四　（ａ）～（ｅ）に入る適切な語を次からそれぞれ選び、記号で答えよ。

ア　しかし　イ　だから　ウ　では　エ　さて　オ　そして

問五　二重傍線部ａ・ｂは何を指しているか。それぞれ本文中から正確に抜き出して答えよ（ただし、ｂは十五字以内とする）。

問六　傍線部Ａの「冷笑する人」に対立する筆者の立場が明確に述べられている一文を、本文中から抜き出して答えよ。

問七　傍線部Ｂ「不完全な美」の具体例を一つだけ本文中から引用せよ。

問八　兼好は「当世ふう」を批判しているが、筆者はそれに対応して「現代」を批判している。該当する部分（一文）の初めと終わりの六字を抜き出して答えよ（句読点を除く）。

問九　次の文章は、本文についての解説である。（１）～（７）に入る適切な語句を後の語群からそれぞれ選び、記号で答えよ。

この文章は人の生き方を『徒然草』に拠って論じたものである。筆者は、『徒然草』が最も重視したものを、「奥ゆかしさ」の（１）と見ている。「なまめかし」という言葉をキーワードに思いをめぐらす兼好にとって、

（　２　）ことが人間の条件であった。それは善や正義という（　３　）にまで結びついており、それを身につけることが（　４　）であり、人生の指針であった。兼好はその規範を王朝の優雅さに求め、そこから現実批判をしているが、老人の繰り言のように単に（　５　）を懐かしんで愚痴を述べているのではなく、これまで築かれてきた文化が、（　６　）人によって台なしにされることを慨嘆する。教養を身につけ、賢くなりたいという向上心を持つ者こそ（　７　）であるとする。筆者は兼好の主張をそのようにとらえ、その主張を現代によみがえらせ、現代社会を批判しつつ、人のあるべき姿を模索しているのである。

A　美学　　B　哲学　　C　美しい　　D　道徳　　E　美術
F　教養　　G　現在　　H　過去　　I　未来　　J　おろかなる
K　あはれなる　　L　あしき人　　M　よき人　　N　をこなる人

4　次の文章を読んで、あとの問いに答えよ。

人間の生活の基盤である自然の緑の必要度、人間生活が持続的に緑の自然から隔絶された場合の直接、間接の精神や肉体に与える被害は、残念ながら現在量的に測定し難い。量的に表現できないから安心なのではなく、質的な影響であるだけにもっとも本質的に生命や心に関係してくる。自然の緑の存続は、人間生活に間接的に見えても本質的な基盤の役割を果たしているだけに、生存権に関係する問題である。

たしかにわれわれは技術を発達させ、冬は暖房、夏は冷房、外出は車というように見かけ上何不自由のない、まことに物質的、機械的に快適な生活が享受できるようになった。［A］われわれの生活の根本的な土台――自然条件――が失われ、われわれの生存権がおびやかされるような本質的被害の方が大きくなってきたとしたら、これこそ問題である。しかも自然の生活の基盤――自然の緑――の消失は、最近さかんにいわれる公害よりもはるかに、基本的、質的なものであり、計量化がより困難である。［B］やっかいなことには、人間生活が、多かれ少なかれ緑で代表される自然と共存できている間は、まったくその必要性に気づかず、気づいたときにはおそすぎる。また小手先の対策では、一度変えられた自然環境の質の変化をもとにもどすことは不可能である。

われわれが、自然界の生物集団のわくからぬけだして生活しようとするとき、他の生物との競合がはじまる。そして、熱帯のジャングルと原住民、田畑の雑草と農民など、生物社会で質量ともに主役を演じている植物と人間との戦いが続いている間は、①苦闘しながらも人類もまた生物社会の動的なバランスの中で生存してゆける。

しかし、緑の自然をわれわれが完全に征服し、圧倒的に勝ったと思ったとき、大自然の生態系のひとこまとして生きのびてきた人間の生活も a 破綻をきたし人類の生存の基盤が失われることになる。

それでは人間の生活にそれほど本質的に重要な緑の自然とは、何であろうか。そして人間はいったい自然の何であろうか。人間生活と緑で代表される自然とはどのような関係があるのかなど、自然と人間の本質について追究するとき、われわれは人類の永遠の課題に直面する。遠い古代から多くの人たちによって、自然とは、人間とはと、それぞれの立場から論じられてきた。多くの哲学者の考え方が示すように、多くは自然を人間と対立させ、人間の側からこの課題を解決しようとした。［C］自然の概念は、それぞれの社会や個人の世界観によって規定されてきた。現代の自然科学、とくに生態学の立場からみれば、人間も一つの構成要員にすぎない。また生物集団を研究対象とする生物社会学の立場からみれば、人間は、地球上でもっとも発達した生物体（Lebewesen）ではあるが、生物社会のわくからはみ出して、他の生物集団と隔絶しては一時も生存が許されない。

われわれがかなりの程度に、物質的生活環境や生き方を思うように変えることができるようになった現在も、そして遠い遠い未来も、人間が命をもつものとして生きてゆくかぎり、いくら原始的だといって②じだんだ「　　」でも、③この冷厳な事実を無視できない。

高邁《こうまい》なる理想に燃えた地球の王者〝人間も〟、あらゆる奢侈《しゃし》、栄華、の b 権化と化した人間も、かれらの生存基盤がグラグラとゆれ動き、危機に瀕したとき、ただ一個の生き物としていかに生きのびるかに c 狂奔する。生命の危機に対しては、すべての生物は、虫も草も人間も、すべてをかけて個体と種族の防衛に専念する。そして地球上の人類は刻々と自らのつくり出した技術と科学文明の成果によって、かつてない繁栄をd謳歌している代償として、かれらの生存のパートナーである生物社会の他の要員である緑の森林や多彩な動植物と、さらに人間も含めた全生物の生存基盤――自然――を人類の生存が不可能になるほど侵食しはじめている。

　地球上のすべての無機的、有機的構成要因が、そこに生存している人間、動植物、カビやバクテリアの微生物まで含めて、すべてが構成要員で、たがいにe相克しあい、競争しあいながら、時間の流れにそって、遠い過去から、とにもかくにも生物社会の秩序のわくの中で動的平衡状態をつづけて現在に至っている。おそらく半永久的な未来まで、地球をとりまく自然は、その一構成要員にすぎない人類が、どんな妙薬や劇薬、はては水素爆弾以上のとてつもない危険物をつくりだして、地球上を焼きつくし、汚染しつくしたとしても、すべての生命――植物も動物も――を死滅させ、まったく回復不可能なほど自然を破壊しつくすことはできない。自然は強い復元力をもっている。

　④では何のために自然保護が最近叫ばれているのだろうか。この自然保護提唱者の中にも、自然の構成要員である人間の多様性が自由に表現されていて面白い。様々な思想や立場の人たちが、いろいろな体験や観点から自然保護や動物愛護をとなえている。花が美しいから、鳥が可愛いから、裏山がけずられるから、海岸や湖が埋め立てられるから等々、そのよびかけの直接の原因はまったく多様である。しかし、かれらが意識するしないにかかわらず、⑤かれらの叫びの底流には、生物としての生活の基盤が失われていくことに対する生きものとしての本能的な D 感が流れている。

　およそロマンチックな自然の愛護などにまったく無縁な私までが、あえてこの問題に⑥警鐘を「　　」のも、現代の人間の生活域の最低限の自然の確保は、もはや花のためでも、鳥のためでもなく、まさにわれわれ人間が何とか破滅しないでよりよく生きのびてゆくのに必要なためである。

（宮脇　昭『植物と人間』による）

問一　傍線部a～eの漢字の読みを答えよ。

問二　[A]〜[C]に入る適切な語句を次から選び、記号で答えよ。

ア　また　イ　そのうえ　ウ　したがって　エ　ただし　オ　しかし

問三　傍線部②・⑥はいずれも慣用表現である。それぞれの空欄に適切な動詞を入れて完成させよ。

問四　傍線部①と同じ内容を示す表現を、これより前の段落から十字で抜き出して答えよ。

問五　傍線部③「この冷厳な事実」とは、どういう事実を指しているか。本文中の語句を用いて五十字以内で答えよ。

問六　傍線部④「では何のために自然保護が最近叫ばれているのだろうか」とあるが、これに対する回答を本文中の語句を用いて十五字以内で答えよ。

問七　傍線部⑤「かれらの叫び」とは、具体的には何か。本文中の語句を用いて十五字以内で答えよ。

問八　[D]を補うのに適切な漢字二字の熟語を、本文中から抜き出して答えよ。

問九　本文の内容と合致しないものを次から一つ選び、記号で答えよ。

ア　自然の緑の存続は、人間生活に本質的な役割を果たしているだけに、生存権に関わる問題である。

イ　一度変えられた自然環境の質の変化をもとにもどすことは、全く不可能なことである。

ウ　自然をわれわれが完全に征服し、勝ったと思った時、人類の生存の基盤が失われることになる。

エ　生物社会学の立場からみれば、人間は生物集団の一員であるということはまぎれもない事実である。

オ　人類がどんなに地球上を焼き汚染しつくしたとしても、自然は強い復元力をもっているため破壊しつくされはしない。

5　次の文章を読んで、あとの問いに答えよ。

　私が昆虫の標本をはじめて作ったのは、小学校三年生の時だった。ボール紙製ではあったが、ガラスぶたの結構な標本箱を買ってもらい、ゲンゴロウだのハンミョウだのオニヤンマだのを捕らえてきては、新しいコレクションに得意になったものだった。展翅板という道具を使ってチョウやガの翅《はね》を拡《ひろ》げのばすことも覚えた。硬直したコガネムシなどの体を、柔らかくする方法も知った。中学生になる頃には、桐製の立派な標本箱を、二十箱も三十箱も重ねるようになった。分厚い図鑑類を［A］に備え、学名なぞを一生懸命に覚えたものだった。やがて、標本箱の数も、［B］私設博物館ほどになった。

ある日、突然、何の前触れもなく、私はその作業に全く興味を失った。興味を失っただけではない。私は恐ろしい間違いをしていたことに気がついたのだった。私が本来知りたかったことは、かれらの生活であり、習性であり、それらで示される万化の生命の様相だったのだ。それに気がついた瞬間に、珠玉の如きコレクションは、何千何百というただの昆虫の無惨な死骸の山と変わり果てた。

それからの私は、ひたすら野山を歩き、海へもぐるようになった。しかし自分のコレクションに欠けている一匹の甲虫を求めて、血眼になって野山を駆けずり回るということはしなくなった。そうなってから、はじめて私は小さな動物たちと友達になることができた。積み重ねた標本箱は、虫が食い、カビが生え、いつか塵の山となり標本針の束は赤さびの針山と化してしまった。私はそれを庭へ運び出して火をつけた。標本の中には、かなりの珍品もあった。しかし少しも惜しくなかった。①それが私の免罪符でもあり、踏絵でもあった。

自然はすばらしい。

茫洋たる海は、そこに棲む沢山の動物たちの、実に多くの物語を秘めている。また、風に波打つ草原や、冷たい霧に濡れる深い山あいの谷。陽炎の燃える白い河原。どこへ行っても、常にそこには大自然のドラマが繰り広げられている。それらを見、それらの中に身を置いていると、人間の世の営みがまるで嘘のように思えてくる。私自身、②そこからやって来て、またそこへ帰ってゆくのかと思うと、自分の存在までが何だか妙にあやふやになってくる。

大自然はいい。海や山や野や、そこで生きて活動している数え切れない沢山の動物たち。それらの生命の交響を見聞きし、かれらのみずみずしい心に触れることは誰にも許されていることだ。大自然はきびしく、覇王のように恐ろしいが、人間が③それに気がついた時、それは限りなく優しい。動物たちも、人間がかれらを仲間だと思った時、かれらも容れてくれる。

④われわれが、長い間に失ってしまったものが何であったのかを、かれらの唄《うた》が教えてくれるだろう。

（光瀬　龍『ロン先生の虫眼鏡』による）

問一　A を補うのに最も適切な語句を次から一つ選び、記号で答えよ。

ア　手中　　イ　座右　　ウ　現場　　エ　前後

問二　B を補うのに最も適切な語句を次から一つ選び、記号で答えよ。

ア　大きな　　イ　小さな　　ウ　重要な　　エ　学問的な

問三　傍線部①にうかがわれる筆者の気持ちとして最も適切なものを次から一つ選び、記号で答えよ。

ア　貴重な標本であっても、それを見るたびに自分の考えの間違っていたことを思い知らされるのはいやなので、早く処分したかった。

イ　今までの自分の考えの間違いがわかった以上は、いくら貴重な標本であっても、自分には無価値だから早く処分したかった。

ウ　貴重な標本をあえて燃やすことで自分の間違いを認め、またそのことを本当に反省しているかどうか自分で確かめたかった。

エ　今までの考えや態度が間違っていたかどうかがわからないので、あえて貴重な標本を燃やし、そのことをはっきりさせたかった。

問四　傍線部②は、どういう意味か。最も適切なものを次から一つ選び、記号で答えよ。

ア　大自然の営みから生命を与えられてこの世で生活し、やがて死んではもとの大自然に溶け込んでゆく、ということ。

イ　大自然からやって来たのに、それを無視して科学文明を賛美したけれど、結局は自然との交流に喜びを発見した、ということ。

ウ　自然の豊かな田舎に生まれていながら今は都会生活を送っているが、いつかはまた郷里に帰って自然の中で生活する予定だ、ということ。

エ　人類はかつては自然の中で生活していたのに、科学の発達によって自然から離れすぎて不幸になったので、いつかは生活の中に自然を取りもどすようになる、ということ。

問五　傍線部③「それ」は、何を指しているか。六十字以内で説明せよ。

問六　傍線部④は、どういうものか。最も適切なものを次から一つ選び、記号で答えよ。

ア　大自然のきびしさ、恐ろしさへの自覚　**イ**　小さな動物たちのみずみずしい心

ウ　動物の習性や生活に対する関心　**エ**　大自然のすばらしさを感じる心

オ　沢山の動物たちとの心の触れ合い

6

次の詩と鑑賞文を読んで、あとの問いに答えよ。

のちのおもいに

①夢はいつもかえって行った　山の麓のさびしい村に
水引草に風が立ち
草ひばりのうたいやまない
しずまりかえった②午さがりの林道を

うららかに青い空には陽がてり　火山は眠っていた
――そして私は
見て来たものを　島々を　波を　岬を　日光月光を
だれもきいていないと知りながら　③語りつづけた…………
夢は　そのさきには　④もうゆかない
⑤なにもかも　忘れ果てようとおもい
忘れつくしたことさえ　忘れてしまったときには
夢は　真冬の追憶のうちに凍るであろう
そして　⑥それは戸をあけて　寂寥のなかに
星くずにてらされた道を過ぎさるであろう

ここにうたわれている[A]が「思い出」の意味であることは、題名に照らして明らかであろう。[B]にはどんな思い出が秘められているのか。具体的には示されていないが、恋愛を中心にした青春の彷徨があったのだろう。作者は高原の草原に寝転んで、まぶしい空を仰いでいるイメージが作られる。この優しい風景は昔と少しも変わらない。しかし昔の[C]はもういない。何かが失われている。村を出て以来の[D]ひとりつぶやかせる。[E]ことは青春の喪失をみずから確認することにほかならない。この追憶風景は後半に入ると[F]とぷっつり断ち切られる。何もかも忘れ果てようと思う。が、[G]いったい何が残るだろう。凍りつくような寂寥感が自己の幻影を見たのである。

問一　空欄[A]～[D]を補うのに、詩の一字以上十字以内の語または語句をそれぞれ抜き出して答えよ。

問二　空欄[E]～[G]を補うのに、詩の中の一行をそれぞれ各行の番号で答えよ。

問三　傍線部①「夢」に最も近い意味をもつ熟語を詩の中から一つ抜き出して答えよ。

問四　傍線部②に続く語句を示せ。

問五　傍線部③の主語を記せ。

問六　傍線部④「もうゆかない」とはどういう意味か。簡単に説明せよ。

問七　傍線部⑤「なにもかも……忘れつくしたことさえ　忘れてしまったときには」とあるが、その後に残るものは何なのか。詩の中から抜き出して答えよ。

問八　傍線部⑥の指しているものを詩の中の言葉で答えよ。

問九　次の語の読みをひらがなで記せ。

ア　午さがり　**イ**　岬　**ウ**　彷徨

7　次の俳句を読んで、あとの問いに答えよ。

A　流れ行く大根の葉の早さかな　高浜虚子

B　万緑の中や吾子の歯生えそむる　中村草田男

C　雀らも海かけて飛べ吹流し　石田波郷

D　海に出て木枯帰るところなし　山口誓子

E　蔓踏んで一山の露動きけり　原　石鼎

問一　A～Eの俳句に、次のどの批評が当てはまるか。一つずつ選び、記号で答えよ。

ア　力強いデッサンである。しかも鮮やかな色彩の対比。

イ　擬人化によって、自然現象の上に己の虚無を投影している。

ウ　早取写真のように印象明瞭、受け取る感銘にもすばやさがある。

エ　貧しいもの、小さいもの、弱いものへの理解と慈しみ。愛憐の情深い作品である。

オ　誇張した表現に、作者の驚きがよく表現されている。

カ　美しい抒情的な風景句になっている。自然の微妙な息づかいをとらえようとしている。

問二　A～Eの俳句の季語と季節をそれぞれ記せ。

8　次の文章を読んで、あとの問いに答えよ。　B

田舎の自然はたしかに美しい。空の色でも木の葉の色でも、都会で見るのとはまるでちがっている。そういう美しさも[a]ナれると美しさを感じなくなるだろうという人もあるが、そうとは限らない。自然の美の奥行きはそう見すかされやすいものではない。長く見ていればいるほどいくらでも新しい美しさを発見する事ができるはずのものである。できなければそれは[①]目が弱いからであろう。一年や二年で見飽きるようなものであったら、［A］に関する芸術や科学は数千年前に[b]カンケツしてしまっているはずである。

六つになる親類の子供が去年の暮れから東京へ来ている。これに東京と国とどっちがいいかと聞いてみたら、「お国のほうがいい」と言った。どうしてかと聞くと「お国の川にはえびがいるから」と答えた。

この子供[イ]のえびと言った[ロ]のは必ずしも動物学上[ハ]のえび[ニ]の事ではない。えび[ホ]のいる清冽《せいれつ》な小川[ヘ]の流れ、それに緑の影をひたす森や川、河畔《かはん》に咲き乱れる草の花。そういうようなもの全体を引っくるめた田舎の自然を象徴するえびでなければならない。東京でさかな屋から川えびを買って来てこの子供にやってみればこの事は[c]容易に証明されるだろう。

私自身もこの[②]えびの事を考えると、田舎が恋しくなる。しかしそれは現在の田舎ではなくて、過去の思い出の中にある田舎である。

③えびは今でもいるが「子供の私」はもう④そこにはいないからである。

［Ⅰ］この「子供の私」は今でも「大人の私」の中のどこかに隠れている。そして意外な時に出て来て外界をのぞく事がある。［Ⅱ］郊外を歩いていて道ばたの名もない草の花を見る時や、あるいは遠くの杉の木のこずえの神秘的な[d]シキサイを見ている時に、わずかの[e]シュンカンだけではあるが、この［B］の幻影を認める事ができる。それが消えたあとに残るものは[f]淡い⑤「時の悲しみ」である。

（寺田寅彦『田園雑感』による）

問一　波線部a・b・d・eを漢字に直し、c・fの読みをひらがなで書け。

問二　［A］・［B］に適語を補え。ただし、［A］には漢字二字、［B］にはひらがな二字の語を本文中から抜き出して書け。

問三　二重傍線部イ「の」と同じ働きをしているものを二重傍線部ロ～ヘから選び、記号で答えよ。

問四　［Ⅰ］・［Ⅱ］にあてはまる最も適当なことばを次の各群から選び、記号で答えよ。

Ⅰ　ア　そして　イ　しかし　ウ　ところで　エ　また

Ⅱ　ア　つまり　イ　さらに　ウ　たとえば　エ　かりに

問五　傍線部①の「目」の意味として、最も適当なことばを次から選び、記号で答えよ。

ア　視力　イ　能力　ウ　思考力　エ　鑑賞力　オ　適応力

問六　傍線部②・③の「えび」を簡潔に説明している部分を、本文中から各々五字以上十五字以下で抜き出して書け。

問七　傍線部④「そこ」とはどこを指しているか。本文中から抜き出して書け。

問八　傍線部⑤「時の悲しみ」について、三十字以上四十字以下でわかりやすく説明せよ。

9　次の文章を読んで、あとの問いに答えよ。

　クレオパトラの鼻が曲がっていたとすれば、世界の歴史はそのために一変していたかも知れないとは名高いパスカルの[a]ケイクである。しかし恋人というものはめったに実相を見るものではない。いや①我々の自己欺瞞《ぎまん》は一たび恋愛に陥ったが最後、最も完全に行われるのである。

　アントニイもそういう例に漏れず、クレオパトラの鼻が曲がっていたとすれば、努めてそれを見まいとしたであろう。また見ずにはいられない場合もその短所を補うべき何か他の長所を探したであろう。何か他の長所といえば、天下に我々の恋人ぐらい、無数の長所を備えた女性は一人もいないのに相違ない。アントニイもきっと我々同様、クレオパトラの眼とか唇とかに、あり余る償いを見出《い》だしたであろう。そのうえまた例の「彼女の心」！　②実際我々の愛する女性は古往今来飽き飽きするほど、すばらしい心の持ち主である。のみならず彼女の服装とか、あるいは彼女の財産とか、あるいはまた彼女の社会的地位とか、――それらも長所にならないことはない。更に甚だしい場合を挙げれば、以前ある名士に愛されたという事実ないし[b]フウヒョウさえ、長所の一つに数えられるのである。しかもあのクレオパトラは豪《ごう》奢《しゃ》と神秘とに満ち満ちたエジプトの最後の女王ではないか？　香の煙の立ち昇る中に、冠の[c]シュギョクでも光らせながら、蓮《はす》の花か何かもてあそんでいれば、多少の鼻の曲がりなどは何人の眼にも触れなかったであろう。③いわんやアントニイの眼をやである。

　こういう我々の自己欺瞞はひとり恋愛に限ったことではない。我々は多少の相違さえ除けば、たいてい我々の欲するままに、いろいろ実相を塗り変えている。たとえば歯科医の看板にしても、それが我々の眼にはいるのは看板の存在そのものよりも、看板のあることを欲する心、――ひいては我々の歯痛ではないか？　もちろん我々の歯痛などは世界の歴史には没交渉であろう。しかしこういう自己欺瞞は民心を知りたがる政治家にも、敵状を知りたがる軍人にも、あるいはまた財況を知りたがる実業家にも同じようにきっと起こるのである。わたしはこれを、修正すべき理智の存在を[d]イナみはしない。同時にまた百般の人事を[e]スべる「偶然」の存在も認めるものである。が、あらゆる熱情は理性の存在を忘れやすい。「偶然」はいわば神意である。すると我々の自己欺瞞は世界の歴史を左右すべき、最も永久な力かも知れ④ない。

つまり二千余年の歴史は眇《びょう》たる一クレオパトラの鼻いかんによったのではない。むしろ地上に遍満《へんまん》した我々の愚昧《ぐまい》によったのである。わらうべき、——しかし⑤荘厳な我々の愚昧によったのである。

（芥川龍之介『侏儒《しゅじゅ》の言葉』による）

問一　傍線部a〜eのカタカナを漢字に直せ。

問二　傍線部①と意味内容の最も近いことわざを、次から一つ選び、記号で答えよ。

ア　美人薄命　**イ**　あばたも笑窪《えくぼ》　**ウ**　鯛は腐っても鯛

エ　夜目遠目笠のうち　**オ**　枯木も山のにぎわい

問三　傍線部②で、筆者はどのような気持ちでこのような文章表現をしているのか。次から最も適当なものを一つ選び、記号で答えよ。

ア　懐疑　**イ**　反語　**ウ**　同情　**エ**　皮肉　**オ**　無常観

問四　傍線部③と筆者が断定した理由として最も適当なものを、次から一つ選び、記号で答えよ。

ア　クレオパトラにとって、アントニイは権力者だから。

イ　クレオパトラにとって、アントニイは恋人だから。

ウ　アントニイにとって、クレオパトラは恋人だから。

エ　アントニイにとって、クレオパトラは女王だから。

オ　アントニイにとって、クレオパトラは恩人だから。

問五　傍線部④「ない」の品詞名を答えよ。

問六　傍線部⑤について、次の各問いに答えよ。

(1)　「我々の愚昧」とは何のことか。本文中の語句（五字以内）で答えよ。

(2)「荘厳な」というのはなぜか。三十字以内で説明せよ。

問七　芥川龍之介の作品を次から一つ選び、記号で答えよ。

ア　金色夜叉　イ　五重塔　ウ　暗夜行路　エ　痴人の愛　オ　羅生門

10　次の文章を読んで、あとの問いに答えよ。

「癒し」とは何だろうか。それが意味するところを最初に押さえておこう。

「癒し」を考えるにあたって、まず注目しなければならないのは、「癒し」と「治療」とは重なり合う部分がありながらも、異なる意味あいを持っているということだ。それは一言でいえば、治療が、障害のある部分や機能の回復であるとすれば、癒しとは存在全体に関わる言葉であるということである。

治療とは、異常な状態になった身体の部位を正常に回復させる、異常になった身体機能を正常化するといった意味あいがある。そこには、病気でない状態が健康だという、二元論的な発想がある。

ところが、治療が常に癒しになるとは限らない。癒しにおいては、単に身体が正常に復することではなく、われわれが自分自身の存在のありかを見つけだしているか、それに満たされているかという次元こそが重要であるからだ。

たとえば、私の知人であり、『病になる・病が治るということ』の著書もある山下剛医師は、十二指腸潰瘍《かいよう》で来院した患者にすぐには薬を与えないことがあるという。現在では潰瘍に効果的な薬もあるから、それを与えて潰瘍を治してしまえばいいように思うが、彼はそれをしない。なぜなら、十二指腸潰瘍は確かに、十二指腸という身体の部位に起こった異常であるわけだが、目に見える潰瘍という「病気」の向こう側には、[a]目に見えない「病」があるからだ。会社での仕事がうまくいっていない、妻とも子供ともうまくコミュニケーションが取れない、自分の人生が自分でないようだ等々、そこには人生に満たされていないという状況があり、その状況が病気となって現れている。

つまり表面に現れている現象としての病気は、目に見えない人生の病を因縁として持っているのである。それを、目に見える潰瘍だけを対症的に治すのでは、不十分なのではないか。なぜなら、そうやって薬で潰瘍を治しても、状況は変わらず、患者は潰瘍を再発するか、悪い場合には次に来院するときには、肝臓病や心臓病など、他のより重い病気を①ヘイハツしているかもしれない。そうだとするならば、潰瘍にただ薬を与えて治してしまうことは、b「治療」ではあっても「癒し」ではないのではないか、というのである。

それで、山下氏は患者さんに、「その潰瘍の原因は何か」とか、「何か満たされていないことでもあるのか」とか、医者としては面倒くさい質問を投げかけることになる。つまりそこには、病気は単に治療する対象ではなく、病気という状況をひとつのきっかけにして、ひとりひとりが自分の存在のありかに気づいていくという、「癒し」への志向がある。

単なる「治療」が「癒し」になるとは限らない。それとは反対に「治療」は失敗しても、「癒し」となることもある。たとえば、末期の病状で治療が及ばず、たとえ亡くなることになっても、「癒された死」を迎えることもあり得る。ホスピスの運動が目指すものは、この末期における「癒し」だろう。それは、ひたすら病気を治療し、②エンメイさせることばかり試み、「癒し」を忘れてきた、これまでの医療現場への③ヒハンとなっている。

また、「癒し」は、人間の本来持つ「自然治癒力」への着目でもある。われわれの体には本来、治る力が備わっている。しかし、その力はこれまでの西洋医学ではほとんど注目されてこなかった。西洋医学は攻撃的な医学であって、強い作用をもつ薬や手術などといった、「外からの」働きかけの方法を発達させてきた。それは確かにたいへん効果的でもあったし、感染症などには劇的に効くが、その効果の大きさに惑わされる部分もあって、[A]を無視しがちだった。実は抗生物質にしても、それらは菌の数と勢いを減らす薬であって、最終的に治癒をもたらすのは、体に備わった治癒力なのだが、表面上は薬が体を治したように見えるのだ。

感染症が主たる病気であった時代には西洋医学は大きな力を④ハッキしたものの、成人病などの慢性病が主たるターゲットとなった現代においては、[B]だけでは不十分であることが明らかになってくる。それらの慢性病は、⑤フケンゼンなライフスタイルやストレスによってもたらされており、[C]には限界があるのだ。そこでは[D]を活性化させていくことこそが重要なのである。そして、どんな環境やどんな心理的状態が自然治癒力を活性化させるのかが問題になってくる。心身医学や精神神経⑥メンエキ学といった分野が注目されるようになり、それは医療社会学や医療人類学といった「文系」の学問とも結びついていく。

「癒し」という見地から見れば、「正常」と「異常」の二分法も怪しくなってくる。はたしてわれわれが正常と言っている世界はそれほど正常なのだろうか。さきほどの、十二指腸潰瘍などのストレス病にしても、それはもう体が辛い辛いと言っている警告信号かもしれない。それを現代医療はなるべく短時間で⑦コウリツよく治療して、「正常」な日常生活へ戻そうとする。それはあたかも、カーレースのピットインのようだ。過酷なレースでぼろぼろになって車がピット*に入ってくる。それをよってたかって、一〇秒くらいのうちにタイヤを取り替え、ガソリンを入れて、またレースに送り返す。

カーレースの場合は競技であり、勝つことを競っているわけだからそれでもいいが、人間に同じことをやられてはかなわない。人間の場合であれば、cピットインしたときに「本当に今までの生活でよかったのか」「単にできるだけ早くあの場に戻っていくことが、自分にとっての健康なのか」と問い返さなければならないはずである。カーレースならば途中でリタイヤ*続出でも仕方ないが、生身の人間の中途リタイヤは、慢性ストレス状態による突然死や過労死なのである。

また、登校を拒否している子供を単に復学させればそれで一件落着になるのかという議論もある。もちろん登校したいができない子供もたくさんあり、登校することが「癒し」になる子供もいる。しかし、現在の学校がそもそも人間にとって大変過酷な場になっており、そこに戻すことだけが「癒し」だとは言いきれないと誰でも思うことだろう。つまり、学校自体が甦り、人間的な場になるという「改革」が、根源的な「癒し」には必要なのであって、d単に一般に「正常」だと思われている状態への復帰が「癒し」とは限らないのである。

それは、カーレースのように過酷な仕事の場合もそうだ。一番簡単な「癒し」はそこから離脱することだが、それだけでは根本的な解決にはならない。それがどれだけ「癒し」とはほど遠いものかを認識し、その現実を変革することなしには「癒し」は到来しないというべきだろう。

（上田紀行『癒しの時代をひらく』による）

＊ピット＝レース場の給油・修理所。　＊リタイヤ＝退く。去る。

問一　傍線部①〜⑦のカタカナを漢字に直せ。

問二　傍線部ａ「目に見えない『病』」とは、何を指すか。同じ段落の中から二十字以内で抜き出して答えよ。

問三　傍線部ｂ「『治療』ではあっても『癒し』ではない」とは、どういうことか。本文中の語句を用いて六十字以内で説明せよ。

問四　[A]〜[D]には、それぞれ次の**ア**・**イ**のいずれかの語句が入る。それぞれ適当な語句を選び、記号で答えよ。

ア　「外から」の治療　　**イ**　「内なる」治癒力

問五　傍線部ｃ「ピットインしたとき」とは、どういうときをたとえたものか。本文中の語句を用いて三十字以内で答えよ。

問六　傍線部ｄ「単に一般に『正常』だと思われている状態への復帰が『癒し』とは限らない」のは、なぜか。その説明として最も適当なものを次から一つ選び、記号で答えよ。

ア　「正常」な世界では人間の「自然治癒力」が十分に働かないから。

イ　人々を「正常」な日常世界に戻すのは医療の役割であるから。

ウ　「正常」な世界が人間にとって大変過酷な場になっている場合もあるから。

エ　「正常」な世界からの離脱こそが「癒し」をもたらすものであるから。

オ　「癒し」とはほど遠い現実を変革することなしに「癒し」は到来しないから。

11　次の文章は、十六歳になるいちを長女とする五人の姉妹が、父太郎兵衛の助命嘆願書を町奉行に提出して、城代の太田、東西両奉行の稲垣、佐佐、その他の役人の前でその取り調べを受ける場面である。この文章を読んで、あとの問いに答えよ。

取調役は「まつ」と呼びかけた。しかしまつは呼ばれたのに気が付かなかった。いちが「お呼びになったのだよ」と言った時、まつは初めて㋐おそるおそるうなだれていた頭《こうべ》を挙げて、縁側の上の役人を見た。

「お前は姉といっしょに死にたいのだな」と取調役が問うた。

まつは「はい」と言ってうなずいた。

次に取調役は「長太郎」と呼びかけた。

長太郎はすぐに「はい」と言った。

「お前は書き付けに書いてある通りに、兄弟いっしょに死にたいのじゃな」

「みんな死にますのに、わたしが一人生きていたくはありません」と長太郎ははっきり答えた。

「とく」と取調役が呼んだ。とくは姉や兄が順序に呼ばれたので、今度は自分が呼ばれたのだと気が付いた。そして①ただ目を見はって役人の顔を仰ぎ見た。

「お前は死んでもよいのか」

とくは黙って顔をみているうちに、唇に血色がなくなって、目に涙がいっぱい溜まってきた。

「初五郎」と取調役が呼んだ。

ようよう六歳になる末子の初五郎は、これも黙って役人の顔を見たが、「お前はどうじゃ、死ぬるのか」と問われて[A]かぶりを振った。書院の人々は覚えず、それを見てほほ笑んだ。

このとき佐佐が書院の敷居際まで進み出て、「いち」と呼んだ。

「はい」

「お前の申し立にはうそはあるまいな。もし少しでも申したことに間違いがあって、人に教えられたり、相談をしたりしたのなら、今すぐに申せ。隠して申さぬと、そこに並べてある道具で、誠の事を申すまで責めさせるぞ」

佐佐は責め道具のある方角を指さした。

いちは指された方角を一目見て、少しもたゆたわずに、「いえ、申した事に間違いはございません」と言い放った。その目は冷ややかで、その詞《ことば》は徐《しず》かであった。

「そんなら今一つお前に聞くが、身代わりをお聞き届けになると、お前たちはすぐに殺されるぞよ。父の顔を見ることはできぬが、それでもよいか」

「よろしゅうございます」と、同じような、冷ややかな調子で答えたが、少し間を置いて、何か心に浮かんだらしく、「お上《かみ》の事には間違いはございますまいから」と言い足した。

②佐佐の顔には、不意打ちにあったような、驚愕《きょうがく》の色が見えたが、それはすぐに消えて、③険しくなった目が、いちの面に注がれた。憎悪を帯びた驚異の目とでも言おうか。しかし佐佐は何も言わなかった。

次いで佐佐は何やら取調役にささやいたが、間もなく取調役が*町年寄に、「御用が済んだから、引き取れ」と言い渡した。

白州を下がる子供らを見送って、佐佐は太田と稲垣とに向いて、「生い先の恐ろしい者でござりますな」と言った。心の中には、哀れな孝行娘の影も残らず、人に㋑教唆せられた、おろかな子供の影も残らず、ただ氷のように冷ややかに、刃《やいば》のように鋭い、いちの最後の言葉の一句が反響しているのである。*元文ごろの徳川家の役人は、もとより、「マルチリウム」という洋語も知らず、また当時の辞書には献身という訳語もなかったので、人間の精神に、老若男女の別なく、罪人太郎兵衛の娘に現れたような作用があることを、知らなかったのは無理もない。しかし④献身のうちに潜む反抗の鋒《ほこさき》は、いちと言葉を交えた佐佐のみではなく、書院にいた役人一同の胸をも刺した。

（森　鷗外『最後の一句』による）

＊町年寄＝町の役員。　＊元文＝江戸時代の元号。

問一　傍線部①「ただ目を見はって役人の顔を仰ぎ見た」とあるが、そのときのとくの気持ちはどうであったのか。最も適当なものを次から選び、記号で答えよ。

ア　姉や兄のように気丈なところを見せたいという気持ち。
イ　役人の前に引き出され恐ろしいという気持ち。
ウ　いまの自分の立場があまりわからず、役人が何と言うだろうという気持ち。
エ　緊張のあまり、どうしたらよいかわからないという気持ち。

問二　[A]に入る最も適当な語句を次から選び、記号で答えよ。

ア　おそるおそる　**イ**　なにげなく　**ウ**　活発に　**エ**　悲しげに　**オ**　大人のように

問三　傍線部②「佐佐の顔には、不意打ちにあったような、驚愕の色が見えた」とあるが、佐佐は何に「驚愕」したのか。十字以内で答えよ（句読点は字数に含めない）。

問四　傍線部③において、佐佐が「驚愕」したあとで、いちを「憎悪を帯びた驚異の目とでも」いうような険しい目で見たのはなぜか。二十五字以内で答えよ（句読点は字数に含めない）。

問五　傍線部④「献身のうちに潜む反抗の鋒」とは、何に対する「反抗の鋒」か。五字以内で答えよ（句読点は字数に含めない）。

問六　傍線部④における「反抗」の方法として最も適当なものを次から選び、記号で答えよ。

ア　攻撃　**イ**　懐柔　**ウ**　皮肉　**エ**　欺瞞《ぎまん》　**オ**　追従

問七　傍線部㋐「おそるおそる」、㋑「教唆せられた」は、直接、どの言葉を修飾しているか。それぞれ答えよ。

12　次の文章を読んで、あとの問いに答えよ。

それはある雨あがりの日のことであった。午後で、自分は学校の帰途であった。

いつもの道から崖《がけ》の近道へ這入《はい》った自分は、雨あがりで下の赤土が軟《やわらか》くなっていることに気がついた。人の足跡もついていないようなその路は歩くたび少しずつ滑った。

高い方の見晴らしへ出た。それからが傾斜である。自分は少し危ないぞと思った。

傾斜についている路はもう一層軟かであった。しかし自分は引き返そうとも、立留まって考えようともしなかった。危ぶみながら下りてゆく。一と足下りかけた瞬間から、既に、自分はきっと滑って転ぶにちがいないと思った。――途端自分は足を滑らした。片手を泥についてしまった。しかし①まだ本気にはなっていなかった。起き上がろうとすると、力を入れた足がまたずるずる滑って行った。今度は片肱《ひじ》をつき、尻餅《しりもち》をつき、背中まで地面につけて、やっとその姿勢で身体は止まった。止まった所はもう一つの傾斜へ続く、ちょっと階段の踊り場のようになった所であった。自分は鞄《かばん》を持った片手を、鞄のまま泥について恐る恐る立ち上がった。――いつの間にか本気になっていた。

誰かがどこかで見ていやしなかったかと、自分は眼の下の人家を見た。それらの人家から見れば、自分は高みの舞台で一人滑稽な芸当を一生懸命やっているように見えるにちがいなかった。――誰も見ていなかった。②変な気持ちであった。

自分の立ち上がったところはやや安全であった。しかし自分はまだ引き返そうともしなかったし、立留まって考えてみようともしなかった。泥に塗《まみ》れたまま危うい一歩を踏み出そうとしていた。とっさの思いつきで、今度はスキーのようにして滑り下りてみようと思った。身体の重心さえ失わなかったら滑り切れるだろうと思った。鋲《びょう》の打ってない靴の底はずるずる赤土の上を滑りはじめた。二間*余りの間である。しかしその二間余りが尽きてしまった所は高い石崖の鼻であった。その下がテニスコートの平地になっている。崖は二間、それくらいであった。もし止まる余裕がなかったら、惰力で自分は石崖から飛び下りなければならなかった。しかし飛び下りるあたりに石があるか、材木があるか、それはその石垣の出っ鼻まで行かねば知ることができなかった。非常な速さでその危険が頭に映じた。石垣の鼻のザラザラした肌で靴は自然に止まった。それはなにかが止めてくれたという感じであった。全く自力を施す術《すべ》はどこにもなかった。いくら危険を感じていても、滑るに任せ止まるに任せる外はなかったのだ。飛び下りる心構えをしていた脛《すね》はその緊張を弛《ゆる》めた。石垣の下はコートのローラーが転がされてあった。[A]

どこかで見ていた人はなかったかと、また自分は見回して見た。垂れ下がった曇り空の下に大きな邸《やしき》の屋根が並んでいた。しかし＊廓寥《かくりょう》として人影はなかった。[B]嘲笑《あざわら》っていてもいい、誰かが自分の今したことを見ていてくれたらと思った。一瞬間前の鋭い心構えが悲しいものに思い返せるのであった。

どうして引き返そうとはしなかったのか。魅せられたように滑って来た自分が恐ろしかった。――□□というものの一つの姿を見たような気がした。なるほどこんなにして滑ってくるのだと思った。下に降り立って、草の葉で手や洋服の泥を落としながら、自分は自分がひとりでに亢奮《こうふん》しているのを感じた。滑ったという今の出来事が何か夢の中の出来事だったような気がした。[C]傾斜へ出かかるまでの自分、不意に自分を引きずり込んだ危険、そして今の自分。そんなことは起こりはしなかったと否定するものがあれば自分も信じてしまいそうな気がした。

自分、自分の意識というもの、そして世界というものが、焦点を外れて泳ぎ出して行くような気持ちに自分は捕らえられた。③笑っていてもかまわない。誰か見てはいなかったかしらと二度目にあたりを見回したときの廓寥とした淋しさを自分は思い出した。

（梶井基次郎『路上』による。一部表記を改めたところがある。）

＊間＝尺貫法の長さの単位。一間は約一・八メートル。

＊廓寥＝ひろびろとして寂しいさま。またもの寂しいさま。

問一　A ～ C に入る文を次から一つずつ選び、記号で答えよ。

ア　あっけない気がした。　　イ　信じられない気がした。

ウ　変に覚えていなかった。　エ　自分はきょとんとした。

問二　傍線部①「まだ本気にはなっていなかった」とあるが、この場合、具体的にどういうことに「本気」ではなかったのか。適当なものを次から一つ選び、記号で答えよ。

ア　この傾斜を滑り降りるのは危険であるという認識

イ　引き返すべきか、立留まって考えようとする意識

ウ　傾斜の泥と格闘し身体を立て直そうとする気持ち

エ　誰かがどこかで見ているかもしれないという不安

オ　どのように滑り降りていくのが安全かという考え

問三　傍線部②「変な気持ちであった」とあるが、それはなぜか。適当なものを次から一つ選び、記号で答えよ。

ア　一人、高みの舞台で滑稽な芸当を一生懸命にやっていたのに、誰も見てはいなかったのはなんとなく期待外れだったから。

イ　傾斜で一生懸命に起き上がろうとする姿はさぞ滑稽であったと思うのに、誰にも見られていなかったのは意外だったから。

ウ　誰かが傾斜の下の人家から自分の滑稽な姿を見ていたはずなのに、いつのまにかかくれてしまったのは不自然だったから。

エ　傾斜で足を滑らせて泥塗れになっている自分の姿を、誰かが笑って見ていたに違いない、という不安がすぐに消えたから。

オ　自分の滑稽な姿を誰かが見ていたのではないかと思って、あたりを探してしまった自分がさらに悲しく滑稽に

思えたから。

問四　□□に入る熟語を次から一つ選び、記号で答えよ。

ア　孤独　　イ　堕落　　ウ　人生　　エ　魅惑　　オ　破滅　　カ　予兆

問五　傍線部③「笑っていてもかまわない。誰か見てはいなかったかしら」とは、具体的に「自分」のどういう気持ちを述べたものか。適当なものを次から一つ選び、記号で答えよ。

ア　自分がたったいま経験した世界は自分自身が初めて意識するものなので、自分がおもしろいと感じたように、他の人もいっしょに興味を持って自分の姿を見てほしいという気持ち。

イ　自分はその時ほどはっきり自分が独りだと感じたことはなかったので、誰でもいい、笑ってても何でもかまわないから、自分を見つめて自分の存在に気づいてほしいという気持ち。

ウ　自分のこの一連の行為を通して、自分の意識ほど危うくて不確実なものはないと思われ、誰かに自分の意識に基づく行為が現実のものであったと証明してほしいという気持ち。

エ　自分が危ないと思いながら崖を下りていき、滑って泥塗れになりながらも何とか助かったという幸運を、いっしょに笑いながら暖かく見守って祝福してほしいという気持ち。

問六　本文には、次の一文が抜けている。この文を本文中に入れるとするならどこが適当か。最も適当な箇所の直前の文の終わりの五字を書け（句読点を含む）。

それはなにか均衡のとれない不自然な連鎖であった。

問七　梶井基次郎の作品を次から一つ選び、記号で答えよ。

ア　蜜柑　　イ　雪国　　ウ　舞姫　　エ　潮騒　　オ　細雪　　カ　檸檬　　キ　蒲団

13　次の文章を読んで、あとの問いに答えよ。

女子高生の涼子は真面目な優等生で、英語教師の三島をひそかに想っている。涼子と同じクラスの松尾は、不良生徒とみられている。三島は、松尾の素行に関して松尾の母親に手紙を出した。ある日、涼子は、三島が松尾の母親からの返事のことでひどく激昂し、松尾の頬をはたいているところを目撃する。本文は、その後涼子が松尾を誘って下校した時の場面である。

松尾は煙草を持つ手を真直ぐ前方へつき出し、指を器用に動かして遠い場所に灰を落とした。

木屑が風に舞うのか樹脂が漂い出してくるのか、目や鼻がひりひりと痛む、そのせいでもないだろうが先ほどまでくっきりと輝いていた埋立地の灯が、風のひと吹きで、強まったり弱まったりの瞬きを繰り返していた。

「こんな子供みたいな字を書く大人がいるかって言うわけよ。うちが母親に手紙を渡さんで小細工をしたろうって、あの三島の馬鹿が」と、①すでに何かを諦めたように力を抜いた声でつけ加えたのだが、三島の馬鹿、にも、怒りというより投げやりな響きしかない。

涼子は、すみませんのひとこと以外依怙地《いこじ》なまでに発しなかった松尾を思い出していた。②ちゃんと説明をしたのかと怒ったように尋ねると、松尾は肩と、それに続く首から顎《あご》を小さく震わせて笑いだした。

「こういうことはね、諦めた方がはなしは簡単なんよ、だってねえ、これ、どう見たってあんた、子供の字じゃもんね、言い訳しようがなかろう。酔うとこんなもんじゃありませんよ、これでもね、上々の出来、たったこれだけ書かせるのに、うちがどれだけ苦労したと思う」と熱いものでもつまむ手つきで便箋を風に泳がせる。

酒を飲む女についての涼子の想像には限界があって、こういう文字を綴る女としてうまく像を結ばない。むしろ精神を患っていると言われた方が納得しやすい。

「あんた、適当でええから、うちの母親の代りに手紙書いてくれん、それなら三島も納得する」

返事をする余裕もなく、どうしてこんなことに、と、三島への憤りが胃のあたりまでせり上がってくる。涼子が階段の踊り場に近づく以前の、一通の手紙をめぐる三島と松尾のやりとりが、見てきたことのように現れた。三島が手紙を封筒ごと握りつぶし松尾の足元に叩きつけて怒鳴っている。［A］松尾の顔が、かなしむでも怒るでもなく、じっと三島に向けられている。三島はいよいよ激昂していく。その場面は、涼子の頭の中の昏《くら》い踊り場を突き破り、激しい言葉となっていっきに溢れ出した。

「うちが三島先生に言うたげるよ、この手紙をつきつけて、目えかっと開いてよく見ろちゅうて言うたげる。他の先生の前でも構わん、教師として③こんな邪推をして生徒を傷つけることが赦《ゆる》されるかどうか……うちは聞いて我慢ならんようになってきた。三島先生がすべてを認めて松尾さんに謝罪するまで、うちは我慢ならん」

女子生徒に声を掛けられ「ヨオ」と平たい唇の端を反らせて応える三島の顔が醜く歪《ゆが》んでくる。④ここまで何となくひきずってきた三島への気持が、たったいまの自分の言葉で断ち切られていくのがわかる。半年ものあいだ心を占めていた男がこんなにもあっけなく、と思うと、自分というものが急にいい加減に感じられ、摑《つか》まるものもない心もちではあるが、それでいて、［B］清々《すがすが》しさもなくはない。

少しあっけなさすぎる、と涼子はまた用心しいしい三島の顔を引っぱり出し、そっと触ってみる。

もはやこの気持は恋愛なんかではない。自分にそう言いきってみると、［C］心地がやってきた。きっと首をもち上げ胸郭いっぱいに息を吸いこむと、ひとつふたつ急に年をとった気さえした。自分がたったいま知った事実を携えて、相手が誰であれ体ごとぶつかっていけそうな勇気が湧いたのには、涼子自身驚いていた。三島にだって堂々と向かっていける、とその場面を想像した。これまで何百回となく三島とふたりきりになる状態を思い描いてきたが、いつも赤面しながらはっと我に帰るといった繰り返しばかりで、彼に立ち向かう自分の姿など考えられなかった。三島はあってはならない間違いを犯し、それに気づいてさえいない。

黙っていた松尾がいきなり涼子の腕を摑んだ。前に立ちはだかり、一語一語を切るように低い声で言った。

「それだけは許さんよ、口が裂けても本当のことを言うたら許さんよ、三島だけでなくうちの母親にも言わんで。ええね、言わんで約束してくれるね、もしこの手紙のことを誰かに喋《しゃべ》ったら……」

　松尾は顔をそむけ、ふいの混乱を鎮《しず》めるように背を向ける。

「特に⑤あのひとの耳に入ったら、あんた、ただじゃすまないよ」

威《おど》すように言ったかと思うとすこし経って「あのひとだけには、知らせとうない」と今度は、[D]さしせまった声でつけ加えたのだった。

　涼子は息を殺して松尾の背を見つめた。⑥白刃《はくじん》を構えたような凄みと、ほんのひと突きで転がってしまいそうな脆《もろ》い気配の両方が、涼子を金縛りの状態にしていた。

　木材の切り口がほの白い円形をこちらに向けて並んでいる、整然とした風景の中で立ち止まった松尾は、涼子に振り向き、

「あんたにわかってもらおうとは思わんけど、人間には⑦辛抱できる辛さと、できん辛さとがあるんよね」

と言うと、後方からの風で八方に脹《ふく》らむ髪の中の、いまにも泣き崩れそうな口のあたりに微かなふるえを浮かべ、しかし目には依然として射抜くような凄みも残して、涼子を睨《にら》むように見る。

　[E]痛みを覚えた。学校中から白眼視されるより、三島に罵倒されるより辛いものが、涼子の奥深くまで、ゆっくりと伝わってくるのだった。

　あんたにはわからんよね、とまた小さく鋭い声が届き、積み上げた杉材の隙間から隙間を、笛に似たやわらかな音をたてて風が抜けていった。

（高樹のぶ子『光抱く友よ』による）

問一　傍線部①には、松尾のどのような気持ちが表れているか。最も適切なものを次から一つ選び、記号で答えよ。

ア　信頼していた三島から誤解されて、がっかりした気持ち。

イ　三島の誤解も、こんな幼稚な母の手紙では仕方がないという気持ち。

ウ　三島にどんなに説明しても誤解が解けないので、やけになっている気持ち。
エ　密かに想いを抱いていた三島から誤解されて、情ない気持ち。
オ　さんざん三島に怒られ、はたかれたので、もうどうでもよいという気持ち。

問二　傍線部②は、何を「ちゃんと説明をしたのか」と尋ねているのか。最も適切なものを次から一つ選び、記号で答えよ。

ア　松尾の母は、精神を患っているので、三島に手紙を書けないこと。
イ　松尾の母は、酒を飲む女であるが、本当は真面目で娘を心配していること。
ウ　松尾が三島に反抗する本当の理由。
エ　三島の読んだ手紙は、本当に松尾の母が書いたものであること。
オ　三島の読んだ手紙は、母に頼まれて松尾が代筆したこと。

問三　傍線部③は、誰が、どのように思っていることを指しているのか答えよ。

問四　傍線部④が具体的に描かれている部分を五十字以内で抜き出し、初めと終わりの七字で答えよ。

問五　傍線部⑤は、具体的に誰のことか。本文中から抜き出して答えよ。

問六　傍線部⑥について、ⓐ「凄み」、ⓑ「脆い気配」を涼子が感じたのは、松尾のどのような言葉からか。松尾の会話文の中から、それぞれ十字以内で抜き出して答えよ。また、傍線部⑥と同様の描写を五十字前後で抜き出し、初めと終わりの五字で答えよ。

問七　傍線部⑦について、ⓐ「辛抱できる辛さ」、ⓑ「できん辛さ」とは、ここではどのようなことを指すか。それぞれ説明せよ。

問八　[A]～[E]に入る語句として最も適切なものを、次から選び、記号で答えよ。

ア　暗い森をくぐって夜明けの山頂に立ったような

イ　胸の内側に線香の火でも押し当てられたような
ウ　蒼い、能面のような
エ　細い、崖っぷちに立たされたような
オ　体の深い部分に冷気が一筋流れこんできたような

14　次の文章を読んで、あとの問いに答えよ。

　痩せに痩せて、時に足元もふらつきながらも、叔母はひとりで風呂にも入り、たまには台所に立って簡単な①和え物なども作った。昔から、こども達のためには油こい料理を作っても、自分はあっさりしたものしか口にしないひとだっただけに、叔母の②チュウモン通りにしていると、暑い日など昼も素麵《そうめん》、夕も素麵、などということになる。充江はかまわず肉でも魚でも自分の皿にはつけるにしても、叔母の躰がこれでは保《も》つまい、と考え、その考えにまた立ちどまらされる。a躰が保つということを、叔母がとりたてて望んでいないのなら、無理に栄養物を強いる権利も、充江にはない。……栄養を強いればそれがそれだけ癌細胞を③ハンショクさせて、叔母を苦しめることになるのかも知れない、という気さえする。

　気分のいい日には、④ススめないでも自分で白和えなど作るのだから、とb充江は気休めにした。充江でも、白和えを作るなぞちょっと⑤メンドウに思うのに、叔母は上手に手を抜いて、豆腐の香りと舌触りのきいた和え物を器用に整える。どこまでもセンスのいいひとなのだ、と充江は改めて感心させられることがよくあった。

　早目に簡単な夕食を済ませると、そのあとはもう起きていようとはしない。暑苦しいから、と電燈も点けずに、藍色の夕闇にむけて網戸だけにした縁側に蚊やりをたいて、横たわった叔母の傍らで、充江はゆるゆると⑥団扇を動かす。c夕方には蟬、夜になれば蛙の声が、二人きりの⑦宙を青蚊帳のように囲ってくれる。

　ここに史郎がいたら、とあまやかな空想を、描いてもみるが、そうであれば、こうまで心しずかではいられないだろう、と思い返す。結局のところ、不在の史郎こそ充江にとって、最も惹きつけられる、会いたい、恋しい存在だという矛盾に気づく。そして史郎の不在は、病いの篤い叔母の傍らにいてこそ、最も濃密に感じられることであった。

……臭うやろ。

叔母は時々かすかに苦笑すると、仰向けに寝たまま、左手でオーデコロンの瓶を探り、慣れた手つきで、胸元にさっと吹きつける。

蚊やりの古風な植物臭と、フランス製のオーデコロンの爽やかな花の匂いと、それに混ってどうしようもなく、腐汁のような血の臭いが立ちのぼる。

右の乳房がどんな具合になっているのか、充江は見たことはないが、絶えず出血している崩れた潰瘍があることは既に疑いようがなかった。⑧夥しいガーゼや脱脂綿を、叔母は必要とした。傷口が痛む様子を、いっこうに叔母が見せないのが、充江にはふしぎである。叔母の苦痛は専ら《もっぱら》、全身の⑨スイジャクによるだるさと、息苦しさに尽きるようだった。

……叔母から聞いておきたいことがある、と時々、充江は、薄らと考える。

しかし、具体的にどういう問い、というと自分でも分らない。たとえば早世した両親のことか。d充江は、自分の親よりも、この叔母の夫であり、史郎の父であったひとの方に興味を覚えた。

（中　略）

……叔父さん、て、どんなお人やったのやろか、と充江は、団扇で蚊やりのけむりを払いながら、ぽつりと訊いたことがある。

「史郎さんに、似とられました？」

横たわったまま充江と話す時、叔母はほとんど瞼をおろしている。

「史郎よりは、晴子の方が父親似やわ」

……ああ、と充江は納得する。鷹揚《おうよう》そうに見えてはいても、神経の細かいところのある史郎よりは、淡々としてものに拘泥《こだわ》らない晴子の方が、この地方の旧家の主人らしい風格を受け継いでいるのかも知れなかった。

「史郎さんは、叔母さんに似とられてやね」

特に微笑んだ顔は、と口の中でつけ加える。薄青い夕闇に沈んで、しずかに、史郎の話を叔母としていられるのが嬉しい。そんな時には、濡れ縁の先で、若い梧桐の木が微光をはらむようだ。

大切なのは一人息子なのだ。叔母も史郎の話なら幾らでもしたいだろう、という充江の期待とは[A]裏腹に、

「そやねえ」

叔母は簡単に応じ、「叔父さんは、ひどい病気で長い長いこと寝たきりやったけど、いつも朗らかで、私なんかよう笑わして貰《もら》うたものよ」と亡夫の方に話をもっていった。

充江は、考え込む。

「病院には、入られなんだの？」

慎重に訊いた。

「むかしはみな、家で看病したものねえ。家でできる程度のことしかしなかった、ということだけど。でも[⑩]テンチをしてみたりはしたのよ。最期は、この家やった」

その夫を手本に、叔母は死に方を選んでいるのだろうか、と考えていると、「叔父さんは、ね、自然いうことがとても好きやったのよ」瞼をひらいて、昏《くら》い天井を見た。

「自然て、山河とか草木とかで無《の》うて……、いえ、そういうものもむろんやけども、ともかくあまり科学技術や何のと人工に頼るのはいかん、いうて、ねえ。そら、今でこそそんなことよう言われるようになったけど、それよりずっとずっと前に、例えば化学調味料いうようなものが初めて出廻った頃に、はや、[e]人間の味覚があんなもんに頼るんは間違いや、いうて」

「……」

[f]先見の明があったんやね、などと軽々しく言う気にもなれず、充江は、黙って、ゆっくりと団扇を動かす。

「水洗便所も、間違いや、て……」

ああ、それで、と充江は納得する。この〈離れ〉のトイレは、昔ながらの汲み取り式である。

浩平の家では十年以上前に水洗式に変えたが、その時源爺はわざわざのぞきに来て、何や、百姓が水洗やと、と悪態をついた。しかしそういう源爺からが、豪勢な家に建て替えた時に、水洗にしたに違いない。

「水洗が何で間違いなのやろか」

充江は、ふしぎに思って訊く。

「汚いものは何でも、きれいに片づけて、見えんようにしてしもう、いうやり方が、人間の不幸の因や、と叔父さんは言うとったわ。

……自分が死にかけとってこないに言うのはおかしいけど、病気やとか死ぬということも、何や最近は、片づけんならん仕事みたいになっとるでしょう。あってはならん異常のことやから、もし起きたら急いで片づける、みたいな。でも、[g]病気も死も、あっていい、いうたらへんか知らんけど、現にあるものやさかいに、もっとふつうの暮しに馴じませて混ぜていいのではないか……」

（木崎さと子『青桐』による）

問一　傍線部①～⑩の漢字には読みがなをつけ、カタカナは漢字に直せ。

問二　傍線部Ａ「裏腹に」は、どこにかかるか。本文中から十五字以内で抜き出して答えよ。

問三　傍線部ａに「叔母がとりたてて望んでいないのなら」とあるが、では叔母が望んでいるのは何か。本文中から一語で抜き出して答えよ。

問四　傍線部ｂでは、どういう思いに対してこれを気休めにしたのか。それに当たる部分を本文中から十五字以内で抜き出して答えよ。

問五　傍線部cは、どういうことを言おうとしているのか。簡単に説明せよ。

問六　傍線部dについて、①なぜなのか。また、②こうした心理の底にある原因ともなるべき充江の心情を述べている部分を本文中から抜き出して答えよ。

問七　傍線部eについて、この場合の「間違い」とはどのような意味合いを持っているか。本文中の語句で答えよ。

問八　傍線部fについて、そういう気になれない根底にはどのような思いがあったのか。それに相当する箇所を本文中から抜き出して答えよ。

問九　傍線部gには作者の思想が投影されているが、それはどのようなものであるか。四十字以内で答えよ。

15　次の短歌と文章を読んで、あとの問いに答えよ。

A　我が母よ死にたまひゆく我が母よ我《わ》を*生まし①乳足らひし母よ

B　ひとり来て蚕《かひこ》の部屋に立ち②たれば我が寂しさは極りにけり

C　みちのくの母のいのちを一目見ん一目見んとぞただにいそげる

D　母が目を*しまし離《か》れて③目守《まも》りたりあな悲しもよ蚕のねむり

E　死に近き母に添寝の④しんしんと遠田《とほだ》のかはづ天に聞ゆる

F　のど赤き玄鳥《つばくらめ》ふたつ屋梁《はり》にゐて　a　母は死にたまふなり

私は「死に給ふ母」と題する数十首の歌を大正二年九月の　b　に発表した。これらの歌は左千夫先生の生前には示さなかったもので歌集　c　ができ上ってから先生の教えを受けようと思っていたものであった。この連作は⑤子規の「松の露」などの連作と異なり、立って見、すわって見、前から見、うしろから見るというのではなく、母重病の報に接して帰国してから母没し、母を火葬し、悲しみをいだいて酢川温泉に浴するあたりを順々に詠んだものであり、連作の一体としては、作りやすくいわば安易道であった。

（斎藤茂吉『作歌四十年』による）

＊生まし＝お生みになる。　＊しまし＝しばし。

問一　A～Fの歌を場面展開の順序に正しく並べてあるものを、次から一つ選び、記号で答えよ。

ア　C―B―E―D―A―F　　**イ**　C―E―D―A―B―F　　**ウ**　C―E―D―A―F―B

問二　傍線部①は、どのような意味か。次から最も適切なものを一つ選び、記号で答えよ。

ア　乳がたらず苦労して育ててくれた。　　**イ**　ふくよかな乳房も今ではやせ細りたれさがった。

ウ　余るほど充分な乳ではぐくんでくれた。

問三　傍線部②の語を文法的に説明せよ。（例／極りにけり→詠嘆の助動詞「けり」の終止形）

問四　傍線部③は、何を見守っているのか。短歌中から一単語で抜き出せ。

問五　傍線部④は、上の語を受けるとともに、下の語にもかかっていると考えられる。⑴受ける語と⑵かかる語を、それぞれ一語ずつ抜き出せ。

問六　傍線部⑤について、茂吉の連作と子規の連作の相違を正しく説明しているものを、次から一つ選び、記号で答えよ。

ア　子規の連作は、自己の感情のままに一つの素材を自由に歌っているのに対して、茂吉の連作は、一つの主題に焦点をあて、それを分析的に歌っている。

イ　子規の連作は、一つの素材に対して、視点をかえることによって生ずる内面の変化を歌っているが、茂吉の連作は、出来事の推移につれて、変化していく自己の内面を歌っている。

ウ　子規の連作は、素材一つ一つを総合的に観察することによって得られる感情の変化を歌っているが、茂吉の連作は、一つの素材を時間の変化の中にとらえることによって、その変化の瞬間を歌っている。

問七　[a]には母の枕詞が入るが、それは何か。最も適当と思われるものを答えよ。

問八　[b]には、子規の没後その門人たちが発行した短歌雑誌の名が入るが、それは何か。最も適切なものを次から一つ選び、記号で答えよ。

ア　スバル　**イ**　明星　**ウ**　多磨　**エ**　ホトトギス　**オ**　アララギ

問九　[c]には茂吉の歌集名が入るが、それは何か。適切な題名を答えよ。

問十　Cの歌から、感動の中心を示す語句を抜き出せ。

16　次の俳句とその説明を読んで、あとの問いに答えよ。

A　ふぐと汁ひとり喰《くら》ふに是非はなし　加舎白雄

『白雄句集』所収。X江戸中興期俳壇の代表者の一人で、清貧の暮らしをうかがわせる句が多い。「ふぐと汁」はふぐ汁。芭蕉の有名な「Yあら何ともなやきのふは過ぎてふくと汁」のように、ふぐは当時こわくもあれば珍味でもある点で俳諧的素材の最たるものだった。白雄はその[Ⅰ]をさらにひねって、たった一人悟り顔で食う男の、面白くも何ともなさそうな顔にひそむ[Ⅱ]な表情を詠んだ。

B　しぐれふるみちのくに大き仏あり　水原秋桜子

『岩礁』（昭十二）所収。会津勝常寺の薬師如来①を拝した時の七句連作の第一句。代表作の一つでもある。「厨子《づし》の中金色ならず時雨冷ゆ」など他の句は多少ともその場の情景に添って詠まれ、それが[Ⅲ]を細みにもしているが、この句の「　i　」には一挙に大景と直面している作者の感動がある。それを受けるのが「　ii　」であるため、句に[Ⅳ]と生気がみなぎった。

C　秋風の聞えぬ土に埋めてやりぬ　　夏目漱石

『漱石全集』所収。夏目家の飼い犬ヘクトウは大正三年十月下旬姿を消し、三十一日に近所の家で死んでいるのが発見された。漱石は墓標を買いにやり、「わが犬のために」と題してこの句を墓標にしるした。②秋雨が繁く降る裏庭に犬は③埋葬された。当日の日記にも『④硝子戸の中』にもこのことが語られている。句は即座にできたという感じのものだが、「秋風が聞えぬ土に」には深い哀感がこもる。

D　鵙猛《もずたけ》り柿祭壇のごとくなり　　川端茅舎

『華厳』（昭十四）所収。「鵙の高音《たかね》」というように、モズは木の⑤梢で尾を上下に振りながら鋭く鳴きしきる。小鳥でも肉食である。「鵙猛り」はこの鳥のZそのような側面をひたと押さえた言葉である。あたりには真っ赤に熟れた柿がびっしり。そこに「　iii　」を見てとった［V］的把握に強い気迫がこもっている。茅舎が岸田劉生に師事した、［VI］でもあった事をありありと想起させる。

（大岡　信『折々のうた』による）

問一　二重傍線部①〜⑤の読みをひらがなで記せ。

問二　「　i　」〜「　iii　」に入る適当な語をそれぞれの句の中から抜き出して答えよ。

問三　［I］〜［VI］に入る適当な語を次の中から一つずつ選び、記号で答えよ。

ア　主観　**イ**　客観　**ウ**　直観　**エ**　複雑　**オ**　怪奇　**カ**　現実

キ　句柄　**ク**　丈高さ　**ケ**　おかしみ　**コ**　俳人　**サ**　詩人　**シ**　画人

問四　傍線部Xと同様に「江戸中興期俳壇の代表者」と言える人で、「春の海ひねもすのたりのたりかな」の作者として有名な俳人の姓名を記せ。

問五　傍線部Yについて、「きのふ」はどんな状態で「過ぎ」たのか。作者の気持ちがよくわかるように記せ。

問六　傍線部Z「そのような側面」とは、どんな面をいうのか。具体的に答えよ。

問七　Ａ・Ｂ・Ｄの句の季語を挙げ、その季節名を記せ。

問八　次の中から、⑴水原秋桜子　⑵夏目漱石に関係の深いものをそれぞれ二つずつ選び、記号で答えよ。

ア　アララギ　**イ**　馬酔木　**ウ**　天狼　**エ**　新傾向俳句　**オ**　新興俳句運動

カ　伊豆の踊子　**キ**　草枕　**ク**　暗夜行路　**ケ**　余裕派　**コ**　白樺派

17　Ⓒ　次の文章を読んで、あとの問いに答えよ。

障害児保育の優れた実践者であるＴ先生を、金沢の地に訪ねたときのことである。栄養をとっていた重度の子どものチューブをはずし、経口栄養に切り換えていった経験談を聞かせてもらった。それは子育ての領域が即介護の領域とつながり、人が共に生きあい育ちあうことにほかならないことを考えさせられる話であった。

Ｔ先生は、その実践についてこう語る。

「子どもが育つということは、育てるということと一体のものだと思うんです。育てるということは、子ども自身の持つ生命力に関わってくると思います。たとえば、障害の重い子で鼻腔栄養をチューブから摂取してきたのを口腔摂取に切り換えてやりたいと思うとき、障害の重い子の場合、すごい飛躍をする必要があります。危険と思われることもやらなきゃならない。その子がチューブをはずせるかどうかの基準？　そうですね、直観的に分かると言っていいかもしれませんが、一番大事なのは、その子の目の輝き具合です。日頃の付き合いのなかで、呼んでもトローンとしているとか、目が合わない子は無理ですね。呼んだとき、語りかけたときに目がピッと合うとか、輝いている子は、少々からだの症状が重くても大丈夫なんですね。そういう子の見分けは誰にでもできるかといったらそうでもない。その子の言葉にならないコトバを聞く力がないと駄目なんですね」

この話は、「育つ・育てる」という、世話する側される側相互の営みが、「言葉」以前の「目の輝き」「ピッと合う視線」

といった身体の発する「コトバ」の交わし合いによって成り立っている事実を教えてくれる。「言葉」ではなく「コトバ」を受けとめる「直観力」こそが、障害の重い子の心を受けとめ、飛躍させていく力に結びついているというのだ。

しかし、この「育てる」ことの根底にある[a]存在そのものの響きあいの重大さは、障害児の保育場面だけの特有なことと考えてはなるまい。[b]それは、病に倒れ弱った高齢者に再び生きる力を回復させる介護場面、健康な子どもの育ちの場面にも共通することだろう。重い障害を持ち、会話としての「言葉」を失った子どもとの関係であるがゆえに、障害を持たない子どもとの関係では見えにくくされている、育てる側と育つ側の存在そのものの発するコミュニケーションの重大性が①ゾウフクして、私たちの前に映し出されている、そう考えた方がいいだろう。このなかで、T先生が「見分けが誰にでもできるわけではない」と言っているのは興味深い。子どもの「コトバ」を読みとり、その子の力を見抜く「直観力」は、それを培い続け意識化できるようになっていない人には発揮できないというのである。

この事実は、障害を持たない子どもの親たちのあり方について考えさせられる。現代の子育ての状況を考えるとき、親たちは「言葉」を超えて子どもたちが発している「コトバ」を受けとめる「直観力」を豊かに持ちあわせているだろうかという問いにつながるからである。子どもが元気な間、「子どもの気持ちは分かっている」「うちの子にかぎって……」という思い込みで、[A]が貧しいことに気づくことなく過ごしていた人が、いったん子どもが混乱の淵に陥り、口を閉ざしてしまえば、[B]さっぱり読めなくなり、親自身が子ども以上に大混乱に陥り右往左往する。子どもが「コトバ」によってすでに訴えていることを読みとる力もなく、[C]子どもをさらに追い込んでいく。そういう人が多いのではないだろうか。

思うに、人が文字という「言葉」、会話で語る「言葉」によってかりとることができるのは、人間がつくる「世界」のほんの一部でしかない。生身の人間が「言葉」化することができない「コトバ」は、五感全てを働かせ、身体レベルでコミュニケートしていくしか道がない。しかし、「言葉」の力を過大に評価し、それのみで生活が成り立つかのように思える世界は、「言葉」以外に発せられている「コトバ」を疎んじ、それを読みとる力を人から奪っていく。ことに、現代の学校教育は、「言葉」による知識の伝達こそを最優先の課題とする。家庭でのしつけも、言いたいことをはっきり言語化させることが「頭のよい子が育つ」と、言葉に重きを置く関係を②ショウレイする。そういう社会では、「言葉」以外の「コトバ」でコミュニケートすることの重要性が見失われてしまうのが実情である。

しかも、生活のなかで私たちがこうした直観力を培っていく基盤も弱くなっている。高層のアパートでペットも飼えず、③テイマイの子守をするわけでもなく育った世代には、生き物（人間であれ動物であれ）の身体と深く触れあい、身体の発する「コトバ」を感じとる力を培っていく機会もない。そんな社会だからこそ「言葉」獲得途上にある子どもを育てている親たちには、親役割を超えて、子どもの存在そのものが発するさまざまなコトバと共応する直観力が必要とされている。④リロ整然と説明する「言葉」を自由に⑤クシできる能力を身につけるためには、「コトバ」を読みとる力が根底になければならない。

ところで、重い障害を持つ人を受けとめて生きることが、私たちの社会が忘れてきた五感を通して人間関係をつくる能力を回復させる面を持つとしたら、その力はもっと注目されていいだろう。介護はマイナスの部分だけでなく、近代がつくってきた「言葉」のみを重視した能率至上主義の価値を超える新たな価値を生み出す土壌にもできるからである。

（春日キスヨ『介護とジェンダー』による）

問一　傍線部①～⑤のカタカナを漢字に直せ。

問二　傍線部ａ「存在そのものの響きあい」と、⑴ほぼ同じことを表現している箇所と、⑵反対のことを表現している箇所を、ともに最後の三段落の中から十字以上十五字以内で抜き出して答えよ。

問三　傍線部ｂについて、次の問いに答えよ。

⑴　後半の「子どもの育ちの場面」における一例を筆者はその次の段落で紹介している。［A］～［C］に入る最も適切な表現を次の中からそれぞれ選び、記号で答えよ。

ア　身体の触れあいを求めて

イ　子どもが何を考えているか

ウ　「言葉」による説明を求めて

エ　自分自身がどう考えていたかさえ

オ　子どもの語りかけている目の輝きが

カ　相手の気持ちを汲みとる自分の能力

キ　子どもの「言葉」を理解する自分の能力

(2)　「病に倒れ弱った高齢者に再び生きる力を回復させる介護場面」では、どんなことが想像されるだろうか。一八〇字以内で自分の考えを述べよ。

問四　「コトバ」と「言葉」について、筆者の考えと一致すると思われるものに○印、一致しないと思われるものに×印をつけよ。

ア　「コトバ」を読みとる能力を回復させることによって、豊かな人間関係が育まれる。

イ　「コトバ」を読みとる力に支えられていない「言葉」は、真の「言葉」とは言えない。

ウ　「言葉」を理解する力は教えられるが、「コトバ」を感じる力を教えることはできない。

エ　「コトバ」を聞く力は、家庭内でのしつけ、特にペットの飼育や子守で補われるべきである。

オ　学校教育はその性質上、どうしても「コトバ」より「言葉」を理解する能力の強化に偏ってしまう。

18

次の文章は、娘に何か植木を買ってやるよう、父にガマ口《ぐち》（＝財布）を渡された「私」が、娘と一緒に植木市を見に行ったときの様子を述べたものである。この文章を読んで、あとの問いに答えよ。

春、植木市がたつ。お寺のケイダイ[a]へ、かなりの商品が運びこまれ、ちょっとした市なのである。父は私にガマ口を渡して、娘のこのむ木でも花でも買ってやれ、という。汗ばむような、晴れた午後だった。娘が欲しいといいだしたのは、藤《ふじ》の鉢植えだった。それは花物では、市のなかの①お職だった。鉢ごとでちょうど私の身長と同じくらいの高さがあり、老木で、あすあさってには咲こうという、蕾《つぼみ》の房がどっさり付いていた。子供は、*てんから問題にならない高級品を、無邪気にほしがったのである。子供だからこそ、②おめず臆《おく》せずねだるが、聞かずとも知れる高値である。とてもガマ口の小銭で買えるものではない。［A］私は買う気などなくて、子供と藤の不釣合《ふつりあ》いなおかしさを笑ってすませ、藤の代りに赤い草花をどうかとすすめた。子供はそれらの花は、以前にもう買ったことがあるからとしりぞけ、小さい山《さん》椒《しょう》の木を買った。お職の藤から一度に大下落《げらく》の山椒だった。欲しい物が買ってもらえなくて、わざと安値のものをと嫌《いや》味《み》にすねたものではない。彼女はさんしょの葉としらすぼしを、醤油《しょうゆ》でいりつけたのをごはんにぱらぱらとまき、お菜《かず》に玉子焼きをつけたお弁当が、大好きだったからなのである。藤でなくても、山椒でも子供は無邪気に喜んでいた。(1)私もそれでよい、と思ってうたがわなかった。

ところが夕方書斎から出てきた父が、みるみる不機嫌になった。藤の選択はまちがっていない、という。市で一番の花を選んだとは、花を見る確かな目をもっていたからのこと、なぜその確かな目に応じてやらなかったのか、藤は当然買ってやるべきだったのに、という。(2)そういわれても私はまだ気がつかず、それでも藤は*バカ値だったから、とbベンカイすると父は真顔になっておこった。好む草なり木なりを買ってやれ、といいつけたのは自分だ、だからわざと自分ようのガマ口を渡してやった、子は藤を選んだ、だのになぜ買ってやらないのか、金が足りないのなら、ガマ口ごと*手金をうてばそれで済むものを、おまえは親のいいつけも、子のせっかくの選択も無にして、平気でいる。なんと［B］心か、しかも、藤が高いのバカ値のというが、一体何を物差《ものさし》にして、価値をきめているのか、多少値の張る買い物であったにせよ、その藤を子の心の養いにしてやろうと、なぜ思わないのか、その藤をきっかけに、どの花をもいとおしむことを教えてやれば、それはその子一生の心のうるおい、女一代の目の楽しみにもなろう、もしまたもっと深い機縁があれば、子供は藤から蔦《つた》へ、蔦からもみじへ、松へ杉へと関心の目を伸ばさないとはかぎらない、そうなればそれはもう、その子が(3)財産をもったも同じこと、これ以上の価値はない、子育ての最中にいる親が誰しも思うことは、どうしたら子の体に、心に、いい養いをつけることができるか、とそればかり思うものだ。[C]処置には、あきれてものもいえない——さんざんにきめつけられた。

(4)藤の代りに買い与えた山椒が、叱られたあとの感情をよけいせつなくした。一尺五寸ほどの貧弱な木だが、鮮緑の葉は揉《も》めば高い香気をはなち、嚙めば鋭い味をひろげ、棘《とげ》はc容赦なく刺した。誰のために*あがなった木だろうと、思わされた。だが、叱られたのは身にしみたが、さればといってその後私が心を改め、縁日のたびに子に花のたのしさをコーチしたのではない。とかくルーズなのである。

（幸田　文『木』による）

＊てんから＝最初から。　＊バカ値＝異常に高額なこと。

＊手金をうてば＝物を買うときの手付金とすれば。　＊あがなった＝買い求めた。

問一　傍線部a～cの漢字に読みがなをつけ、カタカナは漢字に直せ。

問二　[A]に入る最も適切な語句を次から選び、記号で答えよ。

ア　つまり　**イ**　もちろん　**ウ**　しかし　**エ**　そして　**オ**　また

問三　波線部①・②の意味として最も適切なものをそれぞれ次から選び、記号で答えよ。

①　**ア**　不正な品物　**イ**　最高の品物　**ウ**　平凡な品物
　　エ　粗末な品物　**オ**　贈答用の品物

②　**ア**　何も考えず　**イ**　わがままを通して　**ウ**　泣き叫んだりせず
　　エ　ひるまず恐れず　**オ**　泣いてわがままに

問四　傍線部(1)の心境を説明したものとして最も適切なものを次から選び、記号で答えよ。

ア　聞き分けのよい娘の素直さに満足し、山椒という実用的で安値の鉢植えを選んでくれたことへの驚き。

イ　初めは高級な藤の花を選んだが、結局は安くて実用的な山椒を選んだ娘の嫌味さ・卑屈さへの怒りと不満。

ウ　どんな鉢植えであっても無邪気に喜ぶ娘の素直さを喜ぶと同時に、高級な物を買ってやれないという気兼《きが》ね。

エ　娘には山椒という鉢植えが手頃でお似合いだという自負と、孫に対してお金を出してくれた父への気兼ね。

オ　高価な買い物をすれば父に叱られるという恐れと、子供に似合いな藤を買ってやれないことへのやりきれなさ。

問五　傍線部(2)で、「私」はどういったことに気がつかなかったのか。「父の怒り」「子の心の養い」という語句を使って四十五字以内で説明せよ。

問六　[B]に入る最も適切な語句を次から選び、記号で答えよ。

ア　気まぐれな　イ　しらじらしい　ウ　あさましい　エ　とうとい　オ　浅はかな

問七　傍線部(3)「財産」の意味することを二十字以内で説明せよ。

問八　[C]に入る文として最も適切なものを次から選び、記号で答えよ。

ア　子の成長を喜ぶばかりで、厳しくしつけをしない

イ　物を与えることを惜しんで、心の成長ばかりを願う

ウ　金銭や物を惜しまずに与えるばかりで、子の心の栄養を考えない

エ　金銭を先に云々《うんぬん》して、子の心の栄養を考えない

オ　金銭を先に考え、それによって子の心の成長の割合を計算する

問九　傍線部(4)のように「私」が感じたのは、なぜか。五十字以内で説明せよ。

19

次の文章を読んで、あとの問いに答えよ。

四つか五つか忘れた。兎《と》に角《かく》、秋の夕方の事だった。私は人々が夕餉《ゆうげ》の①支度で忙《せわ》しく働いている隙《すき》に、しも手洗《ちょうず》場《ば》の屋根へ懸け捨ててあった②梯子から誰にも気づかれずに一人、母屋の屋根へ登って行った事がある。棟伝いに鬼瓦《おにがわら》の処《ところ》まで行って馬乗りになると、変に快活な気分になって、私は大きな声で唱歌を唄《うた》って居た。私としてはこんな高い処へ登

ったのは初めてだった。普段下からばかり見上げていた柿の木が、今は足の下にある。西の空が美しく夕映えている。鳥が忙しく飛んでいる……

間もなく私は、

「謙作。——謙作」と下で母の呼んでいるのに気がついた。㋐それは気味の悪い程優しい調子だった。

「あのネ、其処《そこ》にじっとして居るのよ。動くのじゃ、ありませんよ。今山本が行きますからネ。其処に音なしくして居るのよ」

母の眼は少し釣上って見えた。甚《ひど》く優しいだけ只事でない事が知れた。私は山本の来るまでに降りて了《しま》おうと思った。そして馬乗りの儘《まま》少し後《あと》じさった。

「ああっ！」母は恐怖から泣きそうな表情をした。「謙作は音なしいこと。お母さんの云《い》う事をよくきくのネ」

私はじっと眼を放さずにいる、変に鋭い母の視線から縛られたようになって、身動きが出来なくなった。

間もなく書生と車夫との手で私は用心深く下された。

a案の定、私は母から烈しく打たれた。母は亢奮《こうふん》から泣き出した。

㋑母に死なれてから此《この》記憶は急に明瞭《はっきり》して来た。後年もこれを憶《おも》う度、いつも私は涙を誘われた。何といっても母だけは本統《ほんとう》に自分を愛して居てくれた、私はそう思う。

前後はわからない。が、其頃《そのころ》に違いない。

私は一人茶の間で寝ころんで居た。其処に父が帰って来た。父は黙って、袂《たもと》から菓子の紙包を出し、茶箪笥《ちゃだんす》の上に置いて出て行った。私は寝た儘、じろじろそれを見ていた。

父が又入って来た。そして、今度は紙包を戸棚の奥へ仕舞い込んで、出て行った。

私はむっとした。気分が急に暗くなった。間もなく母が、父の脱ぎ捨てた外出着を持って、次の間へ入って来た。私には我儘な気持が無闇《むやみ》と込み上げて来た。泣きたいような、怒りたいような気持だった。

「母さん、お菓子」

「何を云うんです」母はb言下に叱《しか》った。その少し前に私は其日のおやつを貰《もら》っていたのだ。

「何か。よう、何か」

母は応じなかった。そして、畳んだ着物を箪笥へ仕舞って出て行こうとした。

私は起き上って、

「よう、何か」こういって、母の前へ立ちふさがった。母は黙って私の頬《ほお》をぐいとつねった。私は怒って其手をピシャリと打った。

「もう食べたじゃ、ありませんか。何です」母は私をにらんだ。

私は露骨に父の持って帰った菓子をせびり出した。

「いけません。そんな………」

「いや！」私は権利をでも主張するように③頑固に首を振った。何しろ、私は気持がクシャクシャしてかなわなかった。其菓子がそれ程に食いたいのではない。兎に角、思い切り泣くか、怒られるか、打たれるか、何かそんな事でもなければ、どうにも気持が変えられなくなって居た。

母は私の手を振り払って、出て行こうとした。ウ私は後ろから不意に母の帯へ手をかけ、ぐいと力一杯に引いた。母はよろけて④障子に摑《つか》まった。其障子がはずれた。

母は本気で怒り出した。そして、私の手首を摑み、ぐんぐん戸棚の前へ引張って行った。母は片腕で私の頭を抱えて置いて、いやがる私の口へ其厚切りの羊羹《ようかん》を無理に押し込んだ。食いしばっている味噌歯《みそっぱ》の間から、羊羹が細い棒になって入って来るのを感じながら、私は⑤度肝を抜かれて、泣く事も出来なかった。亢奮から、母は急に泣き出した。少時《しばらく》して私も烈しく泣き出した。

（志賀直哉『暗夜行路』による）

問一　傍線部①〜⑤の漢字の読みをひらがなで記せ。

問二　傍線部ａ・ｂの意味を簡潔に記せ。

問三　傍線部㋐「それは気味の悪い程優しい調子だった」とあるが、母がそのような声を出したのはなぜか。その理由を三十字以内で説明せよ。

問四　傍線部㋑「母に死なれてから此記憶は急に明瞭して来た」とあるが、それは何ゆえであると考えられるか。四十字以内で説明せよ。

問五　傍線部㋒「私は後ろから不意に母の帯へ手をかけ、ぐいと力一杯に引いた」とあるが、そのような行動をとるに至った「私」の心理の動きを六十字以内で説明せよ。

口語文法

●文節＝文を組み立てる最小単位。「彼はネ／きっとネ／来るだろうネ」というように、「ネ・ヨ・サ」を入れて意味が通じる最小の単位がこれに当たる。「自立語」は単独で文節を作れるが、「付属語」は「自立語」と組み合わされて一文節となる。つまり、「文節」とは、「一個の自立語と0《ゼロ》個以上の付属語」で作られる。

●文節と文節の関係（代表的なもの）

①主語・述語の関係　⇩「何が（誰が）」→「どうする、どんなだ、何だ」の関係　《例》花が→咲いた。

②連用修飾の関係　⇩前の文節が、後の用言文節を修飾する関係　《例》花がきれいに→咲いた。

③連体修飾の関係　⇩前の文節が、後の体言文節を修飾する関係　《例》桜の→花がきれいに咲いた。

④接続・被接続の関係⇩接続語（接続助詞を含む文節）とそれを受ける文節の関係　《例》花は咲いたが→散った。

⑤独立の関係　⇩一文節が、他の文節とは直接結び付かず、独立している　《例》ああ、花が散ってしまった。

⑥並立の関係　⇩前の文節と後の文節とが並立・対立する関係　《例》梅も、桜も咲いた。

●品詞分類表

- 単語
  - 自立語
    - 活用する—述語（用言）になる
      - 動作・状態を表し、終止形が「～ウ段」の音になる—動詞
      - 状態・性質を表し、終止形が「～い」になる—形容詞
      - 状態・性質を表し、終止形が「～だ」になる—形容動詞
    - 活用しない
      - 主語（体言）になる—名詞
      - 主語にならない
        - 修飾語になり、主に用言を修飾する（連用修飾語）—副詞
        - 修飾語になり、体言を修飾する（連体修飾語）—連体詞
        - 独立語になり、接続に用いる—接続詞
        - 独立語になり、単独で用いる—感動詞
  - 付属語
    - 活用する—助動詞
    - 活用しない—助詞

●活用形の種類

①**未然形**＝打消の「ない」や、意志の「う・よう」に続く形。　②**連用形**＝丁寧の「ます」や過去の「た」に続く形。

③**終止形**＝言い切りの形。　④**連体形**＝「もの・とき・こと」などの体言に続く形。

⑤**仮定形**＝仮定の「ば」に続く形。　⑥**命令形**＝言い切って命令する形。

●動詞

活用の種類	語例	語幹	未然形	連用形	終止形	連体形	仮定形	命令形
五段活用	書く	書	か・こ	き・い	く	く	け	け
上一段活用	起きる	起	き	き	きる	きる	きれ	きろ・きよ
下一段活用	寄せる	寄	せ	せ	せる	せる	せれ	せろ・せよ
カ行変格活用	来る	（来）	こ	き	くる	くる	くれ	こい
サ行変格活用	する	（す）	さ・し・せ	し	する	する	すれ	しろ・せよ

●活用の種類の見分け方

五　段	行か（ア段音）	打消の「ない」を付けて見分ける
上一段	起き（イ段音）	
下一段	食べ（エ段音）	
カ　変	「来る」の一語	
サ　変	「する」とその複合語	

●形容詞・形容動詞

品詞	語例	語幹	未然形	連用形	終止形	連体形	仮定形	命令形
形容詞	美しい	美し	かろ	かっ・く	い	い	けれ	○
形容動詞	静かだ	静か	だろ	だっ・で・に	だ	な	なら	○

・語幹が形容詞と同じ形容動詞もある。

《例》形容詞＝暖かい

形容動詞＝暖かだ

●動詞・形容詞の音便

・五段活用の動詞の連用形が「た（だ）・たり（だり）・て（で）」に続く場合、次のように活用語尾が変化する。

①**イ音便**　《例》書きます⇩書いた　書いて

②**促音便**　《例》持ちます⇩持った　持って

③**撥音便**　《例》飛びます⇩飛んだ　飛んで

＊ただし、サ行五段活用の動詞は変化しない。

・形容詞の連用形が「ございます・存じます」に続く場合、活用語尾が「う」に変化する。

ウ音便　《例》美しく⇩美しゅうございます。

危なく⇩危のう存じます。

●助詞

①格助詞＝基本的には体言に接続する。その体言が、他の言葉とどのような関わりを持つかを示す助詞。

語	主な意味・用法	語	主な意味・用法
が	主語・対象となる語	と	並立・共同の動作・作用の結果・引用・比較
の	主語・連体修飾語・体言の代用・並立・対象となる語	より	起点・比較の基準・限定（打消の語と呼応）
を	動作の対象・起点・場所	から	起点・原料・原因
に	場所・目的・変化の結果	で	場所・方法・理由・状態
へ	方角・動作の対象	や	並立

②接続助詞＝活用する語に接続する。接続助詞の前に述べられている件が、後に述べられる件にどのような関係で続くのかを示す助詞。

語	主な意味・用法	語	主な意味・用法
ば	順接仮定条件・順接確定条件・並立	ので	順接確定条件（原因・理由）
と	順接仮定条件・順接確定条件・逆接仮定条件	から	順接確定条件（原因・理由）
ても（でも）	逆接仮定条件・逆接確定条件	し	並立
けれど（けれども）	逆接確定条件・対比	て（で）	順接確定条件・継続・並立・補助の関係
が	逆接確定条件・単純接続	たり（だり）	並立・例示
のに	逆接確定条件	ものの	逆接確定条件

③副助詞＝様々な語に接続する。その語に意味を添えたり、その文節を副詞的にして後にくる述語部分を修飾したりするはたらきを持つ助詞。

語	主な意味・用法	語	主な意味・用法
は	他と区別して強調する	**だけ**	限度・程度
も	例示・並立・強調	**ほど**	程度・比例・比較の基準
こそ	上の語句を強調する	**くらい（ぐらい）**	およその程度・軽視
さえ	他を類推・限定・添加	**など**	例示・軽視
でも	他を類推・例示	**なり**	並立して選択・最小限度
しか	限定（打消の語と呼応）	**やら**	不確実（疑問）・並立
まで	限度・添加・程度	**か**	不確定・選択
ばかり	限度・程度	**ずつ**	一定の数量の繰り返し

④終助詞＝主に文の末部に接続する。その文の内容についての話し手の感情や、聞き手への訴えの気持ちを表す助詞。

語	主な意味・用法	語	主な意味・用法
か	疑問・反語・感動	**な**	禁止・感動
な（なあ）	感動・相手に確かめる	**や**	勧誘・呼びかけ
ぞ・ぜ	念を押す・強調	**とも**	うけ合う・強調
よ	感動・呼びかけ・強意	**の**	軽度の断定・疑問
わ	感動・軽度の主張	**ね（ねえ）**	感動・念押しの強調
さ	強調	**こと**	感動・疑問（主に女性が使う）

＊助詞は普段、無意識のうちに使用しているが、実は日本語表現の上で大変重要なものである。例えば、格助詞ひとつをとっても、「ライオンが嚙み付く」と「ライオンに嚙み付く」では、まったく意味内容が異なってしまう。

●助動詞

語	未然形	連用形	終止形	連体形	仮定形	命令形	意味	接続
れる	れ	れ	れる	れる	れれ	れろ・れよ	受身・可能・自発・尊敬	未然形
られる	られ	られ	られる	られる	られれ	られろ・られよ	受身・可能・自発・尊敬	未然形
せる	せ	せ	せる	せる	せれ	せろ・せよ	使役	未然形
させる	させ	させ	させる	させる	させれ	させろ・させよ	使役	未然形
ない	なかろ	なかっ・なく	ない	ない	なけれ	○	打消	未然形
ぬ(ん)	○	ず	ぬ(ん)	ぬ(ん)	ね	○	打消	未然形
う	○	○	う	(う)	○	○	推量・意志	未然形
よう	○	○	よう	(よう)	○	○	推量・意志	未然形
たい	たかろ	たかっ・たく	たい	たい	たけれ	○	希望	連用形
たがる	たがら・たがろ	たがっ・たがり	たがる	たがる	たがれ	○	希望	連用形
ます	ませ・ましょ	まし	ます	ます	ますれ	まし・ませ	丁寧	連用形
た(だ)	たろ	○	た	た	たら	○	過去・完了・存続	連用形
そうだ	○	そうで	そうだ	○	○	○	伝聞	終止形
まい	○	○	まい	(まい)	○	○	打消推量・打消意志	五段は終止形 その他は未然形

そうだ	そうだろ	そうだっ・そうで・そうに	そうだ	そうな	そうなら	○	様態・伝聞	種々の語
ようだ	ようだろ	ようだっ・ようで・ように	ようだ	ような	ようなら	○	比況・例示・不確実な断定	種々の語
らしい	○	らしかっ・らしく	らしい	らしい	らしけれ	○	推定	種々の語
だ	だろ	だっ・で	だ	（な）	なら	○	断定	種々の語
です	でしょ	でし	です	（です）	○	○	丁寧な断定	種々の語

＊助動詞は助詞に似ているが、活用のある点が異なる。助動詞の主なはたらきは、話し手の判断の仕方を詳しく表すことである。例えば、「彼女は努力家らしい。」という文の主語は「彼女」だが、「らしい」が表す推定は話し手の判断である。

Open Sesame

◆付属語の学習ポイント◆

付属語（助動詞・助詞）は、意味・用法とその用例を覚えておくことが望ましい。助動詞については活用も覚えておくに越したことはない。しかし、実際に出題される文法問題は、知識そのものを問うものよりも、「生きた言葉の使い方」を問うものが多い。その意味では、自立語との関連も含めて紛らわしい語を確実に見分けられること、数多くの文章を読んで「生きた使い方」を身につけること、そして、問題を多く解いて実戦感覚を養うことが必要であろう。

●紛らわしい語の識別

語	用例	品詞・用法と識別の方法
ある	①今日は試験がある。 ②彼は若者である。 ③昔々、ある所に〜。	動詞。存在を示す「ない」に対応する。 補助動詞。存在を示す「ない」に対応しない。 連体詞。体言を修飾し、活用しない。
が	①雨が降る。 ②雨だが出かけよう。 ③雨も降るが雷も鳴る。 ④雨だ。が、やがて止む。	格助詞。体言・体言に準ずる語に付く。 接続助詞（逆接）。「しかし」の意味に置き換えられる。活用語に付く。 接続助詞（並立）。「Aも〜Bも〜」の形になる。活用語に付く。 接続詞。文、文節の初めにくる。
から	①一時から会議だ。 ②不注意からの事故。 ③米から作った酒。 ④寒いから出かけない。	格助詞（起点）。体言に付き、初めの位置を示す。 格助詞（原因・理由）。体言に付き、「〜のため」の意味に置き換えられる。 格助詞（原料）。体言に付き、「〜を用いて」の意味に置き換えられる。 接続助詞（原因・理由）。終止形に付き、「〜ので」の意味に置き換えられる。
だ	①気候が穏やかだ。 ②それは間違いだ。 ③雨が止んだ。 ④頭が割れるようだ。 ⑤明日は暖かいそうだ。	形容動詞の活用語尾。「穏やかな」となる。 断定の助動詞。「間違いな」とならない。 過去の助動詞。撥音便に付く。「た」が濁音になったもの。 比況の助動詞「ようだ」の一部。 伝聞の助動詞「そうだ」の一部。
で	①公園で遊ぶ。 ②名前を呼んでもらった。 ③とても静かである。 ④私は受験生である。	格助詞（場所）。体言に付く。 接続助詞。用言の音便に付く。「て」が濁音になったもの。 形容動詞の活用語尾。「静かな」となる。 断定の助動詞。「受験生な」とならない。

な	①彼は立派な人だ。	形容動詞の活用語尾。「立派だ」となる。
	②彼はおかしな人だ。	連体詞の一部。「おかしだ」とならない。
	③彼は友人なのに冷たい。	断定の助動詞。体言に付く。
	④彼は楽しそうな人だ。	様態の助動詞「そうだ」の連体形の一部。
ない	①勝つ自信がない。	形容詞。前に「ネ」が入り、「ある」に対応する。
	②全てが面白くない。	形式形容詞。前に「ネ」が入るが、「ある」に対応しない。
	③詳細は知らない。	打消の助動詞。「ぬ」に置き換えられる。
	④胸がせつない。	形容詞の一部。「ぬ」に置き換えられない。
に	①学校に行く。	格助詞（場所）。体言に付き、場所を示す。
	②私は看護婦になった。	格助詞（変化の結果）。体言に付き、「と」に置き換えられる。
	③既に結果は出た。	副詞の一部。「に」の直前の部分と共に、主に用言を修飾する。
	④静かに勉強をする。	形容動詞の活用語尾。「静かな」となる。
の	①風の音がする。	格助詞（連体修飾）。体言を修飾する。
	②姉の編んだ手袋。	格助詞（主語）。「が」に置き換えられる。
	③もっと熱いのがいい。	格助詞（体言の代用）。名詞に置き換えられる。
	④何のかんのと文句を言う。	格助詞（並立）。「とか」に置き換えられる。
れる	①先生に叱られる。	助動詞（受身）。「～に～れる」の形になる。
	②先生が話をされる。	助動詞（尊敬）。目上の人の動作に用いる。
	③一人でも行かれる。	助動詞（可能）。「～できる」の意味。
	④昔が偲ばれる。	助動詞（自発）。「自然に～する」の意味。

Open Sesame

◆紛らわしい語の学習ポイント◆

紛らわしい語には、単純に文法的に見分けられるものと、文脈の中で用法の違いを見分けるものとがある。前者については、形容動詞と形容動詞型に活用する助動詞（「だ」「そうだ」「ようだ」）が、特にポイントとなる。これらを押さえていれば、「だ」「で」「な」「に」などはかなり識別しやすくなるだろう。後者については、識別の方法を覚えるとともに、できるだけ多くの用例（実際の使われ方）に触れることが大切である。

●敬語＝「尊敬語」「謙譲語」「丁寧語」の三種類を合わせて敬語と呼ぶ。一般的には、「尊敬語」と「謙譲語」を混同しやすいので、この二種類を識別できるようにしておきたい。

①尊敬語＝話し手が、聞き手や話題中の人物の動作などを直接的に敬う言葉。

(1)敬意を含む名詞を用いる　《例》先生・貴殿
(2)尊敬の意味の動詞を用いる　《例》おっしゃる・なさる
(3)「お（ご）～になる」の形を用いる　《例》お話しになる・ご出席になる
(4)尊敬の助動詞を用いる　《例》行かれる・見られる
(5)尊敬の接頭語・接尾語を用いる　《例》貴社・～さま

②謙譲語＝話し手が、自分や自分の側の動作をへりくだることで、聞き手や話題中の人物を間接的に敬う言葉。

(1)謙譲の意味の名詞を用いる　《例》小生・粗品
(2)謙譲の意味の動詞を用いる　《例》申す・参る
(3)「お（ご）～する」の形を用いる　《例》お持ちする・ご報告する
(4)謙譲の接頭語・接尾語を用いる　《例》拙宅・～ども

③**丁寧語**＝聞き手に対する丁重な気持ちを表現する言葉。

(1)丁寧の助動詞を用いる　《例》ます・です

(2)丁寧の接頭語を用いる　《例》お花・ご注文

●主な敬語動詞

普通語	尊敬語	謙譲語
する	なさる	いたす
行く・来る	いらっしゃる	参る
言う	おっしゃる	申す・申し上げる
見る	ご覧になる	拝見する
聞く		うかがう・承る・拝聴する
食べる	召し上がる	いただく
やる		(差し)上げる
くれる	くださる	
思う・知る		存じる
訪問する・尋ねる		うかがう

Open Sesame

◆敬語の学習ポイント◆

・誰と誰の会話であるかを考える。

尊敬語は、話し手（自分）の身内に対しては使わないのが原則である。しかし、この「身内」というのも常に一定のものではないので、注意を要する。例えば、自分と父親との会話であれば、父親の動作に尊敬語を使用できる。しかし、自分が父親のことを他人に話す場合は、父親に対して尊敬語は使えない。

・尊敬語と謙譲語の違いを把握する。

相手や高めるべき人の動作に用いる→尊敬語

自分や低めるべき人の動作に用いる→謙譲語

・敬語表現を覚える。

前述の①の(3)と②の(3)の言い方、主な敬語動詞をまず覚えること。

以上の三点を押さえれば、ほとんどの問題に対処できる。丁寧語は数が限られており、「です」「ます」「ございます」を覚えておけば十分だろう。

●確認問題●

問一　次の各文はいくつかの文節からできている。例にならって区切れを入れよ。

（例）今日は／暑い。

① 歴史的な文化と地理的な文化との相違を、最も端的に示す例の一つ。

② そういう新しい物の見方が、一時的にせよ世界中の人々の関心の的ともなった。

③ 新思潮派の作家は、未来に対する楽観的な見方に立つことはできなかった。

問二　次の各文の傍線部と□部の文節の関係を、後から一つずつ選べ。

① さらさらと小川が流れるこの故郷。

② 待ち望んでいた夏がやっと来た。

③ 彼は本当は、元気で明るい少年なのです。

④ 険しい山道をやっとの思いで登る。

ア　主語と述語　　イ　連用修飾語と被修飾語

ウ　連体修飾語と被修飾語　　エ　並立の関係

問三　次の文章の傍線部①～④の動詞の活用の種類を、後から一つずつ選べ。

　地理があって歴史がないのは、何も明治期のみに①限らず、もともと日本の文化の大きな特質だったともいえる。そのことは、わが国がアジア大陸の東端に②位置していて、西方からやって③来る文化を次々ともっぱら④受け入れる立場にあ

ここに着目

問三　変格活用の動詞は限られている。その他の動詞は、「未然形」、つまり「～ない」の付く形にして判別しよう。

ったという事情とおそらく無関係ではないだろう。

ア 五段活用　**イ** 上一段活用　**ウ** 下一段活用

エ カ行変格活用　**オ** サ行変格活用

問四　次の文章の〔 ① 〕～〔 ③ 〕に当てはまる品詞名を答えよ。

「やわらか」という言葉は様々な形で用いられ、各々が別の品詞に属することになる。「やわらかい」は〔 ① 〕であるが、「やわらかな毛皮」の「やわらかな」は〔 ② 〕の連体形となる。また、接尾語が付いて「心のやわらかさ」の形では〔 ③ 〕となる。

問五　「穏やかさ」は、「穏やか」に接尾語の「さ」が付いて名詞になったものである。これと同じ構成の名詞を次から一つ選べ。

ア 賢さ　**イ** 楽しさ　**ウ** はずかしさ　**エ** 確かさ　**オ** 明るさ

問六　次の文章の中から、副詞をすべて抜き出して答えよ。

相対性原理のような、もっとも人間世界から縁遠く、そして抽象的と思われていたものさえも、やがて「原子力の原理」でもあると考えられるようになった。

問七　次の各文の傍線部の中に、他と品詞の異なるものがある。その文の記号を答

問四　名詞には、動詞の連用形かそのままの形で名詞化した転成名詞（「飾る」の連用形→飾り）や、形容詞や形容動詞の語幹に接尾語の「さ」が付いて名詞化したもの（嬉しさ）などがある。

問五　「穏やか」は形容動詞の語幹であるから、これと同じ構成のものが正解である。

問七　傍線部が、「連用修飾」なの

えるとともに、その傍線部の品詞を答えよ。

ア　その土地では、植物もほとんど育たないという。

イ　わたしは、あらゆる困難に立ち向かってでも目的を果たすつもりだ。

ウ　彼は、たとえ一人になったとしてもあきらめないだろう。

エ　夏の夜空に、美しい星がきらきらと輝いている。

問八　次の文章の傍線部①～④の音便名を、後から一つずつ選べ。

枕草子で「山の端いと①近うなりたるに……」と②書いた清少納言は、秋の夕暮れ時ならば、カラスが夕焼け空を③横切って、数羽ずつ④飛んでいく姿さえ、趣があると言っている。

ア　撥音便　**イ**　促音便　**ウ**　イ音便　**エ**　ウ音便

問九　次の文の傍線部①～④の品詞を、後から一つずつ選べ。

①あそこに見える②あの大きな家がわが家③であるが、隣に④もっと大きな家が見えるだろう。

ア　名詞　**イ**　動詞　**ウ**　助詞　**エ**　助動詞

オ　接続詞　**カ**　副詞　**キ**　連体詞

問十　次の文の傍線部「ある」と同じ用法の「ある」を使っているものを、後から一つ選べ。

か「連体修飾」なのかで、品詞の見分けができるはず。

問十　「～である」「～てある」は補助動詞であることが多く、この時間があればあるほど、退屈してしまう。

ア　なにより親切であることが大切だ。

イ　失敗なんて、よくあることだ。

ウ　父がある朝、わたしに話してくれたこと。

エ　花器に生けてある花。

問十一　次の各文の傍線部「だ」の文法的説明を、後から一つずつ選べ。

①　あそこが目的地だ。　②　家族はもう寝たようだ。

③　風邪の発熱で苦しんだ。　④　ここは昔、海だったそうだ。

⑤　部屋がやけにきれいだ。

ア　形容動詞の活用語尾　イ　過去の助動詞の濁音化

ウ　断定の助動詞　エ　伝聞の助動詞の一部

オ　推定の助動詞の一部

問十二　次の文章の傍線部①～④「で」はすべて助詞であるが、一つだけ他と種類の違うものがある。その番号を答えよ。また、その理由を述べた後の文章の〔　A　〕・〔　B　〕に、適切な語句を入れよ。

多くの人数で①一つのことをまとめるのは、難しい。リーダーが集団の特徴をつかんで②、役割分担をなすことで③、仕事はうまく進むだろう。それで④、結果的に集団のまとまりもできるのだ。

場合は純粋な存在を表す「ある」とは区別して考えること。

問十一　助詞や助動詞が濁音化するのは、音便の後であることを忘れないように。

問十二　「で」の直前の単語に注目。体言に付く助詞と、用言の音便に付く助詞の違いを見分けること。

その理由：他はすべて〔　A　〕助詞だが、これだけは〔　B　〕助詞であるから。

問十三　次の文の傍線部「に」と同じ意味・用法のものを、後から一つ選べ。

先日、家族で旅行に行ってきた。

ア　彼は、こちらを向いてかすかに笑った。

イ　子供たちが、うれしそうに走ってくる。

ウ　白鳥の群れが、湖上に羽根を休めている。

エ　彼はまるで猟犬のように、獲物を追い詰める。

問十四　次の各文の傍線部「れる」の意味を、後から一つずつ選べ。

①　屋上までなら、階段でも行かれる。

②　恩師が壇上で話をされる。

③　亡くなった祖母が思い出される。

④　映画に行こうと誘われる。

ア　受身　**イ**　自発　**ウ**　可能　**エ**　尊敬

問十五　次の各文の傍線部の敬語の種類を、後から一つずつ選べ。

①　先方に「明日にでもうかがう」と伝えてください。

②　先生がご覧になった絵画の話を聞く。

③　母は買い物に出かけています。

④　スープが冷めないうちに召し上がってください。

問十三　直前に「そう」「よう」が付くものをまず除外する。これらは、「助動詞」であるからだ。

問十五　自分の動作か、相手の動作かを考えてみよう。

ア　尊敬語　　イ　謙譲語　　ウ　丁寧語

問十六　次の各文の傍線部を、Aは尊敬語の一語の動詞に、Bは謙譲語の一語の動詞に直し、適切な活用形にして答えよ。

A　先生がいつも言うように、私は努力を怠らない。

B　私は、そのようなことを言ってはいません。

問十七　次の文章の傍線部①～③を敬語表現に改めよ。

大学を卒業して、しばらくたった頃のことである。大変お世話になった教授のお宅に①訪問する機会があった。教授は、私を歓迎して②くれた。そのときに、教授がまだ若かった頃に執筆したという論文を③見た。

問十八　次の各文に該当する事柄を、後から一つずつ選べ。

①　向こうから先生が来られた。

②　私は物陰から、母の様子をうかがっていた。

③　叔母の誕生日に、花束をさしあげた。

④　百合の花が美しく咲きました。

⑤　文学賞受賞作家に、色紙を書いていただいた。

ア　尊敬語が使われている　　イ　謙譲語が使われている

ウ　丁寧語が使われている　　エ　敬語は使われていない

問十七　①と③は自分の動作であるから謙譲語、②は教授の動作であるから尊敬語に改める。

古文
基礎編

基礎からの古文

ここで学ぶこと

古文は貴重な文化遺産。読めば読むほど味が出る。しかし、「難しいから嫌い」という人も少なくない。古文はなぜ「難しい」のか、どうすれば「難しく」なくなるのか、考えてみよう。

古文とは

私達は普通、「古文」という言葉を、**わが国で明治維新より前の時代に書かれた文章**という意味で用いている。しかし、それは、大昔に書かれた古くさい文章ということではない。「古い」ということは、単に昔のものというだけではなく、**時を越えて現在まで生き続けた**ということでもある。昔書かれたもので、今では全く読まれなくなったものも数多くある。このようなものは、単なる「過去のもの」であって、「古典」ではない。**長く読まれ続けるほどの豊かな内容を持つもの**だからこそ、結果的に「古い」ものになることもできたのである。

例えば、『枕草子』を書いたのは、清少納言という一人の女性だが、後世おおぜいの人々が読み続け、研究し続けることで、はじめて古典になったのである。古いものには、古い分だけ**歴史の重み**が加わっていると言えるだろう。

古文が難しいのは

いかに歴史の風雪に耐えてきた作品とはいえ、はるか昔に書かれたという事実に変わりはない。**時代が変われば、ものの見方・考え方も変化する。生活のありさまも、昔と今とでは大違い**である。

また、古文を読んでみれば、すぐにわかることだが、言葉づかいがかなり異なっている。人間の生活が長い時間をかけて大きく変化するとともに、**話し言葉**も変化した。ただし、**書き言葉**は、明治になるまであまり変化しなかった。言葉づかいの面では、ずっと過去の文章を模範としてきたため、江戸時代の文章でも、平安時代の文章によく似ているのである。

なお、過去の時代の書き言葉を基調とした文章を**文語文**、現代の話し言葉に近づけた文章を**口語文**と言う。

古語と現代語の違い

現代語（口語）と古語（文語）の違いを整理すると、次のようになる。

①かなづかいが異なる

②文法に違いがある

・用言の活用が異なる。

・係り結びなどの特殊な文法がある。

・敬語の用法が細かい。……など。

③語彙が異なる

・現代語にはない語句が使われる。

・言葉の意味が現代語とは異なる。……など。

古文の「難しさ」の最大の原因は、このような言葉づかいの違いにある。だから、これらをよく知っておけば、古文は難しくなくなると言えよう。

Open Sesame

古文とは

1 古文とは　日本で、明治時代より前に書かれた文章のことを言う。豊かな内容を持っているために、今日まで読み継がれた作品である。

2 古文が難しいのは　ものの見方・考え方や生活のありさまが、昔と今とでかなり異なっていることも、一つの原因だが、最大の原因は、言葉づかいが大きく変化したことである。

3 古語と現代語は　かなづかい・文法・語彙に違いがある。このような言葉づかいの違いをよく知っておけば、古文は難しくなくなる。

第1章　歴史的かなづかい

ここで学ぶこと

この章では、古文のかなづかいについて学習する。古文のかなづかいを、現在のかなづかいに改めるには、どうすればよいのか。代表的なパターンを頭に入れておこう。

古文に用いられているかなづかいを**歴史的かなづかい（旧かなづかい）**と言う。これに対し、現在一般に用いられているかなづかいを**現代かなづかい（新かなづかい）**と言う。

現代かなづかいでは、原則として、言葉を発音の通りに表記する。しかし、例外もある。助詞「は」「へ」「を」は、実際の発音では「ワ」「エ」「オ」となるが、現在でも歴史的かなづかいを残して、「は」「へ」「を」と表記している。

歴史的かなづかいとは、言葉を古い発音に従って表記するもので、基準となるのは平安時代の発音と表記である。平安時代の貴族文化が後世の模範となったため、書き言葉も平安時代の文体が長い間標準とされた。その結果、言葉の発音と表記がしだいに一致しなくなったのである。

現代かなづかいは実際の発音に従うから、歴史的かなづかいを現代かなづかいに改めるには、現代語の発音と照合する必要がある。ただし、多くのものは機械的に置き換えられるので、代表的なパターンを次に挙げておく。

Ⅰ　「ゐ・ゑ・を」は「い・え・お」に

例　ゐる（率る・居る）→いる　ゑむ（笑む）→えむ
　　をさなし（幼し）→おさなし

＊ただし、格助詞「を」はそのままとなる。

Ⅱ　語頭以外の「は・ひ・ふ・へ・ほ」は「わ・い・う・え・お」に

例　言はず→言わず　使ひ→使い　思ふ→思う
　　あへなし→あえなし　いとほし→いとおし

＊ただし、語頭に「は・ひ・ふ・へ・ほ」を持つ語が、他の語の下に続いて複合語となったものは、そのままとなる。また、格助詞「へ」と副助詞「は」もそのままとなる。

例　はつはな（初花）　あめふり（雨降り）

Ⅲ　「ぢ・づ」は「じ・ず」に

例　あぢ（味）→あじ　いづれ→いずれ

＊ただし、語頭に「ち・つ」を持つ語が、他の語の下に続いて「ち・つ」が濁音化したものは、そのままとなる。

例　はなぢ（鼻血）　つねづね（常々）

●確認問題●

問　次の文章の傍線部a～fを、ひらがなで現代かなづかいに改めよ。

今は昔、竹取のおきなと[a]いふ者ありけり。野山にまじりて竹を取りつつ、[b]よろづのことに[c]使ひけり。名をば、さかきの造《みやつこ》となむ[d]言ひける。その竹の中に、もと光る竹なむ[e]一すぢありける。あやしがりて寄りて見るに、筒の中光りたり。それを見れば、三寸ばかりなる人、いとうつくしうて[f]ゐたり。

（竹取物語）

語釈

〔おきな〕おじいさん
〔三寸〕約十センチ
〔うつくしう〕「うつくしく」のウ音便

■ かなづかい変換の細則 ■

前述のⅠ～Ⅲの場合以外にも、かなづかいの改め方はいくつかある。参考のため、以下に挙げておく。

①アウ(-au)・アフ(-ahu)をオウに

例　あうう(奥羽)→おうう　あふぎ(扇)→おうぎ
いたう→いとう　ざふに(雑煮)→ぞうに

②イウ(-iu)・イフ(-ihu)をユウに

例　いうげん(幽玄)→ゆうげん　きふ(急)→きゅう

【注意】動詞の終止形語尾が「ふ」の場合は、かなづかいの上では「ふ」を「う」に改めるだけにするが、発音のみ①②に従うことがある。

例　あふ(会ふ・合ふ・逢ふ)→あう　＊「オウ」とも発音する
かふ(買ふ・飼ふ・交ふ)→かう　＊「コウ」とも発音する
いふ(言ふ)→いう　＊「ユウ」とも発音する
しふ(強ふ)→しう　＊「シュウ」とも発音する

③エウ(-eu)・エフ(-ehu)をヨウに

例　えうねん(幼年)→ようねん　えふ(酔ふ)→よう
どへう(土俵)→どひょう　てふ(蝶)→ちょう

④ワウをオウに、クワウ・グワウをコウ・ゴウに

例　わうらい(往来)→おうらい
くわうだい(広大)→こうだい
ぐわうおん(轟音)→ごうおん

⑤クワ・グワをカ・ガに

例　さざんくわ(山茶花)→さざんか
ぐわんたん(元旦)→がんたん

第2章 助動詞

ここで学ぶこと

この章では、古文の助動詞について学習する。活用・接続を覚え、意味を識別できるようにしよう。本文に挙げた訳語は特に代表的なものである。実際に文章を訳すときは、文脈に即して訳語を工夫すること。

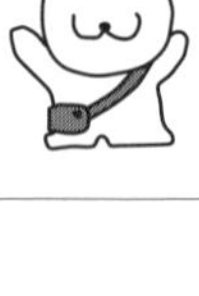

む（ん）・むず（んず）　未然形に接続する

	未然形	連用形	終止形	連体形	已然形	命令形
む	（ま）	○	む	む	め	○
むず	○	○	むず	むずる	むずれ	○

①推量（～だろう）…未来を予測して言う。
②意志（～しよう）…自分の希望を述べる。
③適当（～のがよい）…一般論を述べる。
④勧誘（～しましょう）…相手に提案する。
⑤婉曲（～ような）…言葉を和らげる。必ず連体形。
⑥仮定（～としたら）…後に体言や「に」「には」が来ることが多い。

＊「むず」では、⑤⑥の用例は少ない。
＊「む」は、完了の助動詞「ぬ」の未然形に付いて「なむ」という形でも用いられる。

参考1　「む」「むず」は、相手の意向を問うのにも用いられる。
例　翁《おきな》の申さむことは聞き給ひてむや。（竹取物語）
（訳）老人の申し上げることを、お聞き下さいますか。

参考2　「むとす」（～だろうとする）が縮まり、一語化して「むず」となった。

べし　終止形（ラ変活用では連体形）に接続する

べし	べく べから	べく べかり	べし	べき べかる	べけれ	○

〔注意〕終止形に接続する助動詞が、ラ変動詞・形容詞・形容動詞・ラ変活用の助動詞に接続する場合には、連体形に接続する。

①推量（きっと～だろう）…語り手の判断を述べる。
②意志（きっと～しよう）…自分の決意を述べる。
③義務・当然（～べきだ、～に違いない）…一般論を述べる。
④命令（～せよ）…相手に指図する。
⑤可能（～できる）…打消や反語の文に多い用法。

⑥適当（～のがよい）…一般論を述べる。

参考　「べし」は、相手の意向を問うのにも用いられる。

例　御堂関白、四条大納言に仰せられていはく「いづれの舟に乗るべきぞや」と。（古今著聞集）

（訳）御堂関白が四条大納言にこうおっしゃった。「どの船に乗るおつもりか」と。

らむ（らん）

終止形(ラ変活用では連体形)に接続する

らむ	○	○	らむ	らむ	らめ	○

現在推量（～ているだろう）…現在の事物を想像する。

参考1　「らむ」は、現在見聞きしている事物について、その原因や理由を問うのに用いられることがある。

例　久方の光のどけき春の日にしづ心なく花の散るらむ（古今和歌集）

＊「久方の」は「光」の枕詞

（訳）光ののどかなこの春の日に、どうしてあわただしく花が散っているのだろうか。

参考2　「らむ」には、現在の事物を婉曲に述べる用法もある。現在の事物に関する伝聞を表現する用法や、

例　異《こと》所《ところ》の物なれど、鸚鵡《あうむ》いとあはれなり。人の言ふらむ(a)ことをまねぶらむ(b)よ。（枕草子）

（訳）異国の物だが、鸚鵡《おうむ》はたいそうすてきだ。人の言うようなことをまねるそうだよ。

〔解説〕　aが婉曲、bが伝聞である。

けむ（けん）

連用形に接続する

けむ	○	○	けむ	けむ	けめ	○

過去推量（～しただろう）…過去の事物を想像する。

参考1　「けむ」は、過去の事物について、その原因や理由を問うのに用いられることがある。

例　よそにのみ聞かましものを音羽川渡るとなしに見なれそめけむ（古今和歌集）

（訳）音羽川の水音のように、他人事として聞いていればよかったのに、どうして恋の早瀬を渡るつもりもないまま、あなたを見そめたのだろうか。

参考2　「けむ」には、過去の事物を婉曲に述べる用法もある。過去の事物に関する伝聞を表現する用法や、

例1　行平の中納言の「関吹き越ゆる」と言ひけむ浦波。（源氏物語）

（訳）在原行平が「関吹き越ゆる」と詠んだという浦波。

例2　恋しとは誰が名づけけむことならむ死ぬとぞただに言ふべかりける（古今和歌集）

（訳）「恋しい」という（中途半端な）表現は、誰が考えたりしたのだろう。（恋のせつなさは）「死ぬ」と表現する他ないのになあ。

〔解説〕例1が伝聞、例2が婉曲である。

●確認問題1●

問　次の各文の傍線部の助動詞について、文法的意味と活用形を答えよ。

(1) 法師は人にうとくてありなむ。（徒然草）
(2) 飽かず、惜しと思はば、千年《ちとせ》を過ぐすとも、一夜の夢の心地こそせめ。（徒然草）
(3) 心あらむ友もがな。（徒然草）
(4) 難《かた》き事なりとも、仰《おほ》せ言《ごと》に従ひて求めに罷《まか》らむ。（竹取物語）
(5) はや帰らせ給ひなむ。（源氏物語）
(6) いかなる所にか、この木はさぶらひけむ。（竹取物語）
(7) 駒《こま》並《な》めていざ見に行かむ古里は雪とのみこそ花は散るらめ（古今和歌集）
(8) 羽なければ、空をも飛ぶべからず。（方丈記）
(9) 頼朝が首をはねて、わが墓前に懸《か》くべし。（平家物語）
(10) この人々の深き志は、この海にも劣らざるべし。（土佐日記）
(11) 人の歌の返し疾《と》くすべきを、え詠みえぬほども心もとなし。（枕草子）

語釈

(1)〔うとくて〕関わらないで
(3)〔もがな〕～がいたらなあ
(4)〔仰せ言〕お言い付け
〔求めに〕探しに
〔罷る〕参ります
(6)〔さぶらふ〕あるのです
(7)〔駒並めて〕馬を並べて
〔雪とのみこそ〕雪と見紛うほど
(11)〔疾く〕早く
〔え～ぬほど〕～できないとき
〔心もとなし〕じれったい

ここに着目

(6)活用形は係り結びに留意。

■文法的意味・品詞分解■

古典では、よく、「文法的意味を答えよ」とか「品詞分解せよ」という出題がある。これは、現代語訳する一歩手前の状態が問われていると考えればよい。

例

たふとかり（とう）	ける	いさかひ	なる	べし。
形容詞　たふとし　連用形　シク活用　かり＝連用形	助動詞　けり　過去　連体形	名詞	助動詞　なり　断定　連体形	助動詞　べし　推量　終止形

（徒然草）

- ける→いさかひ：体言を伴うので連体形
- いさかひ→なる：体言に接続するので断定の助動詞
- なる→べし：ラ変活用の連体形に接続
- べし：文末は終止形をとる

紛らわしい箇所が問われやすいので、第4章　紛らわしい語の識別を参照しておくこと。

ず

未然形に接続する

	未然形	連用形	終止形	連体形	已然形	命令形
ず	(ず) (な) ざら	ず (に) ざり	ず ○ (ざり)	○ ぬ ざる	○ ね ざれ	○ ○ ざれ

打消(～しない)

じ

未然形に接続する

	未然形	連用形	終止形	連体形	已然形	命令形
じ	○	○	じ	じ	(じ)	○

①打消推量(～しないだろう)
②打消意志(～するまい)

まじ

終止形(ラ変活用では連体形)に接続する

	未然形	連用形	終止形	連体形	已然形	命令形
まじ	(まじく) まじから	まじく まじかり	まじ	まじき まじかる	まじけれ	○

①打消推量(きっと～しないだろう)
②打消意志(決して～するまい)
③禁止(～してはならない)

参考 **「む」「べし」「じ」「まじ」の関係**
「む」の意味を強めたものが「べし」、「む」に打消の意味を加えたものが「じ」、「べし」に打消の意味を加えたものが「まじ」、と考えられる。

き

連用形に接続する(サ変・カ変動詞には、未然形にも接続する)

	未然形	連用形	終止形	連体形	已然形	命令形
き	(せ)	○	き	し	しか	○

過去(～た)…語り手が自分で体験したことを述べる。

けり

連用形に接続する

	未然形	連用形	終止形	連体形	已然形	命令形
けり	(けら)	○	けり	ける	けれ	○

①過去(～た)…書物や人の話で知ったことを述べる。
②詠嘆(～なあ)…改めて気づいた意を表す。
＊和歌や俳句に用いられる「けり」は、ほとんどが詠嘆である。

つ・ぬ

連用形に接続する

	未然形	連用形	終止形	連体形	已然形	命令形
つ	て	て	つ	つる	つれ	てよ
ぬ	な	に	ぬ	ぬる	ぬれ	ね

①完了(～てしまう・～てしまった・～た)
②強意(きっと)…推量の助動詞の上に付く場合が多い。
文章読解ではあえて訳さなくてもよい。

参考 「つ」「ぬ」には、終止形を反復して、対照的な動作を並列する用法もある。

例 馳《は》せつ控へつ……。　(平家物語)
(訳)取っ組み合ったり離れたり……。

例 浮きぬ沈みぬぞし給ひける。　(平家物語)
(訳)浮いたり沈んだりなさった。

り	サ変動詞の未然形・四段動詞の已然形に接続する
たり	連用形に接続する

	未然形	連用形	終止形	連体形	已然形	命令形
り	ら	り	り	る	れ	れ
たり	たら	たり	たり	たる	たれ	たれ

①完了（～てしまった・～た）
②存続（～ている）

＊完了にも存続にも解釈できる用例も少なくない。

例　降れる雪（訳：降り積った雪／降っている雪）
荒れたる庭（訳：荒れてしまった庭／荒れている庭）

参考　「つ・ぬ」は動作や作用の完了を表すことが多く、「り・たり」は主に動作や作用の結果、ある状態が存続していることを表すことが多い。

なり	体言と連体形に接続する
たり	体言に接続する

なり	なら	なり に	なり	なる	なれ	なれ
たり	たら	たり と	たり	たる	たれ	たれ

断定（～だ）

参考　断定の「なり」には、所在を表す用法もある。
例　東なる陸奥山　（万葉集）
（訳）東にある陸奥山

らし	終止形（ラ変活用では連体形）に接続する

らし	○	○	らし	らし	らし	○

推定（～らしい）…客観的な根拠に基づく推定。

なり	終止形（ラ変活用では連体形）に接続する

なり	○	（なり）	なり	なる	なれ	○

①推定（～聞こえるようだ）…耳で聞いた物事に関する推定。
②伝聞（～という・～だそうだ）

めり	終止形（ラ変活用では連体形）に接続する

めり	○	（めり）	めり	める	めれ	○

①推定（～ように見える）…目で見た物事に関する推定。
②婉曲（～ようだ）…断定を避け、遠回しに言う用法。

＊動詞「あり」、断定の助動詞「なり」の連体形の撥音便（撥音の省略）に付いて、「あ（ん）めり」「な（ん）めり」の形が多い。

参考　**推量と推定の違い**
古典文法では、推量とは、体験していない物事について、特に根拠を示さず想像によって述べることであり、推定とは、現在体験している物事について、一定の根拠をもって判断することである。

●確認問題2●

問　次の各文の傍線部の助動詞について、文法的意味と活用形を答えよ。

(1) なほいみじうめでたきことは、類《たぐひ》あらじとおぼえたり。（枕草子）
(2) 「残しおかじ」と思ふ反古《ほうご》など破《や》り捨つる中に……。（徒然草）
(3) 陸に上がれば、「源氏の兵《つはもの》あますまじ」とて駆け向かふ。（景清）
(4) 童《わらは》よりほかには、すべて入るまじと戸をおさへて……。（枕草子）
(5) 冬枯れのけしきこそ、秋にはをさをさ劣るまじけれ。（徒然草）
(6) 人、木石にあらざれば、みな、情《なさけ》あり。（源氏物語）
(7) これやこの行くも帰るも別れては知るも知らぬも逢坂《あふさか》の関（後撰和歌集）
(8) 雨はやみたれ[a]ども、風なほ吹きて、舟出ださず[b]。（枕草子）
(9) 金《こがね》はすぐれたれ[a]ども、鉄《くろがね》の益多きにしかざる[b]がごとし。（徒然草）
(10) 道知れる人もなくて、まどひ行きけり。（伊勢物語）
(11) 古人も多く旅に死せるあり。（奥の細道）
(12) 盛りにならば、かたちも限りなくよく、髪もいみじく長くなりなむ。（更級日記）
(13) あなたの岸に車引き立てて、送りに来つる[a]人々これより皆帰りぬ[b]。（更級日記）
(14) 親のため、妻子《つまこ》のためには、恥をも忘れ、盗みもしつべきことなり。（徒然草）
(15) 六代は諸国の受領《ずりやう》たりしかども、殿上の仙籍《せんせき》をばいまだ許されず。（平家物語）
(16) ふるさととなりにし[a]平城《なら》の都にも色は変はらず花は咲きけり[b]（古今和歌集）
(17) （見回リノ者ガ）「火あやふし」と言ふ言ふ、預りが曹司のかたに往ぬなり。（源氏物語）
(18) 男もすなる[a]日記といふものを、女もしてみむとてするなり[b]。（土佐日記）
(19) 夕されば衣手寒しみ吉野の吉野の山にみ雪降るらし（古今和歌集）
(20) あはれに言ひ語らひて泣くめれど、涙落つとも見えず。（大鏡）
(21) 「尼君、そのほどまで、ながらへ給はなん」とのたまふめりき。（源氏物語）

語釈

(2)〔反古〕書き古しの紙
(15)〔受領〕国司
〔殿上の仙籍〕殿上人の位
(16)〔ふるさと〕古都
(17)〔火あやふし〕火の用心
〔預りが曹司〕管理人室
(19)〔夕されば衣手寒し〕夕暮れになったら袖が冷たくなった
〔み吉野の〕「吉野」の枕詞

ここに着目

(12)推量の「む」の上にある。
(14)推量の「べし」の上にある。

◎「ぬ」の識別
完了・強意の「ぬ」の終止形
⇒連用形に接続する。
打消の「ず」の連体形
⇒未然形に接続する。

◎「たり」の識別
完了・存続の「たり」
⇒連用形に接続する。
断定の「たり」
⇒体言に接続する。

◎「なり」の識別
断定の「なり」
⇒体言や連体形に接続する。
伝聞・推定の「なり」
⇒終止形に接続する。

る	四段・ラ変・ナ変動詞の未然形に接続する
らる	右以外の動詞の未然形に接続する

	未然形	連用形	終止形	連体形	已然形	命令形
る	れ	れ	る	るる	るれ	れよ
らる	られ	られ	らる	らるる	らるれ	られよ

①受身（〜される）
②尊敬（〜なさる）
③自発（自然に〜する）
④可能（〜できる）

＊「る」「らる」が受身を表す場合、無生物が主語になることはほとんどない。

＊「る」「らる」が尊敬を表す場合、尊敬の動詞の下に付くか、単独で尊敬の意味を表すかのいずれかである。尊敬の補助動詞の上に添えられることはない。

例　交野の少将には笑はれ給ひけむかし。（源氏物語）

（訳）交野の少将には笑われなさったということだよ。

（解説）尊敬の補助動詞「給ふ」の上に添えられているので、尊敬ではない。ここでは受身を表している。

＊「る」「らる」が命令形になるのは、受身か尊敬のときである。自発や可能のときは命令形にならない。

す	四段・ラ変・ナ変動詞の未然形に接続する
さす	右以外の動詞の未然形に接続する
しむ	未然形に接続する

す	せ	せ	す	する	すれ	せよ
さす	させ	させ	さす	さする	さすれ	させよ
しむ	しめ	しめ	しむ	しむる	しむれ	しめよ

①使役（〜させる）
②尊敬（〜なさる）

＊「す」「さす」「しむ」の下に尊敬の補助動詞がないときは、必ず使役を表す。

例　御前に参りて御覧ぜさすれば……。（枕草子）

（訳）（中宮様の）御前に参上して御覧になっていただくと……。

（解説）下に尊敬の補助動詞がないから、「御覧にならせる」という使役の意味を表している。

＊下に尊敬の補助動詞があるときは、たいてい「す」「さす」「しむ」も尊敬を表すが、使役を表すこともまれにある。

まし	未然形に接続する

まし	ましか（ませ）	○	まし	まし	ましか	○

反実仮想（もし〜だったら、〜なのになあ）

＊反実仮想とは、事実に反することを空想して述べることであり、意味の上では、英語の仮定法によく似ている。「未然形＋ば〜まし」の形を取ることが多い。

例 「〜ましかば〜まし」

「〜ませば〜まし」

・「ましか」「ませ」は、ともに「まし」の未然形

「〜せば〜まし」

・「せ」は、過去の助動詞「き」の未然形

参考1 「まし」には、空想的な願望を表す用法もある。

例 見る人もなき山里の桜花ほかの散りなむのちぞ咲かまし（古今和歌集）

（訳）わざわざ見に来る人もいない山里の桜、ほかの場所の桜が散ってしまった後に咲けばよいのになあ。

参考2 「まし」には、ためらいを表す用法もある。

例 しやせまし、せずやあらまし。（徒然草）

（訳）してしまおうか、しないでおこうか。

参考3 平安中期ごろからは、「む」とほぼ同じように推量を表す例もある。

例 和歌の道おくれ給へらむは、事の映えなくや侍らまし。（大鏡）

（訳）和歌の道におくれなさるようでは、いかにもぱっとしないことでございましょう。

たし　連用形に接続する

願望（〜したい）

たし	たく たから	たく たかり	たし	たき たかる	たけれ	○

まほし　未然形に接続する

願望（〜したい）

まほし	まほしく まほしから	まほしく まほしかり	まほし	まほしき まほしかる	まほしけれ	○

ごとし　体言・連体形・格助詞「の」「が」に接続する

比況（〜のようだ）

ごとし	○	ごとく	ごとし	ごとき	○	○

参考1 「ごとし」には例示を表す用法もある。

例 往生要集ごときの抄物《せうもつ》を入れたり。（方丈記）

（訳）往生要集などからの抜き書きを入れてある。

参考2 「ごとくなり」「やうなり」も比況を表す。

●確認問題3●

問　次の各文の傍線部の助動詞について、文法的意味と活用形を答えよ。

(1) 恐ろしくて寝《い》も寝られず。　（更級日記）

(2) 思ふ人の、人に賞めらるるは、いみじううれしき。　（枕草子）

(3) 親・はらからの中にても、思は[a]るる思は[b]れぬがあるぞいとわびしきや。　（枕草子）

(4) これはいつよりもよく縫はれよ。　（落窪物語）

(5) わが妻はいたく恋ひらし飲む水に影さへ見えてよに忘られず　（万葉集）

(6) あらたまの年立ち返る朝《あした》より待たるるものはうぐひすの声　（拾遺和歌集）

(7) 住みなれしふるさと、限りなく思ひ出でらる。　（更級日記）

(8) 京極入道中納言は、なほ一重梅をなん軒《のき》近く植ゑられたりける。　（徒然草）

(9) 人にさとは知ら[a]せで、われに得[b]させよ。　（源氏物語）

(10) この大臣《おとど》の作らしめたまへりける詩を、帝かしこく感じたまひて……。　（大鏡）

(11) この帝、延長元年七月二十四日生まれさせたまふ。　（大鏡）

(12) 愚かなる人の目を喜ばしむる楽しみ、またあぢきなし。　（徒然草）

(13) 夜うちふくるほどに、（中宮ガ）題いだして、女房にも歌詠ませ給ふ。　（枕草子）

(14) 「我をば思ふや」と問はせ給ふ。　（枕草子）

(15) この子いと大きになりぬれば、名を三《み》室《むろ》戸《ど》斎部《いんべ》のあきたを呼びてつけさす。　（竹取物語）

(16) わが背子と二人見[a]ませばいくばくかこの降る雪のうれしから[b]まし　（万葉集）

(17) いと恋しければ、行かまほしく思ふに、兄《せうと》なる人抱きて率《ゐ》て行きたり。　（更級日記）

(18) （嵐ガ）船を、箭《や》を射るがごとく直《なほ》しく筑紫《つくし》に吹きつけたり。　（今昔物語集）

(19) 同じう死ぬるとも、敵に逢うてこそ死にたけれ。　（平家物語）

(20) 仏師のもとにて（仏像ヲ）造ら[a]ましかば、そこにてこそは物は参ら[b]ましか。　（宇治拾遺物語）

語　釈

(1)〔寝も〕寝るにも

(2)〔思ふ人〕気に入っている人

(3)〔はらから〕兄弟
〔いとわびしきや〕たいそうつらいものだなあ

(5)〔いたく恋ひらし〕熱烈に恋い慕っているらしい

(6)〔あらたまの〕「年」にかかる枕詞
〔年立ち返る〕年が明ける

(9)〔さとは〕そうとは

(10)〔かしこく〕たいそう

(12)〔あぢきなし〕無益だ

(16)〔背子〕女が親しい男を呼ぶ言葉。あなた
〔いくばくか〕どんなにか

(17)〔率て〕連れて

(18)〔筑紫〕現在の福岡県あたり

(19)〔同じう死ぬるとも〕どうせ死ぬなら

(20)〔参ら〕「参る」は「食ふ」「飲む」「着る」などの尊敬語として用いられる。（第5章参照）

ここに着目

(4) 活用形から文法的意味を絞ることができる。

■ 現代語訳 ■

古典作品を読む上で避けて通れないのが現代語訳である。問題として出題されなくても、内容を読みとるためには敬語や助動詞に十分留意して訳さなければならない。しかし、難しく考える必要はない。例えば、初めて英文を和訳したとき、「This／is／my／Pen.」を、

This	これ
is	～は～である
my	私の
pen	ペン

↓これは私のペンである

と分解したのと同様に、古文でも次のように試みればよい。

例

副詞		尊敬の補助動詞	完了の助動詞				係助詞		完了の助動詞
など	**帰り**	**給ひ**	**ぬる**	**ぞ**	**と**	**あやしう**	**こそ**	**あり**	**つれ**
なぜ	帰る	お～なさる	～てしまった	か	と	いぶかしく	（強意）	ある	～てしまった

（係助詞「こそ」→「つれ」：已然形になる）

（枕草子）

なぜ　お帰りになってしまった　か　と　いぶかしく　あって（思って）しまった

古文は意味さえわかれば、内容そのものは現代文よりはるかにやさしい。苦手意識を持たずに読み親しんでおくとよい。

第3章　助　詞

ここで学ぶこと

この章では、古文の助詞について学習する。接続や用法を覚え、意味を識別できるようにしよう。本文に挙げた訳語は特に代表的なものである。実際に文章を訳すときは、文脈に即して訳語を工夫すること。

I　係助詞

ぞ・なむ・こそ　　種々の語に接続する

強意

参考1　「ぞ」は体言の下に付いて、強い断定や強い問いかけを表す終助詞となることがある。

参考2　「こそ」は体言の下に付いて、相手への呼びかけを表すことがある。

参考3　「ぞ」「こそ」に「も」の付いた「もぞ」「もこそ」は、「～かもしれない」という意味を表すことがある。悪い事態を予測して、そうなっては困るという心配の気持ちを表す場合が多い。

例　門よくさしてよ。雨もぞ降る。（徒然草）

〔訳〕門をしっかりと閉めてしまいなさい。雨が降ると困るから。

や・か　　種々の語に接続する

①疑問（～か）

②反語（～のはずがない）

＊反語とは、疑問の形で否定を表すことである。ある疑問文が、単純な疑問を表すか、反語を表すかは、文の内容や前後の文脈から判断しなければならない。

参考1　「や」「か」に「は」の付いた「やは」「かは」は、反語を表すことが多い。

参考2　反語表現は現代語でもしばしば見られる。

例1　そんなこと、わかるものか。

〔解説〕「わかるものか」という疑問表現によって、「わかるはずがない」という否定の意味を表している。

例2　その方が自然ではないか。

〔解説〕「ないか」という否定疑問の形で、「である」という肯定の意味を表している。この場合も、「か」が否定を表す。「か」と「ない」とで二重否定になるから、全体が肯定の意味になるのである。

参考3　「や」「か」は、文末に置かれて、疑問・反語を表す終助詞となることがある。この場合、詠嘆の間投助詞「や」や、詠嘆の終助詞「か」と紛らわしいので、注意が必要。

例　「北殿こそ、聞き給ふや。」（源氏物語）

〔訳〕「北隣さん、お聞きですか。」

〔解説〕「や」は相手への問いかけを表す。よって、間投助詞ではなく、疑問・反語の「や」である。

は

種々の語に接続する

区別・明示（〜は）

も

種々の語に接続する

①並列・暗示（〜も）

②強意（〜も）…あえて訳す必要のない場合もある。

参考1　「は」が一つの事物を他と区別して明確化するのに対し、「も」は複数の事物を同様のものとして並べたり、一つの事物を例示することで他の同様の事物を暗示したりする。

例1　「道隆は豊楽院、道兼は仁寿殿の塗籠、道長は太極殿へ行け。」（大鏡）

〔解説〕三人を別々の場所に行かせるので、「は」を用いて一人一人の行き先を明確に区別している。

例2　ひげも白く、腰もかがまり、目もただれにけり。（竹取物語）

〔解説〕老衰の症状三例を、「も」を用いて並べている。

例3　天地《あめつち》の神も助けよ（万葉集）

〔解説〕神を例に挙げることで、神だけでなく、誰にでも助けてほしい気持ちを暗示している。

参考2　「は」「も」は、文末に置かれて、詠嘆や強意を表す終助詞となることがある。

係り結び

文中に「**ぞ**」「**なむ**」「**や**」「**か**」が用いられるときは、文末を**連体形**で結ぶ。また、文中に「**こそ**」が用いられるときは、文末を**已然形**で結ぶ。これを**係り結び**と言う。

＊文の結びが省略されて、係り結びが成立しないこともある。その場合、「あり」「言ふ」「聞く」「思ふ」など、適当な動詞を補うと、意味がつかみやすくなる。

例　我ばかりかく思ふにや。（徒然草）

〔訳〕私だけがこのように思うのであろうか。

〔解説〕

思ふにや（あらむ）

に＝断定の助動詞「なり」の連用形（〜である）

や＝係助詞

む＝推量の助動詞「む」の**連体形**（〜だろう）

係り結びの法則

＊「こそ」が已然形に係り結びしても、そこで文が終止しない場合は、逆接を表す。

例　中垣こそあれ、一つ家のやうなれば……。（土佐日記）

〔訳〕境に垣根はあるものの、一軒の家のようなので……。

参考　**係り結び以外で、文末が連体形になる場合**

1．文中の疑問詞と文末が呼応する。

例　御心地はいかがおぼさるる。（竹取物語）

〔訳〕御気分はどんな具合でいらっしゃいますか。

2．余情を込める。（連体止め）

例　散ると見てあるべきものを梅の花うたて匂ひの袖にとまれる（古今和歌集）

〔訳〕散るものとして、じっと見ているべきだったのに。（なまじ手に取ったばかりに）梅の花から切ないほど匂いが袖に移ってしまったなあ。

〔解説〕「る」は完了の助動詞「り」の連体形。

●確認問題1●

問一　次の各文の傍線部の係助詞について、結びの語を抜き出し、その活用形を答えよ。

(1) 奥山に紅葉《もみぢ》ふみ分け鳴く鹿《しか》の声聞く時ぞ秋は悲しき　（古今和歌集）

(2) 橋を八つわたせるによりてなむ八橋《やつはし》と言ひける。（伊勢物語）

(3) 世は定めなきこそいみじけれ。（徒然草）

問二　次の各文の傍線部の係助詞について、結びの語を抜き出し、その活用形と文法的意味を答えよ。

(1) 「いづれの山か、天に近き。」（竹取物語）

(2) 近き火などに逃ぐる人は、「しばし」とや言ふ。（徒然草）

(3) この辺り近く、水の清き所やある。（宇治拾遺物語）

(4) しきしまの日本《やまと》の国に人二人有《あ》りとし思はば何か嘆かむ　（万葉集）

問三　次の各文は結びが省略されている。補うべき結びの語を後の語群から選べ。

(1) 羽州黒山を中略して羽黒山といふにや。（奥の細道）

(2) 清げなる屋《や》・廊《らう》など続けて、木立いと由あるは、何人の住むにか。（源氏物語）

(3) これなむ都鳥。（伊勢物語）

(4) 未練の狐《きつね》、ばけ損じけるにこそ。（徒然草）

(5) 異説を好むは、浅才《せんざい》なる人の必ずあることなりとぞ。（徒然草）

語群［なり　なる　なれ　あらむ　あらめ　聞く　聞け］

問一

語釈

(3)〔世〕ここでは「人生」の意　〔定めなき〕はかない

問二

語釈

(2)〔近き火〕間近に迫った火事　〔しばし〕ちょっと（待とう）

(4)〔しきしまの〕「やまと」にかかる枕詞

問三

語釈

(2)〔由ある〕風情がある

(3)〔都鳥〕鳥の名前

(4)〔未練の〕未熟な　〔ばけ損じける〕ばけ損なった

(5)〔異説〕風変わりな説　〔浅才なる人〕見識の低い人

Ⅱ　格助詞

の　体言・準体言に接続する

①主格（～が）
②連体修飾格（～の）
③体言の代用（～のもの・～のこと）
④同格（～で）

＊同格とは、複数の連体修飾語を前後に配置する用法である。現代語の「の」にはまれであるから、要注意。

例　白き扇のいたうこがしたるを……。（源氏物語）
（訳）白い扇で香をしっかり焚《た》きしめてあるのを……。
〔解説〕現代語なら「香を焚きしめてある白い扇を……」と言う方が自然であるが、古文では、複数の修飾語を被修飾語の上に長々と積み重ねることは好まれない。

参考1　「の」には連用修飾格の用法もあり、和歌の枕詞や序詞などによく見られる。
例　刈菰《かりこも》の思ひ乱れて我恋ふと妹知るらめや人し告げずは（万葉集）
＊「刈菰の」が「乱れ」の枕詞
（訳）刈り取った菰のように思い乱れて私が恋していると、あなたは知ってくれるだろうか、誰かが告げないとしたら。
◇枕詞・序詞については第7章を参照。
参考2　体言の代用をする場合の「の」「が」を準体助詞と呼ぶことがある。
参考3　「が」も同格を表すことがあるが、用例は少ない。

が　体言・連体形に接続する

①主格（～が）
②連体修飾格（～の）
③体言の代用（～のもの・～のこと）

に　体言や準体言に接続する

①場所や状況・時間・動作の目的や対象など（～に）
②原因や理由（～のせいで・～のあまり）
③手段や方法（～で・～によって）

＊②③の用法は、現代語の「に」にはまれであり、文脈によって訳し方に工夫が必要な場合もあるので、要注意。

例1　不幸に愁へに沈める人。（徒然草）
（訳）不幸な出来事のせいで悲しみにくれている人。
例2　よろづの事は月見るにこそ慰むものなれ。（徒然草）
（訳）様々なつらい思いも、月を見ることによって紛れるものだ。

＊「に」が動作の目的を表す場合は、体言の他に動詞の連用形にも接続する。これは現代語と同じである。
例　車、京に取りにやる。（土佐日記）

参考　「に」には、同じ動詞の間に入って意味を強める用法もある。
例　ひしひしとただ食ひに食ふ音……。（宇治拾遺物語）
（訳）むしゃむしゃとただひたすら食べ続ける音……。

と　体言・準体言に接続する

①動作の共同者・並列・結果など（～と）
②引用（～と）…文末に接続する。
＊「と」に接続助詞「て」の付いた「とて」は、「～と思って」「～と言って」などの意味を表す。

参考1　「と」には、比喩の用法もある。
例　雨と降る涙　（宇津保物語）
（訳）雨が降るようにこぼれる涙
参考2　「と」には、同じ動詞の間に入って意味を強める用法もある。
例　世にありとある人は……。　（枕草子）
（訳）この世に生きているすべての人は……。

より　体言・連体形に接続する

①場所や時間の起点・材料・原因など（～から）
②手段や方法（～で・～によって）
③比較の対象（～よりも）
④即時（～したとたんに）
＊②は、「徒歩《かち》より」「馬より」といった用例が多い。
＊④の用法に特に注意しよう。
例　時の間の煙ともなりなむとぞ打ち見るより思はる。　（徒然草）
（訳）（新築の家も火事になったら）あっという間に煙になるだろうと、一目見たとたんに思われる。

参考1　「より」には、通過点を表す用法もある。
例　前より行く水を初瀬川といふなりけり。　（源氏物語）
（訳）前を流れている川を初瀬川と言うのだった。
（解説）「行く」という動作は「前」で始まるのではないから、「前から」ではない。「前を通って」の意である。
参考2　「より」は、打消の文で限定を表すことがある。
例　ひぐらしの鳴く山里の夕暮れは風よりほかに訪《と》ふ人もなし　（古今和歌集）
（訳）ひぐらしの鳴く山里の夕暮れには、風の他に訪れる人もいない。

にて　体言・連体形に接続する

場所・時間・手段や材料・原因や理由など（～で）

して　体言に接続する

①手段・方法（～で）
②動作の共同者（～とともに）
③使役の対象（～に）

を　体言・連体形に接続する

動作の対象や起点など（～を）

へ　体言に接続する

方向（～へ）

●確認問題2●

問一　次の各文の傍線部の格助詞は何を表しているか。後の語群から選べ。

(1) 初心の人、二つの矢を持つことなかれ。（徒然草）

(2) 二千人の人を、竹取が家につかはす。（竹取物語）

(3) この国の博士どものの書けるものも、古《いにしへ》のはあはれなること多かり。（徒然草）

(4) この歌はある人のいはく、大伴黒主がなり。（古今和歌集）

(5) 白き鳥の、嘴《はし》と足と赤き、鴫《しぎ》の大きさなる、水の上に遊びつつ魚《いを》を食ふ。（伊勢物語）

(6) 白雪の所も分かず降り敷けば岩ほにも咲く花とこそ見れ（古今和歌集）

(7) すずめの子を犬君《いぬき》が逃がしつる。（源氏物語）

語群［主格・体言の代用・同格・連体修飾格］

問二　次の各文の傍線部を、格助詞に注意して現代語に訳せ。

(1) 寂しさに宿を立ち出《い》でてながむればいづこも同じ秋の夕暮れ（後拾遺和歌集）

(2) 人して惟光《これみつ》召させて（光源氏ガ）待たせたまひけるほど……。（源氏物語）

(3) 長き爪《つめ》して眼《まなこ》をつかみつぶさむ。（竹取物語）

(4) ただひとり徒歩《かち》よりまうでけり。（徒然草）

(5) 名を聞くよりやがて面影はおしはからるる心地するを……。（徒然草）

(6) 行き交《か》ふ人の見知れるがあまたあるにて知りぬ、世の人数もさのみ多からぬにこそ。（徒然草）

(7) 舟にて渡りぬれば相模の国になりぬ。（更級日記）

問一

語釈

(5)〔嘴〕くちばし

〔鴫〕鳥の名前

(6)〔所も分かず〕一面に

〔岩ほ〕大きい岩

(7)〔犬君〕召使の名前

問二

語釈

(2)〔惟光〕人の名前

〔待たせたまひけるほど〕待っていらっしゃるとき。「せ」は尊敬の助動詞。

(4)〔まうでけり〕参拝した

(5)〔やがて〕すぐに

(6)〔行き交ふ人の〕行き来する人々で。「の」は同格。

(7)〔相模の国〕現在の神奈川県付近

Ⅲ　接続助詞

ば

①順接の仮定条件（もし〜ならば）…**未然形**に接続する

②順接の確定条件…**已然形**に接続する

a．原因・理由（〜なので）

b．偶然条件（〜してみたら）

c．恒時条件（〜すると必ず）

＊仮定条件とは、まだ現実となっていない状況を想定して前提にすることである。これに対し、確定条件とは、既に現実となっている状況を前提にすることである。

＊古語の「已然形＋ば」は、現代語の「仮定形＋ば」と形はそっくりだが、用法が異なるので要注意。現代語の「仮定形＋ば」は、古語の「未然形＋ば」に当たる。

例1　花咲けば（「已然形＋ば」訳：花が咲いたので）

例2　花咲かば（「未然形＋ば」訳：もし花が咲いたら）

例3　花が咲けば（「仮定形＋ば」例2と同じ意味）

〔解説〕例1ではすでに花が咲いているが、例2・例3ではまだ花は咲いていない。

ど・ども　已然形に接続する

逆接の確定条件（〜だけれども）

とも　終止形（形容詞型活用語では連体形）に接続する

逆接の仮定条件（たとえ〜としても・〜ても）

＊「ども」と「とも」は紛らわしいから注意しよう。

例1　花咲けども（訳：花が咲いたけれど）

例2　花咲くとも（訳：もし花が咲いたとしても）

〔解説〕例1ではすでに花が咲いているが、例2ではまだ咲いていない。

ものの・ものを・ものから　連体形に接続する

逆接の確定条件（〜だけれども・〜とは言え）

が　連体形に接続する

①単純な接続（〜が）

②逆接の確定条件（〜だけれども）

に・を　連体形に接続する

①単純な接続（〜すると）

②順接の確定条件（〜ので）

③逆接の確定条件（〜だけれども）

＊「が」「に」「を」はいずれも単純な接続が基本。文脈によって訳し方が変わる。

＊接続助詞「が」「に」「を」は、格助詞「が」「に」「を」から派生したものである。区別が難しい場合もあるが、基本的には「が」「に」「を」の前が《主語―述語》の形

になっている場合や、「が」「に」「を」の後で主語が変わる場合には接続助詞と考えればよい。

例1　恋しきにわびて魂惑ひなばむなしき骸《から》の名にや残らむ
（古今和歌集）

〈訳〉恋しい気持ちにたえかねて魂がどこかに行ってしまったら、「抜け殻」という名で記憶されることだろう。

〈解説〉「に」の前が《主語―述語》の形でなく、「に」の後で主語が変わることもない。⇒格助詞である。

例2　あまり憎きに、その法師をばまず斬れ。（平家物語）

〈訳〉あまりにも憎いので、その法師をまず斬り殺せ。

〈解説〉主語が省略されているのを補ってみると、「憎き」の主語は「その法師」であり、「斬れ」の主語は、この言葉を聞いている相手の人物であって、主語が変わっている。⇒接続助詞である。

て・して　連用形に接続する

単純な接続（～て）

＊「て」「して」は、文脈によって、順接や逆接として訳せる場合もある。

例1　さはることありて、のぼらず。
（土佐日記）

〈訳〉差し障りがあるので、（川を）上らない。

例2　格子どもも人はなくして開きぬ。
（竹取物語）

〈訳〉格子なども人がいないのに開いてしまった。

〈解説〉例1が順接、例2が逆接。

で　未然形に接続する

打消接続（～しないで）

参考　古語の「で」は、打消の助動詞「ず」に接続助詞「て」が付いた「ずて」が縮まったものである。

ながら　連用形・体言（形容詞・形容動詞型活用語では語幹）に接続する

①動作・状態の継続（～のまま）

②同時進行（～しながら）

③逆接の確定条件（～なのに・～だけれども）

＊「ながら」は体言や副詞に付いて、「全部」「すっかり」の意味を表す。

つつ　連用形に接続する

①動作の反復（～しては）

②同時進行（～しながら）

③動作の継続（～し続けて）

参考　「つつ」が和歌の結びに置かれるときは、詠嘆など余情を表す。

例　君がため春の野にいでて若菜摘む我が衣手に雪は降りつつ
（古今和歌集）

〈訳〉あなたのために早春の野に出て若菜を摘んでいると、その私の袖には雪が舞い降りて来るなあ。

●確認問題3●

問一　次の各文の傍線部の接続助詞は何を表しているか。後の語群から選び、記号で答えよ。

(1)　月の都の人まうで来《こ》ば、捕らへさせむ。（竹取物語）

(2)　風吹き、波荒ければ、舟出ださず。（土佐日記）

(3)　音羽山今朝越え来ればほととぎす梢《こずゑ》はるかに今ぞ鳴くなる（古今和歌集）

(4)　命《いのち》長ければ[a]辱《はぢ》多し。長くとも[b]、四十《よそぢ》に足らぬほどにて死なむこそ目安かるべけれ。（徒然草）

(5)　ここかしこのぞけど、とがむる人もなし。（堤中納言物語）

(6)　文を書きてやれども、返りごともせず。（竹取物語）

ア　順接の仮定条件　　イ　逆接の仮定条件　　ウ　偶然条件

エ　恒時条件　　オ　原因・理由　　カ　逆接の確定条件

問二　次の各文の傍線部を、接続助詞に注意して現代語に訳せ。

(1)　参り給ふべきよしありけるを、重く煩ふよし申して参らず。（源氏物語）

(2)　涙のこぼるるに、目も見えず、物も言はれず。（伊勢物語）

(3)　めでたくは書きて候ふが、難少々候ふ。（古今著聞集）

(4)　明日は物忌みなるを、門《かど》強く鎖《さ》させよ。（蜻蛉日記）

(5)　かぐや姫あやしがりて見るに、鉢の中に文あり。（竹取物語）

(6)　十月つごもりなるに[a]、紅葉散らで[b]、盛りなり。（更級日記）

(7)　さるべき日ばかり（墓二）まうでつつ見れば、ほどなく卒都婆《そとば》も苔むし……。（徒然草）

(8)　行かぬ我《わ》を来むとか夜も門《かど》鎖《さ》さずあはれ我妹《わぎも》が待ちつつあるらむ（万葉集）

(9)　高声《かうしゃう》に念仏百遍《ひゃっぺん》ばかり唱へつつ海へぞ入り給ひける。（平家物語）

(10)　身がらは八島にありながら、心は都へ通はれけり。（平家物語）

問一

語釈

(4)〔四十に足らぬほどにて〕四十歳にならないうちに

〔目安かるべけれ〕無難だろう

問二

語釈

(1)〔参り給ふべきよし〕参上すべき用件

〔重く煩ふよし申して〕重病である旨をお知らせして

(3)〔めでたくは〕立派には

〔候ふ〕「あり」の丁寧語

(4)〔物忌み〕魔よけのために家に閉じこもること

〔強く鎖させよ〕厳重に鍵を掛けさせよ

(5)〔あやしがりて〕不思議に思って

(6)〔十月つごもり〕旧暦の十月末日。現在の十二月初め頃。

(7)〔さるべき日〕決まった日

〔卒都婆〕墓石

(8)〔来むとか〕来るだろうと期待して

〔我妹〕「我が妹」の略。私の恋人。

Ⅳ　副助詞

だに　種々の語に接続する

①類推（〜さえ）
②最小限（〜だけでも）

＊②の用法に特に注意しよう。下に意志・願望・命令の表現を伴うときは、「せめて」を補うとよい。

例　家の人どもに物をだに言はむ。（竹取物語）

（訳）家の人たちにせめて声だけでもかけておこう。

〔解説〕「言はむ」の「む」が意志を表す。

すら　種々の語に接続する

類推（〜さえ）

参考1　「だに」と「すら」の違い

「だに」は程度が特に小さいものを示して、それより程度の大きいものを類推させる。これに対し、「すら」は極端な例を挙げて、一般的なものを類推させる。

例1　ほたるばかりの光だになし。（竹取物語）

（訳）ほたるほどの光さえない。

〔解説〕「ほたる」という、ごくかすかな光しか発しないもの（明るさの程度が特に小さいもの）を示して、月・星・灯火など、もっと明るい光もないことを類推させている。

例2　言《こと》問《と》はぬ木すら妹《いも》と兄《せ》あり（万葉集）

（訳）物を言わない木にさえ女と男がある。

〔解説〕「木」という、一見性別がなさそうな極端な例を挙げて、人間には女と男があることを類推させている。

参考2　「すら」は、「そら」とも書かれる。

さへ　種々の語に接続する

添加（そのうえ〜までも）

＊添加とは、ある事実の上に、それと共通の性質を持つ別の事実を付け加えることである。

例　日は暮れかかりて「いと物悲し」と思ふに、時雨《しぐれ》さへうちそそぐ。（十六夜日記）

（訳）日が暮れかかって「たいそうもの悲しい」と思っているのに、そのうえ時雨まで降ってくる。

〔解説〕ただでさえもの悲しい日暮れ時に、時雨が加わって、ますますもの悲しくなるのである。この「さへ」は「時雨」以外のものを類推させているわけではない。ところが、現代語では「時雨さえ降ってくる」と言うと、時雨の他に何か別のものも降っていることになってしまう。

参考　古語の「さへ」と現代語の「さえ」

古語の「さへ」は、現代語の「さえ」の語源に当たるが、意味は異なる。現代語の「さえ」は古語の「だに」「すら」に当たる。古語の「さへ」の意味は、現代語では主に「まで」が表している。

のみ　種々の語に接続する

①強い限定（ただ～だけ）
②強調（ただただ～ばかりで）
＊原則として、①では不自然に感じられるときは、②で訳す。

例　御心をのみまどはして……。　（竹取物語）
（訳）ただただ御心を迷わせるばかりで……。
（解説）限定として解釈すると、「御心」だけは迷わせるが、それ以外のものは迷わさないということになって、不自然である。この「のみ」は、「御心をまどはして」という句全体を強調しているのである。

ばかり　種々の語に接続する

①弱い限定（～だけ）
②程度やおおよその数量など（～ぐらい・～ほど・～ごろ）
＊原則として、①では不自然に感じられるときや、数量・時間を表す語に付いているときは、②で訳す。

例　法師ばかりうらやましからぬものはあらじ。　（徒然草）
（訳）法師ほどうらやましくないものは、他にあるまい。
（解説）いろいろ「うらやましくないもの」がある中でも、「法師」は特に「うらやましくない」という意味である。限定として解釈すると、文の意味が通じない。

参考　「のみ」と「ばかり」の違い

「のみ」の限定用法は物事を厳密に特定するが、「ばかり」の限定用法は範囲をおおまかに指定する場合が多い。

例1　夜鳴くもの、何も何もめでたし。児どものみぞ、さしもなき。　（枕草子）
（訳）夜鳴くものは何もかもすばらしい。ただ子どもたちが泣くのだけは、そうではない。
（解説）何もかもすばらしい中で、ただ子どもたちだけが例外なのである。言い換えれば、例外は子どもたちしかいないのである。

例2　深草の野辺の桜し心あらば今年ばかりは墨染めに咲け　（古今和歌集）
＊知人を深草山に埋葬したときに詠んだ歌
（訳）深草山の野の桜よ、人の気持ちがわかるなら、今年だけは（喪服と同じ）墨色に咲いて（私と悲しみを分かち合って）くれ。
（解説）どうせなら永遠に墨色に咲いてくれてもよいのだから、「今年しか墨色に咲いてはいけない」という厳密な限定ではない。「なんとか今年中だけでも」という気持ちで、最低限の範囲を指定しているのである。

まで　種々の語に接続する

①範囲や限界（～まで）
②程度（～ほど・～ぐらい）
＊②の用法は、現代語ではまれであるから要注意。

例　わが宿は道もなきまで荒れにけり　（古今和歌集）
（訳）私の家は道がなくなってしまうほど荒れてしまった。

など

種々の語に接続する

①例示（〜など）
②婉曲（〜とか）…訳さない方がよい場合も多い。

参考1 ①の例示とは、いくつかのものの中から、代表的なものだけを示すことである。しかし、「など」は、一つしかないものを遠回しに言うのにも用いられることがある。これが②の用法である。

例1 米《よね》・魚《いを》など請《こ》へば行ひつ。（土佐日記）

（訳）米や魚などを頼んだら分けてくれた。

〔解説〕米や魚の他にも物を頼んだが、すべてを列挙するまでもないので、米と魚で代表させたのである。例示の用法である。

例2 炭櫃《すびつ》に火などおこして待ちゐたりけり。（更級日記）

（訳）いろりに火（とか）をおこしてすわって待っていた。

〔解説〕炭櫃に火以外のものをおこすはずはない。したがって、この「など」は例示を表すのではなく、婉曲である。「とか」と訳しても意味は通じるが、訳さない方が自然であろう。

参考2 ②の用法は、引用に用いられることが多い。

例 「人は草葉の露なれや」などのたまふ。（和泉式部日記）

（訳）「人間は草の葉に降りた露のようにはかないなあ」とかおっしゃる。

〔解説〕「人は草葉の露なれや」の他にも何かおっしゃったというのではない。少し遠回しに引用して含みを持たせているのである。

参考3 「など」は「なんど」とも書かれる。

し

種々の語に接続する

強調（特に〜）…あえて訳さなくてもよい。

＊強調されるのは上の語句である。

例 寒き夕べは大和し思ほゆ（万葉集）

（訳）寒い夕方は大和国のことが（特に）思われることだ。

〔解説〕思い出される対象「大和」を強調している。

参考1 「し」は奈良時代ではよく用いられたが、平安以降は、「〜し〜ば」という条件句や、下に係助詞を伴う「しも」「しぞ」などの形で用いられることが多くなった。

参考2 「し」を間投助詞とする説もある。

●確認問題4●

問　次の各文の傍線部を、副助詞に注意して現代語に訳せ。

(1) 入道相国、病みつき給ひし日よりして、水をだにのどへも入れ給はず。（平家物語）

(2) 散りぬとも香をだに残せ梅の花恋しき時の思ひ出にせむ（古今和歌集）

(3) み吉野に立てる松すら千代経るを恨むなるかな常ならぬ世の（好忠集）

(4) をとつひも昨日も今日も見つれども明日さへ見まくほしき君かも（万葉集）

(5) 八重桜は奈良の都にのみありけるを、この頃ぞ世に多くなり侍るなる。（徒然草）

(6) （帝ハ）御胸のみつと塞《ふた》がりて、つゆまどろまれず……。（源氏物語）

(7) 人の亡きあとばかり悲しきはなし。（徒然草）

(8) （家々ハ地震デ）さながら平に倒れたるあり、桁《けた》・柱ばかり残れるもあり。（方丈記）

(9) 七月ばかり、いみじう暑ければ、よろづの所あけながら夜もあかすに……。（枕草子）

(10) 忍ぶれど色に出でにけり我が恋は物や思ふと人の問ふまで（拾遺和歌集）

(11) [a]少将の尼君などいふ人は[b]琵琶弾きなどして遊ぶ。（源氏物語）

(12) 唐衣《からころも》着つつなれにし[a]妻しあればはるばる来ぬる[b]旅をしぞ思ふ（伊勢物語）

語　釈

(1)〔入道相国〕平清盛のこと
(3)〔み吉野〕吉野山
〔千代〕千年
(4)〔見まくほしき〕会いたい
(5)〔世に〕そこら中に
〔なり侍るなる〕なったようです
(6)〔つゆ〕少しも
(8)〔さながら〕すっかり
〔桁〕横木
(9)〔よろづ〕いろいろ
(10)〔忍ぶれど〕心に秘めていたのに
〔色に〕顔に
〔物や思ふ〕悩み事ですか
(12)〔唐衣着つつ〕「なれ」の序詞。
（序詞については第7章参照）

ここに着目

(12)副助詞「し」そのものはあえて訳す必要はないので、代わりに、文脈に合うように適当な言葉を補うとよい。

V　終助詞

なむ　未然形に接続する

要望（〜してほしい）…他者の動作への期待を表す。

＊終助詞「なむ」は、係助詞の「なむ」や、助動詞「ぬ」の未然形「な」に助動詞「む」が接続した「なむ」と紛らわしいので注意すること。

・終助詞「なむ」…未然形に接続する。
・「な」＋「む」…連用形に接続する。
・係助詞「なむ」…係り結びをする。

もが・もがな　種々の語に接続する

願望（〜がほしいなあ・〜だといいなあ）…存在、状態に対する願望を表す。

参考　「もが」「もがな」は、事物を強く求める気持ちを表す言葉である。文脈によって、言葉を補って訳さなければならない場合もあるし、どちらでもよい場合もある。

例1　あはれ、好からむ敵もがな。（平家物語）
（訳）ああ、勝負するにふさわしい相手がほしいなあ。
（解説）「いる」という言葉を補って、「相手がいるといいなあ」と訳してもよい。

例2　いかで、とく京へもがな。（土佐日記）
（訳）なんとかして、早く京都に帰れるといいなあ。
（解説）「帰る」という言葉を補わないと意味が通じない。

ばや　未然形に接続する

願望（〜したい）…本人の意志を表す。

しが・てしが・にしが　連用形に接続する

願望（〜したい）…動作する本人の意向を表す。

＊詠嘆の終助詞「な」を伴って一語化した「てしがな」「にしがな」という形も多用される。

そ　カ変・ナ変動詞の未然形、その他の動詞の連用形に接続する

禁止（〜するな）…副詞「な」と呼応して用いる。

な　ラ変型活用語の連体形、その他の終止形に接続する

禁止（〜するな）

な　種々の語に接続する

詠嘆（〜だなあ）

＊禁止の「な」と詠嘆の「な」は、接続の仕方で区別する。禁止の「な」は動詞・助動詞の終止形（ラ変型活用語のみ連体形）にしか接続しないが、詠嘆の「な」は実に様々な語に接続する。

例1　かれを見ばやな（栄花物語）
（訳）あの人に会いたいなあ
（解説）終助詞「ばや」に接続しているので禁止ではない。

例2　寂しさに堪へたる人のまたもあれな庵並べん冬の山里（新古今和歌集）

〔訳〕寂しさをこらえている人が（私の他に）もう一人いてほしいなあ、この冬の山里に二人で庵を並べよう。

〔解説〕命令形「あれ」に接続しているので禁止ではない。

参考1 詠嘆の「な」も、禁止の「な」のように動詞の終止形に接続することがあるが、意味が全く異なるので、識別はさほど困難ではない。

参考2 奈良時代には、詠嘆と禁止の他、未然形に接続して意志・希望を表す終助詞「な」があった。

例 熟田津《にきたづ》に船乗りせむと月待てば潮《しほ》も適《かな》ひぬ今は漕ぎ出でな　（万葉集）

〔訳〕熟田津の港で、船出しようと月を待っていたところ、（月も出たし）潮も満ちた。さあ漕ぎ出そう。

〔解説〕「漕ぎ出で」は、動詞「漕ぎ出づ」の未然形。

か・かな・かも　体言・連体形に接続する

詠嘆（～だなあ）

参考 「かも」は奈良時代、特に『万葉集』に用いられ、平安以降は万葉調の歌などの擬古的なものに見られる。

かし　文末に接続する

念を押す（～だよ・～だね）

＊係助詞「ぞ」を伴った「ぞかし」も多用される。

よ　文末や体言に接続する

①詠嘆（～だなあ・～ことよ）…文末に接続する。

②呼びかけ（～よ）…体言に接続する。

参考 「よ」を間投助詞とする説もある。

Ⅵ　間投助詞

や　文中や文末に置かれる

①詠嘆（～だなあ・～だよ）…文末に置かれる。

②呼びかけ（～や）

参考 「や」は和歌・俳句などで、音の調子を整えるためにも用いられる。

＊間投助詞の「や」は係助詞の「や」と紛らわしいが、係り結びの有無で容易に識別できる。ただし、間投助詞の「や」も係助詞の「や」も文末に置かれることがあるので、その場合は意味から識別しなければならない。

（第4章　紛らわしい語の識別を参照）

を　文中や文末に置かれる

①語調を整える…文中に挿入される。

②詠嘆（～だなあ）…文末に置かれる。

＊間投助詞の「を」の他に、格助詞の「を」や接続助詞の「を」もあって紛らわしいが、原則として、「を」を除いても文意が通じれば、間投助詞である。

（第4章　紛らわしい語の識別を参照）

●確認問題5●

問一　次の各文の傍線部を、終助詞に注意して現代語に訳せ。

(1)（光源氏ガ）「惟光《これみつ》、とく参らなむ。」と思《おぼ》す。（源氏物語）

(2)君がため惜しからざりし命さへ長くもがなと思ひけるかな（後拾遺和歌集）

(3)侍従大納言の姫君のaおはするな。大納言殿にb知らせ奉らばや。（更級日記）

(4)あやまちすな。（徒然草）

(5)あな恋し今も見てしが山がつの垣ほに咲ける大和撫子《やまとなでしこ》（古今和歌集）

(6)限りなく遠くも来にけるかな。（伊勢物語）

(7)（質素ナ庵ヲ見カケテ）「かくても（人ハ）あられけるよ」とあはれに見るほどに……。（徒然草）

(8)なまめかしう形よき女のためしには、なほ引き出でつべき人ぞかし。（源氏物語）

問二　次の各文の傍線部を、間投助詞に注意して現代語に訳せ。

(1)思ひつつ寝《ぬ》ればや人の見えつらん夢と知りせば覚めざらましを（古今和歌集）

(2)かきしぐれたる紅葉の、たぐひなくぞ見ゆるや。（更級日記）

(3)人はいさ我は亡き名の惜しければ昔も今も知らずとを言はむ（古今和歌集）

(4)春の野に鳴くや鶯《うぐひす》なつけむと我が家の園に梅が花咲く（万葉集）

問一

語釈

(3)〔奉ら〕謙譲の補助動詞

(5)〔山がつ〕山里に住む人

〔垣ほ〕垣根

〔大和撫子〕花の名前。乙女の比喩。

(7)〔かくても〕こんな（家）でも

(8)〔なまめかしう〕優美で

〔ためし〕例

ここに着目

(2)歌の意味は、「長く」の前に「恋が実った今では」を補うと、つかみやすくなる。

問二

語釈

(1)〔人の〕（いとしいあの）人が

(2)〔かきしぐれたる〕時雨が降り注いだ

(3)〔人はいさ〕あなたはどういうつもりか知らないが

〔亡き名の惜しければ〕あることないことをうわさされたくないので

ここに着目

(1)「〜せば〜まし」に注意。

第4章 紛らわしい語の識別

ここで学ぶこと

この章では、紛らわしい語について学習する。同音語の品詞や用法を判別するには、活用・接続などを習得することが基本である。紛らわしい語が識別できるようになれば、古文も読みやすくなるだろう。

●動詞活用表

種類＼活用形	基本形	語幹	未然形	連用形	終止形	連体形	已然形	命令形
四段	動く	動	か	き	く	く	け	け
上一段	見る	(見)	み	み	みる	みる	みれ	みよ
下一段	蹴る	(蹴)	け	け	ける	ける	けれ	けよ
上二段	尽く	尽	き	き	く	くる	くれ	きよ
下二段	越ゆ	(越)	え	え	ゆ	ゆる	ゆれ	えよ
カ行変格	来《く》	(来)	こ	き	く	くる	くれ	こ(よ)
サ行変格	す	(す)	せ	し	す	する	すれ	せ(よ)
ナ行変格	死ぬ	死	な	に	ぬ	ぬる	ぬれ	ね
ラ行変格	あり	あ	ら	り	り	る	れ	れ
各活用形の主な接続			(―ズ ―ム)	(―タリ ―キ)	言い切る	(―トキ)	(―ドモ)	命令形の言い切り

●動詞の活用の見分け方

ある動詞がどの活用をするかを見分けるには、少数の動詞だけが該当する活用の語を覚えておくとよい。多数の動詞が該当する活用は、未然形から見分けることができる。

◎少数の動詞だけが該当する活用

上一段活用＝「見る」「着る」「似る」「射る」「居る」「率ゐる」「用ゐる」「干《ひ》る」などの十数語のみ。

下一段活用＝「蹴る」の一語のみ。**カ行変格活用**＝「来」の一語のみ。

サ行変格活用＝原則として、「す」とその複合語のみ。（「おはす」がサ変活用をすることもある。）

ナ行変格活用＝「死ぬ」「往《い》ぬ」の二語のみ。

ラ行変格活用＝「あり」「をり」「はべり」「います（そ）かり」の四語のみ。

◎多数の動詞が該当する活用……打消の「ず」を付けて識別する。

四段活用＝未然形がア段に活用する。**上二段活用**＝未然形がイ段に活用する。**下二段活用**＝未然形がエ段に活用する。

●形容詞活用表

活用の種類	基本形	語幹	未然形	連用形	終止形	連体形	已然形	命令形
ク	多し	多	く から	く かり	し （かり）	き かる	けれ （かれ）	かれ
シク	親し	親	しく しから	しく しかり	し	しき しかる	しけれ	しかれ

●形容動詞活用表

活用の種類	基本形	語幹	未然形	連用形	終止形	連体形	已然形	命令形
ナリ	疎かなり	疎か	なら	なり に	なり	なる	なれ	なれ
タリ	漫々たり	漫々	たら	たり と	たり	たる	たれ	たれ

●品詞分類表

- 単語
  - 自立語（単独で文節を構成する）
    - 活用する ── 述語になる（用言）
      - 言い切るとウ段音になる（ラ変は「り」） ── 動詞
      - 言い切ると「し」になる ── 形容詞
      - 言い切ると「なり」「たり」になる ── 形容動詞
    - 活用しない
      - 主語になる（体言） ── 名詞
      - 修飾語になる
        - 用言を修飾する ── 副詞
        - 体言を修飾する ── 連体詞
      - 独立語になる
        - 接続語になる ── 接続詞
        - 独立語になる ── 感動詞
  - 付属語（単独では、文節を構成しない）
    - 活用する ── 助動詞
    - 活用しない ── 助詞

●紛らわしい語の識別

同音語	文法上の違い	用例	識別のポイント
か	1疑問・反語の係助詞	などか今まで参り給はざりつる。（枕草子）	文中にある（連体形に係り結びする）↓1
	2詠嘆の終助詞	白露を玉にもぬける春の柳か（古今和歌集）	文末にある↓意味から識別
が	1格助詞	雁《かり》などの連ねたるがいと小さく見ゆるは、いとをかし。（枕草子）	体言に接続↓1
	2接続助詞	女《むすめ》二人ありけるが、姉は人の妻《め》にてありける。（宇治拾遺物語）	連体形に接続 ↘「が」の上に「の」を補える↓1 ↙「が」の上に「の」を補えない↓2

けれ	1過去・詠嘆の助動詞「けり」の已然形	かかる病もある事にこそありけれ。（徒然草）	連用形に接続→1 形容詞の語幹に続く→2 「まほしけれ」「たけれ」「べけれ」「まじけれ」→3 動詞の語幹に続く→4
	2形容詞の已然形語尾	文《ふみ》ことばなめき人こそいとにくけれ。（枕草子）	
	3形容詞型の活用をする助動詞の已然形の一部	えとどむまじければ、たださし仰ぎて泣きをり。（竹取物語）	
	4カ行四段動詞の已然形語尾＋完了の助動詞「り」の已然形	咲かざりし花も咲けれど、（万葉集）	
し	1強意の副助詞	朝霧に島がくれゆく舟をしぞ思ふ（古今和歌集）	なくても文意が通じる→1 連用形に接続→下に体言を伴う又は「ぞ」「なむ」「や」「か」の結び→2 連用形に接続→「する」の意味がある→3
	2過去の助動詞「き」の連体形	京より下りしときに、みな人子どもなかりき。（土佐日記）	
	3サ変動詞の連用形	いかにわびしき心地しけん。（枕草子）	
しか	1副詞	しかはあれど花をし見れば物思ひもなし（古今和歌集）	自立語で下の語を修飾→1 連用形に接続 ↘「こそ」の結び又は下に接続助詞がある→2 ↙右以外→3
	2過去の助動詞「き」の已然形	昨日こそ早苗とりしか（古今和歌集）	
	3過去の助動詞「き」の連体形「し」＋疑問の係助詞「か」	かかることのいつぞやありしかとおぼえて、（徒然草）	
して	1格助詞	長き爪《つめ》して、眼をつかみつぶさん。（竹取物語）	体言に接続→1 連用形に接続→2 「し」が、「する」の意味をもつ自立語→3
	2接続助詞	行く川の流れは絶えずして、しかももとの水にあらず。（方丈記）	
	3サ変動詞「す」の連用形＋接続助詞「て」	庭に降りなどして遊ぶ。（枕草子）	
せ	1使役・尊敬の助動詞「す」の未然・連用形	汝《なんぢ》が巻かせて持たせたる旗揚げさせよ。（平家物語）	未然形に接続→1 「せば〜まし」の形で反実仮想を表す→2 「する」の意味をもつ自立語→3
	2過去の助動詞「き」の未然形	世の中にたえて桜のなかりせば春の心はのどけからまし（古今和歌集）	
	3サ変動詞の未然形	恋しき時の思ひでにせむ（古今和歌集）	

語	意味・用法	例文	出典	識別のポイント
たり	1完了の助動詞「たり」の連用・終止形	かぢ取り、また鯛持《たひも》て来たり。	（土佐日記）	連用形に接続→1
	2断定の助動詞「たり」の連用・終止形	昨日は雲の上に雨を下す神竜《しんれう》たりき。	（平家物語）	体言に接続→2
	3タリ活用の形容動詞の終止形語尾	岩うつ浪も茫々たり。	（平家物語）	右以外→3
て	1完了の助動詞「つ」の未然・連用形	親王《みこ》、大殿ごもらであかし給《たま》うてけり。	（伊勢物語）	助動詞「けり」「む」「けむ」、接続助詞「ば」などが下にくる→1
	2接続助詞	春過ぎて夏来たるらし白妙の衣ほしたり天の香具山	（万葉集）	右以外→2
と	1格助詞	「これなむ都鳥。」といふを聞きて、	（伊勢物語）	連体形・引用句に接続→1
	2断定の助動詞「たり」の連用形	下《しも》として上《かみ》に逆《さか》ふること、あに人臣の礼たらんや。	（平家物語）	体言に接続　「〜たり」と活用しない→1　「〜たり」と活用する→2
	3副詞の一部	ほのぼのと明くるほどにぞ帰り給ひける	（宇治拾遺物語）	右以外　「〜たり」と活用しない→3
	4タリ活用の形容動詞の連用形語尾	雨、朦朧《もうろう》として鳥海の山かくる。	（奥の細道）	右以外　「〜たり」と活用する→4
とも	1格助詞「と」＋係助詞「も」	世馴れたる人とも覚えねば、	（源氏物語）	「も」がなくても文意が通じる→1
	2接続助詞	散りぬとも香《か》をだにのこせ	（古今和歌集）	右以外→2
な	1ナ変動詞の未然形語尾	死なば、さてありなむ。	（宇治拾遺物語）	「死」「往《い》」に続く→1
	2禁止の副詞	物思ふわれに声な聞かせそ	（古今和歌集）	「な〜そ」の形→2
	3奈良時代の意志・希望の終助詞	いざうち行かな。	（万葉集）	未然形に接続→3
	4完了の助動詞「ぬ」の未然形	潮満ち来《き》なば、ここをも過ぎじ。	（更級日記）	連用形に接続→4
	5禁止の終助詞	忘れたまふな。	（万葉集）	終止形（ラ変のみ連体形）に接続→5
	6詠嘆の終助詞	花といはばかくこそ匂はまほしけれな。	（源氏物語）	体言・文末に接続→6

語	識別	例文	出典	見分け方
なむ（なん）	1ナ変動詞の未然形語尾＋推量の助動詞「む」	願はくは花の下にて春死なむ	（山家集）	「死」「往《い》」に続く→1 連用形に接続→2 未然形に接続→3 右以外（連体形に係り結びをする）→4
	2完了の助動詞「ぬ」の未然形＋推量の助動詞「む」	髪もいみじく長くなりなむ。	（更級日記）	
	3他に対する願望の意の終助詞	惟光《これみつ》とく参らなむと思《おぼ》す。	（源氏物語）	
	4強意の係助詞	橋を八つわたせるによりてなむ八橋といひける。	（伊勢物語）	
なり	1伝聞・推定の助動詞「なり」の連用・終止形	秋の野に人まつ虫の声すなり	（古今和歌集）	終止形（ラ変のみ連体形）に接続→1 体言・連体形に接続→2 （終止形と連体形が同じ形になる動詞に接続しているときは、意味から識別。） 形容動詞の語幹に続く→3 右以外→4
	2断定の助動詞「なり」の連用・終止形	利にまどふは、すぐれて愚かなる人なり。	（徒然草）	
	3ナリ活用の形容動詞の連用形語尾	夕日の影も静かなり。	（源平盛衰記）	
	4ラ行四段活用の動詞「なる」の連用形	暗くなりて、三条の宮の西なる所に着きぬ。	（更級日記）	
に	1ナ変動詞の連用形語尾	我も死に、聖《ひじり》も失《う》せなば尋ね聞きてんや。	（徒然草）	「死」「往《い》」に続く→1 連用形に接続→2 形容動詞の語幹に続く→3 体言・連体形に接続→下に「や」「か」「あり」「侍り」「候ふ」などがあるときは5、ないときは4 連体形に接続→上に体言を補えない→6 右以下→7
	2完了の助動詞「ぬ」の連用形	限りなく遠くも来にけるかな。	（伊勢物語）	
	3ナリ活用の形容動詞の連用形語尾	はなやかにうれしげなるこそまたあはれなれ。	（徒然草）	
	4格助詞	昔、男片田舎に住みけり。	（伊勢物語）	
	5断定の助動詞「なり」の連用形	なぞの犬のかく久しう鳴くにかあらん。	（枕草子）	
	6接続助詞	寄りて見るに、筒の中光りたり。	（竹取物語）	
	7副詞の一部	古京はすでに荒れて、新都はいまだ成らず。	（方丈記）	

語	意味・用法	例文	出典	識別
にて	1ナリ活用の形容動詞の連用形語尾「に」＋接続助詞「て」	光みちて清《きよ》らにてゐたる人あり。	(竹取物語)	形容動詞の語幹に続く↓1 体言・連体形に接続↓下に「あり」「侍り」「候ふ」などがあるときは3、ないときは2
	2格助詞	深き河を舟にて渡る。	(更級日記)	
	3断定の助動詞「なり」の連用形「に」＋接続助詞「て」	みなし子にてありしを、三位入道養子にして、	(平家物語)	
ぬ	1ナ変動詞の終止形語尾	あるいは、おのが行かまほしき所へ往《い》ぬ。	(竹取物語)	「死」「往《い》」に続く↓1 未然形に接続↓2 連用形に接続↓3
	2打消の助動詞「ず」の連体形	春やむかしの春ならぬ	(古今和歌集)	
	3完了の助動詞「ぬ」の終止形	黒き雲にはかにいできぬ。	(土佐日記)	
ね	1ナ変動詞の命令形語尾	北の方、「憎し、とく死ねかし」と思ふ。	(落窪物語)	「死」「往《い》」に続く↓1 未然形に接続↓2 連用形に接続↓3
	2打消の助動詞「ず」の已然形	人のほどにあはねば、とがむるなり。	(土佐日記)	
	3完了の助動詞「ぬ」の命令形	夜ふけぬ。帰りたまひね。	(大和物語)	
や	1疑問・反語の係助詞	この供なる者の中に玉持ちたる者やある。	(宇治拾遺物語)	文中にある(連体形に係り結びをする)↓1 文末にある↓意味から識別
	2詠嘆の間投助詞	あな恐ろしの鎮西《ちんぜい》の八郎殿の弓勢《ゆんぜい》や。	(保元物語)	

語	意味・用法	用例	識別
らむ（らん）	1現在推量の助動詞	人のいふらむことをまねぶらむよ。（枕草子）	終止形（ラ変のみ連体形）に接続→1 四段動詞の已然形・サ変動詞の未然形に接続→2 動詞の語幹に接続→3 形容詞の語幹＋「か」に続く→4 形容動詞の語幹＋「な」に続く→5 体言＋「な」に続く→6
	2完了の助動詞「り」の未然形＋推量の助動詞「む」の終止・連体形	このわたりの心知れらむ者を召して問へ。（源氏物語）	
	3ラ行四段動詞の未然形語尾＋推量の助動詞「む」の終止・連体形	まからむ道も安くあるまじき。（竹取物語）	
	4形容詞の未然形語尾の一部＋推量の助動詞「む」の終止・連体形	恋しからむ折々、取り出でて見給へ。（竹取物語）	
	5ナリ活用の形容動詞の未然形語尾の一部＋推量の助動詞「む」の終止・連体形	香炉峰の雪いかならん。（枕草子）	
	6断定の助動詞「なり」の未然形の一部＋推量の助動詞「む」の終止・連体形	さても美しかりつる児《ちご》かな。何人ならむ。（源氏物語）	
る	1完了の助動詞「り」の連体形	ほととぎすや聞きたまへる。（徒然草）	四段動詞の已然形、サ変動詞の未然形に接続→1 四段・ナ変・ラ変動詞の未然形に接続→2 「る」の上が動詞の終止形と同形→3
	2受身・尊敬・自発・可能の助動詞「る」の終止形	冬はいかなる所にも住まる。（徒然草）	
	3ラ行下二段活用動詞の連体形語尾の一部	春の夜の闇はあやなし梅の花色こそ見えね香やは隠るる（古今和歌集）	
れ	1尊敬・受身・可能・自発の助動詞「る」の未然・連用形	目も見えず、ものも言はれず。（伊勢物語）	四段・ナ変・ラ変動詞の未然形に接続→1 四段動詞の已然形・サ変動詞の未然形に接続→2
	2完了の助動詞「り」の已然・命令形	花橘は名にこそ負へれ。（徒然草）	
を	1間投助詞	なほ少しひがごと見つけてをやまん。（枕草子）	なくても文意が通じる→1 体言に接続→2 連体形に接続 ↘上に体言を補える→2 ↙上に体言を補えない→3
	2格助詞	月のおもしろう出《い》でたるを見て、（竹取物語）	
	3接続助詞	まかでなむとし給ふを暇《いとま》更に許させ給はず。（源氏物語）	

●確認問題●

問一　次の各文の傍線部の説明として適切なものを後の語群から選び、記号で答えよ。

(1)　静かに経よみ、念仏して海にぞ沈み給ひける。　（平家物語）
(2)　浄蔵、文を取りて開きて見るに、この我が忍ぶ人の手にてあり。　（今昔物語集）
(3)　皆泣き騒ぎ惑へども、かひなくてやみにけり。　（今昔物語集）
(4)　春日の里に知るよしして、狩に往《い》にけり。　（伊勢物語）
(5)　昔、男、かたゐなかに住みけり。　（伊勢物語）
(6)　慈悲の心なからんは、人倫にあらず。　（徒然草）

ア　格助詞　　**イ**　接続助詞
ウ　形容動詞の連用形語尾　　**エ**　ナ変動詞の連用形語尾
オ　完了の助動詞「ぬ」の連用形　　**カ**　断定の助動詞「なり」の連用形

問二　次の各文の傍線部の説明として適切なものを後の語群から選び、記号で答えよ。

(1)　飽かなくにまだきも月の隠るるか山の端逃げて入れずもあらなむ　（古今和歌集）
(2)　願はくは花のもとにて春死なむその如月《きさらぎ》の望月のころ　（山家集）
(3)　ひたぶるの世捨て人はなかなかあらまほしき方もありなむ。　（徒然草）
(4)　その人、かたちよりは心なむまさりたりける。　（伊勢物語）

ア　係助詞　　**イ**　終助詞
ウ　強意の助動詞「ぬ」の未然形＋助動詞「む」の終止形
エ　ナ変動詞の未然形語尾＋助動詞「む」の終止形

問三　次の各文の傍線部の説明として適切なものを後の語群から選び、記号で答えよ。

(1)　世のためしにも[a]なりぬべき御もてなし[b]なり。　（源氏物語）
(2)　秋の野に人まつ虫の声すなりわれかと行きていざ訪《とぶら》はむ　（古今和歌集）
(3)　みの虫、いとあはれなり。　（枕草子）

問一

語釈

(2)〔浄蔵〕僧侶の名
〔忍ぶ人〕ひそかに恋している人
(4)〔知るよし〕知っているふり
(5)〔人倫〕人間

問二

語釈

(1)〔飽かなくに〕名残り惜しいのに
〔まだきも〕早くも
(2)〔如月〕旧暦の二月
〔望月〕満月
(3)〔ひたぶるの〕ひたむきな
〔なかなか〕かえって
〔あらまほしき方〕望ましい点

問三

語釈

(1)〔ためし〕模範
〔もてなし〕処置

ア　断定の助動詞　　イ　伝聞推定の助動詞
ウ　四段動詞の連用形　　エ　形容動詞の終止形語尾

問四　次の各文の傍線部の説明として適切なものを後の語群から選び、記号で答えよ。

(1)　やどりして春の山べに寝たる夜は夢のうちにも花ぞ散りける　（古今和歌集）
(2)　名にし負はばいざこととはむ都鳥わが思ふ人はありやなしやと　（古今和歌集）
(3)　鳥辺山谷にけぶりの燃え立たばはかなくみえしわれと知らなむ　（拾遺和歌集）

ア　副助詞　　イ　助動詞「き」の連体形　　ウ　サ変動詞の連用形

問五　次の各文の傍線部の説明として適切なものを後の語群から選び、記号で答えよ。

(1)　憶良《おくら》らは今は罷《まか》aらむ子泣くbらむそのかの母も吾を待つcらむぞ　（万葉集）
(2)　このわたりの心知れらむ者を召して問へ。　（源氏物語）

ア　助動詞「らむ」の終止形
イ　助動詞「り」の未然形＋助動詞「む」の連体形
ウ　四段動詞の未然形語尾＋助動詞「む」の終止形

問六　次の各文の傍線部の説明として適切なものを後の語群から選び、記号で答えよ。

(1)　ゆめに物を言はれず、涙のみ浮けれど……。　（蜻蛉日記）
(2)　滝の音は絶えて久しくなりぬれど名こそ流れてなほきこえけれ　（拾遺和歌集）
(3)　野分のまたの日こそ、いみじうあはれにをかしけれ。　（枕草子）
(4)　家もえ作るまじければ、不用の所と思ふに……。　（今昔物語集）

ア　助動詞「けり」の已然形　　イ　形容詞の已然形語尾
ウ　形容詞型の助動詞の已然形語尾　　エ　動詞の已然形＋助動詞「り」の已然形

---

(2)〔人まつ虫〕人を待つという松虫。「まつ」が「待つ」と「松」の掛詞。（第7章参照）

問四
語釈
(2)〔思ふ人〕愛する人
(3)〔鳥辺山〕京都にある山。かつては火葬場だった。
〔はかなく〕弱々しく

問五
語釈
(1)〔憶良ら〕この憶良め。憶良とは、この歌の作者山上憶良のこと。

問六
語釈
(1)〔ゆめに〕全く
(2)〔名〕評判
(3)〔野分〕嵐

第5章 敬語

ここで学ぶこと

この章では、古文に出てくる基本的な敬語表現について学習する。敬語の三つの種類をしっかり頭に入れておこう。敬語には様々な品詞があるが、重要なのは動詞。主な敬語動詞は覚えておこう。

Ⅰ　敬語とは、どういうものか

一般に、敬語は**敬意を表現する言葉**だと言われる。しかし、私達が日常的に敬語を使う場合を考えてみると、その人を尊敬しているかどうかということと、敬語の使用とは、ほとんど関係ないことに気づく。つまり、敬語によって表現される「敬意」とは、相手の人格に対するものと言うよりは、むしろ**相手の社会的立場**に対するものなのである。

誰に敬語を使うかは、地位の上下によって機械的に決まる。したがって、敬語の使われ方を見れば、**その場の人物の上下関係がわかる**。古文ではしばしば主語が省略されるのも、敬語の使われ方と文脈から**主語が推測できる**からである。ある動作に尊敬語が使われていれば、それは身分の高い人から低い人への動作と考えられる。反対に、謙譲語が使われていれば、身分の低い人から高い人への動作と考えられる。また、一つの動作に謙譲語と尊敬語の両方が使われていれば、それは互いに身分の高い人の間の動作と考えられる。

Ⅱ　敬語の種類

①**尊敬語**…**動作をする側**に対して、直接敬意を表す言葉。

例　かぐや姫すこしあはれにおぼしけり。（竹取物語）

〔訳〕かぐや姫はすこし気の毒にお思いになった。

〔解説〕かぐや姫の「思ふ」という動作を、敬意を含む「おぼす」という言葉で述べて、かぐや姫への敬意を表す。

②**謙譲語**…動作をする側を低めることにより、**動作をされる側**に対して、間接的に敬意を表す言葉。

例　荒き波、玉体を沈めたてまつる。（平家物語）

〔訳〕荒い波が帝のお体をお沈めする。

〔解説〕荒い波の「沈める」という動作に、へりくだる意味を含む言葉「たてまつる」を添えることによって、沈められる帝に対して敬意を表す。

③**丁寧語**…**話を聞く**（又は、**読む**）**者**に、敬意を表す言葉。

例　「夜更《ふ》けはべりぬべし。」（源氏物語）

〔訳〕「夜が更けるでしょう。」

〔解説〕「更く」という言葉に「はべり」という丁寧な言葉を添えて、聞き手に対する敬意を表す。

＊敬語が表す敬意は、常に**語り手**（会話なら**話者**、地の文なら**筆者**）からの**敬意**。それが誰への敬意かは、敬語の種類によって異なる。

《**補助動詞**》

動詞が他の動詞の下に付いて、一定の意味を添えるはたらきをするとき、この動詞を**補助動詞**と言う。敬語の動詞には、補助動詞になるものが多い。②の「たてまつる」、③の「はべり」は、どちらも補助動詞である。

Ⅲ　敬語の組み合わせ

①尊敬語と尊敬語（**最高敬語**）

尊敬語を二つ重ねて、敬意を強調する。

例　院の上、ともすれば水無瀬《みなせ》殿にのみ渡らせ給ひて……。（増鏡）

（訳）上皇はしきりに水無瀬殿にばかりお越しになられて……。

〔解説〕「渡る」という動作に、「せ」「給ふ」という二つの尊敬語を添えて、院の上への敬意を強調する。

②謙譲語と尊敬語（**二方向への敬意**）

謙譲語は動作をされる側への敬意を表し、尊敬語は動作をする側への敬意を表す。

例　（カグヤ姫ガ）おおやけに御文たてまつり給ふ。（竹取物語）

（訳）（かぐや姫が）帝にお手紙をさし上げられる。

〔解説〕謙譲語「たてまつり」が帝への敬意を表し、尊敬語「給ふ」がかぐや姫への敬意を表す。

Ⅳ　主な敬語動詞（☆印のものは補助動詞にもなる）

《**尊敬語**》

尊敬の補助動詞は「〜なさる」「お〜になる」と訳す。

動詞（活用）	主な訳し方	敬意のない形
います☆（四又はサ変） おはす☆（サ変）	いらっしゃる	あり・をり・行く・来
賜《た》ぶ☆（四）	お与えになる	与ふ
宣《のたま》ふ（四）	おっしゃる	言ふ
仰《おほ》す（下二）	おっしゃる お命じになる	言ふ 命ず
思《おぼ》す（四） 思《おも》ほす（四） 思《おぼ》し召《め》す（四）	お思いになる	思ふ
召《め》す（四）	お呼びになる	呼ぶ・招く
	召し上がる	食ふ・飲む
	お召しになる	着る・乗る
遣《つか》はす（四）	派遣なさる	遣る・行かす
聞《き》こし召《め》す（四）	お聞きになる	聞く
	召し上がる	食ふ・飲む
	お治めになる	治む
遊《あそ》ばす（四）	なさる	す
御覧す（サ変）	見なさる	見る
大殿籠《おほとのごも》る（四）	お休みになる	寝《ぬ》・寝《い》ぬ

《謙譲語》

謙譲の補助動詞は「～申し上げる」「お～する」と訳す。

動詞（活用）	主な訳し方	敬意のない形
罷《まか》づ(下二) 罷《まか》る(四)	退出する	去る
	参る	行く・来
詣《まう》づ(下二)	参上する	行く・来
参《まゐ》らす☆(下二)	さし上げる	与ふ
賜《たま》はる・給《たま》はる(四)	いただく	受く
承《うけたまは》る(四)	いただく	受く
	拝聴する	聞く
	お引き受けする	(口語の)承諾する
申《まう》す☆(四) 聞《き》こゆ☆(下二) 聞《き》こえさす☆(下二)	申し上げる	言ふ
奏《そう》す(サ変)	申し上げる＊	言ふ
啓《けい》す(サ変)	申し上げる＊	言ふ
仕《つか》うまつる(四)	お仕えする	仕ふ
	致す	す

＊「奏す」は、「天皇・上皇に対してものを言う」という意味である。同様に、「啓す」は「上皇・皇后・中宮・皇太子などに対してものを言う」という意味である。この二つの動詞は、用いられる対象が特定されており、絶対敬語と呼ばれる。

《複数の種類にまたがるもの》

尊敬・謙譲の補助動詞は既に述べた。丁寧語の補助動詞は「～です」「～ます」「～でございます」と訳す。

動詞(活用)		種類	主な訳し方	敬意のない形
給ふ	(四)	尊敬☆	お与えになる・下さる	与ふ
	(下二)	謙譲	(＊補助動詞にしかならない。)	
奉る(四)		謙譲☆	さし上げる・献上する	与ふ
		尊敬	召し上がる	食ふ・飲む
			お召しになる	着る・乗る
参る(四)		謙譲	参上する	行く・来
			してさし上げる（その場に応じた語で訳す）	
		尊敬	召し上がる	食ふ・飲む
候《さぶら》ふ(四) 侍《はべ》り(ラ変)		謙譲	お仕えする・お側に控える	仕ふ
		丁寧☆	あります・おります	あり・をり

＊謙譲語の「給ふ」は、「見る」「聞く」「思ふ」「覚ゆ」「知る」などの特定の動詞にしか接続しない。

例
～を見給ふるに（訳：～を拝見すると）
～を聞き給ふれど（訳：～を拝聴するが）
～と思ひ給へて（訳：～と存じて）
～を知り給へず（訳：～を存じない）

●確認問題●

問一　次の各文の傍線部の敬語動詞の説明として適切なものを後の語群から選び、記号で答えよ。

(1) そこらの黄金給ひて、身をかへたるがごとくなりにたり。（竹取物語）

(2) 壺《つぼ》なる御薬奉れ[a]。きたなき所の物聞こし召し[b]たれば御心地あしからむものぞ。（竹取物語）

(3) 清げなる御直衣《なほし》奉り[a]て、ひとつ御車に奉る[b]。（宇津保物語）

(4) 御乳母《めのと》などつかはし[a]つつ、ありさまを聞こし召す[b]。（源氏物語）

(5) 母君泣く泣く奏し[a]て（桐壺更衣ヲ）まかで[b]させ奉り給ふ。（源氏物語）

(6) 公達《きんだち》に御琴ども教へ聞こえ給ふ。（源氏物語）

(7) 「夜、ふけ侍り[a]ぬ。」と聞こゆれ[b]ど、なほ（御殿ノ中ニ）入り給はず。（源氏物語）

(8) （帝ハ）人々、御前にさぶらは[a]せ給ひ[b]て、物語などせさせ給ふ。（源氏物語）

(9) かかる御事を見給ふ[a]るにつけて、命長きは心うく思ひ給へ[b]らるる世にも侍るかな。（源氏物語）

(10) 大御酒参り、御遊びなどし給ふ。（源氏物語）

(11) かばかりの秀歌、え候はじ。（大鏡）

(12) 同じくは直実《なほざね》が手にかけ参らせ[a]て、のちの御孝養《けうやう》をこそつかまつり[b]候へ[c]。（平家物語）

(13) ある人にさそはれ奉り[a]て、明くるまで月見ありくこと侍り[b]しに……。（徒然草）

ア　「乗る」の尊敬語　　イ　「聞く」の尊敬語　　ウ　「食ふ」「飲む」の尊敬語

エ　「着る」の尊敬語　　オ　「与ふ」の尊敬語　　カ　「遣る」の尊敬語

キ　「言ふ」の尊敬語　　ク　尊敬の補助動詞　　ケ　「行く」「来」の謙譲語

コ　「言ふ」の謙譲語　　サ　「与ふ」の謙譲語　　シ　「去る」の謙譲語

ス　「受く」の謙譲語　　セ　「仕ふ」の謙譲語　　ソ　「す」の謙譲語

問一

語釈

(1)〔そこら〕たくさん

〔身をかへたる〕身分を変えた

(2)〔御心地あしからむものぞ〕きっと御気分が悪いに違いない

(5)〔させ奉り給ふ〕～させていただきなさる。「させ」は使役の助動詞、「奉り」は謙譲の補助動詞、「給ふ」は尊敬の補助動詞。

(9)〔心うく〕つらく

〔らるる〕自発を表す

(10)〔遊び〕音楽を奏でること

(11)〔かばかりの〕これほどの

(12)〔のちの御孝養〕死後の御供養

ここに着目

(9)「給ふ」の活用に注意。

(12)源氏方の武士熊谷直実が平敦盛に言った言葉。

タ　謙譲の補助動詞　　チ　「あり」「をり」の丁寧語　　ツ　丁寧の補助動詞

問二　次の文章は、中納言である藤原隆家が、扇の骨を持って、姉の中宮（藤原定子）のもとを訪れたときのことを、定子に仕えていた清少納言が記録したものである。これを読んで、あとの問いに答えよ。

中納言①aまゐりb給ひて、御扇②cたてまつらせ給ふに、(A)「隆家こそいみじき骨を得て③d侍れ。それを張らせて④e参らせむとするに、おぼろけの紙はえ張るまじければ、求め侍るなり」と申し給ふ。(B)「いかやうにかある」と問ひf聞こえさせg給へば、(C)「すべていみじう侍り。(D)『さらにまだ見ぬ骨のさまなり』となん人々申す。まことにかばかりのは見えざりつ」と、言《こと》たかくhのたまへば、(E)「さては、扇のにはあらで、海月《くらげ》のななり」とi聞こゆれば、(F)「これ隆家が言にしてん」とて、⑤わらひ給ふ。

（枕草子）

(1)　本文中の会話部分(A)〜(F)の話し手は、それぞれ誰か。次の中から選んで、記号で答えよ。

ア　中宮定子　　イ　中納言隆家

ウ　清少納言　　エ　その場にいない人

(2)　波線部a〜iの敬語動詞について、敬語の種類と、誰から誰への敬意を表すかを答えよ。ただし、誰から誰への表示には、(1)の記号を用い、「ア→イ」のように書くこと。

(3)　傍線部①〜⑤を現代語に訳せ。

問二

語釈

〔いみじき〕すばらしい

〔おぼろけの〕ありきたりの

〔いかやう〕どんなふう

〔すべて〕まったく

〔見えざりつ〕見ることができない

〔言たかく〕得意げに

〔ななり〕「なるなり」の略。〜であるようだ。

ここに着目

(1)　次の三つの点から考えよう。

1　「　」内に、どんな種類の敬語が使われているか。

2　「　」の後の「言う」という意味の部分に、どの種類の敬語が使われているか。

3　誰に向かって言っているか。誰の言ったことに答えているか。

(3)　①②は、二種類の敬語の組み合わせ。

④は、「参らす」と「む」。

⑤は、「笑ふ」に補助動詞「給ふ」が付いた形。

■ 敬語 ■

古文には、現代文とは比較にならないほどの敬語表現が用いられているが、まずは敬語の種類、動作主とその受け手を押さえよう。

例

（女院ガ帝ニ）「世の人もいひなし① はべら む。」など、いみじう 奏せ② させ 給ひ ければ、

はべら：補助動詞 丁寧　む：推量　奏せ：サ変動詞 謙譲　させ：助動詞 尊敬　給ひ：補助動詞 尊敬（＊）

むづかしうや 思し召し③ けむ、後には 渡ら④ せ 給は ざりけり。

思し召し：四段動詞 尊敬　せ：助動詞 尊敬　給は：補助動詞 尊敬（＊）

＊「せ＋給ふ」「させ＋給ふ」は二重尊敬

① 「いひなす」という「世の人」の行為を女院が丁寧に言うことで、〈話し手＝女院→聞き手＝帝〉の敬意を表す。

② 「奏す」は「言ふ」の謙譲語。女院の行為を謙譲表現にすることで、〈書き手→行為の受け手＝帝〉の敬意を表し、その行為に二重尊敬を用いることで、〈書き手→女院〉の敬意を表す。

③ 「思し召す」は「思ふ」の尊敬語。帝の行為を尊敬表現にすることで、〈書き手→帝〉の敬意を表す。

④ 「渡る」という帝の行為に二重尊敬を用いることで、〈書き手→帝〉の敬意を表す。

(訳)

（女院が帝に）「世間の人ももっともらしく言うことでございましょう。」などと、強く申し上げなさったので、（帝は）やっかいなこととお思いになったのでしょうか、その後には（女院のもとへ）おいでにならなかった。

平安時代は、帝を頂点とする絶対的な身分制度の敷かれていた時代である。ゆえに、読み手を意識し、誰が誰より上位に当たるかを明確にするのは、当然のことであったのだろう。

第6章　重要語・古文常識語

ここで学ぶこと

この章では、古文の基本的な語彙を学習する。ここでは代表的な意味のみ列挙したので、こまめに辞書で調べるようにしよう。また、古文常識は文章読解に役立つので、しっかりと頭に入れておこう。

I　重要語

名詞

あいぎゃう【愛敬】①（性格の）愛らしさ　②（顔形の）愛らしさ　③思いやり

あそび【遊び】音楽を奏でること

あらまし　①予定　②概略

いそぎ【急ぎ】①準備　②急用

いも【妹】〔女性への呼びかけの言葉。〕①妻　②妹　③恋人⟷せ【兄】

いろ【色】①色　②態度　③風情　④恋愛

おぼえ【覚え】①寵愛　②評判

おほやけ【公】①天皇　②宮中　③世間

かぎり【限り】①限度　②すべて　③終わり　④～だけ

かげ【影】①光　②姿・形

かたち【形・容・貌】①容貌　②ありさま

かち【徒・徒歩】徒歩

きは【際】①ほど　②時　③身分

けしき【気色】様子

けはひ【気配】雰囲気

こころばへ【心ばへ】①性格　②風情

ことわり【理】道理

ざえ【才】①（漢学の）教養　②才能

しな【階・品・科】①身分　②気品

せうそこ【消息】①手紙　②取次

たより【頼り・便り】①あて　②つて　③ついで　④手紙　⑤便宜

ちぎり【契り】①約束　②男女の愛　③宿命

としごろ【年頃】数年・数年間

ひごろ【日頃】①数日　②近頃

ふみ【文】①手紙　②漢詩・漢文　③書物

ほい【本意】本来の志

ほど【程】①ころ　②距離　③程度　④身分　⑤あたり

よ【世・代】①世間　②この世　③男女の仲　④生涯・運命

よし【由・因】①理由　②方法　③趣旨　④風情　⑤そぶり

動詞（前出の敬語動詞を除く）

ありく（四）【歩く】〔あちこち動き回ること。車・馬・船に乗る場合にも用いる。〕①歩き回る　②外出・訪問する　③（補助動詞）～して回る。あちこちで～する。

いらふ（下二）【答ふ・応ふ】返答をする

おこたる（四）【怠る】①病気が治る　②なまける

おこなふ（四）【行ふ】①修行する　②処理する

おどろく（四）【驚く】①目覚める　②気づく

おぼゆ（下二）【覚ゆ】①思われる　②思い出される　③思い浮かぶ　④似る

かこつ（四）【託つ】①不平を言う　②口実にする

きこゆ（下二）【聞こゆ】①聞こえる　②評判になる　③理解できる　④（→敬語）

ぐす（サ変）【具す】①備わる　②お供する　③連れる　④備える

こうず（サ変）【困ず】①疲れる　②悩む

こころあり（ラ変）【心有り】①道理がわかる　②思いやりがある　③風流がわかる

こころう（下二）【心得】①了解する　②たしなみがある

したたむ（下二）【認む】①処理する　②用意する　③食べる　④書く

しのぶ（四・上二）【偲ぶ】①慕う　②懐しむ　【忍ぶ】①がまんする　②人目を避ける

ときめく（四）【時めく】①栄える　②寵愛を受ける

ながむ（下二）【眺む】①もの思いに沈んでぼんやりと見る　②見渡す　【詠む】（詩歌を）口ずさむ

にほふ（四）【匂ふ】①まぶしいくらい美しい　②染まる

ねんず（サ変）【念ず】①祈る　②がまんする

ののしる（四）①騒ぐ　②有名だ　③盛んだ

まどふ（四）【迷ふ・惑ふ】①とり乱す　②迷う

まねぶ（四）【学ぶ】①真似する　②その通り語る　③勉強する

みゆ（下二）【見ゆ】①見える　②見られる　③来る　④思われる　⑤結婚する

めづ（下二）【愛づ・賞づ】①感心する　②愛する　③心がひかれる

ものす（サ変）【物す】〔様々な動詞の代用。意味は文脈から判断する。〕①〜する　②ある　③いる　④行く　⑤来る

わたる（四）【渡る】①通り過ぎる　②「あり」「をり」などの尊敬語　③行く　④来る　⑤（補助動詞）〜し続ける　⑥（補助動詞）一面に〜する

わぶ（上二）【侘ぶ】①嘆く　②困窮する　③さびしがる　④（補助動詞）〜しかねる

形容詞

あいなし（ク）①気にくわない　②面白みがない　③（「あいなく」で）むやみに

あさまし（シク）【浅まし】①意外だ　②嘆かわしい　③見苦しい

あし（シク）【悪し】①醜悪だ　②ひどい ↔ よし

あぢきなし（ク）【味気無し】無益だ

あやし（シク）【奇し・怪し】奇妙だ　【賤し】①見苦しい　②身分が低い

あやなし（ク）①理不尽だ　②無意味だ

あらまほし（シク）【有らまほし】望ましい

ありがたし（ク）【有り難し】①めったにない　②立派だ

いたし（ク）【痛し】つらい　【甚し】すごい

いとほし（シク）①気の毒だ　②かわいい

いふかひなし（ク）【言ふ甲斐無し】①言ってもしかたがない　②ふがいない

いぶせし（ク）憂うつだ

いまめかし（シク）【今めかし】①華やかだ　②現代風だ

いみじ（シク）〔程度が大きいことを表す。良い意味にも、悪い意味にも用いる。〕①はなはだしい　②すばらしい　③ひどい

いやし（シク）【卑し・賤し】身分が低い ↔ あてなり

うし（ク）【憂し】①つらい　②わずらわしい　③つれない

うつくし（シク）【美し・愛し】①かわいい　②立派だ

うるはし（シク）【麗し・美し・愛し】①端正だ　②立派だ

おとなし（シク）【大人し】①大人びている　②思慮分別がある　③主だっている

おぼつかなし（ク）①はっきりしない　②頼りない　③気がかりだ　④待ち遠しい

おもしろし（ク）【面白し】風情がある

かしこし（ク）【賢し】①利発だ　②立派だ　【畏し】①恐ろしい　②畏れ多い

かたはらいたし（ク）【傍痛し】〔はたから見て心が痛む状態を表す。自分から他人を見た場合にも、他人から自分を見た場合にも用いる。〕①見苦しい　②気の毒だ　③恥ずかしい

かなし（シク）【愛し】いとおしい　【悲し】かわいそうだ

くちをし（シク）【口惜し】①残念だ　②不本意だ

こころうし（ク）【心憂し】①情けない　②不愉快だ

こころづきなし（ク）【心付き無し】不愉快だ

こころなし（ク）【心無し】①思いやりがない　②思慮がない　③風流がわからない⟷こころあり

こころにくし（ク）【心憎し】〔憎らしいほどすぐれている、という賞賛の言葉。〕①奥ゆかしい　②上品だ

こころもとなし（ク）【心許無し】①じれったい　②気がかりだ　③はっきりしない

さうざうし（シク）もの足りない

すさまじ（シク）【凄じ】①興ざめだ　②もの寂しい

つきづきし（シク）【付き付きし】ふさわしい
⟷つきなし

つれなし（ク）①薄情だ　②平気だ

ところせし（ク）【所狭し】窮屈だ

なまめかし（シク）【艶かし】優美だ

にくし（ク）【憎し】いやだ

はかなし（ク）【果無し】①頼りない　②取るに足りない　③たわいない⟷はかばかし

はかばかし（シク）【果果し】①順調だ　②明瞭だ　③しっかりしている

はしたなし（ク）【端無し】①中途半端だ　②ばつが悪い　③つれない

はづかし（シク）【恥づかし】①ばつが悪い　②（こちらが恥ずかしくなるほど）立派だ

まめまめし（シク）【忠実忠実し】①実用的だ　②まじめだ

むつかし（シク）【難し】①うっとうしい　②めんどうだ　③無気味だ

めざまし（シク）【目覚まし】〔目が覚めるほどの意外さを表す。ほめるのにも、おとしめるのにも用いる。〕
①目ざわりだ　②すばらしい

めづらし（シク）【珍し】①すばらしい　②目新しい

めでたし（ク）①見事だ　②祝う価値がある

やさし（シク）【羞し・優し】①たえがたい　②恥ずかしい　③優美だ

やむごとなし（ク）【止む事なし】①格別だ　②高貴だ

ゆかし（シク）【床し】〔心が事物に強く引かれる状態を表す。〕①～したい　②恋しい

ゆゆし（シク）【由由し・忌忌し】①不吉だ　②はなはだしい

よし（ク）【善し・良し・好し】①すぐれている　②美しい　③尊い　④正しい

よしなし（ク）【由無し】①理由・方法がない　②関係がない　③無益だ

よろし（シク）【宜し】①まずまずだ　②適当だ

らうたし（ク）かわいい

わづらはし（シク）【煩はし】①めんどうだ　②重病だ

わびし（シク）【侘びし】①もの悲しい　②つらい　③心細い

わろし（ク）【悪し】よくない

をかし（シク）趣がある

形容動詞

あからさまなり　①ちょっと　②急に

あだなり【徒なり】①不誠実だ　②はかない　③むだだ⟷まめなり

あてなり【貴なり】①高貴だ　②上品だ

あはれなり〔物事がしみじみと心にしみる状態を表す。〕①趣深い　②かわいい　③気の毒だ

いたづらなり【徒らなり】①無益だ　②暇だ

えんなり【艶なり】①優美だ　②あでやかだ

おぼろけなり【朧けなり】①（下に打消・反語の言葉がある場合）普通だ　②格別だ

おろかなり【疎かなり・愚かなり】①粗略だ　②未熟だ　③愚鈍だ

かたくななり【頑なり】①偏屈だ　②粗野だ

きよげなり【清げなり】清楚だ

さらなり【更なり】もちろんだ

すずろなり【漫ろなり】①思いがけない

②（「すずろに」で）むやみに

つれづれなり【徒然なり】①退屈だ　②もの寂しい

なのめなり【斜めなり】①ありきたりだ　②いいかげんだ

みそかなり【密かなり】　こっそり

むげなり【無下なり】実にひどい

副詞

いかで【如何で】①（願望）何とかして　②（疑問・反語）どうして

いつしか【何時しか】①（待望の気持ちで）早く　②いつの間にか

いと　①たいそう　②（下に打消の言葉がある場合）たいして

いとど　①ますます　②ただでさえ

うたて　①異常に　②ますますひどく　③嫌なことに

え【得】（下に打消・反語の言葉がある場合）～できない

かつ【且つ】①一方では　②すぐに

けだし【蓋し】①おそらく　②仮に

げに【実に】①なるほど　②本当に

さすがに　①そうは言っても　②何と言っても

さながら　①そのまま　②全て

さらに【更に】①その上　②新たに　③（下に打消の言葉がある場合）全然

すなはち【即ち・則ち・乃ち】すぐに

つゆ（下に打消の言葉がある場合）少しも

とく【疾く】早く

な〔終助詞「そ」と呼応する。〕～するな

なかなか【中々】①なまじっか　②かえって

はやく【早く】①前から　②もともと　③（下に「けり」がある場合）なんとまあ

むげに【無碍に】①むやみに　②（下に打消がある場合）全然

むべ【宜】①なるほど　②そういうわけで

やうやう【漸う】①次第に　②ようやく

やがて　①そのまま　②すぐに

やをら　おもむろに

よに【世に】①非常に　②（下に打消の言葉がある場合）決して

をさをさ〔下に打消の言葉を伴う。〕ほとんど

連体詞

ありつる　さきほどの

接続詞

さりとて　だからと言って

さるは　①とは言うものの　②その上

されど　しかし

されば　①だから　②そもそも

すなはち　①そこで　②つまり

感動詞

あな　ああ

あはれ　ああ

いざ　さあ

慣用句

あかず【飽かず】①もの足りない　②名残惜しい

いかがせむ　①（疑問）どうしようか　②（反語）どうしようもない

えもいはず　何とも言えない

さらぬわかれ【避らぬ別れ】死別

さるべき【然るべき】①相応な　②そうなる　はずの　③立派な

ねをなく【音を泣く】声を上げて泣く

ゆふされば【夕されば】夕方になると

Ⅱ　古文常識語

旧暦（一～三月が春、四～六月が夏、七～九月が秋、十～十二月が冬）

むつき【睦月】一月（新暦の二月頃）

きさらぎ【如月】二月（新暦の三月頃）

やよひ【弥生】三月（新暦の四月頃）

うづき【卯月】四月（新暦の五月頃）

さつき【皐月】五月（新暦の六月頃）

みなづき【水無月】六月（新暦の七月頃）

ふづき・ふみづき【文月】七月（新暦の八月頃）

はづき【葉月】八月（新暦の九月頃）

ながつき【長月】九月（新暦の十月頃）

かむなづき【神無月】十月（新暦の十一月頃）

しもつき【霜月】十一月（新暦の十二月頃）

しはす【師走】十二月（新暦の一月頃）

時期・時間帯

つごもり【晦日】月の下旬。月の末日。

おほつごもり【大晦日】おおみそか。

あかつき・あかとき【暁】夜明前の暗いうち。

あけぼの【曙】夜が明け始める頃。

つとめて　①早朝　②翌朝

あした【朝】①朝　②翌朝

ゆふべ【夕】夕方。日没前。

よひ【宵】日没の後、夜中より前。

時刻

ね【子】午後十一時～午前一時

うし【丑】午前一時～三時

とら【寅】午前三時～五時

う【卯】午前五時～七時

たつ【辰】午前七時～九時

み【巳】午前九時～十一時

うま【午】午前十一時～午後一時

ひつじ【未】午後一時～三時

さる【申】午後三時～五時

とり【酉】午後五時～七時

いぬ【戌】午後七時～九時

ゐ【亥】午後九時～十一時

方位

ね【子】北

うしとら【丑寅・艮】北東（鬼門）

う【卯】東

たつみ【辰巳・巽】南東

うま【午】南

ひつじさる【未申・坤】南西（裏鬼門）

とり【酉】西

いぬゐ【戌亥・乾】北西

身分

じゃうくゎう【上皇】退位して隠居した天皇。

ほふわう【法皇】出家した上皇。

ゐん【院】上皇・法皇・女院の尊称。

かんだちめ・かんだちべ【上達部】大臣・大納言・中納言・参議の総称。三位以上の者を指す。

てんじゃうびと【殿上人】宮中の殿上の間に上ることを許された官人。

ぢげ【地下】殿上の間に上ることを許されない官人。下級の官人や庶民。

ずいじん【随身】貴人の外出を護衛する役人。

ずりゃう【受領】任地で政務を取る国司。

にょゐん・にゃうゐん【女院】天皇の生母・内親王などで、院の称号を贈られた者。

ちゅうぐう【中宮】天皇の正妻。

にょうご【女御】天皇の妃で中宮に次ぐ者。

かうい【更衣】天皇の妃で女御に次ぐ者。

にょうばう【女房】宮中や貴人に仕える女性。

衣服

そくたい【束帯】公家の正装。

なほし【直衣】公家の平服。

ひたたれ【直垂】庶民の服。鎌倉時代には武家の平服となった。

かりぎぬ・かりごろも【狩衣】もとは鷹狩りなどに着る衣装。平安中期に公家の平服となり、鎌倉時代には武家の礼服となった。

こうちき【小袿】公家の女性の平服。

陰陽道（中国から輸入された占い）

かたたがへ【方違へ】外出するとき、目的の方角が不吉とされると、まず別の方角の場所で一泊してから出掛けること。

ものいみ【物忌み】不吉なことを避けるため、一定の期間、家などにこもって、身を清めていること。

●確認問題●

問一　次の各文の傍線部を現代語に訳せ。

(1) 世に語り伝ふること、まことはあいなきにや、多くはみなそらごとなり。（徒然草）

(2) （涙デ）御額髪のやうやう濡れゆく御そばめ、あてになまめかし。（源氏物語）

(3) ひとりはいやしき男の貧しき、ひとりはあてなる男持ちたりけり。（伊勢物語）

(4) あはれ、「をのことて、よう行ひたりけるよ」と見聞くもかなし。（蜻蛉日記）

(5) 心なき身にもあはれは知られけり鴫《しぎ》立つ沢の秋の夕暮れ（新古今和歌集）

(6) をりふしの移り変わるこそ、物ごとにあはれなれ。（徒然草）

(7) あやしき市女《いちめ》・商人《あきびと》の中にて、いぶせく世の中を思ひつつ……。（源氏物語）

(8) あな、いみじ。犬を蔵人《くらうど》二人して打ち給ふ。（枕草子）

(9) 浜のさまも、寄せ返る波の景色も、いみじうおもしろし。（更級日記）

(10) みづからは「いみじ」と思ふらめど、いとくちをし。（徒然草）

(11) （女御・更衣ノ中ニ）いとやむごとなききはにはあらぬが、すぐれて時めき給ふありけり。（源氏物語）

(12) 御かたちも心もやむごとなうおはす。（栄花物語）

問二　次の各文の傍線部を現代語に訳せ。

(1) いかでこの男にもの言はむ。（伊勢物語）

(2) 御門《みかど》の御使ひをば、いかでおろかにせむ。（竹取物語）

(3) 片ほとりなる聖法師などぞ、世の人の上は我が如く尋ね聞き、「いかでかばかりは知りけむ」とおぼゆるまで言ひ散らすめる。（徒然草）

(4) はづかしき人の、歌の本末《もとすゑ》問ひたるに、ふとおぼえたる、我ながらうれし。（枕草子）

問一

語釈

(1)〔まことは〕ありのままでは
〔そらごと〕うそ。作りごと。
(2)〔額髪〕前髪
〔そばめ〕横顔
(4)〔をのことて〕男の子だけあって
(6)〔をりふし〕季節
(7)〔市女〕市場で物を売る女
(8)〔蔵人〕官職の名
(11)〔すぐれて〕特別に

問二

語釈

(1)〔もの言ふ〕恋心を告白する
(2)〔御門〕帝
(3)〔片ほとり〕片田舎
〔聖法師〕修行僧
(4)〔本末〕上の句と下の句
(6)〔よもあらじ〕まさかいないはずだ
〔上臈〕高貴な人
〔なほも〕なんとまあ
(7)〔飛び立ちかねつ〕飛び去ることもできない
(8)〔石清水〕石清水八幡宮
(9)〔事定まりはつ〕相談がまとまる

(5) いつしか梅咲かなむ。（更級日記）
(6) いくさの陣へ笛持つ人はよもあらじ。上臈《じゃうらふ》は、なほもやさしかりけり。（平家物語）
(7) 世の中を[a]うしと[b]やさしと思へども飛び立ちかねつ鳥にしあらねば（万葉集）
(8) 年寄るまで、石清水《いはしみず》を拝まざりければ、こころうくおぼえて……。（徒然草）
(9) それより後もふたたびばかり文《ふみ》ものして、事定《ことさだ》まりはてぬれば……。（蜻蛉日記）
(10) ししこらかしつる時は[a]うたてはべるを、（コノ薬ヲ）[b]とくこそ試みさせ給はめ。（源氏物語）
(11) みぞれは[a]にくけれど、白き雪のまじりて降る、[b]をかし。（枕草子）
(12) 後《のち》の世のこと心に忘れず、仏の道うとからぬ、心にくし。（徒然草）

問三　次の各文の傍線部を現代語に訳せ。

(1) おとなしく、物知りぬべき顔したる神官。（徒然草）
(2) 何も何も、小さきものはみなうつくし。（枕草子）
(3) 秋来《き》ぬと目にはさやかに見えねども風の音にぞ驚かれぬる（古今和歌集）
(4) 寝入りたる[a]ほどに、門をたたく音に[b]驚かれて……。（蜻蛉日記）
(5) 主の[a]おぼつかなきに、都にとって返す[b]ほどに……。（平家物語）
(6) ひゃうと射たりければ、御胸のほどに当たるやうにて……。（宇治拾遺物語）
(7) 同じほど、それより下臈《げらふ》の更衣《かうい》たちはまして安からず。（源氏物語）
(8) 男、物など求め来て、（妻ガ）死にて臥《ふ》せりければ、いとあさましと思ひけり。（大和物語）
(9) 御目の尻の少し下がり給へるがいとどらうたくおはするを……。（大鏡）
(10) 悩みわたるがおこたりぬるも、うれし。（枕草子）
(11) [a]はかなき親に[b]かしこき子の勝《まさ》るためしは……。（源氏物語）
(12) （涙デ曇ッテ）目も見えはべらぬに、かしこき仰せ言を光にてなむ（読ム）。

---

(10)〔ししこらかす〕病気をこじらせる
(12)〔後の世〕来世
〔うとからぬ〕精通している

ここに着目

(1)～(3)「いかで」が疑問を表すのは、既にある事実について原因や理由を問題にする場合。まだ実現していない事柄について言う場合は、願望を表す。また、現実にはあり得ないことについて用いる場合は、反語として訳す。

問三

語　釈

(3)〔さやかに〕はっきりと
(5)〔とって返す〕引き返す
(7)〔下臈〕低い身分
〔安からず〕不満である

ここに着目

(4)～(7)古語の「ほど」は、様々な場面に用いられ、文脈によって訳し方も変わる。
(8)・(9)「いと」と「いとど」の意味の違いに注意。
(10)「悩みわたる」との関係に注意。
(11) aとbを対比して考えよう。
(12)娘の死を悼む手紙を帝からもらった老婆の言葉。

問四　次の各文の傍線部を現代語に訳せ。

(1) わが歌を人に語りて、人のほめなどしたるaよし言ふも、bかたはらいたし。（枕草子）

(2) よしなき争ひして遂に命を失ふ。おろかなること。（今昔物語集）

(3) ささやかなる童《わらべ》一人を具して……。（徒然草）

(4) せちに物思へるけしきなり。（竹取物語）

(5) 人のa品高く生まれぬれば、人にもてかしづかれて（欠点ノ）隠るることも多く、自然にそのbけはひこよなかるべし。（源氏物語）

(6) こうじて眠れば、「眠りのみして」などもどかる。（枕草子）

(7) 沖の釣舟《つりぶね》の波に消え入るようにおぼゆるが、さすがに沈みも果てぬを……。（平家物語）

(8) 七珍万宝さながら灰燼《くわいじん》となりにき。（方丈記）

(9) をさをさ打ち解けても罷らず。（源氏物語）

(10) いとま、更に許させ給はず。（源氏物語）

(11) 知らぬ人の中にうち臥して、つゆまどろまれず。（更級日記）

(12) その時おのづから事のたよりありて、津の国の今の京に至れり。（方丈記）

問五　次の文の傍線部を現代語に訳せ。

(1) すさまじきもの、昼吠ゆる犬。（枕草子）

(2) もの心細く、「すずろなる目を見ること」と思ふに……。（伊勢物語）

(3) 家居《いへゐ》のつきづきしくあらまほしきこそ、「仮の宿り」とは思へど、興あるものなれ。（徒然草）

問四

語　釈

(3)〔ささやかなる〕小さな

(4)〔せちに〕深刻に

(5)〔もてかしづかれて〕大切に育てられて

〔こよなかるべし〕格別なのだろう

(6)〔もどかる〕非難される

(8)〔七珍万宝〕数々の財宝

(10)〔いとま〕休暇

(12)〔おのづから〕偶然

〔津の国の今の京〕福原。平安末期に一時都が置かれた。

ここに着目

(10)「更に」＋打消

(4) かやうのことに権《ごんの》中納言のなきこそ、なほさうざうしけれ。（大鏡）

(5) (使者ガ) ただに来たりしは、なかなかよかりき。（枕草子）

(6) もの心細く、つねよりもあはれにおぼえて、ながめてぞありける。（和泉式部日記）

(7) 「こぼれて匂ふ花桜かな」と、ながめければ……。（今昔物語集）

(8) ありがたきもの、舅《しうと》にほめらるる婿《むこ》、また姑《しうとめ》に思はるる嫁《よめ》の君。（枕草子）

(9) 春の苑 紅《そのくれなひ》にほふ桃の花下照る道に出《い》で立つ少女《をとめ》（万葉集）

(10) ねぶたきを念じてさぶらふに、「丑四つ《うしよ》」と奏すなり。（枕草子）

(11) この世にののしり給ふ光源氏、かかるついでに見奉り給はむや。（源氏物語）

(12) 日しきりにとかくしつつ、ののしるうちに夜ふけぬ（土佐日記）

問六　次の各文の傍線部を現代語に訳せ。

(1) 取り立ててはかばかしき御 後見《うしろみ》しなければ……。（源氏物語）

(2) はしたなきもの、異人《ことひと》を呼ぶに、「われぞ」とてさし出でたる。（枕草子）

(3) 事の子細《しさい》を問ふに、はやく盗人《ぬすびと》なりけり。（古今著聞集）

(4) 世の中に『長恨歌』という文を物語にて書きてあるところあんなり。（更級日記）

(5) いかならむ人にも見えて、身をも助け、幼き者どもをも育み給ふべし。（平家物語）

(6) いかに殿《との》ばら、殊勝《しゅしょう》の事は御覧じとがめずや。無下なり。（徒然草）

(7) 「暑くむつかし」とて御ぐしすまして、少しさわやかにもてなし給へり。（源氏物語）

(8) 「めざましき者」と、おとしめそねみ給ふ。（源氏物語）

(9) そのころ都に聞こえたる白拍子《しらびゃうし》の上手《じゃうず》……。（平家物語）

(10) 人々の「花や蝶や」とめづるこそ、はかなくあやしけれ。（堤中納言物語）

問五

語釈

(4)〔なほ〕なんとも

(5)〔ただに〕手ぶらで

(8)〔思はるる〕大切にされる

(10)〔丑四つ〕午前二時四十五分

(12)〔日しきりに〕一日中

問六

語釈

(1)〔後見〕後ろ立て

(2)〔異人〕別の人

〔さし出づ〕進み出る

(6)〔いかに殿ばら〕ねえ皆さん

〔殊勝の事〕すばらしいこと

〔御覧じとがめずや〕見過ごしてしまわれるのですか

(7)〔御ぐしすます〕御髪を洗う

(8)〔おとしめそねむ〕悪口を言ったり嫉妬したりする

(9)〔白拍子〕男装の女が歌いながら舞う芸能。又は、その女。

(11)〔相国入道〕平清盛

〔仏〕仏御前。白拍子の名。

(11) 相国《しゃうこく》入道、舞ひにめでさせ給ひて、仏に心を移されにけり。（平家物語）

(12) （元旦ノ空ハ）昨日に変はりたりとは見えねど、ひきかへめづらしき心地ぞする。（徒然草）

(13) 散ればこそいとど桜はめでたけれ憂き世に何か久しかるべき（古今和歌集）

問七　次の各文の傍線部を現代語に訳せ。

(1) 人は少なくて、さぶらふかぎりみな寝たり。（源氏物語）

(2) 我に物を得させ給へ。やがて率て奉らむ。（宇治拾遺物語）

(3) うれしきもの、まだ見ぬ物語の一を見て、「ゆかし」と思ふが、残り見出でたる。（枕草子）

(4) あな、ゆゆしや。思ふ人びと、方がたにつけて別れ給ふ人かな。（源氏物語）

(5) おのおの拝みて、ゆゆしう信起こしたり。（徒然草）

(6) （撫子《なでしこ》ノ花ガ）あはれげに咲きわたれり。（更級日記）

(7) 目をかけて待ちわたるに、花もみな咲きぬれども、音もせず。（更級日記）

(8) なほわづらはしくなりて死ににけり。（徒然草）

(9) 「童《わらべ》の名は、例のやうなるはわびし」とて、虫の名をなむ付け給ひたりける。（堤中納言物語）

(10) この日ごろ[a]は人声もせず、前に人影も見えず、いと心細くわびしかりつる[b]。（更級日記）

(11) 国の司《つかさ》「民つかれ国滅びぬべし」となむわぶる。（大和物語）

(12) さるまじき人のもとに、あまりかしこまりたるも、げにわろきことなり。（枕草子）

問七

語釈

(4)〔思ふ人びと〕（私の）愛する人々

〔方がたにつけて〕あれやこれや事情があって

(5)〔信〕信仰の念

(7)〔目をかけて〕期待して

〔音もせず〕便りも来ない

(8)〔なほ〕いっそう

(9)〔例のやうなるは〕平凡なのは

(12)〔さるまじき人〕かしこまる必要のない相手

第7章　修辞法

ここで学ぶこと

現代文の基礎編の第5章で学んだ修辞法の他に、古文には古文特有の修辞法がある。特に和歌に用いられる枕詞・掛詞・序詞・縁語は独特であり、複雑に組み合わせられることも多いので、留意しよう。

Ⅰ　枕詞

特定の語に冠して、情趣を添えたり、句の調子を整えたりする言葉を**枕詞**と言う。枕詞は普通**五音節**からなり、どの枕詞がどんな語に冠されるかは、慣例として固定している。意味のはっきりしないものも多いので、無理に訳さなくてもよい。

例1　青丹《あをに》よし奈良の都は咲く花の匂ふがごとく今盛りなり　（万葉集）

（訳）奈良の都は花が咲き誇るように、今繁栄を極めている。

〔解説〕「青丹」は、青い土で塗料になるもの。昔奈良で取れたので、「青丹よし（青丹がすばらしい）」所＝「奈良」を指す枕詞になった。

例2　玉桙《たまほこ》の道は常にもまどはなむ人を訪ふとも我かと思はむ　（古今和歌集）

（訳）道にはいつも迷って下さいな。（迷いついでにでも来てさえ下されば）他の人の所に行く（つもりだ）としても、（初めから）私（を訪ねて下さったもの）と思いましょう。

〔解説〕「玉桙の」が「道」にかかる枕詞だが、意味不明。

Ⅱ　掛詞

同音異義語の関係を利用して、一つの語句に複数の意味を含ませたものを**掛詞**（懸詞とも書く）と言う。イメージを豊かにし、複雑な意味内容を表現できる。

例　照る月を弓張りとしも言ふことは山辺をさしていればなりけり　（大鏡）

（訳）夜照る月の別名を弓張りとも言うのは、山のあたりをめざして、矢を射るように月が入るからなのだなあ。

〔解説〕「いれ」が、「入れ」と「射れ」の掛詞。

Ⅲ　序詞

ある語句を言い出すための前置きとして、自由に創作される言葉を**序詞**と言う。序詞は普通**六音節以上**で、受ける語も固定されていない。意味ははっきりしているが、後に続く部分と直接関連するのではなく、さりげなく予感させるような内容になっている。

序詞の作り方は、次の三通りに分けられる。

1．意味上の連想によるもの

例　春霞《はるがすみ》たなびく山の桜花見れども飽かぬ君にもあるかな　（古今和歌集）

（訳）春霞がたなびく山に咲いた桜のように、会っても会ってももの足りなく思える君だなあ。

（解説）「見れども飽かぬ」と言う前に、まず、見飽きることのないものの例として「春霞たなびく山の桜花」を挙げて序詞にしている。

2．同じ発音を繰り返すもの

例　逢坂《あふさか》の関《せき》に流るる石清水《いはしみず》言はで心に思ひこそすれ　（古今和歌集）

（訳）逢坂の関に流れる石清水というものもあることだし、私も人には言わず、心の中であなたを思い続けよう。

（解説）「石」という部分が「言は」と同音であり、「逢坂の関に流るる石清水」という部分が序詞に当たる。

3．掛詞を用いるもの

例　風吹けば沖つ白波《しらなみ》たつた山《やま》夜半にや君がひとり越ゆらむ　（伊勢物語・古今和歌集）

（訳）風が吹くと沖には白波が立つが、その立田山を、この夜中にあなたはひとりで越えているのだろうか。

（解説）山の名前の「たつ」を導くために、「白波」の述語としての「立つ」を持ってきた。「立つ」と「立」が掛詞であり、「風吹けば沖つ白波」の部分が序詞に当たる。

Ⅳ　縁語

ある語句に基づいて、関連性のある言葉を意識的に配したものを**縁語**と言う。イメージをふくらませ、統一感を強める効果がある。

例　青柳の糸縒《よ》り掛くる春しもぞ乱れて花のほころびにける　（古今和歌集）

（訳）糸のように細い柳の枝が（風に吹かれて）縒り合わせたようにたなびいている（このうららかな）春に、桜の花が咲き乱れて、ほころびるように散っているなあ。

（解説）冒頭で柳の枝を糸にたとえたのを受けて、「糸」に関連する語句を歌の中にちりばめている。

Ⅴ　対句

語の構成がよく似ていて、意味もよく照応する句を二つ組み合わせたものを**対句**と言う。漢文訓読調の文章に多く用いられる。

例　花は盛りに、月は隈なきをのみ見るものかは。　（徒然草）

（訳）花は満開のときに、月は満月のときにだけ見るものであろうか（他のときにも見所がある）。

〔解説〕花と月は風流の代表であり、「盛り」「隈なき」は、それぞれ一番見ごろのときである。

Ⅵ　複数の修辞法の組み合わせ

和歌の中では、枕詞・掛詞・序詞・縁語などが複雑に組み合わせて用いられることも少なくない。

例　難波江《なにはえ》の葦《あし》のかりねのひとよゆゑみをつくしてや恋ひわたるべき　（千載和歌集）

〔訳〕難波の入り江に生えている葦の、あの刈り根の一節のように、短い一夜の仮寝のせいで、（私は）波に打たれるあの澪標《みをつくし》のように、命をかけて恋し続けるのだろうか。

〔解説〕「難波江の葦の」が、「かりね」の序詞である。

「かりね」が「刈り根」と「仮寝」の掛詞であり、「ひとよ」が「一夜」と「一節《よ》」（葦の茎には、竹のように節がある。）の掛詞である。また、「みをつくし」が「身を尽くし」（命をかけて）と「澪標」（海に杭を立て並べて、航海の目印にした標識）の掛詞である。

「葦」「澪標」「わたる」が、「難波江」の縁語である。

〔鑑賞〕「かりねのひとよ」は、上の「葦の」との関係から考えれば、「刈り根の一節」と読むことになるが、結句の「恋ひ」との関係からは、「仮寝の一夜」（行きずりに愛し合った一夜）と読むことができる。

同様に、第四句の「みをつくし」は、下の「恋ひわたる」（恋し続ける）とのつながりを考えれば、「身を尽くし」と読むことになるが、冒頭の「難波江」からの連想によって、「澪標」と読むこともできるのである。

＊ここで用いられている修辞法は複雑に絡み合っているが、次のように整理することができる。

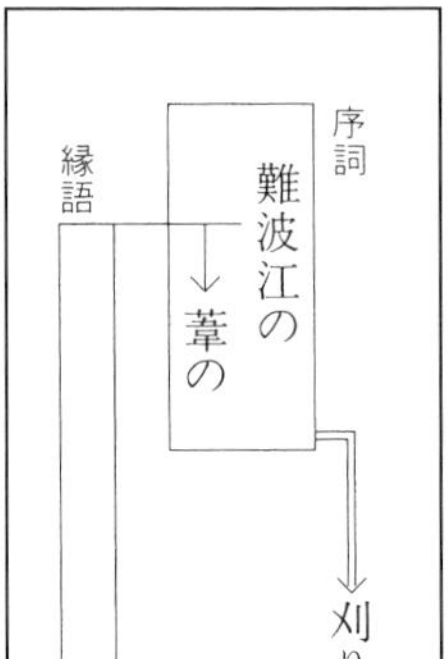

ここで注意したいのが、歌意の中心は「恋ひ」にあり、決して難波江の実際の情景を描写したのではないということである。冒頭の「難波江の葦の」という部分は、主題との直接の関わりはなく、「かりね」を導く前書きのようなものと考えられる。難波という地名は、古典の世界では、常に葦や澪標の名所として意識されていたので、葦と澪標とにちなんだその地名を用いたのである。「刈り根の一節」や「澪標」は主題とは直接関係しないが、歌のイメージを深く豊かにする上で効果を発揮している。「刈り根の一節」は、「仮寝の一夜」の短さの象徴として解釈できるし、「澪標」についても、波に打たれる姿から、涙にくれる恋の切なさを連想することは容易であろう。

これらの他に、**本歌取り**、**隠題**、**折り句**、**句切れ**、**体言止め**などの修辞法がある。

●確認問題●

問一　次のA～Dの和歌を読んで、あとの問いに答えよ。

A　草枕旅にし居れば刈菰《かりこも》の乱れて妹《いも》に恋ひぬ日はなし　（万葉集）

B　雨降れどつゆも漏らじを笠取《かさとり》の山はいかでかもみぢそめけむ　（古今和歌集）

C　霞《かすみ》立ち木《こ》の芽もはるの雪降れば花なき里も花ぞ散りける　（古今和歌集）

D　住《すみ》の江《え》の岸に寄《よ》る波夜《よる》さへや夢の通ひ路人目よくらむ　（古今和歌集）

(1)　枕詞を使った和歌を一つ選んで記号で答えるとともに、枕詞をすべて抜き出せ。

(2)　序詞を使った和歌を一つ選んで記号で答えるとともに、序詞を過不足なく抜き出せ。

(3)　縁語を使った和歌を一つ選んで記号で答えるとともに、縁語を三つ抜き出せ。

(4)　掛詞を使った和歌を一つ選んで記号で答えるとともに、どの部分が何と何を掛けているか述べよ。ただし、掛詞は一箇所しかない。

問二　次のA～Dの和歌を読んで、あとの問いに答えよ。

A　君が名も我が名も立てじ難波《なには》なるみつとも言ふなあひきとも言はじ　（古今和歌集）

B　立ち別れいなばの山の峰に生《お》ふるまつとし聞かば今帰り来む　（古今和歌集）

C　あきの田のいねてふこともかけなくに何を憂《う》しとて人のかるらむ　（古今和歌集）

D　あしひきの山鳥の尾のしだり尾の長々し夜をひとりかも寝む　（拾遺和歌集）

(1)　次の文は、Aの和歌の修辞法を説明したものである。空欄に適切な語を補え。
「みつ」が「御津《みつ》」（地名）と「見つ」の〔　a　〕、「あひき」が「網《あ》引《ひ》き」と「逢ひき」の〔　b　〕であり、また、「御津」と「網引き」が「難波」の〔　c　〕になっている。

(2)　次の文は、Bの和歌の修辞法を説明したものである。空欄に適切な語を補え。
「いなば」が「因幡《いなば》」（地名）と「〔　a　〕」（「去ったら」の意味）の掛詞、「まつ」が「松」と「〔　b　〕」の掛詞であり、また、「いなばの山の峰に生ふる」とい

問一

語　釈

〔妹〕あなた。お前。男から親しい女性への呼びかけの言葉。

〔もみぢそめけむ〕紅葉したのだろう
〔住の江〕地名。「住吉」とも言う。現在の大阪市の南部。

〔夢の通ひ路〕夢の中で、愛する者同士が逢引きするための通路。古人の考えでは、相手が自分を愛していれば、必ず相手が自分の夢に現れるのである。したがって、自分の夢に相手が現れない場合には、相手が自分を愛してくれていない、と考えた。

〔よく〕避ける

問二

語　釈

〔難波〕地名。現在の大阪市付近。
〔今帰り来む〕すぐ帰って来よう
〔てふこと〕～という言葉
〔かけなくに〕かけていないのに
〔しだり尾〕垂れ下がった尾
〔網引き〕地引き網を引くこと
〔因幡〕地名。現在の鳥取県東部。

う部分は「〔　c　〕」の〔　d　〕になっている。

(3)　次の文は、Cの和歌の修辞法を説明したものである。空欄に適切な語を補え。

「あき」が「飽き」と「〔　a　〕」の掛詞、「いね」が「往ね」と「〔　b　〕」の掛詞、「かる」が「離《か》る」と「〔　c　〕」の掛詞である。また、「秋の田」と「〔　b　〕」と「〔　c　〕」は〔　d　〕と考えられる。

(4)　次の文は、Dの和歌の修辞法を説明したものである。空欄に適切な語を補え。

「〔　a　〕」が「〔　b　〕」の枕詞であり、「〔　c　〕」が「長々し」の〔　d　〕である。

問三　次のA・Bの文には、対句がそれぞれ一箇所ずつある。A・Bから、それぞれどの句とどの句が対句になっているのか、過不足なく抜き出せ。

A　生まれ死ぬる人、いづ方より来たりて、いづ方へか去る。（方丈記）

B　命あるものを見るに、人ばかり久しきはなし。かげろふの夕べを待ち、夏の蟬の春秋を知らぬもあるぞかし。（徒然草）

問三

語　釈

〔夕べを待ち〕夕方まで生きる。つまり、夜には死ぬという意味。

■ 主な枕詞 ■

茜《あかね》さす→日・紫・君・照る
秋津島《あきつしま》→大和
足引《あしひ》きの→山・峰《を》
梓弓《あづさゆみ》→引く・張る・春
天離《あまざか》る→鄙《ひな》
新玉《あらたま》の→年・月・日・春
青丹《あをに》よし→奈良
勇魚《いさな》取《と》り→海・浜・灘
石《いそ》の上《かみ》→古る・振る・降る
石走《いはばし》る→垂水《たるみ》・滝・近江

空蟬《うつせみ》の→命・世・人・身
沖《おき》つ藻《も》の→なびく・名張
唐衣《からころも》→着る・裁つ・紐
刈菰《かりこも》の→乱る
草枕《くさまくら》→旅・仮・露・結ぶ
黒髪《くろかみ》の→乱れ・解く
真葛《さねかづら》→後も逢ふ
敷島《しきしま》の→大和・世
白妙《しろたへ》の→衣・袖・雲・波
高砂《たかさご》の→待つ・尾上《をのへ》

高照《たかて》らす→日
玉《たま》かぎる→ほのか・夕
魂極《たまきは》る→命・世・うち
玉梓《たまづさ》の→使ひ・人・妹
玉《たま》の緒《を》の→絶ゆ・長し
玉桙《たまぼこ》の→道・里
玉藻《たまも》刈《か》る→乙女・沖
垂乳根《たらちね》の→母・親
千早振《ちはやぶ》る→神・宇治
露霜《つゆじも》の→秋・消ゆ・置く

弱竹《なよたけ》の→節・伏し・世・夜
烏玉《ぬばたま》の→黒・髪・夜・夢
久方《ひさかた》の→天・空・月・光
真《ま》澄鏡《そかがみ》→見る・懸く・面影
群肝《むらきも》の→心
紫草《むらさき》の→匂ふ・名高
百敷《ももしき》の→大宮
若草《わかくさ》の→妻・新《にひ》

＊枕詞のかかる語は代表的なもののみを挙げた。

古　文
読解編

古文読解の実践

ここで学ぶこと

古文は、現代とは言葉も生活も価値観も異なる過去の時代の産物であるから、取っつきにくくて当り前である。では、そんなものをなぜ勉強するのだろうか。また、どんなことに気をつけて読めばよいのだろうか。

古文を読むことの意義

古典は、時代を越えて生き続けた貴重な文化遺産である。これは裏を返せば、それほど豊かな生命力を持っている作品であるということだ。私達が古文を学ぶのは、**古典の持つ豊かな生命力に触れ、自らの心をより広く、より深いものにする**ためなのである。

時代が変われば、価値観も変化する。したがって、古文の中には、現代の常識では理解し難いような内容も当然出てくる。「だから、古文は嫌いだ」と言う人もいるだろう。しかし、そこにこそ古文のよさがある。

自分の視野の中でしか物事を考えられなければ、いつのまにか「自分はたいていのことを知っている」と、自分本位の錯覚に陥りやすい。自分を〝井の中の蛙〟にしないためには、視野を十分広げておく必要がある。古典を学ぶことは、言わば、**視野を時間的に拡大する作業**なのである。

古文を読むときの注意

古語の中には、現代人にはほとんどなじみのないものや、現代語とは異なった意味で使われるものも多くある。その分、古文は現代文より取っつきにくいのも事実だ。したがって、古文を正しく理解するためには、**古語の意味を注意深く読みとる**必要がある。

また、古文では、主語・目的語・助詞などがしばしば省略される。したがって、内容を正しく理解するためには、**省略された部分を補いながら読んでいく**ことも必要である。訳すときも、そうやって省略部分を補うとわかりやすくなる。

文章を読むときには、まず何よりも**全体の内容をつかむ**ことが大切である。これは何も古文に限ったことではない。細かい部分によく意味のとれない箇所があっても、そこは飛ばして、ともかく全体を読んでしまおう。全体を読んでから、意味がよくわからなかった箇所をもう一度読み直してみると、意外にすんなりと理解できることが少なくない。

もちろん、一語一句の意味をわからないままにしておくのは、正しい勉強法ではない。しかし、全体を読む前から細かい部分に気をとられ、わからない語句が出てくるたびに、考え込んだり辞書を引いたりするようでは、かえって文章の全体像をつかみ損ねてしまう。

古文は現代とは様々な点で異なる時代に生まれたものなのだから、**固定観念を捨てて、素直な気持ちで接する**よう心がけたいものである。

Open Sesame

読解のための要点

1 古文を読む意義　古典の持つ豊かな生命力に触れ、自分の心をより広く、より深くすることができる。現代とは異質な生活や価値観に触れることにより、視野を広げることができる。

2 古文読解の注意事項　古語の意味を注意深く読みとること。

主語・目的語・助詞など、省略された部分を補いながら読むこと。

細かい所にこだわる前に、まず全体像をつかむこと。

固定観念を捨てて、素直な気持ちで接すること。

第1章　物語

例題1　宇治拾遺物語

Open Sesame

●作品紹介●

西暦千二百年頃に成立した説話集。作者は未詳。約二百編の説話からなる。仏教説話の他に、庶民の日常を生き生きと描いた世俗説話を含んでおり、全般によくまとまっている。

これも今は昔、比叡《ひえ》の山に児《ちご》ありけり。僧たち、①宵のつれづれに、「いざ、かいもちひせむ」と言ひけるを、この児、心よせに聞きけり。「さりとて、しいださむを待ちて、寝ざらむも、わろかりなむ」と思ひて、かたがたに寄りて、A寝たるよしにて、出で来るを待ちけるに、すでに、しいだしたる様《さま》にて、ひしめきあひたり。この児、「さだめておどろかさむずらむ」と待ちゐたるに、僧の「物申しさぶらはむ、②おどろかせ給へ」と言ふを、「うれし」とはa思へども、「ただ一度に答《いら》へむも、b待ちけるかともぞc思ふ」とて、「いま一声呼ばれていらへむ」と、B念じて寝たるほどに、「や、③な起こしたてまつりそ。幼き人は寝入り給ひにけり」と言ふ声のしければ、④「あなわびし」と思ひて、「いま一度、⑤起こせかし」と思ひ寝に聞けば、「ひしひし」とただd食ひに食ふ音のしければ、すべなくて、むごの後に、「えい」といらへたりければ、僧たち、笑ふこと、かぎりなし。

【語釈】

〔比叡の山〕京都東北方の山で、ここは延暦寺を指す。
〔児〕行儀見習いのために寺に預けられた少年
〔かいもちひ〕ぼたもち
〔心よせに〕期待して
〔しいださむ〕作り出す。完成する。「む」は婉曲の意の助動詞。
〔かたがた〕隅の方
〔ひしめきあひたり〕押し合って騒いでいる
〔さだめて〕きっと
〔おどろかさむずらむ〕起こそうとしているのだろう。「むず」は意志（この場合は僧たちの意志）を表し、「らむ」は現在推量を表す。
〔物申しさぶらはむ〕ものを申し上げましょう。ちょっと申し上げます。
〔むごの後〕ずっと後

1　傍線部①～⑤を現代語に訳そう。

OPEN SESAME 解説

① 「宵」は、日が暮れてからの数時間。「つれづれ」は、することがなくて退屈な状態。

② 「おどろか」は、動詞「おどろく」の未然形。「おどろく」には、i「目を覚ます」、ii「気がつく」という意味があるが、ここでは、iの意味で用いられている。「せ」は、助動詞「す」の連用形。助動詞「す」には、使役と尊敬の二つの用法があるが、ここでは下の「給へ」とともに、尊敬の意味を表している。「給へ」は、尊敬の敬語動詞「給ふ」の命令形。ここでは、補助動詞として用いられている。

③ 「な」は、終助詞「そ」と呼応して禁止を表す陳述の副詞。「な～そ」で一つのまとまりとして訳す。「たてまつり」は、謙譲の敬語動詞「たてまつる」の連用形。ここでは補助動詞として用いられている。

④ 「あな」は感動詞。「わびし」は、意志に沿わない不自由さを表す形容詞。

⑤ 「起こせ」は動詞「起こす」の命令形。「かし」は念を押す終助詞。

解答　①日が暮れてからの空き時間に　②お起きなさい　③お起こしするな　④ああ困った　⑤起こしてよ

2　波線部a～dの主語は誰か。

OPEN SESAME 解説

この話の登場人物は、児と僧たちである。

a　起こされて「うれし」と思うのは、寝たふりをしながら、ぼたもちを楽しみにしていた側である。

b・c　一度呼ばれただけで返事をして、「待ちけるか」（待っていたのか）と思われるのは、寝たふりをしている側。反対に、そう思うのは、ぼたもちを作っていた側である。

d　ぼたもちを食べるのは寝たふりをしていない側、すなわち作った側である。

解答　a児　b児　c僧たち　d僧たち

3　児は、なぜ二重傍線部A・Bのような行動をとったのか。

OPEN SESAME 解説

A　「かいもちひせむ」（ぼたもちを作ろう）という僧たちの言葉を、児は「心よせに」（期待して）聞いた。おいしい物にありつけると思ったのである。しかし、そこで児が考えたのは、「さりとて、しいださむを待ちて、寝ざらむも、わろかりなむ」ということだった。ぼたもちは食べたいが、ぼたもちができ上がるまで起きて待っているのも、食い意地が張っていると思われそうで具合が悪い、というのである。

B　「念ず」には、ⅰ「祈る」、ⅱ「堪える」という意味があるが、ここではⅱの意味で用いられている。児は、本当はすぐに起きて行って、ぼたもちを食べたいのだが、寝たふりをしていたことを気づかれたくないために、もう一度呼ばれるまで、がまんすることにしたのである。このように、児はぼたもちを食べたくて仕方がないのに、食いしん坊と思われまいとして無理にやせがまんをし、結果的に自ら不利な状況を作り出しているのである。

解答　A　ぼたもちができるのを起きて待っていて、食い意地が張っていると思われるのが、いやだったから。
B　すぐに返事をしたら、狸寝入りしていたことを見破られると思ったから。

4　最後に僧たちが大笑いしたのは、なぜか。

OPEN SESAME 解説

僧たちが起こそうとして声をかけたとき、児が本当に寝ていたのなら、「むごの後」になってから突然返事をするはずがない。結局、児は返事をすることによって、狸寝入りのばけの皮を自らはがすようなことをしてしまったのである。しかしながら、児が「えい」と返事をした時点で、初めて狸寝入りとわかったのなら、僧たちは「笑ふこと、かぎりなし」ということになったであろうか。僧たちは児の狸寝入りに気づいていて、児の様子をうかがっていたのかもしれない。

解答　児ががまんしきれなくなって、自分で自分の狸寝入りを暴露するようなことをしてしまったのが、たまらなく愉快だったから。

現代語訳

これも今では昔のことであるが、比叡山（の延暦寺）に行儀見習いの少年がいた。僧たちが、日が暮れてからの空き時間に、「さあ、ぼたもちを作ろう」と言い出したのを、この少年は（自分にも分けてもらえると思って）期待して聞いていた。「そうかと言って、（ぼたもちが）できるのを待って寝ないでいるのも、具合が悪かろう」と思って、隅の方に寄って、寝たふりをしながら、（ぼたもちが）できるのを待っていたら、いつしか（ぼたもちが）できあがった様子で、（僧たちが）押し合って騒いでいる。この少年が「きっと（僧たちは僕を）起こそうとしているのだろう」と（思って）待っていると、（思った通り、ある）僧が「ちょっと申し上げます。お起きなさい」と言う。（少年は）それを（聞いて）「うれしい」とは思ったが、「たった一度（呼ばれた）だけで返事をしたら、待っていたのかと（僧たちは）思うかもしれない」と（考えて）、「もう一度呼ばれてから返事をしよう」と（思って）、がまんして寝ているうちに、「おい、お起こしするな。幼い方は寝入ってしまわれた」という（別の僧の）声がした。それで、（少年は）「ああ、困った」と思って、「もう一度起こしてよ」と思いながら、寝たまま聞いていると、「むしゃむしゃ」とただひたすら食べる音がする。それで、どうしようもなくて、ずっと後に（なってから）「はい」と返事をしたので、僧たちは大爆笑した。

〈内容理解を深める〉―その①

児の心理と僧たちの作戦？

僧たちの言動と、それに対する児の反応を表にまとめると、次のようになる。

僧たち	児
「ぼたもちを作ろう」と言い出す。	期待しつつ、体裁を気にする。 ⇩寝たふりをする。
ぼたもちが完成する。	（きっと起こしてくれる。）
「お起きなさい」と声をかける。	（一度で起きたら疑われる。） ⇩がまんして寝たふりを続ける。
「寝た人を起こすな」	（もう一度起こしてほしい。）
むしゃむしゃ食べる音を立てる。	（ああ、困った。） ⇩ものすごく遅れて返事をする。
大爆笑。	?・?・?・?・?・?・?・?・?・?・?・?・?・?

　このようにまとめてみると、児が僧たちの言動に耳を澄ましながら、一喜一憂するさまが、手に取るように伝わってくる。最後に僧たちの大爆笑を食らった児が、どんな気持ちになったかは、本文には書かれていない。しかし、狸寝入りをまんまと見破られて、死ぬほど恥ずかしい思いをしたことは間違いない。顔を真っ赤にしてうつむく様子が、目に浮かぶようではないか。

　さて、その児だが、恥ずかしさのあまりぼたもちも喉を通らなかったのか。それとも、恥ずかしさをものともせず、夢中でぼたもちにかぶりついたのか。それは、読者の想像次第である。しかし、ここで注意したいことが一つある。それは、児は最後まで、僧たちの言動を耳で聞くだけで、目でしっかり見届けてはいない、ということである。

　児は、僧たちが「いざ、かいもちひせむ」と言い出したのを聞いただけで、すっかりその気になって、狸寝入りを始めてしまった。だから、僧たちが実際にぼたもちを作っている所は見ていないのである。

　極端なことを言えば、僧たちは、本当はぼたもちなど作りもしなかったのかもしれない。そうでないというはっきりした証拠は、本文中にはない。この文章は、僧たちの言動については、児が耳で聞いたままを記しているだけであって、事実そのものを記しているとは限らないのである。

　「つれづれに」という言葉は、「退屈しのぎに」と訳すこともできる。とすれば、僧たちは、退屈しのぎに児をちょっとからかってみたのかもしれない。児が「むごの後」に「えい」と返事をしたとき、僧たちがどっと大爆笑しているのも、児の食いしん坊で見栄っ張りの性格をよく知っていて、ボロを出すのを待ち構えていたように見える。

　もちろん、このことについて、この話を記録した人がどう考えていたかはわからないが、むしろ、このように自由に解釈できるところが、この説話の面白さである。

例題2　伊勢物語

昔、男ありけり。①身はいやしながら母なん宮なりける。その母、長岡といふ所に住み給ひけり。子は京に宮仕へしければ、A まうづとしけれど、②しばしばえまうでず。③ひとつ子にさへありければ、B a いとかなしうし給ひけり。さるに、十二月《しはす》ばかりに、「とみのこと」とて御文《ふみ》あり。b おどろきて見れば、C 歌あり。

Ⅰ　老ひぬれば D ④さらぬ別れのありといへば
　　いよいよ見まくほしき君かな

かの子、いたううち泣きて、よめる、

Ⅱ　世の中にさらぬ別れの⑤なくもがな
　　千代《ちよ》もと祈る人の子のため

Open Sesame

●作品紹介●

西暦九三五年頃に成立した、現存最古の歌物語集。作者は未詳。約一二五段からなる短編集であるが、在原業平らしき人物の一代記という体裁をとる点に特徴がある。

【語釈】

〔男〕物語の主人公。平安初期の貴族、在原業平と目される。

〔宮〕天皇の子ども。男なら親王、女なら内親王と言う。在原業平の母は桓武天皇第八皇女伊登《いと》内親王であった。

〔長岡〕現在の京都府長岡市。延暦三年から同十三年まで都が置かれていた。

〔宮仕へ〕朝廷に出仕すること

〔ひとつ子〕ひとりっ子

〔とみのこと〕急ぎの用

〔おどろきて〕はっと驚いて

〔見まくほしき〕会いたい

1　傍線部①～⑤を現代語に訳そう。

OPEN SESAME 解説

①「いやし」は、もともと「身分が低い」という意味の形容詞で、後に「下品だ」「けちだ」などの意味が派生した。「ながら」は接続助詞で、次の二通りの意味がある。

i二つの動作の並行を示す。（～シナガラ）

ii逆接を示す。（～ノニ・～ダガ）

②「え」は、打消や反語の表現と呼応して、不可能を表す陳述の副詞。「え～ず」で一つの意味を表すと考えよう。「まうで」は、下二段動詞「まうづ」の未然形。「まうづ」は「行く」「来」の謙譲語。普通「参上する」と訳すが、②では、母のもとに行くことを表しているから、もう少し格式ばらない訳を考えたい。

③「さへ」は、ある物事に他の類似の物事を添加する副助詞である。ここでは、母が「男」をいとおしく思う理由として、「男」が宮仕えをしていて、なかなか会えないことの上に、「男」がひとりっ子であることを付け加えている。

④「さらぬ」は漢字で書くと「避らぬ」で、「避けられない」という意味。どうしても避けられない別れとは、どういう別れか考えてみよう。

⑤「なく」は形容詞「なし」の連用形。「もがな」は願望を表す終助詞。

解答　①身分は低いが　②たびたびうかがうことはできない　③その上ひとりっ子でも　④死別　⑤ないといいなあ

2　波線部a・bの主語は誰か。

OPEN SESAME 解説

この話の登場人物は、男とその母の二人である。

a　前にある「ひとつ子にさへありければ」の主語は、子である男の方。それを「いとかなしうし給ひけり」（たいそういとおしく思っておられた）というのは、母の方である。

b　「おどろきて」見たものは「御文」である。「御」という尊敬の接頭語が付いているので、これは「宮」（内親王）である母からの手紙である。

解答　a母　b男

3　二重傍線部A～Dは、どのようなはたらきをしているか。

OPEN SESAME 解説

接続助詞「ば」には、大別して次の二通りの用法がある。

i未然形＋ば……順接の仮定条件（～トシタラ）

ii已然形＋ば……順接の確定条件

A～Dはすべて已然形に接続しているが、iiはさらに、

原因・理由（～ダカラ）

偶然条件（～シテミタラ）
恒時条件（～スルトカナラズ）
の三通りの用法に分けられる。

解答　A原因・理由を表す。　B原因・理由を表す。
C偶然条件を表す。　D恒時条件を表す。

4　Ⅰの和歌に込められた母の思いを、現代語でわかりやすく代弁してみよう。

OPEN SESAME **解説**

年老いた母が、急ぎの用と称して手紙をよこす。そこには、「死別」という不吉な文句……。もちろん、このとき母は、現実に死に直面していたわけではないが、一人息子にも会えないまま、寂しく年老いていく身には、死の不安が特に強く感じられたに違いない。死を意識すればするほど、我が子に会いたい気持ちが抑え切れなくなったのである。

解答　死ぬ前におまえに会いたい。すぐ来ておくれ。

5　Ⅱの和歌は何句切れか。

OPEN SESAME **解説**

終助詞「もがな」で意味が切れる。先に「死別がないとよいのに」という願望を述べ、その後で願望する理由を説明する形になっている。和歌には、こういう倒置が多い。

解答　三句切れ

現代語訳

昔、男がいた。身分は低いが、母は内親王であった。その母は、長岡という所に住んでいらっしゃった。子供は京都で宮仕えをしていたので、（母のもとに）うかがおうと思ったけれども、たびたびうかがうことはできない。その上（男は）ひとりっ子でもあったので、（母は）たいそういとおしく思っておられた。ところが、十二月頃に、（男のところに）「急ぎの用」ということで（母から）お手紙が届いた。はっと驚いて見てみると、歌が書いてある。

　年を取ってしまうと、（死という）避けられない別れがあると言うから、ますます会いたいと思うあなたであるよ。

その子が、はげしく泣いて詠んだ（歌）。

　この世の中に死別なんてないといいのになあ。千年でも（生きていてほしい）と祈る子供のために。

〔内容理解を深める〕―その②
在原業平の人物像

『伊勢物語』は全部で一二五段のエピソードからなる、言わば短編集である。その段の多くは、平安時代初期の貴族で、歌人として名高い在原業平をモデルとする話であり、この本文も同様である。

　在原業平は、平城天皇の三男阿保親王の子で、本文にも登場する母は、桓武天皇の娘伊登内親王であった。つまり、両親ともに天皇の子供であったわけで、在原の姓を賜って臣籍に下り、一般の貴族と対等の身分になっていたものの、家柄は特別高貴だった。しかし、政治の実権は、すでに藤原氏の手に移りつつあり、業平には政界の中心で活躍する機会は与えられなかった。そのせいもあってか、彼の情熱は、もっぱら和歌と恋愛に向けられた。特に恋愛に関しては、熱くなりやすい性格であったらしく、様々な女性に恋したことが、『伊勢物語』からも知られる。

　例えば、業平は現在の福島県あたりを旅していて、その土地の人妻を見そめ、次のような和歌を送った。

　しのぶ山忍びて通ふ道もがな人の心の奥も見るべく（ここには、しのぶ山という山もあることだし、人目をしのんであなたのもとに通う道があるといいなあ。あなたの心の奥底まで見届けることができるように）

　相手の女はたちまち業平に夢中になったが、反対に、業平は女の田舎臭い露骨な好意に閉口して、別れてしまった。

　また、前に付き合っていた女から

　憂きながら人をばえしも忘れねばかつ恨みつつなほぞ恋しき（つらいけれど、あなたを決して忘れられないから、うらめしく思いながらも、やはり恋しいのです）

という和歌を送られると、その日のうちに女のもとに行き、

　秋の夜の千《ち》夜《よ》を一夜になずらへて八千夜し寝ばや飽く時のあらむ（秋の夜千回を一夜と数えることにして、それで八千回夜をともにしたら、私も満足できるだろうか）

と詠んで、前にも増して、深く激しく愛し合った。

　こうした多彩な女性遍歴からは、気まぐれな好色家という印象を受けるが、業平が実に率直で真摯な愛情の持主であったことは、本文から容易にうかがわれる。

　業平の母方の祖父である桓武天皇は、初め奈良から長岡に都を移し、その造営工事も済まないうちに、今度は京都に遷都した。在原氏は長岡に住みついたが、業平は官吏としての生活のため、京都に住んだ。それで、母がひとり長岡に残されることになったのである。

　長岡は京都府の西部、桂川の西、小塩山のふもとに当たる。平安京から川一つ隔てているに過ぎないが、至近距離というほどではなく、急なことが起こった場合、間に合わないこともあったに違いない。なかなか会えない相手を気づかいながら、はがゆい思いで暮らしている母子それぞれの愛情が、本文の二つの和歌ににじんでいる。

　現在、小塩山のふもと、大原野の上羽という土地の竹やぶに、阿保親王・伊登内親王・在原業平の墓がひっそりと立っているという。

練習問題1

『古今著聞集』

ある所に強盗《がうだう》入りたりけるに、弓取りに法師を立てたりけるが、秋の末つ方のことにて侍りけるに、門のもとに柿の木のありける、下にこの法師、片手矢はげて立ちたる上より、熟柿の落ちけるが、この弓取りの法師がいただきに落ちて、つぶれて、さんざんに散りぬ。この柿の冷や冷やとして当たるを、a掻《か》い探るに、何となく①濡れ濡れとありけるを、はや射られにけりと思ひて、臆《おく》してけり。かたへの輩《ともがら》に言ふやう、「はやく痛手負ひて、②いかにものぶべくもおぼえぬに、この首うて」と言ふ。「いづくぞ」と問へば、「頭《かしら》を射られたるぞ」と言ふ。b探れば、何とは知らず濡れわたりたり。手に赤く物付きたれば、げに血なりけりと思ひて、③「さらむからにけしうはあらじ。引き立てて行かむ」とて、肩に懸けて行くに、「いやいや、いかにものぶべくもおぼえぬぞ。ただ、はやく首を切れ」としきりに言ひければ、言ふにしたがひて、cうち落としつ。さて、その頭を包みて、④大和の国へ持ちて行きて、この法師が家にd投げ入れて、「しかしか言ひつること」とて取らせたりければ、妻子泣き悲しみて見るに、さらに矢の跡なし。「むくろに手ばし負ひたりけるか」とe問ふに、「しかにはあらず。この［A］のことばかりぞ言ひつる」と言へば、⑤いよいよ悲しみ悔ゆれどかひなし。［B］

【語釈】

〔弓取り〕弓を射る役

〔片手矢はげて〕一本の矢をつがえて

〔むくろ〕胴体

〔手ばし〕「手をばしも」の略。手傷を。

問一　傍線部①を法師は何だと思ったのか。本文中の語を抜き出して答えよ。

問二　傍線部②の意味として適当なものを次から一つ選び、記号で答えよ。

ア　どうしてもこの場を逃れようとは思わない

イ　どのように言葉で表したらよいかわからない

ウ　どうしても生かしておくわけにもいくまいと思う

エ　どうにも生きのびることができそうには思われない

問三　傍線部③について、次の各問いに答えよ。

(1)「さらむからに」は「さあらむからに」の略であるが、「さ」の具体的内容を口語で十字以内で答えよ。

(2)「けしうはあらじ」の意味として適当なものを次から一つ選び、記号で答えよ。

ア　たいしたことはあるまい

イ　たいへんなことだろう

ウ　恐いことはあるまい

エ　恐いことだろう

問四　傍線部④は今の何県か。

問五　傍線部⑤のように思った理由として適当なものを次から一つ選び、記号で答えよ。

ア　法師が仲間の手にかかって死んでしまったことがわかったから。

イ　法師が傷も受けていないのに早合点して死んだことがわかったから。

ここに着目

問一　直後の「はや射られにけりと思ひて」がヒントになる。

問二　品詞分解すると、「いかに・も・のぶ・べく・も・おぼえ・ぬ」となる。直後の「この首うて」の言葉から、「のぶ」の意味を考えてみよう。

問三　(2)の「けしう」は「けしく」の音便化したもの。

ウ　法師が弓取りとしては不名誉な死に方をしたことがわかったから。

エ　法師が死ぬ最後まで妻子のことを気にかけていたことがわかったから。

問六　[A]に入る適当な語を本文中の一語で答えよ。

問七　[B]にはこのエピソードを記録した人の感想が入るが、それはどういう内容か。次から一つ選び、記号で答えよ。

ア　妻子などは持つべきではなかったよ。

イ　友人は慎重に選ばなければならない。

ウ　法師は弓取りなどしない方がよい。

エ　臆病とはなんとも情けないものだ。

問八　波線部a〜eの主語として適当なものを次から選び、それぞれ記号で答えよ（同じものを何回選んでもよい）。

ア　強盗　　イ　法師　　ウ　法師の輩　　エ　妻子

問六　「むくろに手ばし負ひたりけるか」という問いかけに対する返答である。

問七　法師が命を落とした原因は何か。

練習問題2

『大和物語』

おなじ帝《みかど》、狩《かり》いとかしこく好みたまひけり。陸奥《むつ》の国《くに》、磐手《いはて》の郡《こほり》より奉《たてまつ》れる御鷹、世になくかしこかりければ、になうおぼして御手鷹《てたか》にしたまひけり。名をば磐手となむつけたまへりける。それを、①かの道に心ありて、あづかり仕《つか》うまつりける大納言にあづけたまへりける。夜昼、これをあづかりて、とりかひたまふほどに、いかがしたまひけむ、②そらしたまひてけり。心《こころ》ぎもをまどはしてもとむるに、③さらにえ見いでず。④山々に人をやりつつもとめさすれど、さらになし。みづからも深き山に入りて、まどひ歩《あり》きたまへどかひもなし。このことを奏せで、しばしもあるべけれど、二三日にあげず⑤御覧ぜぬ日なし。「⑥いかがせむ」とて、内にまゐりて、御鷹のうせたるよし奏したまふ時に、帝、もののたまはせず。「聞こしめしつけぬにやあらむ」とて、また奏したまふに、⑦おもてをのみまもらせたまうて、ものものたまはず。「たいだいしとおぼしたるなりけり」と、われにもあらぬ心地して、かしこまりていますかりて、「この御鷹の、もとむるに、侍《はべ》らぬことを、いかさまにかしはべらむ。などかおほせごともたまはぬ」と奏したまふ時に、帝、

⑧いはで思ふぞいふにまされる

とのたまひけり。かくのみのたまはせて、異事《ことごと》ものたまはざりけり。御心に

【語釈】

〔磐手の郡〕岩手県、北上川上流一帯の古名

〔御手鷹〕御愛用の鷹

いといふかひなく、⑨惜しくおぼさるるになむありける。これをなむ、世の中の人、Cもとをばとかくつけける。Dもとはかくのみなむありける。

問一　傍線部①③⑥⑦の意味として最も適当なものを次から一つずつ選び、記号で答えよ。

①かの道に心ありて

ア　鷹の調教に心得があって

イ　鷹のよしあしを見抜く力があって

ウ　陸奥の国へ行く道を知っていて

エ　和歌の教養があって

③さらにえ見いでず

ア　なおさらわからない

イ　どうしても見つけられない

ウ　決して外を見ようとしない

エ　二度と見たくない

⑥いかがせむ

ア　どうしたらよいだろうか

イ　どうなさったのですか

ウ　しかたがない

エ　どんな気持ちなのだろうか

ここに着目

問一　①　前後の文脈から、「かの道」の指示内容を考える。

③　「さらに〜ず」「え〜ず」の用法。

⑥　品詞分解すると、「いか・が・せ・む」となる。

⑦　直後の「もののたまはず」を踏まえて、「まもる」の意味を考える。

⑦おもてをのみまもらせたまうて

ア　正面ばかり警備なさって

イ　自分の気持ちを顔に出されずに

ウ　お面を手に持たれたままで

エ　顔ばかりをじっと見つめられて

問二　傍線部②④⑤⑨の動作の主体を次から一つずつ選び、記号で答えよ。

ア　帝　イ　鳥　ウ　御鷹　エ　大納言　オ　世の中の人

問三　二重傍線部A・Bはそれぞれ何を指すか。説明せよ。

問四　点線部Ⅰの文法的な説明として正しいものを次から一つ選び、記号で答えよ。

ア　助動詞　イ　接続助詞　ウ　格助詞　エ　動詞　オ　名詞

問五　波線部a～kの敬語の種類は何か。また、誰から誰への敬意を表すか。

問六　傍線部⑧の意味を簡潔に述べよ。

問七　大納言の報告を聞いた帝がものも言わなかったのは、なぜか。簡潔に説明せよ。

問八　二重傍線部C・D「もと」の意味として最も適当なものを次から一つずつ選び、記号で答えよ。

ア　和歌の上の句　イ　本来のもの　ウ　根　エ　原因

問二　②「そらす」は「逃がす」という意味。⑤「御覧ず」は「見る」の尊敬語。⑨「おぼす」は「思ふ」の尊敬語。

問五　会話文では、話し手が誰かを考える。

問六　和歌の下の句の形（七七）になっていることに注意。

問七　問六を参考にする。また、地の文では、帝の心境をどのように説明しているか。

第2章　随筆・日記

例題1　枕草子

春はあけぼの。①やうやう白くなりゆく山ぎは少しあかりて、紫だちたる雲の[a]細くたなびきたる。

夏は夜。月の[b]ころは②さらなり。やみもなほ、蛍の[c]多く飛びちがひたる。また、ただ一つ二つなど、ほのかにうち光りて行くも③をかし。雨など降るもをかし。

秋は夕暮れ。夕日の[d]さして山の端《は》いと近うなりたるに、烏《からす》の寝どころへ行くとて、三つ四つ、二つ三つなど、飛び急ぐさへ④あはれなり。まいて雁《かり》などの[e]連ねたるが、いと小さく見ゆるはいとをかし。日入り果てて、風の[f]音、虫の[g]音《ね》など、はた言ふべきにあらず。

冬は⑤つとめて。雪の降りたるは、言ふべきにもあらず。霜のいと白きも、またさらでもいと寒きに、火など急ぎおこして、炭持てわたるもいと⑥つきづきし。昼になりて、ぬるくゆるびもていけば、火桶《ひをけ》の火も白き灰がちになりて⑦わろし。

Open Sesame

●作品紹介●

西暦千年頃に成立した随筆集。作者は清少納言。宮廷生活の回想や自然・人事の観察を鮮やかに描写し、紫式部の『源氏物語』とともに平安文学の双璧とされる。

【語釈】

〔あけぼの〕夜が明け始めるころ。明け方。ちなみに、夜が明ける前を「あかつき」と言う。

〔山ぎは〕空の、山と接する部分

〔やみ〕新月のころの闇夜

〔飛びちがひたる〕飛び交っている

〔山の端〕山の、空と接する部分。稜線。

〔まいて〕まして

〔さらでも〕そうでなくても

〔ゆるびもていけば〕だんだんゆるんでいくと

〔火桶〕木製の丸火鉢

1　傍線部①〜⑦を現代語に訳そう。

解説

① 「やうやう」は、副詞「やうやく」のウ音便化したもの。「やうやく」は現代語とは意味が異なる。

② 「さらなり」は、「言ふもさらなり」（言うのも今さらという感じだ）という言い方が省略されてできた形容動詞。

③ 「をかし」は、物事への賞賛の気持ちを表す形容詞。現代語の「おかしい」の語源だが、意味は同じでない。

④ 「あはれなり」は、「あはれ」という言葉が形容動詞化したもの。「あはれ」は深い感情から発する「ああ」という溜息を表す感動詞で、「感動」「情趣」などの意味の名詞にもなる。

> 「をかし」と「あはれなり」は、ともに平安時代の美的理念を象徴する言葉とされている。
> 「をかし」が対象を客観的・理知的に見て賞賛する言葉であるのに対し、「あはれなり」は対象を主観的・情緒的に受け止めて感動する言葉である。『枕草子』に「をかし」が多用されるのは、清少納言の理知的な性格を物語るものと言える。

⑤ 「つとめて」には、i「早朝」、ii「翌朝」の二つの意味がある。どちらの意味で訳すかは文脈から考える。

⑥ 「つきづきし」は、物事が調和する状態を表す形容詞。

⑦ 「わろし」は、程度が普通以下であることを表す形容詞。

> 古文で、物事の良否を表すのに用いられる言葉には、次の四つがある。
> よし……特に優れている。「よい」「すばらしい」と訳す。
> よろし…普通以上。「悪くない」「まあまあだ」と訳す。
> わろし…普通以下。
> あし……特にひどい。「悪い」「醜い」と訳す。

解答　①しだいに　②言うまでもない　③趣がある
④趣深い　⑤早朝　⑥似つかわしい　⑦よくない

2　波線部a〜g「の」の用法に該当するのは、次のうちのどれか。

ア　連体修飾語を作る　イ　主語を表す
ウ　体言の代わりをする　エ　同格を表す

解説

a・c・dは「が」に置き換えることができる。

b・f・gは「の」以外の言葉には置き換えられない。

eは一見「が」に置き換えることができそうであるが、直後の「連ねたる」が連体形なので、その下に「こと」を補うとわかりやすい。

解答　a イ　b ア　c イ　d イ　e エ　f ア　g ア

3 本文には、どんな表現上の特徴があるか。

OPEN SESAME 解説

各段落の始まりの「春はあけぼの」「夏は夜」「秋は夕暮れ」「冬はつとめて」という文は、すべて名詞で結ばれている。そのため、簡潔で歯切れがよい印象を読む者に与える。いわゆる**体言止め**である。この四つの文の終わりには、内容から考えて、「をかし」「よし」などの言葉を補うことができる。

文末が連体形になっている文もある。第一段落の「紫だちたる雲の細くたなびきたる」や、第二段落の「蛍の多く飛びちがひたる」は、係り結びをしていないのに、連体形で文が結ばれている。これを**連体止め**と言う。連体止めにも体言止めと同じような効果がある。この二つの文の終わりにも、やはり「をかし」「よし」などの言葉を補うことができる。

このように、本文は、説明的な語句を極力省いて書かれている。そのため、一見ぶっきらぼうで意味がとりづらいように感じられるかもしれない。しかし、全体を通して読んでみると、一つ一つの事物が効果的に並べられていて、鮮やかに目に浮かんでくることに気づくのである。

解答　簡潔で歯切れのよい表現を多く用いることによって、文章全体に断定的な語感を生み出し、一つ一つの事物を鮮明に印象づけている。

現代語訳

春は明け方（がよい）。しだいに白んでいく山際が、少し明るくなって、紫がかった雲が細くたなびいているの（がよい）。

夏は夜（がよい）。満月のころは言うまでもない。闇夜でも、蛍がたくさん飛び交っているの（がよい）。また、たった一匹か二匹ぐらい、ほのかに光って飛んでいくのも趣がある。雨などが降るのも趣がある。

秋は夕暮れ（がよい）。夕日がさして山の端にたいそう近くなったころに、カラスがねぐらへ帰ろうとして、三羽四羽、あるいは二羽三羽など、急いで飛んでいくのも趣深い。まして列をなして飛んでいる雁たちが、とても小さく見えるのはたいそう趣がある。日がすっかり沈んでしまって、風の音、虫の鳴き声など（がするの）も、また言うまでもない。

冬は早朝（がよい）。雪が降っているのは言うまでもない。霜がたいそう白い朝も（よいし）、またそうでなくても、たいそう寒い朝に、火などを急いでおこして、炭を運んでいくのも、（冬の朝に）たいそう似つかわしい。昼になって、なま暖かく（寒さが）ゆるんでいくと、火ばちの火も白い灰ばかり目についてよくない。

〔内容理解を深める〕―その③

清少納言の美学

一見してわかるように、清少納言は、この文章で季節ごとの美をきわめて具体的に描写している。そこで、本文で述べられている季節ごとの美を整理すると、次のようになる。

季節	時間	具体物
春	あけぼの	白みはじめた山際に紫がかった雲がたなびく。
夏	夜	満月のころ。 闇夜に蛍がたくさん飛び交う。 闇夜に蛍が一、二匹飛んで行く。 雨が降る。
秋	夕暮れ	夕日が山の端近くになったころ、烏が数羽、巣に急ぐ。 雁が列を作って飛ぶのが小さく見える。 日没後の風の音・虫の音。
冬	早朝	雪が降る。 霜がたいそう白い。 たいそう寒い朝に、急いで炭に火をおこして運ぶ。

この表からよくわかるように、清少納言は、季節ごとの美を語るために、それぞれの季節に最もふさわしい時間帯をまず選び、その時間帯の中から、鑑賞に値するものを選び出している。

そこで、清少納言が選んだ時間帯を見てみると、昼間が含まれていない。あけぼの・夜・夕暮れ・早朝、いずれをとっても、光がさほど強くないか、あるいは光そのものがほとんどないような時間帯である。

そこで語られる具体的な美は、白み始めた山際にたなびく雲や、闇に飛び交う蛍などのように、光と陰の溶け合う、幽玄な情景が多い。このように、明るさよりもほの暗さや奥深さを尊び、余韻のある美を求める抒情的な美意識は、清少納言独自のものと言うよりは、平安貴族全体に共通のものである。

清少納言の美意識の独自性は、春の桜・秋の紅葉といった美の定型には一言も触れず、夏の月・冬の雪も「言うまでもない」の一言で片づけてしまうところや、反対に烏のような嫌われ者を登場させるところにある。言わば、「美」というものに対する常識を打ち破ろうとするかのような挑戦的な姿勢を、この文章から読みとることができるのである。

むだな説明を一切排した歯切れのよい文体といい、固定観念に縛られず、独自の視点から新たな美を発見しようとした内容といい、清少納言の理知的な性格が現れた文章と言えるであろう。

例題2　更級日記

紫のゆかりを見て、つづきの見まほしくおぼゆれど、人語らひなどもえせず、たれもいまだ都慣れぬほどにてえ見つけず。①いみじく心もとなくゆかしくおぼゆるままに、「この源氏の物語、一の巻よりしてみな見せ給へ」と、心の中《うち》に祈る。親の太秦《うづまさ》にこもり給へるにも、異事《ことごと》なくこのことを申して、「出でむままにこの物語見はてむ」と思へど見えず。いとくちをしく思ひなげかるるに、をばなる人の田舎《ゐなか》よりのぼりたる所に渡いたれば、「いとうつくしうおひなりにけり」など[a]あはれがり珍しがりて、[b]帰るに、「何をか奉らむ。②まめまめしき物はまさなかりなむ。③ゆかしくし給ふなる物を奉らむ」とて、源氏の五十余巻《よまき》、櫃《ひつ》に入りながら、在《ざい》中将、とほぎみ、せりかは、しらら、あさうづなどいふ物語ども、一ふくろとり入れて、得て帰る心地のうれしさぞいみじきや。走る走る、わづかに見つつ心も得《え》ず心もとなく思ふ源氏を、一の巻よりして、人もまじらず几帳《きちやう》のうちにうちふして、引き出でつつ見る心《ここ》地《ち》、后《きさき》の位もなににかはせむ。

Open Sesame

●作品紹介●

西暦千六十年頃に成立。作者は菅原孝標女《すがわらのたかすえのむすめ》。物語にあこがれる少女時代から、結婚後現実の苛酷さを知り、仏にすがる晩年まで、約四十年間の出来事を回想して記す。

【語釈】

〔紫のゆかり〕『源氏物語』の若紫の巻

〔太秦〕京都の太秦にある広隆寺《こうりゅうじ》のこと

〔申して〕二通りの解釈が可能。①筆者も親とともに寺にこもり、直接仏に祈った。②筆者は寺にこもらず、代わりに祈ってくれるように、親に頼んだ。

〔渡いたれば〕①「渡したれば」のイ音便とも、②「渡りたれば」のイ音便とも考えられるが、この場合は②が適当であろう。

〔櫃〕上に蓋のある大型の箱

〔在中将〕『伊勢物語』のこと

〔とほぎみ～あさうづ〕現存しない物語

〔走る走る〕諸説があるが、「胸をどきどきさせて」とする説が適当であろう。

〔几帳〕布を垂らした、ついたて状の家具

1　傍線部①～③を現代語に訳そう。

OPEN SESAME 解説

①　「いみじく」は形容詞「いみじ」の連用形。用言の上にあるときは、その用言を強調する副詞となることが多い。「心もとなし」は実際の物事より気持ちが先に立って、いらだちが募る状態を表す形容詞。「ゆかしく」は形容詞「ゆかし」の連用形。「ゆかし」は物事に強く心引かれる状態を表し、i「～したい」、ii「恋しい」などと訳す。iの場合は、文脈によって「～」の内容を決める（見たい・聞きたい・知りたい・会いたい……など）。ここでは、『源氏物語』について言っていることに注意。「ままに」は、i「～にまかせて」、ii「～するやいなや」、iii「～ので」などと訳す。どのように訳すかは文脈による。

②　「まめまめしき」は形容詞「まめまめし」の連体形。「まめまめし」には、i「誠実だ」、ii「実用的だ」という意味がある。人について言うときはi、物について言うときはii。「まさなかり」は形容詞「まさなし」の連用形。「まさなし」は本来あるべきでない状態を表し、文脈に即して様々に訳される。ここでは、筆者への贈り物としてふさわしくない（筆者が喜ばない）という意味。「な」は助動詞「ぬ」の未然形。「ぬ」には完了と強意の二つの用法がある。下に「む」があることから考えよう。「む」は助動詞「む」の終止形。推量・意志・適当・勧誘・婉曲などを表す。主語が「まめまめしき物」であることから考えよう。

③　「ゆかしくす」で一つの意味を表すと考えよう。「ゆかしく」については、①の解説を参照。「し」は動詞「す」の連用形。「なる」は助動詞「なり」の連体形で、i断定（体言・連体形に接続）、ii伝聞・推定（終止形に接続）の二つの用法がある。上にある「給ふ」の終止形と連体形が同じ形であることから、用法は文意から判別する。「奉ら」は「奉る」の未然形。「奉る」は「与ふ」の謙譲語。「む」については、②の解説を参照。

解答
①たいそうもどかしく読みたく思われるので
②実用的なものではつまらないだろう
③欲しがっていらっしゃるという物を差し上げよう

2　二重傍線部ａ・ｂの主語は誰か。

OPEN SESAME 解説

a　「あはれがる」は、形容動詞「あはれなり」が動詞化したもの。「珍しがる」は、形容詞「珍し」が動詞化したもの。aの前に「いとうつくしうおひなりにけり」（とてもかわいらしくなったわね）とあるのがヒントになる。久し振りに再会した相手の、成長した姿に感心しているのである。

b　訪ねて行った者が、訪ねた先から帰るのである。

解答　aをばなる人　b筆者

3 筆者が『源氏物語』を読む喜びを最も端的に表現している箇所は、どこか。

OPEN SESAME 解説

筆者は、本文の前半では『源氏物語』をごく一部しか読んでおらず、その時点では、読む喜びよりも、続きが読めないもどかしさが心を占めていた。筆者が『源氏物語』を本格的に読み始めたのは本文の後半で、「をばなる人」から『源氏物語』の全巻をもらってからである。後半から、喜びを吐露する箇所を探すと、次の二つがある。

i（得て帰る心地の）うれしさぞいみじきや

ii（引き出でつつ見る心地）后の位もなににかはせむ

まずiは、「うれしさは大変なものね」と訳せる。（「いみじ」は、程度が極端であることを表す形容詞で、係助詞「ぞ」と係り結びをして連体形「いみじき」になっている。「や」は間投助詞。）これは、これから読もうとする「うれしさ」であって、まだ実際に読んでいるわけではない。

iiは、「皇后の位も、どうってことはない」という意味。（「かは」は反語で用いられている。）『源氏物語』の面白さに比べたら、皇后の地位も問題にならないというのである。

解答 后の位もなににかはせむ

現代語訳

源氏物語の若紫の巻を読んで、続きが読みたいと思われるけれど、人に相談することもできないし、（家の者は）だれもまだ都に慣れていない頃だから見つけ出すこともできない。たいそうもどかしく読みたく思われるので、「この源氏の物語を、一巻から全部お見せください」と、心の中で（神仏に）祈る。親が太秦（の広隆寺）におこもりになったときにも、ただひたすらこのことだけをお願いして、「（寺から）出たらすぐにこの物語を終わりまで読んでやろう」と思うけれど、（やはり）見つからない。まったく残念で、自然に悲しい気分になっていたところ、（ある日）おばに当たる人が地方から上京した所に出かけたところ、「ほんとうにかわいらしくなったねえ」とか言って感心したり、新鮮がったりして、帰りがけに、「何を差し上げようか。実用的なものではつまらないだろう。欲しがっていらっしゃるという物を差し上げよう」と言って、源氏物語五十余巻を櫃に入れたままそっくり、（他に）在中将・とほぎみ・せりかは・しらら・あさうづなどという物語などを一袋に入れてくれた。（それらを）もらって帰るときの気持ちのうれしさはたいへんなものね。胸をどきどきさせて、（これまで）わずかに読んでは、（前後の筋も）よくわからずもどかしく思っていた源氏物語を、一巻から始めて、だれにも邪魔されないで、几帳の中にねそべって、（櫃から）引き出しては読む気持ち（に比べたら）、后の位だって何になろうか。

〔内容理解を深める〕—その④

多感な少女の夢と現実

本文で、筆者菅原孝標女は『源氏物語』を読む喜びを、「后の位もなににかはせむ」とまで言い切っている。それほど夢中になっていたということであるが、そこには少女なりの現実認識があったとも考えられる。というのは、本文の続きに当たる部分に、次のような記述があるからである。

「私は今はかわいらしくないけど、年頃になったら、きっと光源氏に愛された夕顔の君や、薫の君に愛された浮舟の女君のようになれるわ」なんて思っていたのだから、いやはや浅はかで、我ながらあきれてしまう。

末尾の「いやはや～」というのは、『更級日記』を書いている時点での、つまり晩年になってからの感想である。これに対し、「　」の中が『源氏物語』に熱中していた少女時代（十四歳頃）の考えである。いかにも無邪気に物語の世界に憧れているように見えるが、憧れの対象となっている夕顔・浮舟という二人の女性が、源氏物語に登場するヒロインたちの中では、比較的低い身分に属している点に注意したい。『更級日記』の筆者は、下級貴族の娘であり、その点で夕顔・浮舟の境遇に近い。つまり、筆者は自分にも手の届きそうな人物を無意識に選んでいたわけである。そこには冷静で現実的な認識があったに違いない。

だとすれば、「皇后の地位だって取るに足りない」という言葉の背後にも、「どうせ皇后になんてなれるはずがない」という達観が潜んでいたと考えることもできる。多感な子供はしばしば夢と現実とを同時に見ているものであり、夢と現実の違いを直感的に知っているものである。

晩年の筆者は、現実の人生に失望し、死後極楽に生まれ変わることだけを唯一の希望としていた。実は、少女時代にも、一度夢に僧侶が現れて「極楽に行けるよう、早くお経を習え」と忠告してくれたのだが、そのときは『源氏物語』のことしか頭になく、完全に無視してしまったのであった。人生の辛酸をなめた晩年の筆者が、若き日の憧れを「いやはや浅はかで、我ながらあきれてしまう」と嘆くのも、それなりにもっともと言うべきであろう。

ところで、『源氏物語』は当時貴族の女性たちの間で流行の最先端であった。それを筆者が懸命に探し求め、一心不乱に読み耽るのは、現代の一部の若い女性たちが有名ブランドの服やバッグを競って身にまとうのと、似ていないでもない。筆者は、地方官の娘として関東の田舎に生まれ育った。それだけに、都の洗練された文化への憧れが強かったのであろう。

しかし、筆者の憧れは後の人生にも深く関わる財産となった。菅原孝標女は『夜の寝覚』という物語の作者でもあると言われる。この物語は、悲劇的な恋を女性の立場から描写している。実人生で味わった悲嘆を物語に託したのであろうが、それだけでは作品として成功するとは限らない。やはり、多感な少女の感性を終生持ち続け、夢と現実とを同時に見ることができたからこそ、後世に残る作品に仕上がったのである。少女時代の憧れは決してむだではなかったのである。

練習問題1　兼好法師『徒然草』

平《たいらの》宣時《のぶとき》朝臣《あそん》、老《おい》ののち、昔語りに、最明寺《さいみやうじ》の入道、ある宵の間によばることありしに、Ⅰ「①やがて」と申しながら、A直垂のなくて②とかくせしほどに、また使来たりて、Ⅱ「直垂などのさぶらはぬにや。夜なれば③ことやうなりとも、とく」とありしかば、なえたる直垂、うちうちのままにてaまかりたりしに、銚子にB土器とりそへて④もて出でて、Ⅲ「この酒を一人たうべむが⑤さうざうしければ、申しつるなり。さかなこそなけれ、人はしづまりぬらむ。⑥さりぬべきものやあると、いづくまでも求めb給へ」とありしかば、紙燭《しそく》さして、⑦くまぐまを求めしほどに、台所の棚《たな》に、小土器に味噌の少しつきたるを見出でて、Ⅳ「これぞ求めえてcさぶらふ」と申ししかば、Ⅴ「こと足りなむ」とて、こころよく数献《すこん》におよびて、⑧興に入られd侍りき。⑨その世にはかくこそ侍りしかと、申されき。

問一　二重傍線部A・Bの読み方を現代かなづかいのひらがなで記せ。

問二　平宣時朝臣の昔話は、どこからどこまでか。その初めと終わりの各五字を抜き出せ。

問三　会話文Ⅰ～Ⅴは、それぞれ次の**ア**・**イ**のどちらの言葉か。

【語釈】

〔平宣時〕北条時政の曾孫。一二八七年、北条貞時が執権のときにその補佐役となった。時頼より十一歳年下。

〔最明寺の入道〕北条時頼。鎌倉幕府第五代の執権。晩年、最明寺に閑居したので、こう呼ばれる。

〔土器〕素焼きの杯《さかずき》

〔数献におよびて〕何度も杯を重ねて。「献」は杯に三ばいのこと。

ア　平宣時朝臣　　イ　最明寺の入道

問四　傍線部①③⑤⑥の口語訳として最も適切なものを次の中からそれぞれ選び、記号で答えよ。

①やがて

ア　そのうち参ります　　イ　すぐに参上します

ウ　もう少しお待ち下さい　　エ　しばらくして行きます

③ことやうなりとも、とく

ア　変な格好でもかまいませんから、早くいらっしゃい

イ　特に用事があるわけではないが、とにかくいらっしゃい

ウ　大事な話があるので、ともかく来て下さい

エ　変な服を着てても走ってくれれば、気づかれなくてすむ

⑤さうざうしければ

ア　周りがにぎやかならば　　イ　周りがにぎやかなので

ウ　もの寂しいならば　　エ　もの寂しいので

⑥さりぬべきもの

ア　明かりになりそうなもの

イ　酒のさかなになりそうなもの

ウ　酒の準備をしてくれそうな人

エ　直垂の代わりになりそうなもの

問五　傍線部②④⑦⑧の主語を本文中の言葉で記せ。

ここに着目

問四　①「やがて」は、古語ではどういう意味か。また、直後にどのような言葉が省略されているか。

③　終止形＋「とも」の用法。「ことやうなり」は「異様なり」、「とく」は「疾く」と書く。

⑤　已然形＋「ば」の用法。「さうざうし」は、古語ではどういう意味か。

⑥　「さりぬべき」は「さ・あり・ぬ・べき」が縮まったもので、直訳すると「そうであるのにふさわしい」という意味。

問五　②「とかく」は「あれやこれや」という意味。

⑦「〜いづくまでも求め給へ」を受けた行動である。

⑧「入られ」の「れ」は、尊敬の助動詞「る」の連用形。

問六　波線部a〜dの敬語の種類は何か。また、誰から誰への敬意を表すか。

問七　傍線部⑨はどのようなことをいっているのか。最も適切なものを次の中から選び、記号で答えよ。

ア　あの時代は為政者が絶対的な権力を持っていた。

イ　あの時代は上下関係がゆるやかだった。

ウ　あの時代はとても貧しくつらかった。

エ　あの時代は武家の生活は簡素だった。

問六　aとdは地の文に見えるが、そうではないことに注意。

問七　平宣時は、どのような気持ちでこの昔語りをしたのか。兼好法師は、この話に共感したから、『徒然草』に書き記したのである。

練習問題２

紀　貫之『土佐日記』

夜ふけて来れば、所所も見えず。京に入《い》り立ちてうれし。家に至りて、門に入るに、月あかければ、いとよくありさま見ゆ。聞きしよりもまして、いふかひなくぞこぼれやぶれたる。家にあづけたりつる人の心も、荒れたるなりけり。中垣《なかがき》こそあれ、ひとつ家のやうなれば、①のぞみてあづかれるなり。さるは、たよりごとに、物もたえずえさせ[a]たり。こよひ、②「かかること」と、こわだかにものも言はせ[b]ず。いとはつらく見ゆれど、③心ざしはせ[c]むとす。

さて、池めいてくぼまり、水つける所あり。ほとりに松もありき。五年《いつとせ》六年《むとせ》のうちに、④千年《ちとせ》や過ぎにけむ、かたへはなくなりにけり。⑤今おひたるぞまじれる。おほかたのみな荒れにたれば、「あはれ」とぞ人人いふ。思ひいでぬことなく、思ひ恋しきがうちに、この家にて生まれし女児《をむなご》の、もろともに帰らねば、いかがは悲しき。船人も、みな子たかりて⑥ののしる。かかるうちに、なほ悲しきにたへずして、ひそかに心知れる人と言へりける歌、

⑦生まれしもかへらぬものをわが宿に小松のあるを見るが悲しさ

とぞ言へる。⑧なほあかずやあらむ、またかくなむ。

⑨みし人の松の千年に見［A］ば遠く悲しき別れせ［B］や

忘れがたく、⑩くちをしきこと多かれど、えつくさず。とまれかうまれ、⑪とく

【語釈】

〔中垣〕隣の家との間の垣根

〔かたへ〕半分

〔とまれかうまれ〕何はともあれ

やりてむ。

問一　傍線部①の主語は誰か。わかりやすく書け。

問二　傍線部②は具体的に言うと、どういう事柄か。本文中でそれを言い表している文として最も適切なものを、次から一つ選び、記号で答えよ。

ア　聞きしよりもまして、いふかひなくぞこぼれやぶれたる。

イ　家にあづけたりつる人の心も、荒れたるなりけり。

ウ　中垣こそあれ、ひとつ家のやうなれば、のぞみてあづかれるなり。

エ　さるは、たよりごとに、物もたえずえさせたり。

問三　傍線部③の意味として最も適切なものを、次から一つ選び、記号で答えよ。

ア　お土産　**イ**　意志　**ウ**　お礼　**エ**　不満な気持ち

問四　波線部a～cの文法的説明として正しいものを、次から一つずつ選び、記号で答えよ。

ア　下二段動詞の連用形の活用語尾

イ　サ変動詞の未然形

ウ　使役の助動詞の未然形

エ　使役の助動詞の連用形

オ　使役の助動詞の未然形の一部

カ　使役の助動詞の連用形の一部

ここに着目

問二　「こわだかに」言いたくなるようなことである。

問三　本文は、筆者が土佐から数年ぶりに帰京した折の描写である。

キ　過去の助動詞の未然形

問五　傍線部④のように表現した筆者の意図について、説明せよ。

問六　傍線部⑤の口語訳として最も適切なものを、次から一つ選び、記号で答えよ。

ア　今では老齢となった人　　イ　つい先ほど置いた材木

ウ　最近はえ始めた若木　　エ　今まで背負っていた荷物

問七　傍線部⑥⑧⑩を口語訳せよ。

問八　傍線部⑦について、なぜ悲しいのか。その理由を説明せよ。

問九　傍線部⑨を本文中の別の言葉で言い換えよ。

問十　傍線部⑪の口語訳として最も適切なものを、次から一つ選び、記号で答えよ。

ア　はやく人にやってしまおう　　イ　得にもなりはしない

ウ　はやく破ってしまおう　　エ　はやく終わらせてしまいたい

問十一　[A]・[B]には同じ助動詞が入る。この助動詞をA・Bそれぞれに入るように正しく活用させよ。

問五　前後の文脈から、筆者の心境をとらえよう。

「や」は、疑問の係助詞。「過ぎ」は上二段動詞「過ぐ」の連用形。「に」は完了の助動詞「ぬ」の連用形。「けむ」は、過去推量の助動詞「けむ」の連体形。

問六　前後の文脈から判断する。

問七　⑥「ののしる」は、古語ではどういう意味か。

⑧　品詞分解すると「なほ・あか・ず・や・あら・む」となる。「あかず（飽かず）」の意味は二通りあるが、そのどちらであるか。

⑩「くちをし」の意味、已然形＋「ど」の用法、「え〜ず」の意味の三つがポイント。

問八・九　この二つの歌の主題は何か。

問十　品詞分解してみよう。

問十一　「〜ば、〜」の形でよく用いられる助動詞である。

第3章　和歌・俳句

例題1　和歌

Open Sesame

●出典紹介●

『万葉集』は奈良時代に編纂された最古の歌集。平安時代以後、天皇の命で多くの歌集が編纂された。『古今集』から『新古今集』までは、すべて勅撰和歌集である。

A　東の野にかぎろひの立つ見へてかへり見すれば月かたぶきぬ
（『万葉集』柿本人麻呂）

B　花の色は移りにけりないたづらに我身世にふるながめせし間に
（『古今和歌集』小野小町）

C　陸奥《みちのく》のしのぶもぢずり誰ゆゑに乱れむと思ふ我ならなくに
（『古今和歌集』源融）

D　あひ見ての後の心に比ぶれば昔は物を思はざりけり
（『拾遺和歌集』藤原敦忠）

E　心あらむ人に見せばや津の国の難波《なには》わたりの春の景色を
（『後拾遺和歌集』能因法師）

F　わたの原漕ぎ出でて見ればひさかたの雲居《くもゐ》にまがふ沖つ白波
（『詞花和歌集』藤原忠通）

G　津の国の難波の春は夢なれや葦の枯葉に風渡るなり
（『新古今和歌集』西行法師）

【語釈】

〔かぎろひ〕①曙光、②かげろう。ここでは①の意味。

〔陸奥〕現在の東北地方の一帯

〔しのぶもぢずり〕しのぶ草という草の葉や茎を布にこすって模様としたもの。現在の福島県信夫郡あたりの特産であった。

〔心あらむ人〕「む」は婉曲を表す。この場合、「風流をわかる人がいるなら」と仮定のように訳すとわかりやすい。

〔わたの原〕大海原

〔雲居〕①空、②雲。ここでは②の意味。

〔津の国〕摂津の国。現在の大阪府の北部と兵庫県の南部付近。

1　E・Gは、それぞれ何句切れか。

OPEN SESAME 解説

和歌で、結句以外の句で文が切れることを、**句切れ**と言う。句切れには、**初句切れ・二句切れ・三句切れ・四句切れ**の四通りがある。句切れのない歌もあるし、一首で二箇所以上句切れる歌もある。

E「ばや」は願望の終助詞。その下の「津の国の～春の景色を」が、「見せばや」の目的語になっており、倒置である。

G「～なれや」の「や」は係助詞だが、ここでは已然形に接続して「～だったのか」という驚嘆の念を表す。

解答　E二句切れ　　G三句切れ

2　A～Gの中で、本歌取りの歌とその本歌はどれか。

OPEN SESAME 解説

古歌の語句を意識的に取り入れて、新たに和歌を作ることを**本歌取り**、語句を取られる方の和歌を**本歌**と言う。本歌取りは、本歌の持っている内容の上に新たな世界を展開して、複雑な情感を生む技法である。

Gの初句・二句「津の国の難波の春」は、Eの三句・四句・結句「津の国の難波わたりの春の景色」を踏まえたもの。Eに詠まれた春の明るくのどかな景色をまず思い起こさせ、続けて「夢なれや」と打ち消すことで、荒涼とした冬枯れの情景を対照的に浮かび上がらせている。劇的な演出である。

本歌
心あらむ人に見せばや
津の国の難波わたりの春の景色を

↓ 本歌取り

津の国の難波の春は……〈想像上の光景〉
夢なれや ―→ 打ち消し
葦の枯葉に風渡るなり……〈実際の光景〉
対照 ←→

解答　本歌取りG　　本歌E

3　A～Fの中で、次のア～エに該当する和歌はどれか。

ア　雄大な自然を巧みな見立てによって表現した歌
イ　恋がかなってからの複雑な心境を述べた歌
ウ　掛詞を用いている歌
エ　序詞を用いている歌

OPEN SESAME 解説

A～Fの和歌の内容を順番に吟味してみよう。

A　東には夜明けを告げる曙光が立ちのぼり、西の空には月が沈んで行く。実際の光景をありのままに述べながら、宇宙の神秘をも感じさせる、スケールの大きな歌である。

B　花の色の衰えにだぶらせて、巧みに自分の容色の衰えを詠んでおり、歌全体が次のような二重性をはらんでいる。

花の色は	衰えた	地に降る　**長雨**の間に
（自分の容色は）		時を経る　**眺め**（物思い）の間に

C　「しのぶもぢずり」は、布地の名前。恋に乱れる心という主題とは直接のつながりはない。布地の乱雑な模様からの連想によって、「乱れ」という言葉を導いているのである。「陸奥のしのぶもぢずり」が「乱れ」の序詞。

D　「あひ見ての後」とは、「逢引きをした後」という意味。これに対し「昔」とは、逢引きをする以前のこと。片思いでいるうちの方が、気楽だったというのである。

E　風流を愛する心を率直に述べた、平明な歌いぶりである。具体的な景色を描写していないことが、かえって読み手の想像力をかき立てる。

F　見渡す限りの大海原を描いている。白波を「雲居にまがふ」（雲と見間違う）と詠んだことで、波の白と雲の白、海の青と空の青が溶け合う、一種幻想的な世界が開けた。「ひさかたの」は、「雲」にかかる枕詞である。

解答　アF　イD　ウB　エC

現代語訳

A　東の野に曙光が立つのが見えて、振り返って見てみると、月が西に沈みつつある。

B　花の色はむなしくあせてしまった、長雨の降った間に。私の美貌もむなしく衰えてしまった、この世に生きて、物思いをしていた間に。

C　陸奥のしのぶもぢずりのように、（私の心は）誰のせいで乱れようとするのだろう、私のせいではないのに。

D　（あなたと）逢引きした後の（うれしさと切なさの入りまじった、この何とも言えない複雑な）心境に比べたら、以前は何も思い悩んでいなかったの（と同じ）ですね。

E　風流のわかる人がいるなら見せてあげたい。津の国の難波あたりの春の景色を。

F　大海原に船出して見てみると、（空に湧き立つ）雲に見間違うほど豪快に、沖に白波が立っている。

G　津の国の難波の春景色は夢だったのか、今は葦の枯葉に風が吹き過ぎるのが聞こえるばかりだ。

〈内容理解を深める〉―その⑤

枕詞に歴史あり

枕詞には、意味の定かでないものが多い。そのため、枕詞と言えば、無意味なものと思い込んでいる人も少なくない。しかし、どんな枕詞も初めから意味がなかったわけではない。もともとは何らかの意味を表していたのが、決まり文句として定着していく過程で、だんだんと意味か薄れていったのである。

例えば、「白妙《しろたへ》の」という枕詞がある。白妙とは、楮《こうぞ》という木の樹皮の繊維で織った白布のことである。そこから、「衣」や衣服に関連する語（「袖」「帯」「袂」など）の枕詞となったり、白い物の枕詞になったりした。

〈例1〉春過ぎて夏来たるらし白妙の衣干したり天の香具山　（万葉集）

（訳）春が過ぎて夏が来たようだ。天の香具山に白妙の衣が干してあるよ。

これは「白妙の」が原義通り用いられている例。この場合、「白妙の衣」とは、文字通り白妙で作った夏用の衣服である。

〈例2〉まそ鏡照るべき月を白妙の雲か隠せる天つ霧かも　（万葉集）

（訳）鏡のようにくっきりと照るはずの月を白い雲のように隠している空の霧だなあ。

この「白妙の」は「雲」の枕詞として用いられ、雲の白さを比喩的に示している、こういう場合、「白い」と訳すとわかりやすい。ちなみに、「まそ鏡」は「照る」の枕詞。

〈例3〉白妙の衣を打つ砧《きぬた》の音もかすかにかなたこなたに聞きわたされ……。　（源氏物語）

（訳）服を打つ砧の音もかすかにあちこちから聞こえて……。

砧というのは、布服をたたいて柔らかくするための木の棒。この場合、砧の音が聞こえているだけなので、衣が本当に白妙かどうかわからない。「白妙の」は、「布」の枕詞として意味もなく用いられているのである。なお、この〈例3〉のように、散文の中に枕詞などの技法が用いられることも、特に珍しくはない。

もう一つ例を挙げておこう。「梓弓《あずさゆみ》」という枕詞がある。もともとは梓の木で作った弓を意味したが、弓からの連想で「引く」「張る」などの枕詞になり、さらに「張る」と「春」が同音であるため、「春」の枕詞にもなった。「引く」「張る」にかかるときは、「梓弓のように」と訳すこともできる。しかし、「春」にかかるときは、訳しようがない。

〈例4〉梓弓春の山辺を越え来れば道も避《さ》りあえず花ぞ散りける　（古今和歌集）

（訳）春の山道を越えて来てみたら、よけて通る隙間《すきま》もないくらい、道いっぱいに花が散っているなあ。

確かに枕詞は無意味に用いられることが多い。しかし、原義通りに用いられている例や、多少の意味を込めて使われている例もある。それを鑑賞の手がかりにすれば、いっそうの味わいがあるというものである。

例題2

俳句

A　長持《ながもち》に春ぞ暮れゆく更衣《ころもがへ》　井原西鶴

B　目には青葉山ほととぎす初鰹《はつがつを》　山口素堂

C　閑《しづ》かさや岩にしみ入る蟬《せみ》の声　松尾芭蕉

D　菜の花や月は東に日は西に　与謝蕪村

E　やれ打つな蠅が手をすり足をする　小林一茶

【語釈】

〔長持〕衣服などを入れておく木製の箱。長方形でふたがある。

〔初鰹〕四・五月頃にとれる、その年で最初の鰹

Open Sesame

●作者紹介●

西鶴は談林派の俳人で、浮世草子作家。素堂は貞門派だが、芭蕉と交流した。芭蕉は俳句の芸術性を飛躍的に高めた。蕪村は南画家でもある。一茶は人間味豊かな句で有名。

1　A〜Eの中で、切れ字が用いられている句はどれか。また、どの語が切れ字か。

OPEN SESAME 解説

俳句で、意味の切れ目をはっきりさせ、感動を表したり、語調を整えたりする語を**切れ字**と言う。主な切れ字は「か・かな・けり・ぞ・や・よ」などである。ただし、このような語が句中にあっても、そこで意味が切れていなければ、切れ字とはみなされない。

解答　Cや　Dや

Aに「ぞ」があるが、そこでは意味が切れていない。

2　A〜Eの俳句の季語と季節は何か。

OPEN SESAME 解説

俳句では、句に必ず季節を表す語を入れることが決まりになっている。これを**季語**（又は季題）と言う。ちなみに、和歌の場合には、そのような決まりがあるわけではない。

一つの季語は、必ず一つの季節に属することに注意。例えば、蛙は春にも夏にも見られるが、「かはづ」と言えば春の季語になり、「雨蛙」「青蛙」は夏の季語になる。

季語について、もう一つ注意したいのは、明治以前は現在と暦が違うということ。旧暦では、季節を次のように分ける。

春＝一〜三月→現在の二〜四月頃
夏＝四〜六月→現在の五〜七月頃
秋＝七〜九月→現在の八〜十月頃
冬＝十〜十二月→現在の十一〜一月頃

例えば、「五月雨《さみだれ》」は旧暦の五月（現在の六月頃）降る雨、つまり梅雨のこと。だから夏の季語になる。「七夕《たなばた》」は昔から七月七日に行われたが、旧暦の七月は秋だから、秋の季語になる。

A　一句に別々の季節を表す言葉が含まれる場合、句の主題に直接関係する方を季語と認める。

B　季語が三つ含まれるが、すべて同じ季節を表している。「青葉」が見られるのは、現在の暦では五月頃で春のうちだが、旧暦ではどうか。

C・D　一つの季節にしか見られないものは、当然その季節の季語になる。

E　複数の季節に見られるものも、ある季節に特によく見られれば、その季節の季語になる。

解答　A更衣（夏）　B青葉・ほととぎす・初鰹（夏）
C蟬（夏）　D菜の花（春）　E蠅（夏）

3

A～Eの中で、破格の句はどれか。また、その破格の種類は何か。

OPEN SESAME 解説

和歌では五七五七七、俳句では五七五と音節の数が決まっている。これを**定型**と言い、これから外れることを**破格**と言う。破格には、**字余り**と**字足らず**の二種類がある。

解答

B 字余り

4

A～Eの中で、次のア～エに該当する句はどれか。

ア 生き物への親愛感にあふれる句
イ 自然の雄大さを絵画的に描写した句
ウ 自然の中に没入した境地を詠んだ句
エ 季節の移り変わりをユーモラスにとらえた句

OPEN SESAME 解説

A～Eの句の内容を順番に吟味してみよう。

A 衣替えで長持にしまわれる春用の服を、暮れ行く春そのものに見立てることにより、自然の風物には全く触れないで夏の訪れを表現している。まことに機知に富んだ作品であり、浮世草子の傑作を数多く残した天才作家に、いかにもふさわしい。

B 初夏の風物を立て続けに並べて散漫にならず、かえって一つ一つの印象を際立たせている手際が、何とも鮮やかである。「青葉」「ほととぎす」という伝統的な題材に、江戸庶民の味「初鰹」を加えたところに新鮮味がある。

C 蟬の声に聞き入るうちに、自然と一体化してしまった作者が、ハッと我に返り、その忘我の境地を「閑かさ」と詠んだのである。

D 菜の花畑をはさむように、太陽と月が東西に向き合っている。菜の花の黄、月の白、西日の赤、そして暮れゆく空の紺。この句には、安定した構図と、豊かな色彩感がある。画家としても著名な作者の、面目躍如たる作品である。

E 蠅の手足をすり合わせる動作を、命乞いの身振りに見立てることにより、嫌われ者の蠅への同情をユーモアたっぷりに表現している。この作者には、これと同じように、小さい者、弱い者への同情や共感を吐露する句が多い。

解答

アE イD ウC エA

現代語訳

A 長持の中に春が暮れていく衣替えだ。

B 目には青葉が見え、山にはほととぎすが鳴き、初鰹が食べられる（夏になったのだ）。

C 閑静なことよ。蟬の鳴く声が岩肌にしみ込んで行くではないか。

D 一面の菜の花畑。月が東から昇り、日が西に沈んでゆく。

E おい、たたくな。蠅がああして手をすり足をすりして、命乞いをしているではないか。

〔内容理解を深める〕―その⑥

季語に暮らしあり

季節の移り変わりは、元来自然界の現象である。したがって、季語と聞いて、多くの人が動植物や気象のことを思い浮かべるのも無理はない。しかし、歳時記をひもといてみると、人間界の事物が実に多いことに気づく。日本人が積極的に季節感を生活に取り入れている証拠である。

福豆のこぼるる帯を解きにけり　竹内万紗子

これは、節分の豆まきを題材にした句である。

沸きし湯に切先《きっさき》青き菖蒲《さうぶ》かな　中村汀女

この句は、菖蒲湯を詠んだもの。端午の節句（五月五日）に、風呂に菖蒲の葉を入れて、わが子の健やかな成長を祈る行事である。ちなみに、旧暦では、五月は初夏に当たる。

都市生活で季節を最も感じさせるのは、食べ物である。

さみどりの菜飯《なめし》が出来てかぐはしや　高浜虚子

菜飯とは、カブや大根の葉を刻んで塩を加え、炊きたてのご飯に混ぜたもの。春の季語である。

楚々《そそ》として象牙《ざうげ》のごとき葱《ねぎ》を買ふ　山口青邨

街道に大根洗ふ大盥《だらい》　富安風生

今でこそ促成栽培のために一年中食べられるが、昔は葱も大根も冬に収穫する、冬の味覚であった。

都市に住む者は、ありのままの自然に親しむ機会が少ない。そのため、季節の風物も人工的なものが多くなる。

鉄壁の心の隙《ひま》に風鈴鳴る　加藤楸邨

虫売りと夜の言葉を交《かは》しけり　高木丁二

昔は、秋になると、都市の四つ辻に、鈴虫や松虫を売る商人がよく現れた。

このように、都市に暮らす人々は、季節の風物を少しずつ生活に取り入れて楽しむ。しかし、海や山に生きる人々にとっては、四季の変化に生活そのものが密着している。

熊撃てばさながら大樹倒れけり　松根東洋城

熊は冬の季語。「熊なんて一年中いるじゃないか。冬は冬眠しているだろう」と思う人もいるかもしれない。しかし、熊は普段は山の中にいて人前にはなかなか姿を現さない。それが、冬眠中に餌がなくなると村里まで降りて来て、田畑を荒らしたり、人畜を脅かしたりするのである。山に生きる人々の生活を如実に反映する季語と言えよう。

海肝《うに》裂けば暗澹《あんたん》として針死なず　只野柯舟

「海肝裂く」とはウニの卵を取ること。ウニは春に産卵期を迎え、ウニ漁も春に行われるので、春の季語になる。海に生きる人々の生活に密着した季語である。

俳句と言えば、とかく風流なものと思われがちであるが、蝿のような嫌われ者も季語にしてしまうことは、すでに見た通り。俳句の神様も夏にこんな句を詠んでいる。

蚤虱《のみしらみ》馬の尿《しと》する枕元　松尾芭蕉

また、現代の俳人に、こういう冬の句がある。

風邪の子の餅《もち》のごとくに頬豊か　飯田蛇笏

害虫ばかりか、病気も季語になる。そればかりか、現代人の句には、五七五にも従わず季語もない、自由律と言われる句まである。俳句は、実に間口の広い文芸である。

問題演習

A

1　次の文章を読んで、あとの問いに答えよ。

ひととせ、*入道殿の大井河に逍遥《せうえう》せさせ給ひしに、A作文の舟・管絃の舟・和歌の舟とわかたせ給ひて、①そのみちにたへたる人々をのせさせ給ひしに、*この大納言殿のまゐり給へるを、入道殿、「かの大納言、いづれの舟にかのらるべき」とのたまはすれば、「和歌の舟にのりはべらむ」とのたまひて、よみ給へるぞかし。

　をぐら山あらしの風の寒ければもみぢの錦きぬ人ぞなき

申しうけ給へるかひありてあそばしたりな。B御みづからものたまふなるは、「②作文の舟にぞのるべかりける。さてかばかりの詩をつくりたらましかば、名のあがらむこともまさりなまし。くちをしかりけるわざかな。さてもC殿の、『いづれにかとおもふ』とのたまはせしになん、我ながら心おごりせられし」とのたまふなる。③一事のすぐるるだにあるに、かくいづれのみちもぬけいで給ひけんは、いにしへもはべらぬ事なり。

（『大鏡』による）

*入道殿＝藤原道長　*この大納言殿＝藤原公任

問一　右の逸話はいつの時代のことか。該当する時代を次の中から選び、記号で答えよ。

ア　奈良時代　イ　平安時代　ウ　鎌倉時代　エ　室町時代　オ　江戸時代

問二　右の逸話の季節はいつか。次の中から選び、記号で答えよ。

ア　春　イ　夏　ウ　秋　エ　冬

問三　「をぐら山」の和歌を詠んだのは誰か。本文中の語で答えよ。

問四　傍線部Ａ「作文の舟」に乗る人は何をするのか。説明せよ。

問五　傍線部Ｂ「御みづから」とは具体的には誰のことを指すか。本文中の語で答えよ。

問六　傍線部Ｃ「殿」とは誰のことか。本文中の語で答えよ。

問七　波線部①〜③を現代語訳せよ。

2　次の文章を読んで、あとの問いに答えよ。

おほかた、この所に住みはじめ〔Ａ〕時は、①あからさまと思ひ〔Ｂ〕ども、いますでに五年《いつとせ》を経たり。仮《かり》の庵も、②ややふるさととなりて、軒に朽ち葉ふかく、*土居《つちゐ》に苔むせり。おのづから、ことの便りに都を聞けば、この山にこもりゐてのち、③やむごとなき人のかくれたまへるもあまた聞こゆ。まして、その数ならぬたぐひ、尽くしてこれを知る〔Ｃ〕ず。たびたびの炎上にほろびたる家、また、いくそばくぞ。ただ仮の庵のみ、のどけくしておそれなし。程せばしといへども、夜臥す床あり、昼ゐる座あり。一身をやどすに不足なし。*かむなは小さき貝を好む。これ、身知れるによりてなり。*みさごは荒磯にゐる。すなはち、人をおそるるがゆゑなり。④われまた、かくのごとし。身を知り、世を知れれば、願はず、わしらず、⑤ただしづかなるを望みとし、憂へなきをたのしみとす。すべて、世の人のすみかをつくるならひ、必ずしも、身のためにせず。或は妻子・*眷属《けんぞく》のためにつくり、或は*親昵《しんぢつ》・朋友のためにつくる。或は主君・師匠、および財宝・牛馬のためにさへ、これをつくる。われ、今、身のためにむすべり。人のためにつくらず。ゆゑいかんとなれば、今の世のならひ、この身のありさま、⑥ともなふべき人もなく、たのむ〔Ｄ〕奴もなし。たとひ、ひろくつくれりとも、誰を宿し、誰をか据ゑん。

（鴨　長明『方丈記』による）

*土居＝庵の土台　*かむな＝やどかり　*みさご＝海浜に住むワシ・タカの仲間の鳥

*眷属＝一族の者たち　*親昵＝親しい知人

問一　〔A〕・〔B〕には助動詞「き」、〔C〕・〔D〕には助動詞「べし」を、それぞれ適切な活用形に改めて書き入れよ。

問二　傍線部①②の意味として最も適切なものをそれぞれ一つ選び、記号で答えよ。

①あからさま

ア　目につきすぎる　**イ**　どうしようもない

ウ　ちょっとかりに　**エ**　露骨である

②ややふるさととなりて

ア　だんだん住み慣れた所となって　**イ**　多少は生まれ故郷の近くになって

ウ　だんだん古ぼけてきて　**エ**　だいぶここを故郷とする者も増えて

問三　傍線部③を口語訳せよ。

問四　傍線部④の説明として最も適切なものを一つ選び、記号で答えよ。

ア　自分もやどかりやみさごと同じく、取るに足りない存在だということ。

イ　自分もやどかりやみさごと同じく、我が身を知り世の中のことを知っているということ。

ウ　自分もやどかりやみさごと同じく、小さな貝や荒磯が好きだということ。

問五　傍線部⑤を口語訳せよ。

問六　傍線部⑥とは誰のことか。本文中の漢字二字で答えよ。

問七　(1)　作者が「仮の庵」を建てたのは誰のためか。現代語で答えよ。

(2)　その理由を述べた文の最初の五字を抜き出せ。

問八　『方丈記』と並んで三大随筆に数えられる作品を次から二つ選び、記号で答えよ。また、それぞれの作者名を漢字で正確に書け。

ア　源氏物語　**イ**　大鏡　**ウ**　明月記　**エ**　枕草子　**オ**　山家集　**カ**　徒然草

3　次の文章を読んで、あとの問いに答えよ。

心のどかに暮らす日、はかなきこと、いひいひの果てに、われも人もあしういひなりて、①うち怨じて、出づるになりぬ。端のかたにあゆみ出でて、*幼き人を呼び出でて、「われは今は来じとす」などいひおきて、②出でにける。③すなはち、はひ入りて、おどろおどろしう④泣く。「こはなぞこはなぞ」といへど、いらへも［A］で、⑤論なう、さやうにぞあらむと、推し測ら［B］ど、人の聞かむもうたてものぐるほしければ、⑥問ひさして、⑦とかうこしらへてあるに、五六日《いつかむいか》ばかりになりぬるに、⑧音もせず。例ならぬ程になりぬれば、あなものぐるほし。たはぶれごととこそ、われは思ひ［C］。はかなき仲なれば、かくてやむやうもあり⑨なむかしと思へば、心細うて⑩ながむる程に、出でし日使ひし*泔坏《ゆするつき》の水は、さながらありけり、上に塵ゐてあり。かくまでと、あさましう、

⑪絶えぬるか影だにあらば問ふべきを形見の水は水草《みくさ》ゐにけり

（右大将道綱母『蜻蛉日記』による）

*幼き人＝筆者の子である藤原道綱のこと。
*泔坏＝髪を洗う水を「泔」と言い、それを入れる器を「泔坏」と言う。

問一　［A］～［C］に入る適切な語を、次の中から一つずつ選び、記号で答えよ。

ア　る　**イ**　るる　**ウ**　し　**エ**　しか　**オ**　き　**カ**　する
キ　れ　**ク**　しが　**ケ**　ら　**コ**　す　**サ**　るれ　**シ**　せ

問二　傍線部①②④⑥の動作主として適切なものを、次の中から一つずつ選び、記号で答えよ。

ア　筆者　**イ**　夫　**ウ**　道綱　**エ**　侍女

問三　傍線部⑤⑦の現代語訳としてふさわしいものを、次の中から一つずつ選び、記号で答えよ。

⑤論なう、さやうにぞあらむ

ア　言うまでもなく、そんなことであってほしいものだ

イ　言うまでもなく、そんなことであろう
ウ　言うまでもなく、そんなことではなかろう
エ　言うまでもなく、そんなことでなくあってほしいものだ

⑦とかうこしらへてある
ア　あれこれと慰めている
イ　あれこれと叱りつけている
ウ　あれこれと世話をしている
エ　あれこれと元気をつけている

問四　傍線部③⑧⑩を現代語に訳せ。

問五　傍線部⑨の説明としてふさわしいものを、次の中から一つ選び、記号で答えよ。
ア　係助詞の「なむ」
イ　助動詞「ぬ」の未然形「な」に、助動詞「む」が接続したもの
ウ　ナ行変格活用の動詞の未然形の活用語尾「な」に、助動詞「む」が接続したもの
エ　終助詞の「なむ」

問六　傍線部⑪は、何が「絶えぬるか」と言っているのか。五字以内で答えよ。

問七　『蜻蛉日記』とほぼ同じ時代に成立した作品を、次の中から一つ選び、記号で答えよ。
ア　雨月物語　　イ　土佐日記　　ウ　十六夜日記　　エ　風土記　　オ　太平記

4　次の和歌を読んで、あとの問いに答えよ。

A　をみなへし咲く沢に生ふる花かつみかつても知らぬ恋もするかも
（『万葉集』中臣郎女《なかおみのいらつめ》）

B　苦しくも降り来る雨か神《みわ》が崎狭野《きの》のわたりに家もあらなくに　（『万葉集』長忌寸奥麻呂《ながのいみきおきまろ》）

C　ほととぎす鳴くや①五月のあやめぐさあやめも知らぬ恋もするかな　（『古今和歌集』読み人知らず）

D　わが園の梅のほつえに鶯の②音になきぬべき恋もするかな　（『古今和歌集』読み人知らず）

E　駒とめて袖うち払ふかげもなし佐野のわたりの雪の夕暮　（『新古今和歌集』藤原定家）

問一　傍線部①と同様の使い方をしている「や」を次の中から一つ選び、記号で答えよ。

ア　五月《さつき》来ば鳴きも古りなむほととぎすまだしきほどの声を聞かばや　（『古今和歌集』伊勢）

イ　茜《あかね》さす紫野《むらさきの》行き標野《しめの》行き野守は見ずや君が袖《そで》振る　（『万葉集』額田王《ぬかたのおおきみ》）

ウ　潮早み磯辺に居ればかづきする海人《あま》とや見らむ旅行くわれを　（『万葉集』古歌）

エ　石見のや高角山の木の際よりわが振る袖を妹見つらむか　（『万葉集』柿本人麻呂）

問二　傍線部②と同様の使い方をしている「の」を次の中から一つ選び、記号で答えよ。

ア　吹くからに秋の草木のしをるればむべ山風を嵐といふらむ　（『古今和歌集』文屋康秀）

イ　黄なる生絹《すずし》の単袴《ひとへばかま》長く着なしたる童のをかしげなる出で来て打ち招く。　（『枕草子』）

ウ　青柳《あをやなぎ》梅との花を折りかざし飲みての後は散りぬともよし　（『万葉集』笠沙弥）

エ　春日野の雪間をわけて生ひ出でくる草のはつかに見えし君はも　（『古今和歌集』壬生忠岑《みぶのただみね》）

問三　A・C・Dは、ほぼ同じ主題を扱っている。その主題を口語で五字以内で答えよ。

問四　序詞を用いている和歌をA～Eの中からすべて選び、記号で答えよ。

問五　Eの和歌の本歌をA～Dの中から選び、記号で答えよ。

問六　次の二つの和歌のうち、どちらが本歌でどちらが本歌取りかを知りたい。そこで、以下の(1)～(5)の順に考えていくことにする。(1)～(5)の問いに答えよ。

ア　久方の天の香具山この夕霞たなびく春立つらしも

イ　ほのぼのと春こそ空に来にけらし天の香具山霞たなびく

(1)　**ア**・**イ**のうちで、枕詞を用いているのはどちらか。また、どの部分が枕詞か。

(2)　**ア**・**イ**は、一つが五七調、もう一つが七五調である。七五調の歌はどちらか。

(3)　(1)・(2)から考えて、**ア**・**イ**のうち、形式上古いと言えるのはどちらか。

(4)　**ア**・**イ**は、どちらも眼前の光景（天の香具山に霞がたなびいている）と、そこからの推測（春が来た）を述べており、よく似た内容である。しかし、表現の仕方は異なっている。一つは、まず眼前の光景を描写し、続けてそこからの推測を述べている。もう一つは、先に推測した事柄を述べておき、後からその根拠となる光景を提示している。このことから考えて、**ア**・**イ**のうち、聴き手や読み手に与える印象を計算して、理知的に構成された歌はどちらか。

(5)　(3)・(4)から考えて、本歌取りの歌はどちらか。

B

5　次の文章を読んで、あとの問いに答えよ。

今は昔、藤原信通朝臣《ふぢはらののぶみちのあそん》といひける人、[a]常陸守《ひたちのかみ》にてその国にありけるに、任果ての年[b]卯月ばかりのころ、風いとおどろおどろしく吹きていみじく荒れける夜、東西の浜といふ所に死人打ち寄せられたりけり。

その死人のたけ五丈《ぢやう》あまりなりけり。臥したけ、砂に半ばは埋もれたりけるに、人高き馬に乗りて打ち寄せたりけるに、弓を持ちたる末ばかりぞこなたに見えける。さてはそのほどにおしはかる[c]べし。その死人、頭より切れて頭無かりけり。また右の手、左の足も無かりけり。これは*鰐《わに》などのくひ切りたるにこそは（　A　）。本のごとくにしてあらましかば①いみじからまし。またうつふしにて砂に隠れたりければ、男女いづれといふことを知らず。ただし身なり・秦《はだ》つきは女にてなむ見えける。国の者どもこれを見て、②あさましがりつ合ひて、③見ののしりけること限りなし。
さて国の司《つかさ》、「かかる④稀有《けう》のことなれば、いかでか*国解《こくげ》申さではあらむ」とて、申し上げむと既にしけるを、国のものども、「申し上げられ[d]なば、必ず官使下りて見むとす。その官使の下らむに、あつかひ大事なり[e]なむ。ただ隠してこのことはある[f]べきなり」といひければ、守申し上げで隠してやみにけり。
このこと隠したりけれども、守、京に上りにければ、おのづから聞こえて、かく語り伝へたるとや（　B　）。

（『今昔物語集』による）

＊鰐＝ワニザメ。サメの一種。現在ワニと呼ばれているハ虫類の一種とは異なる。
＊国解＝地方から中央官庁への報告書。

問一　波線部aは今の何県に当たるか。また、bは旧暦の何月に当たるか。

問二　波線部c～fの助動詞の文法的意味を答えよ。

問三　（　A　）・（　B　）に省略されている語句を次の中から選んで答えよ。

A　あらむ　　あらめ　　べけれ　　べかる
B　ありけり　ありなむ　いふなり　いふなる

問四　傍線部①～④を解釈せよ。

問五　死人が漂着したことについて、次の問いに答えよ。

(1)　役人や国人たちがとった処置を口語で五字以内で答えよ。
(2)　また、その処置をとった理由を口語で十五字以内で説明せよ。

6　次の文章を読んで、あとの問いに答えよ。

須磨《すま》には、いとど心尽くしの秋風に、海は少し遠けれど、行平《ゆきひら》の中納言の「関吹き越ゆる」と言ひけむ浦波、よるよるはげにいと近く聞こえて、またなくあはれなるものは、かかる所の秋なりけり。

御前にいと人少なにて、aうち休みわたれるに、独《ひと》り目をさまして、枕をそばだてて四方《よも》のあらしを聞き給ふに、波ただここもとに立ち来る心地して、涙落つともおぼえぬに、枕浮くばかりになりにけり。琴《きん》を少しかき鳴らし給へるが、我ながらいとbすごう聞こゆれば、弾きさし給ひて、

恋ひわびてなく音にまがふ浦波は思ふ方より風や吹くらむ

とうたひ給へるに、人々cおどろきて、めでたうおぼゆるに、忍ばれで、dあいなう起きゐつつ、鼻を忍びやかにかみわたす。げに、いかに①思ふらむ、我が身一つにより、親はらから、片時たち離れがたくほどにつけつつ②思ふらむ家を別れて、かく惑ひ合へる、と③思《おぼ》すに、いみじくて、いとかく④思ひ沈むさまを、心細しと⑤思ふらむ、と⑥思せば、昼は何くれと戯《たはぶ》れ言《ごと》うちのたまひ紛らはし、つれづれなるままに、いろいろの紙を継ぎつつ手習ひをし給ひ、めづらしきさまなる唐の綾《あや》などに、さまざまの絵どもをかきすさび給へる、屏風の面《おもて》どもなどいとめでたく見どころあり。人々の語り聞こえし海山のありさまを、はるかにおぼしやりしを御目《おほんめ》に近くては、げに及ばぬ磯のたたずまひ、二なく書き集め給へり。

（紫式部『源氏物語』による）

問一　次の和歌の一部分が本文にとり入れて書いてある。その箇所を本文中から抜き出せ。

A　木の間よりもり来る月の影見れば心づくしの秋は来にけり（古今和歌集）

B　旅人は袂涼しくなりにけり関吹き越ゆる須磨の浦風（続古今和歌集）

C　独り寝の床にたまれる涙には石の枕も浮きぬべらなり（古今六帖）

問二　傍線部①～⑥の主語は、源氏か侍臣のいずれかである。それぞれの主語を記せ。

問三　傍線部a「うち休みわたれる」を、「わたれる」に留意して現代語訳せよ。

問四　傍線部b「すごう」の意味として適当なものを次の中から選び、記号で答えよ。

ア　上手に　　**イ**　寂しく

ウ　恐ろしく　　**エ**　ひどく下手に

問五　傍線部c「おどろきて」の意味として適当なものを次の中から選び、記号で答えよ。

ア　琴の音にびっくりして　　**イ**　気味悪がって

ウ　目を覚まして　　**エ**　上手なのに感心して

問六　傍線部d「あいなう」の意味として適当なものを次の中から選び、記号で答えよ。

ア　不本意ながら　　**イ**　なんとはなしに

ウ　飽きることなく　　**エ**　間もなく

問七　二重傍線部「思ふ方」とは、どこを指すか。漢字一字で答えよ。

7　次の文章を読んで、あとの問いに答えよ。

この世にいかでかかることありけむと、Aめでたくおぼゆることは、文にこそ侍るなれ。『枕草子』に返す返す申して侍るめれば、事新しく申すに及ばねど、なほいとめでたきものなり。遥かなる世界にかき離れて、幾年《いくとせ》逢ひ見ぬ人なれど、①文といふものだに見つれば、只今さし向ひたる心地して。Bなかなか、うち向ひては思ふほども続けやらぬ心の色も現はし、②言はまほしきことをもこまごまと書きつくしたるを見る心は、めづらしくうれしく、③あひ向ひたるに劣りてやはある。

Cつれづれなる折、昔の人の文見出でたるは、④ただその折の心地して、いみじくうれしくこそおぼゆれ。Dまして亡き人などの書きたる物など見るは、いみじくあはれに、歳月《としつき》の多く積りたるも、只今筆うち濡らして書きたるやうなるこそ、返す返すめでたけれ。ただささし向ひたるほどの情けばかりにてこそ侍れ、これは、E昔ながらつゆ変ることなきも、めでたきことなり。

いみじかりける*延喜《えんぎ》・天暦《てんりやく》の御時の旧事《ふるごと》も、唐土《もろこし》・天竺《てんぢく》の知らぬ世の事も、⑤この文字と言ふものなからましかば、今の世の我等が片端も⑥いかでか書き伝へまし、など思ふにも、なほかばかりめでたきことは⑦よも侍らじ。

（『無名草子』による）

＊延喜・天暦の御時＝政治がうまく行われたとされる醍醐・村上両天皇の時代。

問一　傍線部A〜Cの意味として最も適当なものを次の中から一つずつ選び、記号で答えよ。

Aめでたく

ア　縁起がよく　**イ**　幸運に　**ウ**　すばらしく　**エ**　新鮮に

Bなかなか

ア　どうしても　**イ**　かえって　**ウ**　ずいぶん　**エ**　いかにも

Cつれづれなる

ア　憂うつな　**イ**　心寂しい　**ウ**　手持ちぶさたな　**エ**　人が集まっている

問二　傍線部①〜⑦を現代語訳せよ。

問三　傍線部Dは、⑴何に対して、まして、⑵何がどうだと言うのか。簡潔に説明せよ。

問四　傍線部Eとほぼ同じ内容の語句を本文中から抜き出せ。

問五　作者は、直接会うより手紙の方がどんな点で優れていると言っているか。二つ答えよ。

問六　第三段落で述べられている内容は、第一・二段落で述べられている内容とはやや異なる。どのように異なるかを簡潔に説明せよ。

文学史

文学史の出題傾向

文学史に関する問題の出題の仕方は、学校によって異なるが、大別して、①詳細な大問を設ける、②現代文や古文の長文問題に簡単な小問を付ける、③出題しない、の三通りがある。このうち特に多いのは②、次いで①・③の順である。時代別に見て、明治以降（近代）が圧倒的に多いのは、文学者・文学作品の絶対数が多いこと、大半の作品が現在まで読み継がれていることに加えて、現代文のみで古文を出題しない学校があることも一つの要因となっている。細かな出題傾向については、作品や作者を問うものが主流であるが、作品のジャンルや成立時代、冒頭部やあらすじなど、内容に及んだ問題も出題されている。本書の構成に基づいて理解を深めることで、より効果的な学習を進めてほしい。

奈良時代（上代）

〔概観〕
日本にはまだ独自の文字がなく、公的な記録には漢文が用いられた。政治的にも文化的にも中国が模範とされたが、日本固有の歴史と文化を見直す気運も、次第に高まった。

歴史書・地理書

日本固有の歴史を明らかにするとともに、天皇中心の政治体制を正当化しようとする意図から、国家的事業として歴史書・地理書が相次いで編纂《へんさん》された。

『**古事記《こじき》**』　太安万侶《おおのやすまろ》編。現存する最古の歴史書。稗田阿礼《ひえだのあれ》が暗誦していた神話や伝承を整理したもの。天地創造から、推古《すいこ》天皇の時代までを扱う。天皇家を歴史の中心に置こうとする政治的意図がうかがわれるが、文学的な要素も豊富である。漢文で日本語を記録しようと工夫したために、変則的な漢文体になっている。

『日本書紀《にほんしょき》』　舎人親王《とねりしんのう》ら編。天地創造から持統《じとう》天皇の時代までを、天皇家を中心にして記す。中国の歴史書を意識して、純粋な漢文体で書かれている。六国史《りっこくし》のはじめ。

＊同時期に二種類の歴史書が作られた理由としては、『古事記』は国内の思想統一、『日本書紀』は対外的なＰＲを目的としていたという説が有力である。

『風土記《ふどき》』　朝廷が諸国に命じて、産物・地名の由来、伝説などを記録させた地理書。出雲《いずも》・播磨《はりま》・常陸《ひたち》・豊後《ぶんご》・肥《ひ》前《ぜん》の五国の『風土記』が現存する。

和歌

貴族の間では漢詩文が一般的教養となったが、奈良末期には、現存最古の和歌集が貴族有志によって編纂された。

『**万葉集《まんようしゅう》**』　**大伴家持《おおとものやかもち》**撰。現存最古の和歌集で、万葉仮名《まんようがな》を用いる。短歌・長歌・旋頭歌《せどうか》など約四千五百首を収録。部立《ぶだて》は、相聞《そうもん》・挽歌《ばんか》・雑歌《ぞうか》が基本であるが、十分整理されていない。五七調の歌が多く、技巧は枕詞《まくらことば》・序詞《じょことば》が主。素朴で率直な歌風は「ますらをぶり」と評される。主な歌人は、女流歌人の額田王《ぬかたのおおきみ》、長歌の完成者で宮廷歌人の最高峰である**柿本人《かきのもとのひと》麻呂《まろ》**、旅情豊かな短歌を詠む高市黒人《たけちのくろひと》、雄大な自然賛歌で知られる山部赤人《やまべのあかひと》、「貧窮《ひんきゅう》問答歌《もんどうか》」で有名な山上憶良《やまのうえのおくら》、家持の父で酒と旅の歌を詠む大伴旅人《たびと》、優美で繊細な短歌を詠む大伴家持ら。この他、庶民の歌も多く含まれ、東国の民謡を東歌《あずまうた》、東国から九州に派遣された兵士の歌を防人歌《さきもりうた》と呼ぶ。

《参考》漢詩文

『懐風藻《かいふうそう》』　撰者未詳。日本人の作った漢詩を収める。中国の詩を模倣した類型的な作品が多い。

平安時代（中古）

〔概観〕　仮名の発明・遣唐使の廃止などを契機に、日本固有の文化が再認識されるようになり、宮中の女房たちのめざましい活躍もあって、和文体の文学が栄えた。

和歌

十世紀に初めて勅撰《ちょくせん》和歌集が編纂され、和歌は正式に文学の代表となった。以後、続々と勅撰和歌集が作られた。

【一】勅撰和歌集……天皇・上皇の命によって編纂された和歌集

『古今《こきん》和歌集』　**紀貫之《きのつらゆき》**・紀友則《とものり》・凡河内躬恒《おおしこうちのみつね》・壬生忠岑《みぶのただみね》撰。最初の勅撰和歌集。短歌など約千百首を収録。春・夏・秋・冬・恋などに整然と部立される。七五調の歌が多く、縁語や掛詞の技巧に富む。繊細な歌風は「たをやめぶり」と評される。主な歌人は、**在原業平《ありわらのなりひら》**・小野小町《おののこまち》・僧正遍昭《そうじょうへんじょう》らの六歌仙、紀貫之らの撰者、素性《そせい》法師・伊勢《いせ》ら。「読み人知らず」（作者不明）の歌も多い。紀貫之の「仮《か》名序《なじょ》」は最古の和歌論。

『千載《せんざい》和歌集』　藤原俊成《ふじわらのとしなり》撰。平安末期成立。「幽玄《ゆうげん》」の理念を打ち立て、後の『新古今和歌集』の先駆となる。

【二】私家集……個人の歌集

『山家《さんか》集』　平安末期の歌人**西行《さいぎょう》法師**の歌集。

《参考》歌謡

『和漢朗詠集《わかんろうえいしゅう》』　藤原公任《きんとう》撰。朗詠に適した詩歌を集める。

『梁塵秘抄《りょうじんひしょう》』　後白河法皇《ごしらかわほうおう》撰。今様《いまよう》を集める。

日記・随筆

平安初期までは、日記は貴族の男性が漢文で書くものとされていたが、十世紀前半に和文体の日記が登場。以後、女性が和文で日記を書くようになった。随筆の傑作『枕草子』も、日記文学の隆盛の中から生まれた。

【一】日記

『土佐《とさ》日記』　**紀貫之**作。和文体の日記の最古のもの。国司の任期を終えて土佐から帰京するまでの道中を、女の視点から記す。作者は『古今和歌集』の撰者でもある。

『蜻蛉《かげろう》日記』　**藤原道綱母《ふじわらのみちつなのはは》**作。夫との不和、息子への期待を綴った自叙伝的回想記。

『和泉式部《いずみしきぶ》日記』　和泉式部作。恋の成り行きを歌物語風に記す。作者は歌人として名高い。

『紫式部《むらさきしきぶ》日記』　紫式部作。中宮彰子《ちゅうぐうしょうし》に仕えた際の体験の記録や随想が中心。

『更級《さらしな》日記』　**菅原孝標女《すがわらのたかすえのむすめ》**作。少女時代から晩年までを回想する回顧録的作品。夢や伝説への言及が多い。

【二】随筆

『**枕草子**《まくらのそうし》』　**清少納言**《せいしょうなごん》作。『源氏物語』と並ぶ平安文学の双璧。随想や中宮定子に仕えた際の見聞などを、鋭い感性と歯切れのよい文体によって記す。「をかし」の多用に象徴される理知的な姿勢が、全編を貫いている。

物語

平安初期に、日本最初の物語が生まれ、以後次々と物語が書かれた。初期の物語は作り物語と歌物語に大別される。この二つの流れは平安中期に、『源氏物語』によって融合された。平安末期には、武士が台頭して、貴族の間に過去を回顧する風潮が広まり、歴史物語が生まれた。また、仏教が庶民に広がるのに伴い、説話集の編纂が進んだ。

【一】作り物語……伝説などをもとに創作された長編作品

『**竹取**《たけとり》**物語**』　作者未詳。日本最古の物語と言われる。かぐや姫への貴公子の求婚を軸とする空想的な話。

『宇津保《うつほ》物語』　作者未詳。琴の曲にまつわる話。

『落窪《おちくぼ》物語』　作者未詳。継母《ままはは》にいじめられる継子《ままこ》の話。

【二】歌《うた》**物語**……和歌が詠まれた事情を語った短編物語

『**伊勢**《いせ》**物語**』　作者未詳。最古の歌物語。匿名の主人公の一代記のように書かれている。主人公のモデルは**在原業平**。

『大和《やまと》物語』　作者未詳。歌に関する説話や、民間伝承を材料とした歌物語群。説話文学的要素が強い。

【三】『源氏《げんじ》**物語』**

紫式部作。全五十四帖。光源氏《ひかるげんじ》を軸として、多彩な恋愛模様が繰り広げられるが、その基調には「もののあはれ」の精神があると評される。洗練された文章表現の中に、和歌が効果的に配置されており、物語の最高傑作とされる。

【四】『源氏物語』の影響を受けた物語

『狭衣《さごろも》物語』　作者は六条《ろくじょう》斎院《さいいん》宣旨《せんじ》（源頼国《よりくに》の娘）と言われるが未詳。狭衣大将の悲恋物語。

『夜《よる》の寝覚《ねざめ》』『浜松《はままつ》中納言《ちゅうなごん》物語』　作者は菅原孝標女と言われるが未詳。『夜の寝覚』は『夜半《よわ》の寝覚』とも言う。

『とりかへばや物語』　作者未詳。男女を入れ替えて育てられた兄妹の話。

『**堤**《つつみ》**中納言**《ちゅうなごん》**物語**』　作者未詳。短編集。「虫めづる姫君」が有名。

【五】歴史物語……歴史的事実を和文で物語風に述べた作品

『**栄花**《えいが》**物語**』　作者未詳。最古の歴史物語。藤原道長《みちなが》を中心に宮廷社会の歴史を回顧する。編年体《へんねんたい》をとる点、摂関政治を思慕する傾向が強い点に特徴がある。

『**大鏡**《おおかがみ》』　作者未詳。藤原道長を中心に宮廷社会の歴史を回顧するが、紀伝体《きでんたい》をとる点、摂関政治への批判が見られる点で、『栄花物語』と異なる。

【六】説話集……伝説や風聞を記録した作品

『日本霊異記《りょういき》』　景戒《けいかい》編。平安初期成立。仏教説話集。

『**今昔**《こんじゃく》**物語集**《しゅう》』　編者未詳。平安末期成立。千余話を収録。仏教説話が多いが、世俗説話に生彩がある。

鎌倉・室町時代（中世）

〔概観〕

政権が武士の手に移り、貴族の間に無常観が広がった。争乱の時代が続いたが、しだいに庶民の力が増大し、武士・庶民を巻き込む新しい文学が芽生えた。

I　鎌倉時代

和歌

*八代集の最後を飾る勅撰和歌集が作られた。

【一】勅撰和歌集

『新古今《しんこきん》和歌集』　**藤原定家《さだいえ》《ていか》**・藤原有家《ありいえ》・藤原家隆《いえたか》・藤原雅《まさ》経《つね》・源通具《みちとも》・寂蓮《じゃくれん》撰。短歌のみ約二千首を収録。本歌取《ほんかど》り・体言止めの技巧に富む。主な歌人は、西行《さいぎょう》・慈円《じえん》・藤原良経《よしつね》・藤原俊成《としなり》（『千載集』の撰者）・式子内親王《しょくしないしんのう》・藤原定家・藤原家隆・寂蓮・後鳥羽上皇《ごとばじょうこう》。定家は俊成の子で、「幽玄」をさらに深めた「有心《うしん》」を理想とした。

《参考》『小倉百人一首』　藤原定家撰。百人の歌人の代表作を一首ずつ集める。

【二】私家集

『金槐和歌集』　三代将軍源実朝《さねとも》の歌集。

紀行文・日記

京都・鎌倉間の往来が増え、紀行文が盛んに書かれた。

『海道記《かいどうき》』　作者未詳。京都・鎌倉間の往復の記録。

『東関紀行《とうかんきこう》』　作者未詳。京都から鎌倉への旅の記録。

『十六夜《いざよい》日記』　阿仏尼《あぶつに》作。訴訟のために京都から鎌倉に下ったときの旅日記。子に注ぐ愛情がこまやかに描かれる。

随筆

*三大随筆に属する優れた随筆が、隠者《いんじゃ》の手で書かれた。

『方丈記《ほうじょうき》』　**鴨《かもの》長明《ちょうめい》**作。前半では人間世界のはかなさを述べ、後半では自身の隠棲生活とその心境を語る。*無常観が顕著。和漢混交体《わかんこんこうたい》で書かれ、対句や比喩を巧みに用いている。

『徒然草《つれづれぐさ》』　**兼好《けんこう》法師**作。全編の基調には無常観があるが、無常の中に美を見出そうとする姿勢が強い。鋭い批評・卓抜な機知を盛り込んだ多彩な話題を展開する。

物語

武家政権の成立に刺激されて、武士の活躍を主題とする軍記《ぐんき》物語が成立した。また、武士や庶民の生き様が脚光を浴び、仏教の普及と相まって、説話集の編纂が相次いだ。

【一】軍記物語……合戦の描写を中心とする物語

『保元《ほうげん》物語』　作者未詳。保元の乱を描く。

『平治《へいじ》物語』　作者未詳。平治の乱を描く。

『平家《へいけ》物語』　信濃前司行長《しなののぜんじゆきなが》作とされるが未詳。平家の繁栄と滅亡を流麗な和漢混交体で描き、軍記物語の傑作と評される。琵琶《びわ》法師が語って全国に広めた。『平家物語』の変形と考えられるものに『源平盛衰記《げんぺいじょうすいき》』がある。

【二】説話集

『発心集《ほっしんしゅう》』　**鴨長明**編。仏教説話。

『沙石集《しゃせきしゅう》』　無住《むじゅう》編。仏教説話。

『宇治拾遺《うじしゅうい》物語』　編者未詳。仏教説話と世俗説話を含む。

『十訓抄《じっきんしょう》』　編者未詳。世俗説話。

『古今著聞集《ここんちょもんじゅう》』　橘成季《たちばなのなりすえ》編。世俗説話。

評論

貴族の間で王朝文化の伝統を追慕する気運が高まり、様々な評論が生み出された。

『無名草子《むみょうぞうし》』　作者は藤原俊成女《むすめ》（定家の姉）と言われるが未詳。文学作品論。主に平安時代の物語を批評する。

『無名抄《むみょうしょう》』　**鴨長明**作。歌論書。余情と幽玄とを関連づける。

『愚管抄《ぐかんしょう》』　慈円《じえん》作。史論。「道理」が歴史を動かすと説く。

Ⅱ　室町時代

連歌《れんが》

短歌の上の句と下の句を数人で付け合うことを連歌という。和歌は沈滞期に入ったが、連歌は室町時代に流行し、武士や庶民にも浸透した。

『菟玖波集《つくばしゅう》』　救済《ぐさい》・二条良基《よしもと》撰。五三十人の連歌約二千首を分類・集録し、連歌興隆の基となる。

物語

戦乱の世を反映して軍記物語が流行するとともに、室町後期には、庶民向けの読物が数多く書かれた。

【一】軍記物語

『太平記《たいへいき》』　作者未詳。南北朝の争乱を和漢混交体で描く。

『曽我《そが》物語』　作者未詳。曽我兄弟の敵討《かたきう》ちを描く。

『義経記《ぎけいき》』　作者未詳。源義経《よしつね》の悲劇的生涯を描く。

【二】御伽草子《おとぎぞうし》……庶民向けの短編物語。絵入りの草子で流布。

『一寸法師』『鉢《はち》かづき』『酒呑童子《しゅてんどうじ》』など、すべて作者未詳。

評論

南北朝の争乱を背景に、哲学的な史論が書かれた。また、庶民の芸能の中から能楽《のうがく》が登場し、能楽書が書かれた。

『神皇正統記《じんのうしょうとうき》』 北畠親房《きたばたけちかふさ》作。南朝の正当性を説いた史論。

『風姿花伝《ふうしかでん》』『花鏡《かきょう》』『申楽談儀《さるがくだんぎ》』 **世阿弥《ぜあみ》**作。能楽論。能楽の理念や修業のあり方を説き、幽玄を尊ぶ。『風姿花伝』は『花伝書』とも言う。

■ 語句解説 ■

***八代集**……『古今集』と『千載集』との間に作られた勅撰和歌集は、『後撰《ごせん》和歌集』『拾遺《しゅうい》和歌集』『後拾《ごしゅう》遺《い》和歌集』『金葉《きんよう》和歌集』『詞花《しか》和歌集』の五作品。『古今集』から『千載集』までのこれら七作品と、鎌倉時代の『新古今集』を合わせて八代集と呼ぶ。なお、『古今集』と『後撰集』『拾遺集』とを合わせて三代集と呼ぶ。

***三大随筆**……平安時代の『枕草子』、鎌倉時代の『方丈記』『徒然草』の総称。随筆の傑作とされる。

***無常観**……世の中の一切が目まぐるしく転変し、永遠不変なものは一つもないという考え方。仏教思想から出て、王朝の衰退とともに貴族に広まった。

《試験によく出る作品（平安・鎌倉）》

男もすなる日記といふものを女もしてみむとてするなり。

『土佐日記』冒頭

あづまぢの道のはてよりも、なほ奥つかたに生ひ出たる人……

『更級日記』冒頭

春は曙《あけぼの》。やうやう白くなりゆく山ぎは、少し明かりて紫立ちたる雲の細くたなびきたる。

『枕草子』冒頭

今は昔、竹取のおきなといふ者ありけり。

『竹取物語』冒頭

いづれの御時にか、女御《にょうご》・更衣《かうい》あまたさぶらひたまひける中に……

『源氏物語』冒頭

ゆく河の流れは絶えずして、しかも、もとの水にあらず。淀みに浮かぶうたかたは、かつ消えかつ結びて、久しくとどまりたるためしなし。

『方丈記』冒頭

つれづれなるままに日暮し、硯《すずり》に向かひて、心にうつりゆくよしなし事をそこはかとなく書き付くれば、あやしうこそものぐるほしけれ。

『徒然草』冒頭

祇園精舎《ぎをんしやうじや》の鐘の声、諸行無常の響きあり。沙羅双樹《さらさうじゆ》の花の色、盛者必衰の理《ことわり》をあらはす。

『平家物語』冒頭

江戸時代（近世）

〔概観〕

町人の経済力が武士を圧倒し、町人文化は空前の活況を呈した。元禄期までは関西が文化の中心であったが、化政期以後、江戸が中心となった。

俳諧《はいかい》

室町末期の俳諧連歌が、江戸時代には俗語・漢語を駆使する独自の文学へと発展した。元禄期に松尾芭蕉が登場し、俳句の芸術性を飛躍的に高めた。

【一】俳風の変遷

貞門《ていもん》俳諧　松永貞徳《まつながていとく》の創始した俳風。知的な言語遊戯を目指したが、規則が細かく、しだいに飽きられた。

談林《だんりん》俳諧　西山宗因《にしやまそういん》一派の俳風。俳句を古典的作法から解放し、庶民の感情を自由に表現した。

蕉風《しょうふう》俳諧　松尾芭蕉が創始した俳風。「さび」を追求する芸術的な俳句。

【二】主な俳人

松尾芭蕉《まつおばしょう》　元禄期に活躍した。人生の大半を旅の中に過ごし、優れた俳句と紀行文を数多く残した。特に代表的な七種の句集を俳諧七部集《はいかいしちぶしゅう》と総称する。紀行文に『**野《の》ざらし紀行**』『**笈《おい》の小文《こぶみ》**』『**奥《おく》の細道《ほそみち》**』などがある。

芭蕉の俳論は、向井去来《きょらい》『去来抄《しょう》』、服部土芳《とほう》『三冊子《さんぞうし》』など、門人の著作に見られる。それによると、芭蕉は「さび」の他、「しをり」「ほそみ」などを説き、晩年には「軽み」をも説いたという。また、俳諧には、永遠に変わらない面と、時とともに変化する面とが必要であるという「不易流行《ふえきりゅうこう》」の説を主張したとされる。

与謝蕪村《よさぶそん》　天明《てんめい》期の俳諧中興運動の中心。南画《なんが》家としても有名。古典の教養が深く、格調の高い句を作った。句文集に『新花摘《しんはなつみ》』がある。

小林一茶《こばやしいっさ》　農家の出身で、人間味溢れる個性的な句を作った。化政期の通俗化した俳諧の中で、ひとり異彩を放っている。句文集に『**おらが春**』がある。

《参考》川柳《せんりゅう》・狂歌《きょうか》

江戸時代には、滑稽俳諧から発展した川柳や、風刺や洒落《しゃれ》を主とする狂体《きょうたい》の和歌（狂歌）も流行した。川柳集『誹風《はいふう》柳多留《やなぎだる》』は有名。

小説

御伽草子の後を受けて、室町末期から江戸初期にかけて仮名草子が生まれ、元禄期には井原西鶴が出て浮世草子に発展、以後続々と庶民向けの読物が作られた。前期読本《よみほん》までは関西が中心、それ以後は江戸が中心である。

【一】仮名草子《かなぞうし》……仮名で書かれた庶民向けの平易な小説教

訓書『可笑記《かしょうき》』、笑話『醒睡笑《せいすいしょう》』、怪談『御伽婢子《おとぎぼうこ》』の他、イソップ物語の翻訳『伊曽保《いそほ》物語』などがある。

【二】浮世草子《うきよぞうし》……当時の人々の生活を描く写実的風俗小説

井原西鶴《いはらさいかく》　浮世草子の代表的作家で、談林派の俳人でもある。元禄期に活躍した。好色物・武家物・町人物・雑話物など、様々な内容の小説を数多く著した。主な作品は、好色物『**好色一代男《こうしょくいちだいおとこ》**』『好色五人女《ごにんおんな》』、町人物『**日本永代《えいたい》蔵《ぐら》**』『**世間胸算用**』など。

【三】読本《よみほん》……文章を主とする本。絵本に対する呼称

上田秋成《うえだあきなり》　前期読本の作家で、国学者・歌人でもあった。怪談集『**雨月《うげつ》物語**』が有名。他に『春雨《はるさめ》物語』などがある。

曲亭《きょくてい》(滝沢)馬琴《ばきん》　後期読本の作家。『**南総里見八犬伝《なんそうさとみはっけんでん》**』は、勧善懲悪《かんぜんちょうあく》を基調とした伝奇《でんき》小説の傑作。『椿説弓張月《ちんせつゆみはりづき》』も有名。

【四】洒落本《しゃれぼん》……遊里《ゆうり》を舞台とする通俗小説

山東京伝《さんとうきょうでん》　洒落本『通言総籬《つうげんそうまがき》』の他、黄表紙『江戸生艶気樺焼《えどうまれうわきのかばやき》』、読本『忠臣水滸伝《ちゅうしんすいこでん》』などがある。

【五】滑稽本《こっけいぼん》……笑いを目的とした会話体の小説。化政期に流行

十返舎一九《じっぺんしゃいっく》　『**東海道中膝栗毛《とうかいどうちゅうひざくりげ》**』で流行作家となる。

式亭三馬《しきていさんば》　『浮世風呂《うきよぶろ》』『浮世床《うきよどこ》』で江戸の庶民生活を活写。

【六】人情本《にんじょうぼん》……通俗的な恋愛小説

為永春水《ためながしゅんすい》　『春色梅児誉美《しゅんしょくうめごよみ》』で人情本の全盛期を築く。

【七】草双紙《くさぞうし》……絵入りの小型本

①赤本・黒本・青本……子ども向けの絵本。

②黄表紙《きびょうし》……大人向けの読物。恋川春町《こいかわはるまち》『金々先生栄華夢《きんきんせんせいえいがのゆめ》』

③合巻《ごうかん》……黄表紙を何冊か合冊したもの。柳亭種彦《りゅうていたねひこ》『偐紫田舎源氏《にせむらさきいなかげんじ》』

戯曲

江戸時代には、庶民向けの演芸に写実性や物語性が要求され、浄瑠璃・歌舞伎という新たな舞台芸術が生まれた。

【一】浄瑠璃《じょうるり》……三味線《しゃみせん》の伴奏による人形劇

近松門左衛門《ちかまつもんざえもん》　元禄期に活躍した劇作家。竹本義太夫《たけもとぎだゆう》に協力して新浄瑠璃を創始した。主な作品は、時代物『**国性爺《こくせんや》合戦《かっせん》**』、世話物『**曽根崎心中《そねざきしんじゅう》**』『冥途《めいど》の飛脚《ひきゃく》』『心中天網島《しんじゅうてんのあみじま》』『女殺油地獄《おんなごろしあぶらのじごく》』など。特に世話物に優れ、無名の庶民を主人公にして、深い人間性を付与している。近松の演劇論は「虚実皮膜論《きょじつひまくろん》」として知られる。

竹田出雲《いずも》　『義経千本桜《よしつねせんぼんざくら》』『仮名手本忠臣蔵《かなてほんちゅうしんぐら》』など。合作が主。

【二】歌舞伎《かぶき》……舞踏から科白《せりふ》主体の演劇に転換したもの

鶴屋南北《つるやなんぼく》『東海道四谷怪談《とうかいどうよつやかいだん》』など。

研究書・随筆

漢学・国学の隆盛により、学者の著書が多く残された。

新井《あらい》白石《はくせき》　将軍家に仕えた漢学者。自叙伝『折《おり》焚《た》く柴《しば》の記《き》』など。

賀茂真淵《かものまぶち》　国学の発展に寄与した人物で、歌人でもある。注釈書『万葉考』など。

本居宣長《もとおりのりなが》　国学の大成者。注釈書『**古事記伝**《こじきでん》』『源氏物語玉《げんじものがたりたま》の小櫛《おぐし》』、随筆『**玉勝間**《たまかつま》』など。

《試験によく出る作品》

月日は百代《はくたい》の過客《くわかく》にして、行きかふ年もまた旅人なり。　『奥の細道』冒頭

古池や蛙《かはづ》飛びこむ水の音
名月や池をめぐりて夜もすがら
梅が香にのっと日の出る山路かな
行く春や鳥啼《な》き魚の目は涙
荒海や佐渡に横たふ天の河
五月雨《さみだれ》を集めて早し最上川《もがみがは》
山路来て何やらゆかしすみれ草
旅に病んで夢は枯野をかけめぐる　　松尾芭蕉

春の海ひねもすのたりのたりかな
ゆく春や重たき琵琶《びは》の抱きごころ
菜の花や月は東に日は西に
斧《おの》入れて香におどろくや冬木立　　与謝蕪村

雀《すずめ》の子そこのけそこのけお馬が通る
我と来て遊べや親のない雀
やせ蛙《がへる》負けるな一茶これにあり
名月を取ってくれろと泣く子かな　　小林一茶

明治以後（近代）

〔概観〕　明治初期に、天皇中心の中央集権的国家体制が確立し、第二次大戦後は民主国家として再生した。西洋の近代文明が大々的に輸入され、文学も急速に西洋化・近代化した。

小説・評論

I　明治

明治の初頭には、江戸時代からの戯作《げさく》文学が、当時の西洋化した風俗を表面的に描いていた。また、啓蒙《けいもう》思想家の活躍によって自由民権思想が広まり、政治小説が流行した。

その後、明治二十年頃から、西洋の文学作品や文学理論が盛んに紹介され、西洋風の小説や評論が続々と書かれるようになったが、しだいに私生活の醜悪面を暴露する自然主義的私小説が主流を占めるようになった。

なお、以下に取り上げるのは、明治期に流行した文芸思潮、およびそれらの思潮に属する作家である。作家の多くは、大正以後にも活躍しており、紹介する作品には大正以後のものも含まれている。（Ⅱ～Ⅳの扱いも同様である。）

【一】写実主義……人情・風俗をありのままに描く立場

坪内逍遙《つぼうちしょうよう》　英文学を学び、評論『**小説神髄《しんずい》**』で写実主義を主張し、波紋を呼ぶ。写実主義を具体化すべく、小説『当世《とうせい》書生気質《しょせいかたぎ》』を書いたが、作品としては未熟であった。

二葉亭四迷《ふたばていしめい》　坪内逍遙に学び、評論『小説総論』、小説『**浮雲《うきぐも》**』を著す。『浮雲』は近代的自我の目覚めを主題とし、ダ調の**言文一致《げんぶんいっち》体**で書かれており、近代小説の元祖とされる。他に小説『平凡』、ロシア文学の翻訳『あひびき』『めぐりあひ』などがある。

【二】擬《ぎ》古典主義……戯作の伝統と写実主義を折衷する立場

尾崎紅葉《こうよう》　硯友社《けんゆうしゃ》を結成し、雑誌『我楽多《がらくた》文庫』を発行。小説『多情多恨《たじょうたこん》』でデアル調の**言文一致体**を確立。小説『**金色《こんじき》夜叉《やしゃ》**』が人気を博したが、未完のまま死去した。

山田美妙《びみょう》　硯友社同人。短編集『夏木立《なつこだち》』でデス調の**言文一致体**を確立した。

幸田露伴《ろはん》　小説『風流仏《ふうりゅうぶつ》』『**五重塔**』など。迫力ある古文体で理想的な男性像を活写し、尾崎紅葉と人気を二分した。

【三】浪漫《ろうまん》主義……人間的感情の解放を主張する立場

森鷗外《おうがい》　本職は軍医。ドイツ留学から帰り、雑誌『しがらみ草紙《ぞうし》』を創刊。雅文体の小説『うたかたの記』『**舞姫《まいひめ》**』『文《ふみ》づかひ』を書き、アンデルセンの『即興詩人』を翻訳。坪内逍遙との没《ぼつ》理想論争を通じて、浪漫主義を伝えた。

北村透谷《とうこく》　雑誌『**文学界**』に参加。評論『人生に相渉《あいわた》るとは何の謂《いい》ぞ』『**内部生命論**』などで、恋愛の神聖・生命の高揚を主張したが、現実社会の矛盾に苦しんで自殺した。

樋口一葉《ひぐちいちよう》　雅俗折衷《がぞくせっちゅう》体の小説『大つごもり』『**たけくらべ**』

を雑誌『文学界』に発表し、露伴や鷗外に激賞されたが、二四歳で夭折《ようせつ》。他に小説『**にごりえ**』『十三夜』など。

高山樗牛《ちょぎゅう》 小説『滝口入道《たきぐちにゅうどう》』、評論『美的生活を論ず』など。

泉鏡花《きょうか》 社会矛盾を批判する観念小説『夜行巡査《やこうじゅんさ》』で注目され、小説『照葉狂言《てりはきょうげん》』『高野聖《こうやひじり》』『歌行燈《うたあんどん》』など、幻想的な作品を次々と発表した。

徳冨蘆花《とくとみろか》 小説『不如帰《ほととぎす》』で封建的家族制度の不合理を描く。

国木田独歩《くにきだどっぽ》 詩的散文『**武蔵野《むさしの》**』の抒情的自然描写で知られる。他に小説『牛肉と馬鈴薯《ばれいしょ》』など。

【四】自然主義……人間や社会の醜悪面を描こうとする立場

島崎藤村《とうそん》 浪漫派の詩人であったが、小説『**破戒《はかい》**』で自然主義文学の基礎を築く。その後、自伝的私小説『春』『家』『新生』などを書き、長編小説『**夜明け前**』が遺作となった。

田山花袋《かたい》 浪漫派の詩人から作家に転身。小説『**蒲団《ふとん》**』は自然主義的私小説の先駆となった。他に小説『生《せい》』『妻』『**田舎《いなか》教師**』など。

徳田秋声《しゅうせい》 小説『新世帯《あらじょたい》』『黴《かび》』『爛《ただれ》』『あらくれ』など。

正宗白鳥《まさむねはくちょう》 小説『何処《どこ》へ』『泥人形』など。評論も多い。

岩野泡鳴《ほうめい》 小説『耽溺《たんでき》』『放浪《ほうろう》』など。

【五】耽美《たんび》主義……美の追究に絶対の価値を置く立場

永井荷風《かふう》 最初は自然主義の紹介者であったが、欧米に外遊した後、異国情緒に富んだ小説『**あめりか物語**』『**ふらんす物語**』を発表した。以後、江戸文化に傾倒し、小説『**すみだ川**』『腕くらべ』『濹東綺譚《ぼくとうきたん》』などを著した。雑誌『三田文学』の主宰者でもある。

谷崎潤一郎《たにざきじゅんいちろう》 短編小説『**刺青《しせい》**』『麒麟《きりん》』で永井荷風に認められた。道徳の束縛を捨て自由に官能美を追究することを主張し、小説『**痴人《ちじん》の愛**』など、悪魔主義と言われる作品を書いた。関西に移住後は、日本の伝統美に傾倒し、『卍《まんじ》』『蓼喰《たでく》ふ虫』『**春琴抄《しゅんきんしょう》**』『**細雪《ささめゆき》**』などを書いた。『源氏物語』の現代語訳でも知られる。

【六】余裕派・高踏派……豊かな教養をもとに理知的な作品を書く作家

森鷗外 雑誌『スバル』を創刊して文壇に復帰。小説『**青年**』『**雁《がん》**』『ヰタ・セクスアリス』など、反自然主義的な小説を発表した。その後、乃木《のぎ》大将が明治天皇に殉死したことに衝撃を受け、殉死を主題とする歴史小説『興津弥五右衛《おきつやごえ》門《もん》の遺書《いしょ》』『**阿部《あべ》一族**』を書いた。さらに、歴史小説『**山椒大夫《さんしょうだゆう》**』『**高瀬舟《たかせぶね》**』『寒山拾得《かんざんじっとく》』などを発表し、晩年には『渋江抽斎《しぶえちゅうさい》』などの史伝《しでん》を著した。

夏目漱石《そうせき》 イギリス留学から帰り、風刺小説『**吾輩《わがはい》は猫である**』『**坊《ぼ》っちゃん**』を雑誌『ホトトギス』に発表。美文体の小説『**草枕《くさまくら》**』『虞美人草《ぐびじんそう》』などを経て、しだいに近代的なエゴイズムの問題に関心を向けるようになり、前期三部作『**三四郎《さんしろう》**』『**それから**』『**門**』、後期三部作『彼岸過迄《ひがんすぎまで》』『行《こう》人《じん》』『**こころ**』、自伝小説『道草《みちくさ》』を書いた。「則天去私《そくてんきょし》」が主題と言われる小説『明暗《めいあん》』は、漱石の死により未完に終わった。多くの門下生を文壇に送ったことでも知られる。

Ⅱ　大正

明治末期の余裕派・耽美派を受け、反自然主義の立場をとる様々な文芸思潮が起こったが、自然主義も着実に継承された。

【一】白樺《しらかば》派……新理想主義を奉じ、雑誌『**白樺**』によった作家

武者小路実篤《むしゃのこうじさねあつ》　ロシアの作家トルストイの影響を受け、雑誌『白樺』を創刊、白樺派の指導的地位に立つ。評論の他、小説『お目出《めで》たき人』『幸福者《こうふくもの》』『**友情**』『真理《しんり》先生』などがある。理想社会実現を掲げ、「新しき村」を建設した。

志賀直哉《しがなおや》　白樺派を代表する短編作家。『網走《あばしり》まで』『**城《き》の崎《さき》にて**』『**小僧《こぞう》の神様**』『清兵衛《せいべえ》と瓢簞《ひょうたん》』などの短編の他、中編小説『**和解**』、長編小説『**暗夜行路《あんやこうろ》**』がある。

有島武郎《ありしまたけお》　ロシア文学に傾倒し、社会主義にも関心を寄せた。小説『カインの末裔《まつえい》』『**生れ出づる悩み**』『**或る女**』や評論『**惜しみなく愛は奪ふ**』など。

里見弴《さとみとん》　小説『善心悪心《ぜんしんあくしん》』『多情仏心《たじょうぶっしん》』など。

倉田百三《くらたひゃくぞう》　評論『愛と認識との出発』、戯曲『出家《しゅっけ》とその弟《で》子《し》』など。

【二】新現実主義……現実を理知的・技巧的に表現する立場

《新思潮《しんしちょう》派》雑誌『**新思潮**』によって文壇に登場した作家

芥川龍之介《あくたがわりゅうのすけ》　短編小説の名手。古典説話に題材を取った『**羅生門《らしょうもん》**』『**鼻**』『芋粥《いもがゆ》』で新進作家としての地位を築き、『戯作三昧《げさくざんまい》』『**地獄変《じごくへん》**』で芸術至上主義を標傍した。自伝小説『大導寺信輔《だいどうじしんすけ》の半生《はんせい》』を書いた頃から、極度の不安状態に陥り、『**河童《かっぱ》**』発表後、『歯車』『或る阿呆《あほう》の一生』などを残して自殺。他に随想『侏儒《しゅじゅ》の言葉』や童話『杜《と》子春《ししゅん》』『蜘《く》蛛《も》の糸』など。

菊池《きくち》寛　『忠直卿行状記《ただなおきょうぎょうじょうき》』『**恩讐《おんしゅう》の彼方《かなた》に**』など、平明なテーマ小説を書いた。他に戯曲『**父帰る**』など。

久米正雄《くめまさお》　小説『破船』など。

山本有三《やまもとゆうぞう》　長編小説『波』『路傍《ろぼう》の石』『女の一生』など。

《奇蹟派《きせきは》》雑誌『奇蹟』『早稲田《わせだ》文学』によった作家

広津和郎《ひろつかずお》　小説『神経病時代』の他、評論も多い。

《三田派《みたは》》雑誌『三田文学』によった作家

佐藤春夫《さとうはるお》　小説『田園《でんえん》の憂鬱《ゆううつ》』『都会の憂鬱』などで、世紀末的な倦怠感《けんたいかん》を精緻に描いた。詩人としても有名。

室生犀星《むろうさいせい》　『幼年時代』『性に目覚める頃』など、繊細で抒情的な作品を書いた。詩人としても有名。

＊奇蹟派は自然主義の流れをくむが、新思潮派と三田派は自然主義に反対する立場に立つ。

Ⅲ　昭和（戦前・戦中）

大正末期から、プロレタリア文学とモダニズムという、新しい文芸思潮が起こったが、プロレタリア文学は、昭和初期に政府の弾圧で壊滅した。やがて、戦時体制強化に伴う言論統制のために、作家は戦争協力か沈黙かの選択を迫られるようになった。

【一】プロレタリア文学……社会主義に依拠する政治的な文学

小林多喜二《こばやしたきじ》　小説『**蟹工船《かにこうせん》**』『党生活者』など。思想犯として獄死した。

徳永直《とくながすなお》　小説『太陽のない街』など。

葉山嘉樹《はやまよしき》　小説『海に生くる人々』など。

【二】転向《てんこう》文学……転向したプロレタリア派作家の作品

中野重治《なかのしげはる》　プロレタリア詩を書いていたが転向。小説『村の家』『歌のわかれ』など。

高見順《たかみじゅん》　小説『故旧《こきゅう》忘れ得《う》べき』『如何《いか》なる星の下に』など。

【三】モダニズム……西洋の前衛芸術に学ぶ立場

《新感覚派》雑誌『文芸時代』によった作家たち

横光利一《よこみつりいち》　小説『**日輪《にちりん》**』の斬新な手法で注目され、雑誌『文芸時代』を創刊、新感覚派の旗手となる。小説『蠅《はえ》』『機械』『紋章《もんしょう》』などを書き、評論『純粋小説論』で自然主義とプロレタリア文学を批判した。小説『**旅愁《りょしゅう》**』は、横光の死により未完となった。

川端康成《かわばたやすなり》　『文芸時代』に参加し、小説『**伊豆の踊子**』を発表。『禽獣《きんじゅう》』『**雪国**』『千羽鶴《せんばづる》』『山の音』『古都』などで、虚無と幻想の交錯する独自の叙情的世界を築いた。ノーベル文学賞受賞者。

《新興芸術派》プロレタリア文学に対抗した作家たち

井伏鱒二《いぶせますじ》　小説『**山椒魚《さんしょううお》**』『屋根の上のサワン』で注目された。戦後の作品に、原爆を題材にした小説『**黒い雨**』がある。

梶井基次郎《かじいもとじろう》　小説『檸檬《れもん》』『城のある町にて』など。

堀辰雄《ほりたつお》　フランスの心理主義の影響を受け、『聖家族《せいかぞく》』『美しい村』『風立ちぬ』『菜穂子《なほこ》』など、繊細な小説を書いた。

林芙美子《はやしふみこ》　自伝的小説『放浪記《ほうろうき》』で注目された。

小林秀雄《こばやしひでお》　昭和を代表する評論家。『様々なる意匠《いしょう》』でデビュー、『私小説論』など、文芸批評に活躍した。戦時下にあって、古典への関心を深め、『無常といふ事』などを書いた。戦後は『モオツアルト』『ゴッホの手紙』『近代絵画』など、芸術論でも活躍。『本居宣長』が遺作となった。他に『考へるヒント』など。

【四】その他の作家

伊藤整《いとうせい》　小説『幽鬼《ゆうき》の街』『鳴海仙吉《なるみせんきち》』『若い詩人の肖像』などの他、評論も多い。

石川達三《いしかわたつぞう》　小説『蒼氓《そうぼう》』で、第一回芥川賞を受賞した。

中島敦《なかじまあつし》　中国古典に取材した小説『**山月記《さんげつき》**』『李陵《りりょう》』『弟子《でし》』など。

石坂洋次郎《いしざかようじろう》　小説『若い人』『青い山脈』など。

尾崎一雄《おざきかずお》　私小説作家。『暢気眼鏡《のんきめがね》』『虫のいろいろ』など。

亀井勝一郎《かめいかついちろう》　評論家。雑誌『日本浪曼派《ろうまんは》』を創刊。評論『愛の無常について』や随筆『大和《やまと》古寺風物誌』などがある。

Ⅳ　戦後

戦後の文学は、戦争への反省や敗戦後の社会の混迷を原点としたが、出版文化の繁栄に助けられ、年々多様化した。

【一】無頼派《ぶらいは》……一切の価値観に懐疑的な態度をとる作家たち

太宰治《だざいおさむ》　戦前に短編集『晩年』でデビュー。戦時下にあって『富嶽百景《ふがくひゃっけい》』『走れメロス』『津軽《つがる》』などの佳作を発表した。戦後は退廃的な傾向を強め、自ら無頼派と称して『桜桃《おうとう》』『**斜陽《しゃよう》**』『**人間失格**』などを発表した後、心中した。

坂口安吾《さかぐちあんご》　評論『堕落論《だらくろん》』で既成の価値観の崩壊を歓迎。小説『白痴《はくち》』『桜の森の満開の下』などを発表した。

織田作之助《おださくのすけ》　小説『夫婦善哉《めおとぜんざい》』『土曜夫人』など。

石川淳《いしかわじゅん》　小説『焼跡《やけあと》のイエス』『狂風記《きょうふうき》』など。

【二】新日本文学派……雑誌『新日本文学』による作家たち

宮本百合子《みやもとゆりこ》　民主主義文学の結集を呼びかけ、小説『播州《ばんしゅう》平野《へいや》』『道標《どうひょう》』などを書いた。戦前の小説に『伸子《のぶこ》』がある。

【三】戦後派……人間重視の立場で新文学創造に挑む作家たち

野間宏《のまひろし》　小説『真空地帯』で戦争の非人間性を描く。他に『暗い絵』『青年の環《わ》』など。

梅崎春生《うめざきはるお》　戦争体験に基づく小説『桜島《さくらじま》』『幻化《げんか》』など。

武田泰淳《たけだたいじゅん》　小説『蝮《まむし》のすゑ』で注目され、小説と戯曲を組み合わせた『ひかりごけ』などを書いた。

椎名麟三《しいなりんぞう》　小説『深夜の酒宴《しゅえん》』『永遠なる序章』など。

中村真一郎《なかむらしんいちろう》　小説『死の影の下《もと》に』など。

三島由紀夫《みしまゆきお》　小説『仮面の告白』『**潮騒《しおさい》**』『**金閣寺**』『憂国』など。耽美的作風で異彩を放つ。自衛隊に決起を呼びかけ割腹自殺。

大岡昇平《おおおかしょうへい》　戦争体験をもとに、小説『俘虜記《ふりょき》』『野火《のび》』を書いた。他に『武蔵野《むさしの》夫人』『レイテ戦記』など。

安部公房《あべこうぼう》　小説『壁』『砂の女』など。前衛的作風で知られる。

堀田善衛《ほったよしえ》　小説『広場の孤独』など。

【四】第三の新人……日常を重視する現実主義的な作家たち

安岡章太郎《やすおかしょうたろう》　小説『悪い仲間』『海辺《かいへん》の光景』など。

庄野潤三《しょうのじゅんぞう》　小説『プールサイド小景《しょうけい》』など。

吉行淳之介《よしゆきじゅんのすけ》　小説『驟雨《しゅうう》』『砂の上の植物群』など。

遠藤周作《えんどうしゅうさく》　小説『白い人』『黄色い人』『海と毒薬』『沈黙』など。キリスト教の信仰をもとに、問題作を次々に著した。

【五】その他の作家たち

井上靖《いのうえやすし》　小説『氷壁《ひょうへき》』『天平《てんぴょう》の甍《いらか》』『敦煌《とんこう》』『孔子』など。

水上勉《みずかみつとむ》　小説『霧と影』『雁《がん》の寺』『越前竹人形』など。

石原慎太郎《いしはらしんたろう》　小説『太陽の季節』など。後に政治家に転身。

開高健《かいこうけん》　小説『パニック』『裸の王様』『夏の闇』など。

司馬遼太郎《しばりょうたろう》　小説『梟《ふくろう》の城』『街道をゆく』『龍馬がゆく』など。

大江健三郎《おおえけんざぶろう》　小説『死者の奢《おご》り』『飼育』『個人的な体験』など。ノーベル文学賞受賞。

北杜夫《きたもりお》　小説『夜と霧《きり》の隅《すみ》で』『楡家《にれけ》の人びと』など。『どくとるマンボウ航海記』などのエッセイでも知られる。

有吉佐和子《ありよしさわこ》　小説『恍惚《こうこつ》の人』『華岡青洲《はなおかせいしゅう》の妻』など。

中上健次《なかがみけんじ》　小説『岬』『軽蔑』など。

宮本輝《てる》　小説『蛍川』『泥の川』『優駿』など。

詩

Ⅰ　明治

西洋の詩の影響により、新体詩《しんたいし》と呼ばれる新しい形式の詩が成立した。新体詩は最初、七五調を主とする文語定型詩であったが、しだいに自由詩へと発展した。

【一】文語定型詩

《初期の新体詩》

『新体詩抄《しょう》』　三人の学者の共著。西洋の詩の翻訳と創作詩からなる。作品としては稚拙であるが、新しい詩の形式を生み出した功績は極めて大きい。

『於母影《おもかげ》』　森鷗外らが編んだ訳詩集。浪漫詩の先駆となる。

《浪漫詩》

島崎藤村《しまざきとうそん》　雑誌『文学界』に参加。詩集『**若菜集**《わかなしゅう》』『一葉舟《ひとはぶね》』『夏《なつ》草《くさ》』『落梅集《らくばいしゅう》』で、青春の感傷や自我の目覚めを歌い上げ、新体詩の完成者となった。後に自然主義の作家となる。

土井《つちい》《どい》晩翠《ばんすい》　詩集『天地有情《てんちうじょう》』で、藤村と並ぶ浪漫詩の雄とされた。漢語を多く用いる男性的な作風で知られる。

《象徴詩》

上田敏《うえだびん》　訳詩集『**海潮音**《かいちょうおん》』でフランスの象徴派の詩を名訳で紹介し、象徴詩運動を推進した。

蒲原有明《かんばらありあけ》　詩集『春鳥集《しゅんちょうしゅう》』『有明集《ありあけしゅう》』などで、幻想的な象徴詩を確立した。

薄田泣菫《すすきだきゅうきん》　詩集『白羊宮《はくようきゅう》』などで古典的な詩風を築いた。

【二】文語自由詩

北原白秋《きたはらはくしゅう》　パンの会を結成し、雑誌『スバル』を創刊。象徴詩風の『**邪宗門**《じゃしゅうもん》』、幼年時代を追憶する『思ひ出』など、多彩な詩集で一時代を築いた。歌人としても活躍した。

三木露風《みきろふう》　最初口語詩を試みたが、文語詩に転じ、詩集『廃園《はいえん》』『白き手の猟人《かりゅうど》』を発表。白秋と並び称された。

Ⅱ　大正

口語自由詩が確立し、しだいに詩壇の主流となった。

【一】口語自由詩

高村光《たかむらこう》太郎《たろう》　フランスでロダンに彫刻を学んだ。帰国当初はパンの会で退廃的な文語詩を書いたが、理想主義的な口語詩に転じ、**白樺派**に所属した。妻に関する詩をまとめた『**智恵《ちえ》子抄《こしょう》**』が有名。他に詩集『**道程《どうてい》**』『典型』など。

千家元麿《せんげもとまろ》　詩集『自分は見た』などで日常生活を描いた。

山村暮鳥《やまむらぼちょう》　象徴的な詩風から出発し、しだいに民衆詩派に接近した。詩集『風は草木にささやいた』など。

室生犀星《むろうさいせい》　詩集『愛の詩集』『抒情小曲集《じょじょうしょうきょくしゅう》』などの清新な詩風で、詩壇に新風を吹き込んだ。後に小説家に転じた。

萩原朔太郎《はぎわらさくたろう》　口語自由詩の完成者。詩集『**月に吠《ほ》える**』で詩壇に登場するや、その斬新な着想と口語使用の自在さで一躍注目を集めた。続いて『青猫《あおねこ》』で近代人の憂鬱を繊細に表現した。『純情《じゅんじょう》小曲集』では抒情的な詩風を示し、晩年の『氷島《ひょうとう》』は文語詩を収める。評論でも活躍した。

宮沢賢治　自然と生活に根ざした独自の宇宙観を持った作品を残した。詩集『**春と修羅《しゅら》**』。「風の又三郎」『銀河鉄道の夜』などの童話作家としても知られる。

【二】文語自由詩

佐藤春夫　詩集『殉情《じゅんじょう》詩集』で独自の詩境を開いた。小説家としても有名。

堀口大学《だいがく》　訳詩集『月下《げっか》の一群《いちぐん》』で、超現実主義《シュールレアリスム》などのフランス近現代詩を紹介した。詩集『月光とピエロ』など。

Ⅲ　昭和（戦前・戦中）

戦前の詩は、プロレタリア詩とモダニズムの詩に大別できる。プロレタリア詩は政治的な内容にかたより、文学性に乏しいものが多かった。モダニズムの詩は西洋の前衛詩の影響を受けたもので、内容も形式も多彩であった。

【一】プロレタリア詩

主な詩人は、中野重治《しげはる》・壺井繁治《つぼいしげじ》・窪川鶴次郎《くぼかわつるじろう》・小野十《とう》三郎《ざぶろう》ら。

【二】モダニズムの詩

《シュール＝レアリスム運動》雑誌『詩と詩論』による詩人たち

主な詩人は、西脇順三郎《にしわきじゅんざぶろう》・北川冬彦・安西冬衛《あんざいふゆえ》ら。

《四季派》雑誌『四季』による詩人たち

三好達治《みよしたつじ》　雑誌『詩と詩論』に参加し、超現実主義運動の一翼を担う。その後、堀辰雄らとともに『四季』を創刊し、モダニズム詩の中心的存在となった。詩集に『**測量船《そくりょうせん》**』『艸《くさ》千里《せんり》』『一点鐘《いってんしょう》』などがある。散文詩に優れる。

丸山薫《まるやまかおる》　堀辰雄・三好達治とともに『四季』を創刊した。詩集『帆・ランプ・鷗《かもめ》』『幼年』『物象《ぶっしょう》詩集』など。

立原道造《たちはらみちぞう》　優れた抒情詩を書いた。詩集『萱草《わすれぐさ》に寄す』など。

中原中也《なかはらちゅうや》　雑誌『歴程《れきてい》』にも参加。世紀末的倦怠を巧みに形象化した。詩集『**山羊《やぎ》の歌**』『**在《あ》りし日の歌**』がある。

《歴程派》雑誌『歴程』による詩人たち

草野心平《くさのしんぺい》　詩集『第百階級』を発表の後、『歴程』の創刊に参加し、擬態語を多用し原始的な感覚に訴える特異な詩風を確立した。他に詩集『蛙《かえる》』『富士山』など。

金子光晴《かねこみつはる》　反戦の立場を貫き、詩集『鮫《さめ》』『落下傘《らっかさん》』を発表。

Ⅳ　戦後

詩の表現が多様化・複雑化して、現在に至っている。

【一】荒地《あれち》派……雑誌『荒地』による詩人たち

田村隆一《たむらりゅういち》　詩集『四千の日と夜』など。

黒田三郎《くろださぶろう》　詩集『ひとりの女に』『もっと高く』など。

【二】櫂《かい》派……雑誌『櫂』による詩人たち

谷川俊太郎《たにかわしゅんたろう》　詩集『**二十億光年の孤独**』など。

吉野弘《よしのひろし》　詩集『消息』『感傷旅行』など。

大岡信《おおおかまこと》　詩集『記憶と現在』など。評論家としても活躍。

石垣りん　詩集『私の前にある鍋とお釜と燃える火と』など。

短歌

明治中期から和歌革新の気運が高まり、与謝野鉄幹・晶子夫妻と正岡子規が近代短歌の基礎を固めた。大正以後は、子規の流れをくむアララギ派が主流となった。

Ⅰ　明治

【一】明　星　派《みょうじょうは》（浪漫派）……**雑誌『明星』**による歌人たち

与謝野鉄幹《よさのてっかん》　歌論『亡国《ぼうこく》の音《おん》』を発表して旧派を非難、新詩《しんし》社《しゃ》を結成して、雑誌『明星』を創刊した。

与謝野晶子《あきこ》　第一歌集『**みだれ髪**』で一躍脚光を浴び、浪漫的歌風で明星派全盛時代を築いた。また、日露戦争の際には反戦詩「**君死《きみし》にたまふこと勿《なか》れ**」を発表し、大反響を招いた。『源氏物語』の現代語訳もある。

【二】根岸《ねぎし》派……正岡子規《まさおかしき》を中心とするグループ

正岡子規　評論『**歌よみに与《あた》ふる書**』で、『古今和歌集』と旧派を辛辣《しんらつ》に攻撃、『万葉集』と源実朝を賞賛し、写生を主張した。続けて明星派をも批判した。根岸短歌会を組織し、伊藤左千夫《さちお》・長塚節《ながつかたかし》らを養成した。歌集『竹の里歌』など。

【三】自然主義を踏まえた歌人たち

若山牧水《わかやまぼくすい》　歌集『別離』の清新な抒情で一時代を画した。人生の苦悩を旅や自然を通じて描いた。

石川啄木《いしかわたくぼく》　評論・創作活動のかたわら、追憶・郷愁や悲嘆を短歌に託し、貧苦の中で早世した。歌集『**一握《いちあく》の砂**』『**悲しき玩具《がんぐ》**』は、率直な歌いぶりに加えて、口語的表現・三行書きという斬新さもあり、広く愛読された。

【四】耽美《たんび》派……雑誌『スバル』により、明星派を継ぐ歌人たち

吉井勇《よしいいさむ》　歌集『酒ほがひ』で、享楽の中の悲哀を描いた。

北原白秋　歌集『**桐**《きり》**の花**』で、耽美的な異国趣味を表現した。

Ⅱ　大正

【一】アララギ派……雑誌『**アララギ**』による歌人たち

伊藤左千夫　『アララギ』を創刊。小説『野菊《のぎく》の墓』も有名。

長塚節　連作『鍼《はり》の如く』の他、小説『土』がある。

島木赤彦《しまぎあかひこ》　アララギ派歌論の完成者の一人。歌集に『太虚《たいきょ》集』などがある。

斎藤茂吉《さいとうもきち》　アララギ派歌論の完成者の一人で、歌論集『短歌写生の説』で「実相観入」を提唱。第一歌集『**赤光**《しゃっこう》』は広く読まれた。他に、歌集『あらたま』『白き山』など。

【二】反アララギ派……アララギ派に同調しない歌人たち

太田水穂《おおたみずほ》　芭蕉に学んだ象徴的歌論でアララギ派に対抗。

木下利玄《りげん》　白樺派から移り、雑誌『日光』の創刊に参加。

釈　迢空《しゃくちょうくう》　『アララギ』から雑誌『日光《にっこう》』に移り、古代的感覚と現代性を融合した独自の歌風を築いた。

Ⅲ　昭和

会津八一《あいづやいち》　総ひらがな書きの歌集『鹿鳴集《ろくめいしゅう》』で知られる。

俳句

正岡子規によって俳句の革新が行われ、子規没後は定型を守る立場と守らない立場とに分裂した。

Ⅰ　明治

【一】日本派……正岡子規を中心とするグループ

正岡子規　新聞『日本』の俳句欄を担当、雑誌『ホトトギス』の顧問となった。評論『獺祭書屋俳話《だっさいしょおくはいわ》』『俳諧大要』で、江戸後期以来の月並《つきなみ》調を否定、写生を力説し、与謝蕪村を再評価した。句集『寒山落木《かんざんらくぼく》』の他、写生を散文に活かすべく『墨汁一滴《ぼくじゅういってき》』『**病牀六尺**《びょうしょうろくしゃく》』などの写生文を書いた。門下に、高浜虚子《たかはまきょし》・河東碧梧桐《かわひがしへきごとう》・夏目漱石らがいる。

【二】新傾向俳句……個性を重視し、俳句を近代化する立場

河東碧梧桐　子規没後、『日本』の俳句欄を担当。その後、実感による写生を唱えて、新傾向俳句の運動を起こした。以後も、作風が変化し続け、その都度波紋を呼んだ。門下に、荻原井泉水《おぎわらせいせんすい》・中塚一碧楼《なかつかいっぺきろう》らがいる。

Ⅱ　大正

【一】自由律俳句……五七五の定型と季語を否定する立場

荻原井泉水　新傾向に飽き足らず、自由律の立場を確立。門下に、**種田山頭火**《たねださんとうか》・尾崎放哉《おざきほうさい》らがいる。

【二】ホトトギス派……雑誌『ホトトギス』により、定型を守る立場

高浜虚子　『ホトトギス』を主宰。一時は小説の執筆に力を注いだが、新傾向・自由律の俳句に危機感を抱き、明治末に句作を再開。客観写生・花鳥諷詠《かちょうふうえい》を説き、俳壇の主流派を形成した。門下には、四Sと呼ばれた水原秋桜《みずはらしゅうおう》子《し》・阿波野青畝《あわのせいほ》・山口誓子《やまぐちせいし》・高野素十《たかのすじゅう》らがいる。

Ⅲ　昭和

【一】新興俳句運動……形式よりも内容を近代化する立場

水原秋桜子　花鳥諷詠を不満としてホトトギス派を離れ、雑誌『馬酔木《あしび》』を創刊。句集『葛飾《かつしか》』など。門下に、石田波《いしだは》郷《きょう》・加藤楸邨《かとうしゅうそん》らがいる。

山口誓子　ホトトギス派を離れ、『馬酔木』に加わる。近代社会に題材を求めた。句集『凍港《とうこう》』など。

【二】人間探究派……人間性を追究する思索的な俳人たち

中村草田男《なかむらくさたお》　ホトトギス派に属し、人間性の探究と伝統美の統合を追究した。句集『万緑』など。

石田波郷　現代的抒情を句に盛った。句集『鶴の眼』など。

加藤楸邨　生活実感に立脚した作風。句集『寒雷《かんらい》』など。

《試験によく出る作品》

石炭をば早や積み果てつ。中等室の卓のほとりはいと静かにて……　『舞姫』冒頭

木曽路はすべて山の中である。　『夜明け前』冒頭

「こいさん、頼むわ。――」鏡の中で、廊下からうしろへ入って来た妙子を見ると……　『細雪』冒頭

親譲りの無鉄砲で小供《こども》の時から損ばかりしている。　『坊っちゃん』冒頭

山道を登りながら、こう考えた。智に働けば角が立つ。情に棹《さお》させば流される。意地を通せば窮屈だ。兎角《とかく》に人の世は往みにくい。　『草枕』冒頭

私はその人を常に先生と呼んでいた。　『こころ』冒頭

山の手線の電車に跳ね飛ばされて怪我をした。その後《あと》養生に、一人で但馬《たじま》の城崎温泉に出掛けた。　『城の崎にて』冒頭

ある日の暮方の事である。一人の下人が羅生門の下で、雨やみを待っていた。　『羅生門』冒頭

禅智内供《ないぐ》の鼻と言えば、池の尾で知らない者はいない。　『鼻』冒頭

恥の多い生涯を送って来ました。自分には、人間の生活というものが、見当つかないのです。　『人間失格』部分

歌島は人口千四百、周囲一里に充たない小島である。　『潮騒』冒頭

文学史総合問題

問一 古典和歌集について、次の問いに答えよ。

(1) 次のア～カから、①『万葉集』、②『古今和歌集』、③『新古今和歌集』の撰者を一人ずつ選べ。

ア 大伴黒主　イ 藤原俊成　ウ 藤原定家　エ 紀貫之　オ 大伴家持　カ 在原業平

(2) 次のa～lのうち、『万葉集』に関連の深いものにはA、『古今和歌集』に関連の深いものにはB、『新古今和歌集』に関連の深いものにはCと記せ。

a 凡河内躬恒・壬生忠岑・僧正遍昭・小野小町・素性法師
b 柿本人麻呂・山部赤人・大伴旅人・山上憶良・高市黒人
c 後鳥羽上皇・藤原家隆・西行法師・寂蓮法師・藤原良経
d 本歌取り　e 旋頭歌　f 六歌仙　g 有心　h ますらをぶり　i たをやめぶり
j 奈良時代　k 平安時代　l 鎌倉時代

(3) 次のア～オから、勅撰和歌集をすべて選べ。

ア 万葉集　イ 金槐和歌集　ウ 古今和歌集　エ 新古今和歌集　オ 山家集

問二 次の(1)～(4)に関連のないものを、ア～エから一つずつ選べ。

(1) 鴨長明　〔ア 発心集　イ 徒然草　ウ 方丈記　エ 無名抄〕
(2) 女流文学　〔ア 蜻蛉日記　イ 土佐日記　ウ 更級日記　エ 十六夜日記〕
(3) 説話集　〔ア 義経記　イ 宇治拾遺物語　ウ 古今著聞集　エ 十訓抄〕
(4) 能楽　〔ア 世阿弥　イ 風姿花伝　ウ 愚管抄　エ 申楽談儀〕

問三　次の(1)～(5)の文学者の作品でないものを、**ア**～**オ**から一つずつ選べ。

(1)　谷崎潤一郎　〔**ア**　刺青　**イ**　痴人の愛　**ウ**　細雪　**エ**　歌行燈　**オ**　春琴抄〕
(2)　志賀直哉　〔**ア**　和解　**イ**　山椒魚　**ウ**　小僧の神様　**エ**　暗夜行路　**オ**　城の崎にて〕
(3)　川端康成　〔**ア**　すみだ川　**イ**　山の音　**ウ**　雪国　**エ**　伊豆の踊子　**オ**　千羽鶴〕
(4)　堀辰雄　〔**ア**　旅愁　**イ**　美しい村　**ウ**　風立ちぬ　**エ**　菜穂子　**オ**　聖家族〕
(5)　太宰治　〔**ア**　桜桃　**イ**　斜陽　**ウ**　友情　**エ**　津軽　**オ**　人間失格〕

問四　次の(1)～(10)の文芸雑誌に関連の深い文学者を、**ア**～**コ**から選べ。

(1)　我楽多文庫　(2)　文学界　(3)　明星　(4)　新思潮　(5)　アララギ
(6)　スバル　(7)　白樺　(8)　ホトトギス　(9)　四季　(10)　新日本文学

ア　森鷗外　**イ**　尾崎紅葉　**ウ**　与謝野鉄幹　**エ**　宮本百合子　**オ**　正岡子規
カ　伊藤左千夫　**キ**　北村透谷　**ク**　武者小路実篤　**ケ**　三好達治　**コ**　芥川龍之介

問五　次の(1)～(7)に該当する文学者を**ア**～**ク**から選び、それぞれの作品をa～hから選べ。

(1)　江戸天明期に活躍し、画家としても著名な俳人。
(2)　作者自身の生活体験に取材し、自然主義的私小説を著した。
(3)　イギリス留学から帰国し、雑誌『ホトトギス』に処女長編小説を発表した。
(4)　新興芸術派の一角を担い、戦後、原爆の悲惨さを庶民的立場で描いた。
(5)　戦後派の一人で、耽美的作風の作品を発表して注目を集めた後、割腹自殺をした。
(6)　彫刻を本業とし、白樺派と親交を結んで理想主義的な詩を書いた。

(7) アララギ派の巨匠で、歌論『短歌写生の説』を著した。

ア 高村光太郎　イ 与謝蕪村　ウ 井伏鱒二　エ 三島由紀夫
オ 斎藤茂吉　カ 夏目漱石　キ 田山花袋　ク 小林一茶
a 蒲団　b 赤光　c 潮騒　d 道程
e 黒い雨　f 明暗　g おらが春　h 新花摘

問六 次の(1)～(15)の作品の作者を、ア～ソから一つずつ選べ。

(1) 日輪　(2) 放浪記　(3) 砂の女　(4) 無常といふ事　(5) 天平の甍
(6) 山月記　(7) 蛍川　(8) 俘虜記　(9) 恍惚の人　(10) 龍馬がゆく
(11) 大和古寺風物誌　(12) 飼育　(13) 沈黙　(14) 裸の王様　(15) 檸檬

ア 開高健　イ 宮本輝　ウ 安部公房　エ 有吉佐和子　オ 大江健三郎
カ 司馬遼太郎　キ 井上靖　ク 横光利一　ケ 遠藤周作　コ 大岡昇平
サ 亀井勝一郎　シ 中島敦　ス 小林秀雄　セ 梶井基次郎　ソ 林芙美子

漢　字

同訓異字

①計算が**あう**	合う
友人と**あう**	会う
災難に**あう**	遭う
②**あつい**お茶	熱い
あつい毎日	暑い
あつい本	厚い
③道を**あやまる**	誤る
無礼を**あやまる**	謝る
④細工が**あらい**	粗い
気性が**あらい**	荒い
⑤姿を**あらわす**	現す
方程式に**あらわす**	表す
小説を**あらわす**	著す
⑥胃が**いたむ**	痛む
屋根が**いたむ**	傷む
友を**いたむ**	悼む
⑦釘を**うつ**	打つ
鉄砲を**うつ**	撃つ
親の仇を**うつ**	討つ
⑧写真を**うつす**	写す
鏡に**うつす**	映す
⑨後を**おう**	追う
責任を**おう**	負う
⑩危険を**おかす**	冒す
領土を**おかす**	侵す
罪を**おかす**	犯す
⑪税金を**おさめる**	納める
学問を**おさめる**	修める
成功を**おさめる**	収める
国を**おさめる**	治める
⑫彼を委員長に**おす**	推す
背中を軽く**おす**	押す
⑬フォーク・ダンスを**おどる**	踊る
喜びに胸が**おどる**	躍る
⑭相手の心を**かえりみる**	顧みる
自分の心を**かえりみる**	省みる
⑮髪形を**かえる**	変える
商品をお金に**かえる**	換える
中身を入れ**かえる**	替える
書面で挨拶に**かえる**	代える
⑯腰を**かける**	掛ける
命を**かける**	懸ける
橋を**かける**	架ける
⑰服が**かわく**	乾く
のどが**かわく**	渇く
⑱薬が**きく**	効く
気が**きく**	利く
噂を**きく**	聞く
⑲仲を**さく**	裂く
時間を**さく**	割く
⑳刃物で**さす**	刺す
棹を**さす**	差す
花を**さす**	挿す
日が**さす**	射す
西を**さす**	指す
㉑気に**さわる**	障る
手に**さわる**	触る
㉒心を**しずめる**	静める
痛みを**しずめる**	鎮める
船を**しずめる**	沈める
㉓首を**しめる**	絞める
帯を**しめる**	締める
店を**しめる**	閉める
㉔計画を**すすめる**	進める
参加を**すすめる**	勧める

彼を代表に**すすめる**	薦める
㉕プリントを**する**	刷る
マッチを**する**	擦る
㉖火事に**そなえる**	備える
仏壇に花を**そなえる**	供える
㉗雪の重さに**たえる**	耐える
鑑賞に**たえる**	堪える
人通りが**たえる**	絶える
㉘先生に**たずねる**	尋ねる
友人の家を**たずねる**	訪ねる
㉙消息を**たつ**	絶つ
肉を切らせて骨を**たつ**	断つ
布地を**たつ**	裁つ
ビルが**たつ**	建つ
大地を踏みしめて**たつ**	立つ
㉚定職に**つく**	就く
知恵が**つく**	付く
目的地に**つく**	着く
不意を**つく**	突く
㉛家業を**つぐ**	継ぐ
骨を**つぐ**	接ぐ
実力は彼に**つぐ**	次ぐ

㉜議長を**つとめる**	務める
会社に**つとめる**	勤める
防火に**つとめる**	努める
㉝車に荷物を**つむ**	積む
野原で花を**つむ**	摘む
㉞教えを**とく**	説く
問題を**とく**	解く
絵の具を**とく**	溶く
㉟準備を**ととのえる**	整える
費用を**ととのえる**	調える
㊱事務を**とる**	執る
社員を**とる**	採る
写真を**とる**	撮る
昆虫を**とる**	捕る
資格を**とる**	取る
㊲病気を**なおす**	治す
誤りを**なおす**	直す
㊳古人に**ならう**	倣う
古文を**ならう**	習う
㊴困難に**のぞむ**	臨む
平和を**のぞむ**	望む
㊵太陽が**のぼる**	昇る

山に**のぼる**	登る
坂を**のぼる**	上る
㊶街が夕日に**はえる**	映える
庭に草が**はえる**	生える
㊷水温を**はかる**	計る
距離を**はかる**	測る
体重を**はかる**	量る
合理化を**はかる**	図る
委員会に**はかる**	諮る
悪事を**はかる**	謀る
㊸間を**はなす**	離す
犬を**はなす**	放す
㊹あきらめるのは**はやい**	早い
川の流れが**はやい**	速い
㊺笛を**ふく**	吹く
火山が火柱を**ふく**	噴く
㊻仏像を**ほる**	彫る
井戸を**ほる**	掘る
㊼試合に**やぶれる**	敗れる
夢が**やぶれる**	破れる
㊽眼病を**わずらう**	患う
将来を思い**わずらう**	煩う

同音異義語

①**イギ**を唱える	異議
イギのある仕事	意義
②先代の**イギョウ**を受け継ぐ	遺業
先人の**イギョウ**をたたえる	偉業
③賛成の**イシ**を示す	意思
イシの強い人	意志
亡父の**イシ**を受け継ぐ	遺志
④機械に**イジョウ**がある	異状
イジョウな心理	異常
⑤故人を**カイコ**する	回顧
従業員を**カイコ**する	解雇
⑥**カイシン**の笑み	会心
カイシンして出直す	改心
医師が**カイシン**に来る	回診
⑦アンケートの**カイトウ**	回答
試験の**カイトウ**	解答
⑧門戸を**カイホウ**する	開放
人質を**カイホウ**する	解放
病人を**カイホウ**する	介抱
病状が**カイホウ**に向かう	快方
⑨技術**カクシン**	革新

事件の**カクシン**に迫る	核心
友の無実を**カクシン**する	確信
⑩名画を**カンショウ**する	鑑賞
カンショウ用の植物	観賞
内政に**カンショウ**する	干渉
⑪周囲の**カンシン**を集める	関心
立派な意見に**カンシン**する	感心
カンシンを買う	歓心
カンシンにたえない	寒心
⑫**カンヨウ**な性格	寛容
カンヨウな点をかいつまむ	肝要
⑬行政**キカン**の変革	機関
消化**キカン**の故障	器官
日本の**キカン**産業	基幹
受付の**キカン**に遅れる	期間
⑭**キセイ**品	既製
キセイ事実	既成
通行を**キセイ**する	規制
連休を利用して**キセイ**する	帰省
回虫は人体に**キセイ**する	寄生
敵の**キセイ**をそぐ	気勢
突然**キセイ**を発する	奇声

---

⑮核の**キョウイ**	脅威
キョウイ的な記録	驚異
⑯**キョウコウ**に反対する	強硬
増税を**キョウコウ**する	強行
⑰作業を**キョウセイ**する	強制
欠点を**キョウセイ**する	矯正
⑱人生の**キロ**に立つ	岐路
足早に**キロ**につく	帰路
⑲部品を**コウカン**する	交換
テニスの**コウカン**試合	交歓
⑳教授の**コウギ**を聴く	講義
コウギのデモ隊が繰り出す	抗議
コウギに解釈する	広義
㉑福利**コウセイ**が行き届く	厚生
悪から**コウセイ**する	更生
コウセイに取引する	公正
文章の**コウセイ**を練る	構成
㉒援助を**コジ**する	固辞
自説をとことん**コジ**する	固持
権力を内外に**コジ**する	誇示
㉓**サイゴ**の切り札を使う	最後
立派な**サイゴ**をとげる	最期

㉔決行の**ジキ**を待つ	時機
実施の**ジキ**が遅れる	時期
ジキはずれの野菜	時季
㉕公共**シセツ**を充実させる	施設
親善**シセツ**が来日する	使節
㉖混乱を**シュウシュウ**する	収拾
切手を**シュウシュウ**する	収集
㉗**シュウチ**の事実	周知
シュウチを集める	衆知
シュウチ心	羞恥
㉘知人を**ショウカイ**する	紹介
在庫を**ショウカイ**する	照会
㉙**シンギ**のほどはわからない	真偽
予算案を**シンギ**する	審議
㉚キリスト教を**シンコウ**する	信仰
産業を**シンコウ**させる	振興
作業が**シンコウ**する	進行
シンコウを結ぶ	親交
シンコウ宗教	新興
㉛**セイコウ**な細工	精巧
若者の**セイコウ**な主張	生硬
㉜**セイサイ**を欠く文章	精(生)彩
武力による**セイサイ**	制裁
㉝油絵を**セイサク**する	制作
建設資材を**セイサク**する	製作
㉞運賃を**セイサン**する	精算
過去を**セイサン**する	清算
化学繊維を**セイサン**する	生産
㉟食事を**セッセイ**する	節制
セッセイのため粗食する	摂生
㊱社会の発展を**ソガイ**する	阻害
社会から**ソガイ**される	疎外
㊲研究の**タイショウ**	対象
タイショウ的な二人	対照
左右**タイショウ**の図形	対称
㊳犯人を**ツイキュウ**する	追及
利益を**ツイキュウ**する	追求
真理を**ツイキュウ**する	追究(窮)
㊴気持ちを**テキカク**に表す	的確
彼はその職務に**テキカク**だ	適格
㊵**テキセイ**な価格で販売する	適正
彼は十分な**テキセイ**がある	適性
㊶**トクイ**な教科は国語だ	得意
トクイな才能の持ち主	特異
㊷製品の**トクチョウ**を誇る	特長
犯人の**トクチョウ**を述べる	特徴
㊸他人の過失を**ヒナン**する	非難
地震に備えて**ヒナン**する	避難
㊹ＯＡ機器が**フキュウ**する	普及
フキュウの名作	不朽
㊺成立年代は**フショウ**	不詳
フショウ事を起こす	不祥
フショウの息子	不肖
㊻永遠**フヘン**の真理	不変
フヘン的な現象	普遍
㊼勝手な理屈に**ヘイコウ**する	閉口
バス路線が**ヘイコウ**する	並行
議論が**ヘイコウ**する	平行
ヘイコウ感覚が狂う	平衡
㊽**ホウフ**な知識	豊富
今年の**ホウフ**	抱負
㊾品質を**ホショウ**する	保証
安全を**ホショウ**する	保障
損害を**ホショウ**する	補償
㊿人材を**ヨウセイ**する	養成
救助を**ヨウセイ**する	要請

頻出熟語の書き取り

①**アンイ**な考え	安易
②**イガイ**な事実	意外
③**イッシュン**の出来事	一瞬
④**インシツ**なやり方	陰湿
⑤寒波の**エイキョウ**	影響
⑥図書を**エツラン**する	閲覧
⑦会議を**エンカツ**に進める	円滑
⑧自然の**オンケイ**を被る	恩恵
⑨**ガイトウ**する箇所を探す	該当
⑩演説が**カキョウ**に入る	佳境
⑪重病人を**カクリ**する	隔離
⑫**カジョウ**な期待	過剰
⑬事件の**カチュウ**に立つ	渦中
⑭工事を**カントク**する	監督
⑮必勝を**キガン**する	祈願
⑯**キソ**を固める	基礎
⑰**キバン**を整備する	基盤
⑱児童を**ギャクタイ**する	虐待
⑲すさまじい**ギョウソウ**	形相
⑳新たな**キョクメン**を迎える	局面
㉑申し出を**キョヒ**する	拒否

㉒勢力の**キンコウ**が破れる	均衡
㉓自宅で**キンシン**する	謹慎
㉔面接で**キンチョウ**する	緊張
㉕害虫を**クジョ**する	駆除
㉖**ケイサツショ**の建物	警察署
㉗**ケイチョウ**に値する意見	傾聴
㉘校旗を**ケイヨウ**する	掲揚
㉙**ゲキテキ**な出会い	劇的
㉚疫痢の流行を**ケネン**する	懸念
㉛**ケンオ**の念を抱く	嫌悪
㉜**ゲンシュク**な式典	厳粛
㉝**ケンチョ**な変化	顕著
㉞**ゴウカ**な邸宅に住む	豪華
㉟社会に**コウケン**する	貢献
㊱医療費を**コウジョ**する	控除
㊲身柄を**コウソク**する	拘束
㊳困難を**コクフク**する	克服
㊴**コチョウ**された表現	誇張
㊵士気を**コブ**する	鼓舞
㊶欲望の**ゴンゲ**	権化
㊷教師と父兄が**コンダン**する	懇談
㊸写真を**サツエイ**する	撮影

㊹相手の感情を**シゲキ**する	刺激
㊺犯行を**シサ**する	示唆
㊻**ジゼン**事業に加わる	慈善
㊼総理大臣の**シモン**機関	諮問
㊽上司に**ジュウジュン**な社員	従順
㊾高速道路が**ジュウタイ**する	渋滞
㊿金銭に**シュウチャク**する	執着
(51)**シュシャセンタク**する	取捨選択
(52)政権を**ショウアク**する	掌握
(53)**ショウゲキ**の告白	衝撃
(54)日本酒を**ジョウゾウ**する	醸造
(55)出演を**ショウダク**する	承諾
(56)農業を**ショウレイ**する	奨励
(57)**シンボウ**強く待つ	辛抱
(58)今日の**スイジ**当番	炊事
(59)**スイミン**を十分取る	睡眠
(60)偶像を**スウハイ**する	崇拝
(61)夜の**セイジャク**	静寂
(62)**セイミツ**な機械	精密
(63)西洋文化を**セッシュ**する	摂取
(64)予算の**セッショウ**	折衝
(65)前回の**セツジョク**を期す	雪辱

(66) 政策の**ゼヒ**を問う
(67) **センサイ**な感覚
(68) **センレン**されたデザイン
(69) 記憶**ソウシツ**
(70) **ソウショク**を施す
(71) 飛行機を**ソウジュウ**する
(72) **タイクツ**を紛らす
(73) **タイダ**な生活
(74) **タイド**が大きい
(75) 相手に**ダキョウ**する
(76) 社会の**チツジョ**を乱す
(77) 大地震の**チョウコウ**
(78) 思い切り**チョウヤク**する
(79) 商品を**チンレツ**する
(80) **テイサイ**が良くない
(81) 気分**テンカン**
(82) 作文を**テンサク**する
(83) 貨物船が**テンプク**した
(84) **テンポ**を改装する
(85) 犯行の**ドウキ**を自白する
(86) 彼の見解は**ドウサツ**に富む
(87) 先例を**トウシュウ**する

是非
繊細
洗練
喪失
装飾
操縦
退屈
怠惰
態度
妥協
秩序
兆(徴)候
跳躍
陳列
体裁
転換
添削
転覆
店舗
動機
洞察
踏襲

---

(88) 自己**トウスイ**
(89) 利益を**ドクセン**する
(90) **トクメイ**で小説を書く
(91) 栽培に適した**ドジョウ**
(92) 塀を**トソウ**する
(93) 話を聞いて**ナットク**する
(94) **ニュウワ**な笑顔
(95) 仕事の内容を**ハアク**する
(96) 他人に**ハイリョ**する
(97) 少数民族を**ハクガイ**する
(98) 真相を**バクロ**する
(99) **ヒキン**な例
(100) **ヒサン**な事件
(101) 映画を**ヒヒョウ**する
(102) 役員を**ヒメン**する
(103) **ヒンパン**に盗難に遭う
(104) 君の話は**フカカイ**だ
(105) **フシギ**な話
(106) ケーブルを**フセツ**する
(107) お湯が**フットウ**する
(108) 支社に**フニン**する
(109) **フンイキ**が暗い

陶酔
独占
匿名
土壌
塗装
納得
柔和
把握
配慮
迫害
暴露
卑近
悲惨
批評
罷免
頻繁
不可解
不思議
敷設
沸騰
赴任
雰囲気

---

(110) 建物が**ホウカイ**する
(111) 他人の不幸を**ボウカン**する
(112) **ボウキャク**の彼方
(113) **ボウダイ**な赤字を出す
(114) 戦争で**ホリョ**になる
(115) **ホンポウ**で情熱的な生き方
(116) 敵を自在に**ホンロウ**する
(117) 市井に**マイボツ**して生きる
(118) 経済**マサツ**を解消する
(119) 観客を**ミリョウ**する芝居
(120) **ムジャキ**な子ども
(121) 石油は**ムジンゾウ**ではない
(122) 名作を**モホウ**する
(123) **ヤバン**な振舞い
(124) **ユウエツカン**にひたる
(125) **ヨユウ**がある
(126) 思いつきを**ラレツ**する
(127) 約束を**リコウ**する
(128) **リフジン**な言動
(129) **レイコク**な仕打ち
(130) **レットウカン**に苦しむ
(131) **レンカ**で叩き売る

崩壊
傍観
忘却
膨大
捕虜
奔放
翻弄
埋没
摩擦
魅了
無邪気
無尽蔵
模倣
野蛮
優越感
余裕
羅列
履行
理不尽
冷酷
劣等感
廉価

熟語の読み

①狭隘　きょうあい
②瓦解　がかい
③畏敬　いけい
④会釈　えしゃく
⑤造詣　ぞうけい
⑥滑稽　こっけい
⑦相殺　そうさい
⑧些細　ささい
⑨罹災　りさい
⑩冤罪　えんざい
⑪恣意　しい
⑫思惟　しい
⑬生粋　きっすい
⑭夭逝　ようせい
⑮風情　ふぜい
⑯境内　けいだい
⑰倦怠　けんたい
⑱隠蔽　いんぺい
⑲疾病　しっぺい
⑳曖昧　あいまい
㉑傀儡　かいらい

㉒界隈　かいわい
㉓虚空　こくう
㉔希有　けう
㉕推敲　すいこう
㉖嗜好　しこう
㉗拮抗　きっこう
㉘殺生　せっしょう
㉙帰趨　きすう
㉚錯綜　さくそう
㉛捏造　ねつぞう
㉜悲愴　ひそう
㉝未曾有　みぞう
㉞喧噪　けんそう
㉟出納　すいとう
㊱追悼　ついとう
㊲葛藤　かっとう
㊳薫陶　くんとう
㊴結納　ゆいのう
㊵堪能　たんのう
㊶煩悩　ぼんのう
㊷標榜　ひょうぼう
㊸訃報　ふほう

㊹羨望　せんぼう
㊺杞憂　きゆう
㊻押収　おうしゅう
㊼妄執　もうしゅう
㊽折衷　せっちゅう
㊾範疇　はんちゅう
㊿誤謬　ごびゅう
51建立　こんりゅう
52愛嬌　あいきょう
53矮小　わいしょう
54素性　すじょう
55吹聴　ふいちょう
56信憑　しんぴょう
57繁盛　はんじょう
58凡庸　ぼんよう
59帰依　きえ
60萌芽　ほうが
61怪我　けが
62猜疑　さいぎ
63雑木　ぞうき
64詐欺　さぎ
65痕跡　こんせき

66律義（儀）　りちぎ
67抜擢　ばってき
68軋轢　あつれき
69威嚇　いかく
70驚愕　きょうがく
71危惧　きぐ
72苛酷　かこく
73蘊蓄　うんちく
74会得　えとく
75逼迫　ひっぱく
76反駁　はんばく
77重複　ちょうふく
78親睦　しんぼく
79無垢　むく
80脆弱　ぜいじゃく
81呵責　かしゃく
82膠着　こうちゃく
83萎縮　いしゅく
84歪曲　わいきょく
85払拭　ふっしょく
86吝嗇　りんしょく
87肥沃　ひよく

(88)	健気	けなげ
(89)	懺悔	ざんげ
(90)	反古	ほご
(91)	対峙	たいじ
(92)	真摯	しんし
(93)	拉致	らち
(94)	横溢	おういつ
(95)	僭越	せんえつ
(96)	狡猾	こうかつ
(97)	恍惚	こうこつ
(98)	挨拶	あいさつ
(99)	如実	にょじつ
(100)	饒舌	じょうぜつ
(101)	挫折	ざせつ
(102)	剥奪	はくだつ
(103)	更迭	こうてつ
(104)	緻密	ちみつ
(105)	辛辣	しんらつ
(106)	戦慄	せんりつ
(107)	嫉妬	しっと
(108)	安堵	あんど
(109)	刹那	せつな
(110)	輪廻	りんね
(111)	流布	るふ
(112)	頒布	はんぷ
(113)	陶冶	とうや
(114)	行脚	あんぎゃ
(115)	華奢	きゃしゃ
(116)	成就	じょうじゅ
(117)	遵守	じゅんしゅ
(118)	由緒	ゆいしょ
(119)	躊躇	ちゅうちょ
(120)	乖離	かいり
(121)	洒落	しゃれ
(122)	賄賂	わいろ
(123)	捺印	なついん
(124)	終焉	しゅうえん
(125)	敷衍	ふえん
(126)	蔓延	まんえん
(127)	敬虔	けいけん
(128)	祝言	しゅうげん
(129)	怨恨	えんこん
(130)	礼讃	らいさん
(131)	杜撰	ずさん
(132)	邁進	まいしん
(133)	強靱	きょうじん
(134)	精進	しょうじん
(135)	斬新	ざんしん
(136)	斡旋	あっせん
(137)	忽然	こつぜん
(138)	所詮	しょせん
(139)	謙遜	けんそん
(140)	忌憚	きたん
(141)	破綻	はたん
(142)	混沌	こんとん
(143)	憐憫	れんびん
(144)	機嫌	きげん
(145)	詭弁	きべん
(146)	欺瞞	ぎまん
(147)	改悛	かいしゅん
(148)	絢爛	けんらん
(149)	竹刀	しない
(150)	角力	すもう
(151)	陽炎	かげろう
(152)	流石	さすが
(153)	田舎	いなか
(154)	息吹	いぶき
(155)	生憎	あいにく
(156)	雑魚	ざこ
(157)	固唾	かたず
(158)	土産	みやげ
(159)	老舗	しにせ
(160)	為替	かわせ
(161)	浴衣	ゆかた
(162)	七夕	たなばた
(163)	太刀	たち
(164)	若人	わこうど
(165)	玄人	くろうと
(166)	素人	しろうと
(167)	火傷	やけど
(168)	眼鏡	めがね
(169)	梅雨	つゆ
(170)	名残	なごり
(171)	日和	ひより
(172)	黄昏	たそがれ
(173)	時雨	しぐれ
(174)	雪崩	なだれ
(175)	団扇	うちわ

対義語

①	安全	危険
②	一般	特殊
③	韻文	散文
④	演繹	帰納
⑤	革新	保守
⑥	拡大	縮小
⑦	可決	否決
⑧	供給	需要
⑨	許可	禁止
⑩	偶然	必然
⑪	具体	抽象
⑫	形式	内容
⑬	結果	原因
⑭	建設	破壊
⑮	権利	義務
⑯	賛成	反対
⑰	収入	支出
⑱	主観	客観
⑲	順境	逆境
⑳	饒舌	寡黙
㉑	人工	自然
㉒	慎重	軽率
㉓	積極	消極
㉔	絶対	相対
㉕	前進	後退
㉖	増加	減少
㉗	怠惰	勤勉
㉘	直接	間接
㉙	鈍感	敏感
㉚	肉体	精神
㉛	能動	受動
㉜	否定	肯定
㉝	複雑	単純
㉞	服従	反抗
㉟	部分	全体
㊱	分析	総合
㊲	未来	過去
㊳	容易	困難
㊴	楽観	悲観
㊵	利益	損害
㊶	理想	現実
㊷	理論	実践
㊸	浪費	倹約

医療関連語句

①	疫病	えきびょう
②	肝炎	かんえん
③	危篤	きとく
④	血液型	けつえきがた
⑤	結核	けっかく
⑥	疾患	しっかん
⑦	持病	じびょう
⑧	症状	しょうじょう
⑨	小児科	しょうにか
⑩	静脈	じょうみゃく
⑪	心不全	しんふぜん
⑫	赤痢	せきり
⑬	胎盤	たいばん
⑭	打撲	だぼく
⑮	点滴	てんてき
⑯	凍傷	とうしょう
⑰	粘膜	ねんまく
⑱	脳卒中	のうそっちゅう
⑲	病巣	びょうそう
⑳	病棟	びょうとう
㉑	分泌	ぶんぴつ
㉒	脈拍	みゃくはく
㉓	免疫	めんえき
㉔	盲腸	もうちょう
㉕	容体(態)	ようだい
㉖	解熱剤	げねつざい
㉗	脊髄	せきずい
㉘	瞳孔	どうこう
㉙	天然痘	てんねんとう
㉚	化膿	かのう
㉛	感冒	かんぼう
㉜	脱臼	だっきゅう
㉝	腫瘍	しゅよう
㉞	動悸	どうき
㉟	唾液	だえき
㊱	発作	ほっさ
㊲	風邪	かぜ
㊳	排泄	はいせつ
㊴	嘔吐	おうと
㊵	癌	がん
㊶	湿疹	しっしん
㊷	妊娠	にんしん
㊸	分娩	ぶんべん

ことわざ・慣用句

青菜に塩
すっかり元気を失うこと。

悪事千里を走る
悪いことほどすぐに知れ渡る。

悪銭身につかず
不正な方法で得た金はすぐなくなる。

羹《あつもの》に懲《こ》りて膾《なます》を吹く
失敗にこりて無用の用心をする。

虻蜂《あぶはち》取らず
欲張りすぎて失敗する。

雨降って地固まる
もめごとの後、かえって関係が深まる。

案ずるより産むが易《やす》し
心配するより実行する方が簡単である。

生馬《いきうま》の目を抜く
すばしこく油断ができないたとえ。

石の上にも三年
耐えていれば、いずれ良いことがある。

石橋をたたいて渡る
非常に慎重な態度で物事に臨む。

医者の不養生《ふようじょう》
本人の行動が立場や持論と矛盾する。
＝**紺屋《こうや》の白袴《しろばかま》、髪結いの乱れ髪**

急がば回れ
危険な近道より、遠回りでも安全な道を取った方が結局は早い。

犬の遠吠え
臆病者が陰でからいばりすること。

命あっての物種《ものだね》
何事も命と引きかえにはできない。

井の中の蛙《かわず》
見聞の狭い者。

魚心あれば水心
相手が好意的なら自分も好意を持つ。

烏合《うごう》の衆
規律や統一のない雑多な寄り合い。

嘘《うそ》も方便《ほうべん》
嘘も時には必要である。

鵜《う》の真似する烏《からす》
身の程をわきまえず他人を真似る者。

馬の耳に念仏
忠告を聞き流して気にも止めない。

得手に帆を揚《あ》げる
好機を得て実力を存分に発揮する。

海老《えび》で鯛《たい》を釣《つ》る
少しの元手で大きな利益を得る。

お茶を濁す
その場を取り繕ってごまかす。

鬼の目にも涙
冷酷な人も時には人間味を見せる。

帯《おび》に短し襷《たすき》に長し
中途半端で役に立たない。

溺《おぼ》れる者は藁《わら》をもつかむ
困難に直面した者は何にでもすがる。

折り紙付き
確実と保証されているもの。

飼い犬に手を噛《か》まれる
目をかけてやった者に裏切られる。

蛙の子は蛙
子は親に似るものである。

蝸牛《かぎゅう》角上の戦い
取るに足らない、小さな争い。

火中の栗を拾う
他人の利益のために危険を冒す。

河童《かっぱ》の川流れ

どんな名人にも失敗はある。
＝弘法《こうぼう》にも筆の誤り、猿も木から落ちる

亀《かめ》の甲《こう》より年の功
年長者の意見は必ず参考になる。

枯木も山の賑《にぎ》わい
つまらぬ物でも、ないよりましである。

木で鼻をくくる
無愛想に応答する。

木によりて魚を求む
間違った手段では利益は得られない。

窮鼠《きゅうそ》猫を噛《か》む
追い詰められた者は必死に抵抗する。

漁夫の利
第三者が利益を横取りする。

釘を差す
相手に固く念を押す。

腐っても鯛《たい》
良い物は駄目になっても見所がある。

草葉の陰
墓の中。あの世。

苦肉の策
犠牲を覚悟した、思い切った手段。

鶏口《けいこう》となるも牛後となるなかれ
大集団に従うより小集団の長となれ。

蛍雪《けいせつ》の功
苦労して学問を積むこと。

怪我《けが》の功名《こうみょう》
失敗が偶然よい結果を生むこと。

光陰《こういん》矢の如し
歳月はまたたく間に過ぎ去る。

好事魔多し
良いことには邪魔が入りやすい。

郷《ごう》に入りては郷に従え
新しい環境には逆らわない方がよい。

虎穴《こけつ》に入らずんば虎児を得ず
大きな収穫には危険がつきまとう。

五十歩百歩
大差のないこと。

三顧《さんこ》の礼
礼儀を尽して頼むこと。

三人よれば文殊《もんじゅ》の知恵
人が三人もいれば良い知恵が出る。

しびれを切らす
待ち切れなくなる。

釈迦《しゃか》に説法
専門家にむかって無用な説明をする。

蛇《じゃ》の道は蛇《へび》
自分に似た者の行動は理解しやすい。

朱に交われば赤くなる
交際する相手には必ず影響を受ける。

尻馬に乗る
無批判に人の言動に同調する。

栴檀《せんだん》は双葉《ふたば》より芳《かんば》し
優れた人は幼少時から人と異なる。

船頭《せんどう》多くして船山《ふねやま》に上る
指図する者が多くて物事が順調に進まない。

対岸の火事
直接自分にとって利害関係がないこと。

大山鳴動《たいざんめいどう》して鼠《ねずみ》一匹
大騒ぎの割に結果が小さい。

高《たか》を括《くく》る
大したことはないと見くびる。

他山の石
他人のつまらない言行でも自分の参考になること。

蓼《たで》食《く》う虫も好き好き
人の好みは千差万別である。
棚からぼたもち
意外な幸運にめぐり合うこと。
竹馬《ちくば》の友
幼友達。
提灯《ちょうちん》に釣鐘《つりがね》
似ているようで実は全く違うもの。
＝月とすっぽん
月にむら雲花に風
好事には邪魔が入りやすい。
月夜に提灯
あっても無用なもの。
角を矯《た》めて牛を殺す
一部を直そうとして全部を無にする。
鉄は熱いうちに打て
好機を逃すな。
出る杭《くい》は打たれる
出しゃばる者は攻撃にさらされる。
捕らぬ狸《たぬき》の皮算用《ざんよう》
不確実なことに過度の期待をかける。
虎《とら》の威《い》を借《か》る狐《きつね》
他人の力を後ろ盾にしていばる者。
泥をかぶる
他人の分まで責任を負う。
団栗《どんぐり》の背比べ
どれもこれも平凡で大差ないさま。
飛んで火に入る夏の虫
自分から進んで破滅を選ぶこと。
鳶《とんび》が鷹《たか》を産む
平凡な親から非凡な子が生まれる。
長いものには巻かれろ
力のある者には従った方が得だ。
泣き面《つら》に蜂《はち》
不運や不幸が重ねて訪れること。
情けは人のためならず
人に情けをかければ良い報いがある。
生兵法《なまびょうほう》は大怪我《おおけが》のもと
中途半端な知識や技能は大失敗を招く。
二階から目薬
思うようにならずもどかしいこと。
二束《そく》三文《もん》
値段がたいへん安いこと。
二の句が継《つ》げない
驚きで次の言葉が出てこない。
糠《ぬか》に釘《くぎ》
何の手ごたえも効果もないこと。
＝暖簾《のれん》に腕押し、豆腐《とうふ》にかすがい
濡れ手で粟《あわ》
簡単に利益が得られること。
猫の手も借りたい
忙しくて少しでも手伝いが欲しい。
寝《ね》た子を起こす
余計なことをして問題を蒸し返すこと。
寝耳《ねみみ》に水
不意の出来事にあわてること。
喉元《のどもと》過《す》ぎれば熱さ忘れる
苦しいことも過ぎ去れば忘れる。
背水《はいすい》の陣
追い詰められて決死の覚悟をする。
馬脚《ばきゃく》をあらわす
隠していた正体が明らかになる。
腹を割る
隠しごとをせず、全てを打ち明ける。
針の穴から天を覗《のぞ》く
狭い見識で大問題を論じる。

贔屓《ひいき》の引き倒し
ひいきしすぎてその人を不利にする。

人の噂《うわさ》も七十五日
やかましい噂も長くは続かない。

人の褌《ふんどし》で相撲《すもう》を取る
他人のものを利用して利益を得る。

人を呪《のろ》わば穴二つ
人を傷つけると自分も傷つく。

人を見たら泥棒《どろぼう》と思え
他人をむやみに信用するな。

火のない所に煙は立たぬ
噂にはそれなりの根拠がある。

百聞《ひゃくぶん》は一見《いっけん》に如《し》かず
人に聞くより自分で見て確かめよ。

瓢箪《ひょうたん》から駒《こま》
意外な所から意外なことが起こる。

風前《ふうぜん》の灯《ともしび》
破滅の危機が目前に迫っていること。

覆水盆《ふくすいぼん》に返らず
してしまったことは元通りにならない。

ほぞを噛《か》む
激しく後悔する。

仏作って魂入れず
肝心なところが足りないこと。

仏の顔も三度まで
温和な人でも我慢には限度がある。

先《ま》ず隗《かい》より始めよ
何事も発案者自身がまず実行せよ。

待てば海路《かいろ》の日和《ひより》あり
焦らずに待っていれば好機が訪れる。

身から出た錆《さび》
自分の落ち度で自分が苦しむこと。

水清ければ魚《うお》棲《す》まず
潔癖すぎる人は嫌われる。

三つ子の魂《たましい》百《ひゃく》まで
幼児期の性質は老年になっても変わらない。
＝**雀《すずめ》百まで踊り忘れず**

目から鱗《うろこ》が落ちる
物事が急にはっきりわかって、驚く。

目から鼻へ抜ける
利発で抜け目がない。

目の上の瘤《こぶ》
非常に邪魔なもの。

餅《もち》は餅屋
物にはそれぞれ専門家がある。

元《もと》の木阿弥《もくあみ》
良くなったことが再び元に戻ること。

焼け石に水
ほとんど効果のない、無意味な処置。

藪《やぶ》から棒
突然、だしぬけ。

藪《やぶ》をつついて蛇《へび》を出す
余計なことをして災難を招く。

横車《よこぐるま》を押す
道理に合わないことを押し通す。

横槍《よこやり》を入れる
関係ない者が余計な口出しをする。

良薬は口に苦し
役に立つ忠告ほど不愉快に聞こえる。

類は友を呼ぶ
似た者同士は自然に集まる。

論より証拠
理屈を言うより証拠を見せよ。

渡りに船
その場にふさわしく好都合なこと。

四字熟語

悪戦苦闘　あくせんくとう
強敵や困難に必死で立ち向かうこと。

暗中模（摸）索　あんちゅうもさく
手がかりを求めて様々に試みること。

唯々諾々　いいだくだく
人に従うだけで自己主張しないさま。

意気消（銷）沈　いきしょうちん
意気込みを失って、しょげること。

異口同音　いくどうおん
多くの人が同じ意見を言うこと。

以心伝心　いしんでんしん
心から心へ直接思いが伝わること。

一期一会　いちごいちえ
一生に一度だけ出会えること。

一日千秋　いちじつ（にち）せんしゅう
非常に待ち遠しく思うさま。

一気呵成　いっきかせい
物事をすばやく成し遂げること。

一挙両得　いっきょりょうとく
一つの行為で二つの利益を得ること。
＝**一石二鳥**　いっせきにちょう

一触即発　いっしょくそくはつ
少しのことで戦いになりそうな状況。

一朝一夕　いっちょういっせき
ひと朝かひと晩ほどの短い時間。

意味深長　いみしんちょう
言葉に深い含蓄があること。

因果応報　いんがおうほう
悪事を働けば必ず報いを受けること。

有為転変　ういてんぺん
世の中がはかなく移り変わること。

紆余曲折　うよきょくせつ
事態が複雑に変化すること。

雲散霧消　うんさんむしょう
跡形もなく消えてなくなること。

傍（岡）目八目　おかめはちもく
部外者は当事者より客観的に判断できること。

温故知新　おんこちしん
歴史に学んで現在に生かすこと。

快刀乱麻　かいとうらんま
複雑な物事を明快に処理するさま。

臥薪嘗胆　がしんしょうたん
目的を遂げるために自ら苦労すること。

我田引水　がでんいんすい
自分に都合よく取りはからうこと。

画竜（龍）点睛　がりょうてんせい
物事を完成するための最後の仕上げ。

勧善懲悪　かんぜんちょうあく
善行を励まし、悪事を罰すること。

艱難辛苦　かんなんしんく
つらい目にあって悩み苦しむこと。

危機一髪　ききいっぱつ
危険に直面した、ぎりぎりの瀬戸際。

起死回生　きしかいせい
絶望的な状況を好転させること。

疑心暗鬼　ぎしんあんき
疑えば何でも不安に思えること。

虚々実々　きょきょじつじつ
計略をめぐらして争うこと。

玉石混交（淆）　ぎょくせきこんこう
良い物と粗悪な物が交じり合うこと。

虚心坦懐　きょしんたんかい
さっぱりとした心で物事に対すること。

空前絶後　くうぜんぜつご

過去にも未来にも例がないこと。

軽挙妄動　けいきょもうどう
軽はずみで向こう見ずな行動。

牽強付（附）会　けんきょうふかい
無理にこじつけること。

捲土重来　けんどちょう（じゅう）らい
一度敗れた者が勢いを盛り返すこと。

厚顔無恥　こうがんむち
厚かましくて恥知らずであるさま。

巧言令色　こうげんれいしょく
うわべだけを巧みに取り繕うさま。

荒唐無稽　こうとうむけい
根拠のないでたらめ。

呉越同舟　ごえつどうしゅう
仲の悪い者が同じ場所にいること。

虎視眈々　こしたんたん
好機をねらって形勢をうかがうさま。

五里霧中　ごりむちゅう
見通しが全く立たないさま。

言語道断　ごんごどうだん
言葉では表せないほどひどいさま。

自画自賛（讃）　じがじさん
自分で自分をほめたたえること。

自家撞着　じかどうちゃく
言動が矛盾していること。

試行錯誤　しこうさくご
失敗を重ねつつ目標に近づくこと。

自業自得　じごうじとく
自分の行為の報いを自分で受けること。

時代錯誤　じだいさくご
時代遅れで現代に合わないこと。

七転八倒　しち（しっ）てんばっとう
転げ回って苦しむこと。

自暴自棄　じぼうじき
やけになって捨てばちになること。

四面楚歌　しめんそか
敵に囲まれて孤立するさま。

弱肉強食　じゃくにくきょうしょく
弱者を犠牲にして強者が栄えること。

周章狼狽　しゅうしょうろうばい
あわてふためくこと。

首尾一貫　しゅびいっかん
全体が同じ考えで統一されること。

順風満帆　じゅんぷうまんぱん
物事が順調に進むさま。

諸行無常　しょぎょうむじょう
万物が絶え間なく変化すること。

支離滅裂　しりめつれつ
ばらばらで筋道が通らないさま。

針小棒大　しんしょうぼうだい
物事を大げさに言うこと。

深謀遠慮　しんぼうえんりょ
先々のことまで見通した綿密な計画。

森羅万象　しんらばんしょう
宇宙に存在する、すべての物。

清廉潔白　せいれんけっぱく
人格や行動が清く正しいさま。

切磋琢磨　せっさたくま
学問や人格の向上に努め励むこと。

絶体絶命　ぜったいぜつめい
危機から逃れようがない状態。

千載（歳）一遇　せんざいいちぐう
またとはない絶好の機会。

千差万別　せんさばんべつ
様々に異なっているさま。

前代未聞　ぜんだいみもん

過去に例がないこと。

大器晩成　たいきばんせい
大人物は大成するのが遅いこと。

大言壮語　たいげんそうご
自分を実力以上に誇大に言うこと。

泰然自若　たいぜんじじゃく
落ちついて物に動じないさま。

大同小異　たいどうしょうい
似たりよったりであるさま。

単刀直入　たんとうちょくにゅう
前置きなしに、すぐ本題に入ること。

朝三暮四　ちょうさんぼし
巧みな手口で相手をあざむくこと。

朝令暮改　ちょうれいぼかい
命令や規則がたびたび変わること。

天衣無縫　てんいむほう
自然のままで飾り気のないさま。

電光石火　でんこうせっか
動作が非常にすばやいさま。

天変地異　てんぺんちい
自然界に起こる様々な異変。
＝**天災地変**　てんさいちへん

当意即妙　とういそくみょう
場面に即応して機転を利かすこと。

東奔西走　とうほんせいそう
あちこち忙しく駆け回ること。

内憂外患　ないゆうがいかん
内部にも外部にも難題があること。

日進月歩　にっしんげっぽ
絶え間なく進歩するさま。

馬耳東風　ばじとうふう
人の意見を聞き流すこと。

八面六臂　はちめんろっぴ
一人で数人分の働きをするさま。

美辞麗句　びじれいく
美しく飾り立てた言葉。

百鬼夜行　ひゃっきやこう
大勢で悪い行いをすること。

不偏不党　ふへんふとう
公平・中立の立場を取るさま。

付（附）和雷同　ふわらいどう
他人の意見にむやみに賛同すること。

粉骨砕身　ふんこつさいしん
力の限り努力すること。

傍若無人　ぼうじゃくぶじん
人前で勝手気ままにふるまうさま。

本末転（顛）倒　ほんまつてんとう
小事を大事より重視すること。

無我夢中　むがむちゅう
我を忘れて物事に熱中するさま。

無味乾燥　むみかんそう
何のおもしろみもないさま。

明鏡止水　めいきょうしすい
雑念がなく心が澄みきっているさま。

優柔不断　ゆうじゅうふだん
決断が鈍く、ぐずぐずしているさま。

有名無実　ゆうめいむじつ
名ばかりで実質が伴わないさま。

悠々自適　ゆうゆうじてき
束縛を離れ、心のままに暮らすさま。

羊頭狗肉　ようとうくにく
外見だけ立派で実質が伴わないさま。

竜頭蛇尾　りゅうとうだび
最初の勢いが最後まで続かないこと。

臨機応変　りんきおうへん
状況に即応して適切に処置すること。

解　答

〈現代文基礎編〉

第1章　指示語

練習問題

問一　母が死んだ年（六字）

問二　死んだ母が今は蛍になっているという考え。（二十字）

問三　自分と眼が合ったとたんに、犬は猛然と飛びかかって来るだろうという気持。（三十五字）

問四　大声で喚きながら、自分を追いこして行った二人の男の子。（二十七字）

問五　ウ

第2章　空欄補充

練習問題1

問一　a　カ　b　ア　c　エ　d　オ

問二　Ⅰ　ウ　Ⅱ　エ　Ⅲ　イ

問三　わあっ

練習問題2

問一　A　イ　B　ウ

問二　Ⅰ　エ　Ⅱ　ア

問三　瓶で飼った。

第3章　段落分け

練習問題

⑤　⑦　⑩　⑮

第4章　要旨・主題

練習問題1

エ

練習問題2

エ

第5章　修辞法

練習問題

問一　①　ウ　②　ア　③　ア　④　ア　⑤　イ

問二　イ

〈現代文読解編〉

第1章　評論文

練習問題1

問一　①　販売　④　不可解　⑤　際

問二　②　こぶ　③　はめ

問三　断られた

問四　B　日本　C　完全　D　相手　E　自分

問五　a　ケ　b　ウ　c　キ　d　ア　e　エ　f　サ

問六　Ⅰ　イ　Ⅱ　イ　Ⅲ　イ　Ⅳ　ア

問七　日本人の否定のあいまいさ（十二字）

練習問題2

問一　a　認知　b　獲得　c　制裁　d　未熟　e　ひご　f　すべ　g　しゅりょう　h　徹底

問二　ア　育　イ　教

問三　ア

問四　D

問五　(1)　ウ　(2)　ア

問六　(1)　パーソナリティー

(2) 独立して生きていくために必要な事柄を身につけること

問七　ウ・カ

問八　イ・オ

第2章　小説

練習問題1

問一　Ⅰ　エ　Ⅱ　イ　Ⅲ　カ
Ⅳ　ア

問二　a　ウ　b　エ　c　イ

問三　A　夫　B　女

問四　筋道の通った頭を持っていない彼女　（十六字）
学校は小学校を卒業しただけであった　（十七字）

問五　亭主孝行な女（六字）

問六　もし尊敬を受けたければ、受けられるだけの実質をもった人間になって自分の前に出て来るがよい。

問七　夫の為にのみ存在する妻を最初から仮定して憚らなかった。（二十七字）

練習問題2

問一　a　ふち　b　しゅうねん
c　いど

問二　A　ウ　B　エ　C　ア

問三　擬人法

問四　ウ

問五　赤蛙は目的と意志をもって、あえて力に余る急流に挑戦し、困難を征服しようとしているのだ、という思い。（四十九字）

問六　ア

練習問題3

問一　自分をよく見せようとする心。

問二　自分の気持ちを正直に書く純真さが感じられたから。（二十四字）

問三　ア・ウ・エ・オ

問四　ウ

問五　軽蔑

問六　自分のウソを見透かされたことに対する動揺と屈辱感。（二十五字）

第3章　随筆

練習問題1

問一　A　エ　B　オ　C　ア
D　ウ　E　イ

問二　未来

問三　白いマットの上に小さな凹みだけが残った。（二十字）

問四　少女は、自分のために一生懸命看病してくれている周りの人々に、感謝しているから。（三十九字）

問五　a　駆使　b　絶大　c　患者
d　疲　e　真剣

問六　i　むな　ii　ほうむ

練習問題2

問一　a　構　b　慕

問二　イ

問三　ウ

問四　ア

問五　エ

問六　この世ならぬ美しい色をした鳥の翼のようなもの（二十二字）

問七　ウ

問八　物古りた姿を慕いながら山道を骨折ってやってきた浄瑠璃寺で、まえから憧れをもっていた馬酔木の花を見ることができたから。（五十八字）

第4章　詩

練習問題

問一　A　寺院と風呂場と劇場
B　黄金の毛

問二　エ

問三　春雨

問四　甘美な春の雨に身も心もしっとりと潤

い、うっとりとしている様子。

問五　反復（リフレイン）

問六　オ

第5章　短歌・俳句

練習問題1

問一　A イ　B ウ　C ア

問二　(1) C　(2) B　(3) A

問三　ア

問四　A 七五調　B 七五調
　C 五七調

練習問題2

問一　竹馬の友

問二　B ちりぢり　D 雪の声

問三　イ

問四　ウ

問五　漱石……月・秋　子規……鶏頭・秋

問題演習

問題演習1

問一　a 湿気　b 偶然　c 愛憎
　d 洗礼　e 追慕

問二　A ア　B カ　C エ
　D ウ　E オ

問三　日本人が咲く花より散る花を愛好したこと。（二十字）

問四　女の個性を愛する者（九字）

問五　咲き散る花の生命に人間の生命の根源的なものを見て来た日本人が、理性をもった花を理想として培った文化。（五十字）

問六　ア

問題演習2

問一　第二大段落の初め……C
　第三大段落の初め……G

問二　自由をもっているということこそ、人間の悲しい性なのだ（二十六字）
　人生の苦労はすべてここから生じている、ともいえる（二十四字）

問三　いやおうなしに、自分で行為を決定しなければなりません。（二十七字）

問四　① 自由　② 行為　③ 選択
　④ 原理　⑤ 人生観
　⑥ 世界観　⑦ 哲学

問題演習3

問一　① 節目　② 生涯　③ 処世
　④ 同義　⑤ 器

問二　A ア　B オ　C ア

問三　① ウ　② イ　③ ア

問四　a オ　b エ　c イ
　d ウ　e ア

問五　a 美しいこと
　b 伝統と革新をどうつなげるか（十三字）

問六　けれども、過去からの批判は、けっして無視できない。

問七　雨の降る夜にかくれている月、これから咲こうとしている梢、すっかり花が散ってしまった庭、から一つ

問八　初め……なぜなら現代
　終わり……姿ではないか

問九　1 A　2 C　3 D
　4 F　5 H　6 J
　7 M

問題演習4

問一　a はたん　b ごんげ
　c きょうほん　d おうか
　e そうこく

問二　A オ　B イ　C ウ

問三　② 踏ん　⑥ 鳴らす

問四　自然と共存できている

問五　人間も自然の一つの構成要員にすぎず、他の生物集団と隔絶しては一時も生存が許されないという事実。（四十七字）

問六　人間が生きのびてゆくため。（十三字）

問七　自然保護や動物愛護の提唱（十二字）
問八　危機
問九　**イ**

問題演習5

問一　**イ**
問二　**イ**
問三　**ウ**
問四　**ア**
問五　大自然の中で生きる動物たちの生命の交響を見聞きし、かれらのみずみずしい心に触れることは誰にも許されている、ということ。（五十九字）
問六　**エ**

問題演習6

問一　A　夢　B　山の麓のさびしい村　C　私　D　寂寥のなかに
問二　E　8　F　9　G　11
問三　追憶
問四　かえって行った
問五　私
問六　求めても、夢の光景は広がらないこと。
問七　寂寥
問八　夢
問九　**ア**　ひる　**イ**　みさき　**ウ**　ほうこう

問題演習7

問一　A　**ウ**　B　**ア**　C　**エ**　D　**イ**　E　**オ**
問二　A　大根・冬　B　万緑・夏　C　吹流し・夏　D　木枯・冬　E　露・秋

問題演習8

問一　a　慣　b　完結　c　ようい　d　色彩　e　瞬間　f　あわ
問二　A　自然　B　えび
問三　**ホ**
問四　Ⅰ　**イ**　Ⅱ　**ウ**
問五　**エ**
問六　②　田舎の自然を象徴するえび（十二字）　③　動物学上のえび（七字）
問七　現在の田舎
問八　（例）自分が恋しいと思う田舎が、過去の思い出の中にしかないことを思い知ること。（三十六字）

問題演習9

問一　a　警句　b　風評　c　珠玉　d　否　e　統
開二　**イ**
問三　**エ**
問四　**ウ**
問五　助動詞
問六　(1)　自己欺瞞（四字）　(2)　世界の歴史を左右するほどの力をもった愚昧であるから。（二十六字）
問七　**オ**

問題演習10

問一　①　併発　②　延命　③　批判　④　発揮　⑤　不健全　⑥　免疫　⑦　効率
問二　人生に満たされていないという状況（十六字）
問三　目に見えない人生の病を因縁として持っている病気に、表面に現れている現象だけの対症的治療を行っても不十分だということ。（五十八字）
問四　A　**イ**　B　**ア**　C　**ア**　D　**イ**
問五　「正常」な日常生活に戻るために、対症的治療を受けるとき。（二十八字）
問六　**ウ**

問題演習11

問一　**ア**
問二　**ウ**
問三　いちの最後のひと言（九字）

問四　いちの言葉にお上に対する挑戦と反抗を感じとったから（二十五字）
問五　お上の裁定（五字）
問六　ウ
問七　㋐　見た　㋑　子供

問題演習12

問一　A　エ　B　ア　C　ウ
問二　ウ
問三　オ
問四　オ
問五　ウ
問六　今の自分。
問七　カ

問題演習13

問一　イ
問二　エ
問三　三島が、松尾の持ってきた手紙を書いたのは母親ではなく、松尾自身だと決めてかかっていること。
問四　初め……これまで何百回
　終わり……はっと我に帰る
問五　母親
問六　ⓐ　ただじゃすまないよ（九字）
　ⓑ　知らせとうない（七字）
問七　初め……いまにも泣
　終わり……みも残して
　ⓐ　三島に誤解され、ひどく罵倒されること。
　ⓑ　手紙のことを他言され、三島や母に知られること。
問八　A　ウ　B　オ　C　ア
　D　エ　E　イ

問題演習14

問一　①　あ（え）もの　②　注文
　③　繁殖　④　勧　⑤　面倒
　⑥　うちわ　⑦　あおがや
　⑧　おびただ　⑨　衰弱
　⑩　転地
問二　亡夫の方に話をもっていった（十三字）
問三　自然
問四　叔母の躰がこれでは保つまい（十三字）
問五　叔母の生命の残された時を静けさの中で共有していること。
問六　①　史郎に関連したことを知りたいから。
　②　しずかに、史郎の話を叔母としていられるのが嬉しい。
問七　人間の不幸の因
問八　夫を手本に、叔母は死に方を選んでいるのだろうか。
問九　病気や死を忌み避けるのではなく、自然なものとして受け入れるべきだという思想。（三十八文字）

問題演習15

問一　ウ
問二　ウ
問三　存続の助動詞「たり」の已然形
問四　蚕
問五　(1)　添寝　(2)　聞ゆる
問六　イ
問七　たらちねの
問八　オ
問九　赤光
問十　一目見ん

問題演習16

問一　①　にょらい
　②　あきさめ（しゅうう）
　③　まいそう　④　がらす
　⑤　こずえ
問二　i　しぐれふるみちのく
　ii　大き仏　iii　祭壇
問三　I　ケ　II　エ　III　キ
　IV　ク　V　ウ　VI　シ
問四　与謝蕪村
問五　ふぐの毒にあたりはしないかと、びくびくしている状態。

問六　鳴声が鋭く、肉食であるという面。

問七　A　ふぐと汁・冬

B　しぐれ・冬

D　鵙・柿・秋

問八　(1)　イ・オ　②　キ・ケ

問題演習17

問一　①　増幅　②　奨励　③　弟妹

④　理路　⑤　駆使

問二　(1)　五感を通して人間関係をつくる（十四字）

(2)　言葉に重きを置く関係（十字）

問三　(1)　A　カ　B　イ　C　ウ

(2)　(例)高齢者介護の場面でも、身体の発する「コトバ」を通したコミュニケーションが大切だ。例えば、介護する側が、高齢者の表情や態度などから、その人の気持ちや欲することと、こだわりや生き方などを読みとり、それに応えるような接し方をしていけば、互いの存在そのものが響きあう関係を築くことができる。それが、高齢者の生きようとする力を引き出し、高めることにつながると想像される。（一七九字）

問四　ア　○　イ　×　ウ　×

エ　×　オ　○

問題演習18

問一　a　境内　b　弁解

c　ようしゃ

問二　イ

問三　①　イ　②　エ

問四　エ

問五　父の怒りが、金銭を気にして子の心の養いを気にかけなかった自分のいたらなさにあるということ。（四十五字）

問六　オ

問七　植物への関心の目を伸ばしてゆくこと。（十八字）

問八　エ

問九　藤の代りとして認められなかった山椒の強い存在感が虚しく、それと自分の処置の虚しさとがだぶったから。（四十九字）

問題演習19

問一　①　したく　②　はしご

③　がんこ　④　しょうじ

⑤　どぎも

問二　a　思ったとおり

b　言い終わるか終わらないうちに

問三　変に驚かせて、私がバランスをくずし屋根から落ちると困るから。（三十字）

問四　今はもういない母への追慕の情が、かえって母の愛を強く感じた記憶を鮮明にしたから。（四十字）

問五　父に疑われて気分が暗くなり、母に甘えたくてわがままを言ってみたが叱られてますます意地になり、わけがわからなくなった気持。（六十字）

〈口語文法〉

確認問題

問一　①　歴史的な／文化と／地理的な／文化との／相違を、／最も／端的に／示す／例の／一つ。

②　そういう／新しい／物の／見方が、／一時的に／せよ／世界中の／人々の／関心の／的とも／なった。

③　新思潮派の／作家は、／未来に／対する／楽観的な／見方に／立つ／ことは／できなかった。

問二　①　イ　②　ア　③　エ

④　ウ

問三　①　ア　②　オ　③　エ

④　ウ

問四　①　形容詞　②　形容動詞
③　名詞

問五　エ

問六　もっとも・やがて

問七　イ・連体詞

問八　①　エ　②　ウ　③　イ
④　ア

問九　①　ア　②　キ　③　エ
④　カ

問十　イ

問十一　①　ウ　②　オ　③　イ
④　エ　⑤　ア

問十二　②　A　格　B　接続

問十三　ウ

問十四　①　ウ　②　エ　③　イ
④　ア

問十五　①　イ　②　ア　③　ウ
④　ア

問十六　A　おっしゃる　B　申し

問十七　①　うかがう　②　くださった
③　拝見した

問十八　①　ア　②　エ　③　イ
④　ウ　⑤　イ

〈古文基礎編〉

第1章　歴史的かなづかい

確認問題

a　いう　b　よろず　c　つかい
d　いい　e　ひとすじ　f　いたり

【訳】（　）内の語句は、意味がわかりやすいように補ったもの。以下同じ。

今（となって）は（もう）昔（のことだが）、「竹取のおきな」と呼ばれている人がいた。野山に分け入って竹を取っては、様々なことに利用していた。本名は、さかきの造と言った。その（竹取のおきなが、ある時見つけた）竹の中に、根元が光る竹が一本あった。不思議に思って近寄って見ると、筒の中が光っていた。それ（を切って、中）を見てみると、三寸ほどの（背丈の）人が、たいそうかわいらしくすわっていた。

第2章　助動詞

確認問題1

(1)　適当・終止形　(2)　推量・已然形
(3)　婉曲・連体形　(4)　意志・終止形
(5)　勧誘・終止形　(6)　過去推量・連体形
(7)　現在推量・已然形　(8)　可能・未然形
(9)　命令・終止形　(10)　推量・終止形
(11)　義務・連体形

【訳】

(1)　法師は人に関わらないでいるほうがよい。

(2)　（人生に）満足できない、（命が）惜しい、と思って（生きて）いるとしたら、千年生きたとしても、一夜の夢のような（虚しい）気持ちがするだろう。

(3)　風流を解するような友がいたらなあ。

(4)　難しいことだとしても、お言い付けに従って探しに参りましょう。

(5)　早くお帰りになって下さい。

(6)　どのような所に、この木はあったのでしょうか。

(7)　馬を並べて、さあ、見に行こう。古里では雪と見紛うほど桜が散っているだろう。

(8)　羽がないので、空も飛べない。

(9)　頼朝の首をはねて、私の墓前に懸けよ。

(10)　この人たちの深い志は、この海にも劣らないだろう。

(11)　人からの歌に早く返事をしなければいけないのに、詠めないときもじれったい。

確認問題2

(1)　打消推量・終止形　(2)　打消意志・終止形

(3) 打消意志・終止形　(4) 禁止・終止形
(5) 打消推量・已然形　(6) 打消・已然形
(7) 打消・連体形
(8) a 完了・已然形　b 打消・終止形
(9) a 存続・已然形　b 打消・連体形
(10) 存続・連体形　(11) 完了・連体形
(12) 強意・未然形
(13) a 完了・連体形　b 完了・終止形
(14) 強意・終止形　(15) 断定・連用形
(16) a 過去・連体形　b 詠嘆・終止形
(17) 推定・終止形
(18) a 伝聞・連体形　b 断定・終止形
(19) 推定・終止形　(20) 推定・已然形
(21) 婉曲・連用形

【訳】

(1) これ以上にたいそうすばらしいことは、またとないだろうと思われた。
(2) 「残しておくまい」と思う書き古しの紙などを破り捨てる中に……。
(3) 陸にあがると、「源氏の兵を(一人も)残すまい」と言って馬を走らせ向かっていく。
(4) 子供以外は、一切入ってはならないと戸を押さえて……。
(5) 冬の草木の枯れた寒々とした景色は、秋の景色にもほとんどひけをとらないだろう。
(6) 人は、木や石ではないのだから、だれにでも人情がある。
(7) これがまあ、行く(人)も帰る(人)も別れて行き、知っている(者)も知らない(者)も逢うという逢坂の関なのだなあ。
(8) 雨はやんでしまったが、風はまだ吹いているので、舟を出さない。
(9) 金はすぐれてはいるが、鉄がいろいろな役に立つのにはかなわないようなものだ。
(10) 道を知っている人もいなくて、迷いながら行った。
(11) 昔の人にも旅の途中で死んだ人がたくさんいる。
(12) 年ごろになったら、(きっと)容貌も限りなく美しく、髪もたいそう長くなるだろう。
(13) 向こう岸に車を置いて、送りに来ていた人々はそこから皆帰ってしまった。
(14) 親のため、妻子のためには、恥も忘れて、盗みもしてしまうのであろう。
(15) 六代続いて、諸国の国司だったけれども、殿上人の位をいまだに与えられていない。
(16) (今はもう)古都となってしまった平城京にも、相変わらず美しく桜が咲いているなあ。
(17) (見回りの者が)「火の用心」と言いながら、管理人室の方へ行くようだ。
(18) 男がするという日記というものを、女(である私)もしてみようと思ってするのだ。
(19) 夕暮れになったら袖が冷たくなった。(どうやら)吉野山に雪が降っているらしい。
(20) しみじみと語り合って泣いているようだが、涙が落ちるようにも見えない。
(21) 「尼君、そのときまで長生きなさって下さい」とおっしゃるようだった。

確認問題3

(1) 可能・未然形　(2) 受身・連体形
(3) a 受身・連体形　b 受身・未然形
(4) 尊敬・命令形　(5) 可能・未然形
(6) 自発・連体形　(7) 自発・終止形
(8) 尊敬・連用形
(9) a 使役・未然形　b 使役・命令形
(10) 尊敬・連用形　(11) 尊敬・連用形
(12) 使役・連体形　(13) 使役・連用形
(14) 尊敬・連用形　(15) 使役・終止形
(16) a 反実仮想・未然形　b 反実仮想・終止形
(17) 願望・連用形　(18) 比況・連用形
(19) 願望・已然形
(20) a 反実仮想・未然形　b 反実仮想・已然形

【訳】

(1) 恐ろしくて寝るにも寝られない。
(2) 気に入っている人が人にほめられるのは、たいそううれしいものだ。
(3) 親兄弟の中にも、愛される人と愛されない人があるのはたいそうつらいものだなあ。
(4) これはいつもよりも丹念にお縫いなさい。
(5) 私の妻は(私のことを)熱烈に恋い慕っているらしい。(私が)飲む水に(妻の)姿まで浮かんで来て、どうにも忘れることができない。
(6) 年が明けた朝から、自然に待ち遠しくなるのはうぐいすの声であるよ。
(7) 住みなれた故郷が自然に限りなく思い出される。
(8) 京極入道中納言は、さらに一重梅を軒近くにお植えになったそうだ。
(9) 人にそうとは知らせないで、私に下さい。
(10) この大臣のお作りになられた詩に、帝はたいそう感心なさって……。
(11) この帝は延長元年七月二十四日にお生まれになられた。
(12) 無教養な人の目を喜ばせるような楽しみは、やはり無益だ。
(13) 夜も更けたころ、(中宮が)題を出して、女房にも歌を詠ませなさる。
(14) 「私を大事に思っているか」とおたずねになられる。
(15) この子がたいそう大きくなったので、三室戸斎部のあきたを呼びつけて名前をつけさせる。
(16) いとしいあなたと二人で見たとしたら、この降る雪もどんなにかうれしかったでしょうねえ。
(17) たいそう恋しいので、行きたいと思っていたら、兄にあたる人が抱いて連れて行ってくれた。
(18) (嵐が)船を、矢を射るかのようにまっすぐに筑紫に吹きつけた。
(19) どうせ死ぬなら、敵に逢って死にたいものだ。
(20) もし仏師のもとで(仏像を)造ったとしたら、その家で物をお食べになっただろうに。

第3章　助　詞

確認問題1

問一

(1) 悲しき・連体形
(2) ける・連体形
(3) いみじけれ・已然形

【訳】

(1) 奥深い山の中で、散り敷いたもみじをふみわけて鳴いている鹿の声を聞くときには、本当に秋が悲しく感じられる。
(2) 橋を八つわたしてあることから、八橋と言ったのである。
(3) 人生ははかないからこそ、すばらしい。

問二

(1) 近き・連体形・疑問
(2) 言ふ・連体形・反語
(3) ある・連体形・疑問
(4) む・連体形・反語

【訳】

(1) 「どの山が天に近いだろうか。」
(2) 間近に迫った火事から逃げる人は、「ちょっと(待とう)」などと言うだろうか(言わないだろう)。
(3) この付近に、水のきれいな所はあるか。
(4) この日本の国にあなたが二人いると思うなら、何を嘆いたりしましょうか。(一人しかいない大切なあなただから、こんなに恋しく、嘆いているのです。)

問三

(1) あらむ　(2) あらむ　(3) なる
(4) あらめ　(5) 聞く

【訳】

(1) 羽州黒山の途中を省略して羽黒山というのだろうか。

(2) 美しい建物や渡り廊下などをめぐらして、植木もたいそう風情があるのは、どういう人が住んでいるのであろうか。

(3) これは都鳥だ。

(4) きっと未熟な狐が、ばけ損なったのであろう。

(5) 風変わりな説を好むのは、見識の低い人が必ずすることであるという。

確認問題2

問一

(1) 連体修飾格　(2) 連体修飾格

(3) 体言の代用　(4) 体言の代用

(5) 同格　(6) 主格　(7) 主格

【訳】

(1) 初心者は二本の矢を持ってはいけない。

(2) 二千人の人を竹取(の翁)の家に派遣する。

(3) この国の学者たちが書いたものも、昔のものは趣深いことが多い。

(4) この歌はある人が言うには、大伴黒主のものである。

(5) 白い鳥で、くちばしと足が赤く、鴫ほどの大きさであるのが、水の上にたゆたいながら魚を食べている。

(6) 白雪が一面に降り積もるので、大きな岩にもまるで花が咲いたように見える。

(7) すずめの子を犬君が逃がしてしまった。

問二

(1) 寂しさのあまり　(2) 人に

(3) 長い爪で　(4) 歩いて

(5) 名前を聞くやいなや

(6) 大勢いたので　(7) 舟で

【訳】

(1) 寂しさのあまり宿から出て見渡してみると、どこも同じ(ように寂しい)秋の夕暮れであることだ。

(2) 人に惟光を呼びに行かせて、(光源氏が)待っていらっしゃるときに……。

(3) 長い爪で目を握りつぶそう。

(4) たった一人で歩いて参拝した。

(5) 名前を聞くやいなや、すぐに面影が思い浮かぶ気がして……。

(6) 行き来する人々で見知った人が大勢いたのでわかった。世の中の人間の数もそれほど多くはないのだ。

(7) 舟で渡ると相模の国になった。

確認問題3

問一

(1) ア　(2) オ　(3) ウ

(4) a エ　b イ　(5) カ　(6) カ

【訳】

(1) もし月の都の人がやって来たら、つかまえさせよう。

(2) 風が吹いて、波も荒いので、船出しない。

(3) 音羽山を今朝私が越えて来てみたら、折しもほととぎすが高い梢で鳴くのが聞こえる。

(4) 長生きをすると(必ず)恥をかくことが多くなる。長くても、四十歳にならないうちに死ぬのが無難であろう。

(5) あちこちのぞいたけれど、とがめる人もいない。

(6) 手紙を書いて送ったけれども、返事もよこさない。

問二

(1) あったが　(2) こぼれるので

(3) 書いてありますが　(4) であるから

(5) 見ると

(6) a であるのに　b 散らないで

(7) 参っては　(8) 待ち続けて

(9) 唱えながら　(10) あるのだが

【訳】

(1) 参上すべき用件があったが、重病である旨をお知らせして参上しない。

(2) 涙がこぼれるので、目も見えず、物も言えない。

(3) 立派には書いてありますが、難点も少々あります。

(4) 明日は物忌みであるから、門に厳重に鍵を掛けさせよ。

(5) かぐや姫が不思議に思って見ると、鉢の中に手紙がある。

(6) 十月末日であるのに、紅葉は散らないで、盛りである。

(7) 決まった（法事の）日だけ（墓に）参っては見ていると、まもなく墓石は苔むして……。

(8) 行かない私を、来るだろうと期待して夜も門を閉めずに、ああ、私の恋人は待ち続けているのだろう。

(9) 大声で念仏を百遍ほど唱えながら、海へお入りになった。

(10) 身柄は八島にあるのだが、心は都に通っていたのだなあ。

確認問題4

(1) 水さえ　(2) せめて香りだけは

(3) 松さえ　(4) 明日も

(5) 奈良の都にだけあった

(6) ただただ御胸がぐっとふさがるばかりで

(7) 死んでしまった後ほど　(8) 柱だけ

(9) 七月頃　(10) 尋ねるほどに

(11) a 少将の尼君という人

b 琵琶を弾いたりして

(12) a 妻（が）　b 旅を今さら

【訳】

(1) 入道相国は、病気になられた日からというもの、水さえ喉をお通しにならない。

(2) 散ってしまっても、せめて香りだけは残してくれ、梅の花よ。恋しくなったときの思い出にしたいから。

(3) 吉野山に生えている松さえ千年を経ているというのに。恨めしいなあ、はかないこの人生が。

(4) おとついも、昨日も今日も会ったけれども、明日もまた会いたいあなたであるなあ。

(5) 八重桜は奈良の都にだけあったけれど、最近はそこら中に多くなったようです。

(6) （帝）はただただ御胸がぐっとふさがるばかりで、少しも眠ることができず……。

(7) 人が死んでしまった後ほど悲しいものはない。

(8) （家々は地震で）すっかりペチャンコに倒れてしまったものもあり、横木や柱だけが残っているものもある。

(9) 七月頃、たいそう暑かったので、いろいろな所を開け放って夜を明かしていると……。

(10) 心に秘めていたのに、顔に出てしまったなあ、私の恋は。「悩み事ですか」と、人が尋ねるほどに。

(11) 少将の尼君という人は琵琶を弾いたりして音楽を奏でる。

(12) 唐衣を着るようにして馴れ親しんだ妻が（都に残って）いるので、遠くはるばるとやってきた旅を今さら（しみじみ）思うことよ。

確認問題5

問一

(1) 参上して欲しい

(2) 長ければいいなあ

(3) a いらっしゃるなあ

b お知らせ申し上げしたい

(4) するな　(5) 会いたい

(6) 来てしまったなあ

(7) 暮らせるものだなあ　(8) 人なのだよ

【訳】

(1) （光源氏が）「惟光よ、早く参上して欲しい」とお思いになる。

(2) あなたのためなら惜しくなかった（私の）

命さえ、（恋が実った今では）長ければいいなあと思うのだなあ。

(3) 侍従大納言の姫君がいらっしゃるなあ。大納言殿にお知らせ申し上げしたい。

(4) 怪我をするな。

(5) ああ、恋しい。今も会いたい。山里に住む人の垣根に咲いた大和撫子（のように可憐な君）に。

(6) 際限なく遠くにまで来てしまったなあ。

(7) （質素な庵を見かけて、）「こんな（家）でも、（人は）暮らせるものだなあ」と感心して見ていると……。

(8) 優美で容貌の優れた女性の例としては、やはり引き合いに出すべき人なのだよ。

問二

(1) 目覚めなかったのになあ

(2) 見えるなあ　(3) 知らないと言おう

(4) 春の野に鳴く鶯（を）

【訳】

(1) 思いながら寝たから（いとしいあの）人が（夢で）見えたのだろう。夢だと知っていたら目覚めなかったのになあ。

(2) さっと時雨が降り注いだ紅葉が、またとなく（美しく）見えるなあ。

(3) あなたはどういうつもりか知らないが、私はあることないことをうわさされたくないので、（あなたのことを）「昔も今も知らない」と言おう。

(4) 春の野に鳴く鶯をなつかせようとして、わが家の庭で梅の花が咲いている。

第4章　紛らわしい語の識別

確認問題

問一

(1) ウ　(2) イ　(3) オ

(4) エ　(5) ア　(6) カ

【訳】

(1) 静かにお経を読み、念仏を唱えて海に沈みなさった。

(2) 浄蔵が手紙を受け取って、開いて見てみると、自分がひそかに恋している人の筆跡である。

(3) 皆泣いたり騒いだりして慌てふためくが、結局どうすることもできなかった。

(4) 春日の里に（その土地を）知っているふりをして、狩りに出掛けた。

(5) 昔、（ある）男が片田舎に住んでいた。

(6) 慈悲の心がないような者は、人間ではない。

問二

(1) イ　(2) エ　(3) ウ　(4) ア

【訳】

(1) （私は）名残惜しい（と思っている）のに、早くも月は隠れるのだなあ。山の稜線が逃げて、（月を）入らせないでほしい。

(2) どうか（桜の）花の下で春に死にたいものだ。その（春の）二月の満月の頃に。

(3) ひたむきな世捨て人には、かえって望ましい点もあるだろう。

(4) その人は、容貌よりも心の方が優れていたことだ。

問三

(1) a ウ　b ア　(2) イ　(3) エ

【訳】

(1) 世の中の模範にもなりそうな御処置である。

(2) 秋の野に、人を「待つ」という名の松虫が鳴く声がするようだ。「私（を待っているの）か」と言って出掛け（ることにし）て、さあ訪ねて行こう。

(3) みの虫は、たいそう趣深い。

問四

(1) ウ　(2) ア　(3) イ

【訳】

(1) 宿を取って春の山辺で寝た夜は、夢の中にまでも（桜の）花が散ったことだなあ。

(2)　（「都」という字を）名として持っているのなら、さあ、尋ねてみよう、都鳥よ。（都にいる）私の愛する人は健在かどうかと。

(3)　鳥辺山に（死者を焼く）煙が燃え立ったならば、（平素）弱々しく見えた私（が死んでそれを焼く煙）と知って下さい。

問五

(1)　a　ウ　b　ア　c　ア　(2)　イ

【訳】

(1)　この憶良めは今から退出致しましょう。（私の）子どもは泣いているでしょうし、その子どもたちの、あの母（つまり私の妻）も私を待っているでしょうから。

(2)　このあたりの事情を知っている者を呼び出して尋ねよ。

問六

(1)　エ　(2)　ア　(3)　イ　(4)　ウ

【訳】

(1)　全く物を言うことができず、ただ涙だけが浮かんで来たが……。

(2)　（川が涸《か》れたために）滝の音はしなくなって久しいが、（滝の）評判は伝わって、今でも耳にすることだなあ。

(3)　嵐の翌日は、たいそう趣がある。

(4)　家も建てられないので、不用な土地と思うが……。

第5章　敬　語

確認問題

問一

(1)　オ　(2)　a　ウ　b　ウ

(3)　a　エ　b　ア

(4)　a　カ　b　イ

(5)　a　コ　b　シ　(6)　タ

(7)　a　ツ　b　コ

(8)　a　セ　b　ク

(9)　a　タ　b　タ

(10)　ウ　(11)　チ

(12)　a　タ　b　ソ　c　ツ

(13)　a　タ　b　チ

【訳】

(1)　たくさんの黄金を下さって、（竹取の翁は）身分を変えたようになった。

(2)　壺の中のお薬をお飲み下さい。不潔な場所の物をお召し上がりになったので、きっと御気分が悪いに違いない。

(3)　清楚な直衣をお召しになって、ひとつの御車にお乗りになる。

(4)　乳母などを派遣なさっては、様子をお聞きになる。

(5)　母君は泣く泣く（天皇に）申し上げて（桐壺更衣を）退出させていただきなさる。

(6)　公達に琴などをお教え申し上げなさる。

(7)　「夜が更けてしまいます。」と申し上げるけれども、依然として（御殿の中に）お入りにならない。

(8)　（帝は）人々を御前にお仕えさせなさって、物語をおさせになったりする。

(9)　このような御事を拝見するにつけても、長生きするのがつらく存じられる世の中でありますなあ。

(10)　たくさんのお酒を召し上がって、音楽を奏でたりなさる。

(11)　これほどの秀歌は、（他には）あり得ますまい。

(12)　同じことなら（私）直実の手におかけして、死後の御供養を致しましょう。

(13)　ある人に誘っていただいて、夜が明けるまで月見をして歩きまわったことがありましたが……。

問二

(1)　(A)　イ　(B)　ア　(C)　イ　(D)　エ　(E)　ウ　(F)　イ

(2)　a　謙譲語（ウ↓ア）

b　尊敬語（ウ→イ）
c　謙譲語（ウ→ア）
d　丁寧語（イ→ア）
e　謙譲語（イ→ア）
f　謙譲語（ウ→イ）
g　尊敬語（ウ→ア）
h　尊敬語（ウ→イ）
i　謙譲語（ウ→イ）

(3)　①　参上なさって
②　献上なさる
③　手に入れております
④　献上しよう
⑤　お笑いになる

【訳】

中納言様が参上なさって、（中宮様に）御扇を献上なさるときに、「わたくし隆家はすばらしい骨を手に入れております。それに（紙を）張らせて献上しようと思いますが、ありきたりの紙は張るわけに行きませんので、（ふさわしい紙を）探しているのです」と申し上げられる。（中宮様が）「どんなふうなの」とお尋ね申し上げなさると、（中納言様は）「まったくすばらしい限りです。『今まで全然見たこともない（骨の）有様だ』と人々も申しています。本当にこれほどの骨は見ることができませんよ」と得意げにおっしゃるので、（その大げさな言い方がおかしくて、私が）「それじゃあ、まるで扇の（骨）でなくて、くらげの（骨）みたい」と（冗談を）申し上げると、（中納言様は）「これは、この隆家が言ったことにしてしまおう」とお笑いになる。

第6章　重要語・古文常識語

確認問題

問一

(1)　つまらない
(2)　a　次第に　b　上品で優美だ
(3)　a　身分が低い　b　高貴な
(4)　a　ああ　b　いとおしい
(5)　a　風流がわからない　b　情趣
(6)　趣深い
(7)　a　身分の低い　b　憂うつに
(8)　ああ、ひどい
(9)　たいそう風情がある
(10)　a　すばらしい　b　全く論外だ
(11)　a　それほど高貴な身分ではない（人）
b　寵愛を受けなさる
(12)　a　御容貌　b　格別でいらっしゃる

【訳】

(1)　世間でうわさしていることは、ありのままではつまらないからだろうか、多くはみんなうそである。
(2)　（涙で）御前髪が次第に濡れてゆく御横顔が、上品で優美だ。
(3)　一人は身分が低く貧しい男と、もう一人は高貴な男と結婚していた。
(4)　ああ、「男の子だけあって、立派に行っているなあ」と見聞きするのは、いとおしいことだ。
(5)　風流がわからない身にも情趣が知られるなあ、鴫が飛び立つ沢の秋の夕暮れには。
(6)　季節の変わりめこそ、何かと趣深い。
(7)　身分の低い市女や商人の中で、憂うつに世の中を思いながら……。
(8)　ああ、ひどい。蔵人が二人で犬を打ちなさる。
(9)　浜の様子も、打ち寄せる波の様子も、たいそう風情がある。
(10)　自分では「すばらしい」と思っているようだが、全く論外だ。
(11)　（女御・更衣の中に）それほど高貴な身分ではない人で、特別に寵愛を受けなさる人がいた。

(12) 御容貌も心も格別でいらっしゃる。

問二

(1) 何とかして
(2) どうして粗略にしようか(粗略にするはずがない)
(3) 「どうしてこんなにまで知ったのであろうか」と思える
(4) a 立派な　b 思い浮かんだ
(5) 早く　(6) 優美だなあ
(7) a つらい　b たえがたい
(8) 情けなく　(9) 手紙をやりとりして
(10) a 嫌なものです　b 早く
(11) a 嫌だけれど　b 趣がある
(12) すばらしい

【訳】

(1) 何とかしてあの男に恋心を告白したい。
(2) 帝の御使者を、どうして粗略にしようか(粗略にするはずがない)。
(3) 片田舎に(住んで)いる修行僧などは、いろいろな人の身の上を自分のことのように(詳しく)尋ね聞いて、「どうしてこんなにまで知ったのであろうか」と思えるほど、しゃべり散らすようである。
(4) 立派な人が、歌の上の句や下の句を尋ねてきたときに、ふと思い出したのは、我ながらうれしい。
(5) 早く梅の花が咲いてほしい。
(6) 戦陣へ笛を持っていく人はまさかいないはずだ。高貴な人は、なんとまあ優美だなあ。
(7) 世の中をつらいとも、たえがたいとも思うけれど、飛び去ることもできない、鳥ではないので。
(8) 老いるまで、石清水八幡宮を参拝したことがなかったので、情けなく思えて……。
(9) それ以後も二度くらい手紙をやりとりして、相談がまとまったので……。
(10) 病気をこじらせたときは嫌なものですから、(この薬を)早くお試し下さいませ。
(11) みぞれは嫌だけれど、白い雪が(みぞれに)まじって降るのは趣がある。
(12) 来世のことを忘れず、仏の道に精通している人はすばらしい。

問三

(1) 主だっていて　(2) かわいい
(3) 自然と気づいたよ
(4) a ころ　b 目を覚まして
(5) a 心配なので　b うち
(6) あたり　(7) 身分
(8) たいそう嘆かわしいと思った
(9) ますますかわいらしく
(10) 治った
(11) a 取るに足りない　b 利発な
(12) 畏れ多い

【訳】

(1) 主だっていて、物知りらしい顔をした神官。
(2) 何もかも小さいものは全てかわいい。
(3) 秋が来たと、はっきりと目に見えはしないけれど、風の音で(それとなく)自然と気づいたよ。
(4) 寝入ったころに、門をたたく音で目を覚まして……。
(5) 主人が心配なので、都に引き返すうちに……。
(6) ひゅうと矢を射ったところ、胸のあたりに当たったようで……。
(7) 同じ身分(か)、(または)それより低い身分の更衣たちはなおさら不満である。
(8) 男が物などを求めに来て、(妻が)死んで横たわっていたので、たいそう嘆かわしいと思った。
(9) 御目尻が少し下がっておられるのが、ますますかわいくていらっしゃるので……。
(10) 病気だったのが治ったのも、うれしい。

(11) 取るに足りない親よりも、利発な子のほうが優れている例は……。

(12) (涙で曇って)目も見えませんが、畏れ多いお言葉を光として(読む)。

問四

(1) a 旨　b 見苦しい

(2) 無益な　(3) 連れて　(4) 様子

(5) a 身分　b 雰囲気

(6) 疲れて　(7) そうは言っても

(8) 全て　(9) ほとんど

(10) 全然　(11) 少しも　(12) ついで

【訳】

(1) 自分の歌を他人に語って、人がほめたりした旨を言うのも、見苦しい。

(2) 無益な争いをして、結局命を失う。愚かなこと(である)。

(3) 小さな子供を一人連れて……。

(4) 深刻に思い悩んでいる様子だ。

(5) 人が高い身分に生まれれば、周囲の者たちから大切に育てられて(欠点の)隠れることも多く、自然とその雰囲気は格別なのだろう。

(6) 疲れて眠ると、「眠ってばかりで」とか非難される。

(7) 沖の釣舟が波の中に沈むように思われるが、そうは言っても沈んでもしまわないので……。

(8) 数々の財宝は全て燃えかすになってしまった。

(9) ほとんど打ち解けては参らない。

(10) 休暇は、全然お許しにならない。

(11) 知らない人の中で横になっているので、少しも眠れない。

(12) そのとき偶然ちょっとしたついでがあって、津の国の現在の都に行った。

問五

(1) 興ざめなもの　(2) 思いがけない

(3) ふさわしく望ましい　(4) 物足りない

(5) かえって　(6) 物思いに沈んで

(7) 詠んだところ　(8) めったにない

(9) まぶしいくらい美しい

(10) がまんして

(11) 有名でいらっしゃる　(12) 騒ぐ

【訳】

(1) 興ざめなもの(と言えば)、昼に吠える犬(だ)。

(2) なんとも心細く、「思いがけない目に遭うことだ」と思っていると……。

(3) 住居がふさわしく望ましいのは、「仮の住まい」とは思うけれど、趣のあるものだ。

(4) こういうことに権中納言がいないとは、何とも物足りない。

(5) (使者が)手ぶらで来たのは、かえってよかった。

(6) なんとなく心細く、普段よりもしんみりした気分になって、物思いに沈んでいた。

(7) 「あふれんばかりに美しい花桜だなあ」と、詠んだところ……。

(8) めったにないもの(と言えば)、舅にほめられる婿、そして姑に大切にされる嫁(だ)。

(9) 春の庭園で紅色にまぶしいくらい美しく咲く桃の花。その花の下照り輝く道に立っている少女よ。

(10) 眠たいのをがまんしてお仕えしていると、「丑四つ」と申し上げる声がする。

(11) 世間で有名でいらっしゃる光源氏を、このような機会に拝見してみたいものだ。

(12) 一日中あれこれして、騒ぐうちに夜が更けた。

問六

(1) しっかりした　(2) ばつの悪い

(3) なんとまあ　(4) 漢詩

(5) 結婚して　(6) 実にひどい

(7) うっとうしい　(8) 目ざわりな

(9) 評判だった　(10) 愛する(かわいがる)

(11) 感心なさって　(12) すばらしい
(13) いっそう桜はすばらしいのだ

【訳】

(1) 特別にしっかりした御後ろ立てがなかったので……。

(2) ばつの悪いもの(と言えば)、別の人を呼ぶときに、「私だ」といって進み出る（ことである)。

(3) 詳しい事情を問うと、なんとまあ盗人であった。

(4) 世間には『長恨歌』という漢詩を物語として書いたものがあるそうだ。

(5) どのような人とでも結婚して、自分の身を助け、幼い者たちをもお育てなさいませ。

(6) ねえ皆さん、(こんな)すばらしいことを見過ごしてしまわれるのですか。実にひどい。

(7) 「暑くてうっとうしい」と言って御髪を洗って、少しさわやかにお整えになった。

(8) 「目ざわりな者」と、悪口を言ったり嫉妬したりなさる。

(9) そのころ都で評判だった白拍子の名人……。

(10) 人々が「花よ蝶よ」と愛するのは、たわいもなくおかしなことだ。

(11) 相国入道は舞に感心なさって、仏御前に心を移されてしまった。

(12) (元旦の空は)昨日と違っているようには見えないけれど、打って変わってすばらしい気がする。

(13) 散るからこそいっそう桜はすばらしいのだ。このつらい世の中で何が永久に続くであろうか(何一つ永久に続くものはない)。

問七

(1) 仕える者は全て　(2) すぐに
(3) 見たい　(4) 不吉だなあ
(5) たいそう　(6) 一面に咲いている
(7) 待ち続けているのに
(8) 容態が悪化して　(9) つまらない
(10) a 数日　b もの悲しかった
(11) 嘆く　(12) なるほどよくないことである

【訳】

(1) 人は少なくなって、仕える者は全てみんな寝ている。

(2) 私に何か下さいませ。すぐにお連れしましょう。

(3) うれしいもの(と言えば)、まだ見たことのない物語の第一巻を見て、「(その続きが)見たい」と思っていたら、残り(の部分)が見つかる（ことである)。

(4) ああ、不吉だなあ。(私の)愛する人々が、あれやこれや事情があって（私と）お別れなさる人だなんて。

(5) めいめいが拝んで、たいそう信仰の念を起こした。

(6) (撫子の花が)趣き深げに一面に咲いている。

(7) 期待して待ち続けているのに、花はみな咲いたけれども、便りも来ない。

(8) いっそう容態が悪化して死んでしまった。

(9) 「子供の名前は、平凡なのはつまらない」と言って、虫の名前をおつけになった。

(10) ここ数日は人の声もせず、前に人影も見えず、たいへん心細くもの悲しかった。

(11) 国司は「民衆は疲れて国は滅びてしまうだろう」と嘆く。

(12) かしこまる必要のない相手の前で、あまりかしこまっているのも、なるほどよくないことである。

第7章　修辞法

確認問題

問一

(1) A 草枕・刈菰の

(2) D 住の江の岸に寄る波

(3) B 雨・つゆ・笠

(4) C 「はる」が「張る」と「春」を掛けている

【訳】

A 旅をしているので、(私の心は)刈られた菰のように乱れて、あなたを毎日恋しく思っています。

B (「笠を取る」というくらいだから) 雨が降っても少しも濡れそうにないのに、笠取山はどうして紅葉したのだろうか。

C 霞が立ち、木の芽も膨らむ春なのに、まだ雪が降って来るので、桜の木がない村にも花が散っているように見えるなあ。

D 住の江の岸に波は寄るが、「寄る」という名の夜に見る夢の中の道までも、(あなたは) 人目を避けて (通らないで) いるのだろうか。

問二

(1) a 掛詞　b 掛詞　c 縁語

(2) a 往なば　b 待つ　cまつ
　d 序詞

(3) a 秋　b 稲　c 刈る
　d 縁語

(4) a あしひきの　b 山
　c あしひきの山鳥の尾のしだり尾の
　d 序詞

【訳】

A (この恋は秘密にして)あなたの噂も私の噂も立てないようにしよう。難波の御津《みつ》でもあるまいし、「見つ(会った)」なんて(人に)言ってはいけないよ。私も網引《あひ》きでもあるまいし、「逢ひき(逢引きした)」なんて(人に) 言わないから。

B ここで別れて因幡の国に去ったなら、山の峰には松が生えているだろう。その松はともかく、(あなたが私を) 待つと聞いたら、すぐに帰って来よう。

C 秋の田の稲を刈るわけでもあるまいし、(私は)「飽きたから去れ」という言葉をかけてはいないのに、何をつらいと思って人は離れて行ったのだろうか。

D 山鳥の、あの垂れ下がった尾のように、なんとも長い夜を (私は) ひとりで寝るのだなあ。

問三

A 「いづ方より来たりて」と「いづ方へか去る」

B 「かげろふの夕べを待ち」と「夏の蝉の春秋を知らぬ」

【訳】

A 生まれては死んで行く私達人間は、どちらから来て、どちらへ行くのだろうか。

B 命のあるものを比べてみると、人間ほど長生きするものは他にない。(朝生まれた)かげろうが夕べまでしか生きられないとか、夏に鳴く蝉が(ひと夏で死んでしまって)春も秋も知らないとかいうような (たいへん短命な) ものもあるのだよ。

〈古文読解編〉

第1章 物語

練習問題1

問一 血

問二 エ

問三 (1) 頭を射られたこと。(九字)
　(2) ア

問四 奈良県

問五 イ

問六 頭

問七 エ

問八 a イ　b ウ　c ウ
　d ウ　e エ

【訳】

ある所に強盗が入ったので、弓を持っての見張り番に法師を立てることにした。（それは）秋の末ごろのことでしたが、門のそばに柿の木があり、その下にこの法師が（弓に）一筋の矢をつがえて立っていたところ、上から熟れた柿が落ちてきて、この見張り番の法師の頭上に落ちて、つぶれて、ぐちゃぐちゃに散った。この柿が冷たく感じられるのを（手で）さぐってみると、なんとなくぬるぬるした手ざわりがしたので、もはや射られてしまったと思って、おじ気づいてしまった。かたわらの同輩に言うには、「すでに傷を負って、どうにも生きのびることができそうには思われないから、この首を落としてくれ」と言う。「（やられたのは）どこだ」と問うと、「頭を射られたんだ」と言う。（同輩が）手さぐりしてみると、何だかわからないがべっとりと濡れていた。（見ると）手に赤いものがついているので、なるほど血だなあと思ったが、「そうかと言って、たいしたことはあるまい。連れていってやろう」と、肩にかついで歩きだしたが、（その法師が）「いやいや、とても助かりそうには思わないよ。ともかく、早く首を切れ」と、しきりに言うので、言う通りに打ち落とした。さて、その首を包んで大和の国へ持って行き、その法師の家に投げ入れて、「（法師が）こういうふうに言ったのだ」と受け取らせると、妻子は泣き悲しんで（包みを開いて首を）見るが、まったく矢の（当たった傷）跡がない。「胴体のほうに手傷を負ったのか」と問うと、「そうではない。この頭のことばかり言っていた」と答えたので、（妻子は）いよいよ悲しみ悔しがったが、後の祭りであった。

練習問題2

問一　①ア　③イ　⑥ア　⑦エ

問二　②エ　④エ　⑤ア　⑨ア

問三　A　磐手という御手鷹
　　　B　磐手を逃がしてしまい、見つけられなかったこと

問四　ア

問五　a　謙譲語：筆者から帝
　　　b　尊敬語：筆者から帝
　　　c　謙譲語：筆者から帝
　　　d　尊敬語：筆者から帝
　　　e　尊敬語：筆者から大納言
　　　f　謙譲語：筆者から帝
　　　g　尊敬語：筆者から大納言
　　　h　尊敬語：筆者から大納言
　　　i　丁寧語：大納言から帝
　　　j　尊敬語：大納言から帝
　　　k　尊敬語：筆者から帝

問六　何も言わないで磐手のことを思うのは、言うよりもつらいことだ。

問七　言葉にできないほど残念だったから。

問八　C　ア　D　イ

【訳】

おなじ帝は、狩りをまことにたいそうお好みであった。陸奥の国の磐手の都から献上された御鷹が、世にまたとなく優れていたので、特別なものとお思いになって、御愛用の鷹になさった。名は磐手とおつけになっていた。それを、鷹の調教に心得があって、鷹をお世話申し上げるのが役目だった大納言にお預けになっていた。一日中この鷹を預かって飼育なさるうちに、どうなさったのか、逃がしておしまいになった。大あわてで探したが、どうしても見つけられない。山々に人を遣わしては探させるのだが、まったく見つからない。自分も深い山奥に分け入って、探し回られたが、そのかいもない。このことを（帝に）申し上げないで、しばらくの間はいられるであろうが、（帝は）二日三日と間をおかずにご覧に

ならない日はない。「どうしたらよいだろうか」と思って、宮中に参って、御鷹がいなくなった旨を申し上げなさると、帝は何もおっしゃらない。「お聞こえにはならないのだろうか」と思って、また申し上げなさったが、（帝は大納言の）顔ばかりをじっと見つめられて、何もおっしゃらない。「もっての他だとお思いになっているのだ」と思うと、自分が自分でないような（気の遠くなる）気がして、恐れ入って控えておいでになり、「この御鷹が、探しましたけれど、おりませんでしたが、どうしたらよいでしょう。どうして何もおっしゃって下さらないのですか」と申し上げなさると、帝は、

　何も言わないで磐手のことを思うのは、
　　言うよりもつらいことだ。

とおっしゃった。このようにだけおっしゃって、他のことはおっしゃらなかった。御心の中でとても言いようもなく残念だとお思いになっているのであった。これに世の中の人は、上の句をあれこれとつけた。（しかし、）もともとはこれだけだったのである。

第2章　随筆・日記

練習問題1

問一　A　ひたたれ　B　かわらけ

問二　初め……最明寺の人
　　　終わり……そ侍りしか

問三　Ⅰ　ア　Ⅱ　イ　Ⅲ　イ
　　　Ⅳ　ア　Ⅴ　イ

問四　①　イ　③　ア　⑤　エ
　　　⑥　イ

問五　②　平宣時朝臣　④　最明寺の入道
　　　⑦　平宣時朝臣　⑧　最明寺の入道

問六　a　謙譲語：平宣時朝臣から最明寺の入道
　　　b　尊敬語：最明寺の入道から平宣時朝臣
　　　c　丁寧語：平宣時朝臣から最明寺の入道
　　　d　丁寧語：平宣時朝臣から（昔語りの）聞き手

問七　エ

【訳】

　平宣時朝臣が、老後に昔話をされて、「最明寺の入道が、ある宵に（私を）お呼びになることがあったが、（私は）『すぐに（参上します）』と申し上げたものの、（着て行く）直垂がなくて、あれこれしているうちに、また使者がやって来て、『直垂とかがないのでしょうか。夜だから、変な格好でも（かまいませんから、）早く（いらっしゃい）』と（入道からの指示が）あったので、よれよれになっている直垂で、普段着のままでおうかがいしたところ、（入道は）銚子に素焼きの杯を取り揃えて、持って出てきて、『この酒をひとりで飲むのがもの寂しいので、（来るように）申し上げたのだ。（酒の）さかなもないのだよ、家人は皆眠ってしまっただろう。（何か酒のさかなになりそうな）適当なものがないか、根気よくお探し下さい』と（指図が）あったので、紙燭をともしてすみずみまで探しているうちに、台所の棚に、素焼きの小皿に味噌の少しついているのを見つけ出して、『これを探し出しました』と申し上げたところ、『（これで酒のさかなは）十分だろう』と（おっしゃって）、気持ちよく杯を重ねて、御機嫌になられました。あの時代には、実にこんなふう（に質素）でした」と申された。

練習問題2

問一　隣の家の人

問二　ア

問三　ウ

問四　a　カ　b　ウ　c　イ

問五　松の寿命は千年と言われることから、松の木が枯れてしまったのは、千年もの長い歳月が過ぎたからかと、庭の荒れ方のひどさを皮肉まじりに述べている。

問六　ウ

問七　⑥　大騒ぎをする

⑧　まだ言い足りないのだろうか

⑩　心残りなことが多いが、言い尽くせない

問八　これから大きく育とうとしている若い松を見ていると、幼くして死んだ娘を思い出すから。

問九　この家にて生まれし女児

問十　ウ

問十一　A　ましか　B　まし

【訳】

（私たちは）夜が更けてからやって来たので、あちこちがよく見えない。（それでも、）京の町に入っていくのでうれしい。家に着いて、門の中に入ると、月が明るいので、実によく（あたりの）様子が見える。（人づてに）聞いていた以上に、なんとも話にならないほど壊れいたんでいる。家を預けておいた人の心も、（この家のように）荒れてしまったのだなあ。境の垣根はあるけれど、一つ屋敷のようだから、（先方から）希望して預かったのである。それでも、ついでのあるたびにお礼の物も絶えず贈っていた。（しかし、）今夜は「（自分から預かると言ったくせに）こんな（無責任な）ことを」と、聞こえよがしに（従者たちが言おうとしても）言わせないでおく。（私の目にも、相手の仕打ちが）薄情に見えるけれど、お礼はしようと思う。

さて、（家の庭には）池みたいにくぼんで、水のたまっている所がある。そばに松もあった。（留守にしていた）五・六年の間に千年も経ってしまったのであろうか、（その松の木の）半分はなくなっていた。（そして）最近はえ始めた若木がまじっている。庭中がすっかり荒れてしまっているので、「まあひどい」と人々は言う。思い出さないこととてなく、（あれもこれも）恋しく思い出される中でも、この家で生まれた女の子が、（死んでしまって）いっしょに（京に）帰らないので、どんなに悲しいことか。（私とともに）船で帰って来た人々も、みな子どもが集まって大騒ぎをする。こうした騒ぎの中で、いっそう悲しさに堪《た》えかねて、こっそり気持ちのわかっている人と詠みかわした歌は、

（この家で）生まれた子も（死んで）帰って来ないというのに、（留守中の）わが家《や》に小松が新しくはえ育っているのを見るのは悲しいことよ。

と言ったことだ。（それでも）まだ言い足りないのだろうか、またこのように（詠んだ）。

かつて生きていた子が、松のように千年も長く生きていたとしたら、永遠の悲しい別れをすることもなかったろうに。

忘れられない、心残りなことが多いが、言い尽せない。何はともあれ、（こんな日記は）早く破ってしまおう。

問題演習

問題演習1

問一　イ

問二　ウ

問三　大納言殿

問四　漢詩を作る

問五　大納言殿

問六　入道殿

問七　①　それぞれの道に優れている人々

②　漢詩を作る船に乗ればよかった

③　一芸に優れているということさえ、

難しいことであるのに

【訳】

ある年、入道殿が大井川で船遊びをなされたときに、(船を)漢詩の船・音楽の船・和歌の船にお分けになって、それぞれの道に優れている人々をお乗せなさいましたところ、この大納言殿が参られたので、入道殿が、「あの大納言は、どの船に乗るおつもりか」と仰せられると、「和歌の船に乗りましょう」とおっしゃって、(次のように)お詠みになったのだよ。

小倉山に吹く山風が寒いので、(風に舞い散る紅葉を身に受けて、)だれもが錦の衣を着ている(ように晴れがましく見える
ことだ)。

(自分から「和歌の船に」と)申し出られたかいがあっ(て、見事にお詠みになっ)たものです。(ところが)御自身でおっしゃるには、「漢詩を作る船に乗ればよかった。そうして、この和歌ぐらいの詩を作っていたら、名声も一段と上がっていただろうに。残念なことをしたなあ。それにしても道長公が、『どの船に(乗ろう)と思うか』と仰せられたので、われながらつい慢心してしまった」とおっしゃったそうだ。一芸に優れているということさえ難しいことであるのに、このようにどの道にも卓越しておられたというのは、昔にもないことです。

問題演習2

問一　A　し　　B　しか　　C　べから
　　　D　べき

問二　①　**ウ**　②　**ア**

問三　高貴な人がお亡くなりになられたということも多く耳にする。

問四　**イ**

問五　ただ平静(な心)でいることを望みとし、心配のないことを喜ばしいこととする。

問六　妻子

問七　(1)　自分　　(2)　ゆゑいかん

問八　**エ**　清少納言　　**カ**　兼好法師

【訳】

だいたいこの地に住み始めたときは、ほんのしばらく(の仮住居)と思ったが、今ではもう五年たった。一時しのぎの庵も、だんだん住み慣れた所となって、軒には朽ち葉が深く(積もり)、土台には苔が生えている。たまたま、何かのついでに都の様子を聞いてみると、(私が)この山に隠棲してから、高貴な人がお亡くなりになられたということも多く耳にする。まして数えるに足りぬ(身分の低い人たちの)死は、とても数えきれない。たびたびの火事で焼け失せた家は、またどのくらいの数であろうか。(そうした中で)ただこの仮の庵だけは、のんびりとしていてそんな心配がない。狭いとは言っても夜寝る床はあるし、昼間すわっている場所はある。体一つで生活するのに不足はない。やどかりは小さな貝(に住むこと)を好む。それは、自分を知っているからである。みさごは波の荒い磯にいる。それは、人を恐れるからである。私もまたそれらと同様である。身のほどを知り、世間を知っているから、(分を越えた)願望も持たず、(名利栄達のために)走り回ることもせず、ただ平静(な心)でいることを望みとし、心配のないことを喜ばしいこととする。総じて、世間の人が家を造る場合の常として、必ずしも、自分自身のために造りはしない。ある人は妻子や一族のために造り、ある人は親しい人や友人のために造る。ある人は主君や師匠、又は財宝・牛馬のためにでも家を造る(ことがある)。(しかし、)私は今、自分自身のために(庵を)結んでいる。人のために造るのではない。そのわけはというと、今の世の中の常から言っても、わが身の状態から

言っても、ともに生活すべき人もなく、また、頼みにできる召使いもいない（からである）。たとえ広く造ったとしても、誰を寝泊まりさせ、誰を住まわせておこうか。（そんな者はいないのだ。）

問題演習3

問一　A　シ　B　サ　C　エ
問二　①　イ　②　イ　④　ウ
⑥　ア
問三　⑤　イ　⑦　ア
問四　③　すぐに　⑧　連絡もない
⑩　物思いに沈んでぼんやりしている
問五　イ
問六　夫との仲（四字）
問七　イ

【訳】

のんびりした気分で過ごしていたある日、他愛もないことを言い合ったあげく、私もあの人も気まずくなるようなことまで言ってしまって、（夫が）いやみを言って、出てゆくことになった。端の方に歩み出て、子どもを呼び出し、「私はもう来ないつもりだ」とか言い残して出て行ってしまった。すぐに、（子どもが）入ってきて、大声をあげて泣く。「これは、いったいどうしたの」と言っても、返事もしないで（泣いているので）、言うまでもなくそんなことであろうと察しはつくけれども、まわりの人に聞かれるのも不愉快でばかげているので、尋ねるのはやめて、あれこれと慰めているうちに、五、六日ほどたったが、何の連絡もない。例になく（訪れが）隔たってしまったので、ああ、なんてばかげているのだろう。冗談だとばかり私は思っていたのに。（男女の仲というのは）あてにならない仲だから、このまま終わるようなこともあるかもしれないと思うと、心細くて物思いに沈んでぼんやりしているときに、（ふと見ると、夫が）出ていった日に使った泔坏《ゆするつき》の水は、そのまま残っていて、水面にほこりが浮いている。こんなになるまでと、あきれて、

（二人の仲は）もう絶えてしまったのだろうか。せめて（この水にあの人の）影なりとも映っていたら、問うこともできるだろうに、形見の水には水草がはえてしまっ（て、あの人の影を見ることさえできないのだっ）た。

問題演習4

問一　エ
問二　ア
問三　恋の苦悩（四字）
問四　A・C・D
問五　B
問六　(1)　ア・久方の
(2)　イ　(3)　ア
(4)　イ　(5)　イ

【訳】

A　おみなえしの咲く沢に生える花かつみという草があるが、（この私は）いまだかつて知らなかったような（切ない）恋をしているのだなあ。

B　つらいことに、降って来る雨だなあ。神が崎の狭野のあたりに（雨宿りさせてもらおうにも）家もないのに。

C　ほととぎすが鳴く五月に咲くあやめという草があるが、（この私は）「文目《あやめ》」（＝わけ）もわからない恋をしているのだなあ。

D　私の（家の）庭の梅の高い枝で鶯が声を上げて鳴いているが、（この私も）声を上げて泣きたいような恋をしているのだなあ。

E　乗っている馬を止めて（雪に濡れた）袖を払う人影も（今は）ない。佐野のあたりの雪の降りしきる夕暮れ時に。

問一

ア　五月になったら鳴き声も（きっと）古ぼけてしまうだろう。ほととぎすよ、まだ盛り

にならないうちの（初々しい）声を聞きたい。

＊「や」は終助詞「ばや」の一部。

イ　（私達がこうして）紫草の茂る野を行き、皇室領の野を行き（しているうちに）、番人が見はしないでしょうか、あなたが袖を振って（私を呼んで）いるのを。

＊「茜さす」は「紫」にかかる枕詞。

「や」は係助詞が終助詞化したもの。

ウ　潮の流れが速くて（船出できずに）浜辺にいるので、（人は）海に潜る海人と思って見るのだろうか、旅行く私を。

＊「や」は係助詞。

エ　石見の国（現在の島根県西部）の高角山の木の間から私が振る袖を、あなたは見ただろうか。

＊「や」は間投助詞。

問二

ア　吹くやいなや、秋の草木がしおれてしまうから、なるほどそれで山風のことを「嵐（荒らし）」と言うのだろう。

＊「の」は主格を表す。

イ　生糸で織った黄色の一重袴を下に垂らした童女で、かわいらしい感じがする者が出て来て、手招きする。

＊「の」は同格を表す。

ウ　青い柳と梅の花とを折って髪にかざして酒を飲んだ後には、（柳も梅も）散ってしまってもよい。

＊「の」は連用修飾格を表す。

エ　春日野の雪の間を押し分けて生えて来る草のように、ちらりとお見かけしたあなただなあ。

＊「の」は連用修飾格を表す（序詞を作るはたらきをする）。

問六

ア　天の香具山に、この夕方、霞がたなびいている。春が来たらしいなあ。

＊『万葉集』の中の歌（作者未詳）。

「久方の」は「天」にかかる枕詞。

イ　ほのぼのと春は空に来たらしい。（なぜそれがわかるかと言えば、）天の香具山に霞がたなびいている（からである）。

＊『新古今和歌集』の中の後鳥羽院の歌。

問題演習5

問一　a　茨城県　b　四月

問二　c　可能　d　完了　e　強意

f　義務（適当）

問三　A　あらめ　B　いふなる

問四　①　大変なものであったろう

②　驚きあって

③　見て大騒ぎすること

④　珍しいこと

問五　(1)　国解しない（五字）

(2)　官吏のもてなしが大変だから。（十四字）

【訳】

今は昔、藤原信通朝臣という人が常陸守としてその国に在任中のこと、任期が終わるという年の四月あたりのころ、風がたいそう気味悪く吹き、ひどく荒れた夜、東西の浜という所に死人が打ち寄せられていた。

その死人の背丈は五丈あまりであった。横たわっている（胴の）高さといえば、砂に半ばは埋もれているのに、丈の高い馬に乗って向こうから近寄って来た人の、手に持った弓の先だけが（死体の）こちら側から見え（るくらいであっ）た。これでその高さが推測できよう。その死人は首から切断されていて、頭がなかった。また、右手・左足もなかった。これは鮫などが食いちぎったのであろう。（それらが）もとのように付いていたなら、（丈や大きさは）大変なものであったろう。また、うつ伏せになって、砂に埋もれていたので、男女いずれともわからない。だが、身なりや肌の感じは女のように見えた。国府の役人たちはこれを見て、驚きあって、見て大騒ぎをすることといったらこの上なかった。

　さて、国司は、「このような珍しいことであるから、何としても朝廷にご報告しなければならない」と、まさにご報告しようとしたところ、国府の役人たちが、「ご報告なさったならば、必ず朝廷の使者が視察に来るでしょう。そうなれば、その接待がきっと面倒でしょう。このことはただ隠しておくべきである」と言ったので、常陸守もご報告せずに隠して終わりにしてしまった。

　このことは隠していたけれど、常陸守が上京したので、いつの間にか世間に伝わり、こう語り伝えているということである。

問題演習6

問一　A　心づくしの秋（風）
　B　関吹き越ゆる
　C　枕浮くばかりに

問二　①　侍臣　②　侍臣　③　源氏
　④　源氏　⑤　侍臣　⑥　源氏

問三　誰もがみな寝静まっている

問四　**イ**

問五　**ウ**

問六　**イ**

問七　郡

【訳】

　須磨では、ますます物思いを誘う秋風（が吹きはじめて）、（光源氏のお住いから）海は少し遠いけれども、在原行平の中納言が「関吹き越ゆる」と詠んだという浦波（の打ち寄せる音）が、毎夜いかにもすぐ近く聞こえて、またとなくしみじみとするものは、このような所の秋であった。

　（光源氏の）お側には実に人も少なくて、誰もがみな寝静まっているが、（光源氏は）ひとり目をさまして、枕から頭をもたげてあたりを吹く嵐の音を聞いていらっしゃると、波がすぐ近くに打ち寄せ来るような気がして、涙がこぼれるのも気づかぬうちに、（涙で）枕も浮くほどになってしまった。（気を紛らわすつもりで）琴を軽くかき鳴らされたが、我ながらたいそう寂しく聞こえるので、弾きかけたままになさって。

　　恋しさに堪えかねて泣く私の声にとり違えるほど、浦波の音が似通って聞こえるのは、恋しく思う（都の）方から風が吹いてくるからであろうか。

とお歌いになる。すると、（寝ていた）人々も目をさまして、すばらしく思って、こらえきれずに、なんとはなしに起き直っては、（次々に）鼻をそっとかんで（は涙をこらえて）いる。（光源氏は）「本当に（この者たちは）どんな思いでいることだろう。私ひとりのせいで、親や兄弟や、片時も離れたくないと、それぞれの立場で思っている家を捨て、みなこのようにさすらっているのだ」とお思いになると、たまらなくて、「（私が）こんなにふさぎ込んでいる様子を（見せたら、この者たちは）心細く思うだろう」とお思いになるので、（それ以後は、）昼間は何かと冗談をおっしゃっては気を紛らわせ、退屈しのぎに、様々な色の紙を継いでは習字をなさったり、美しい紋様のある舶来の綾織物などに、いろいろな絵を気の向くままに描きなさったりするが、屏風の表の絵などは実にすばらしく見どころがある。（都においでのころは、）人々がお話し申し上げた海や山の様子をはるかに想像しておられたが、それを目の前に御覧になって、なるほど（想像も）及ばない磯の風景を、この上なく（巧みに）次々とお描きになる。

問題演習7

問一　A　**ウ**　B　**イ**　C　**ウ**

問二　①　手紙というものさえ見たならば
　②　言いたいこと
　③　対面しているのに劣っていようか

（劣っていない）
④ ちょうどそのときの気持ちがして
⑤ この文字というものがもしなかったとしたら
⑥ どうして書き伝えることかできようか（できないだろう）
⑦ よもやありますまい

問三 (1) 昔にもらった手紙
(2) 故人の手紙を見ることがたいそう感慨深い

問四 只今筆うち濡らして書きたるやうなるこそ

問五 ・面と向かってはうまく言えないような気持ちも表現できる点。
・言いたいことを詳細に書き尽くすことができる点。

問六 第一・第二段落では手紙の効用を説いているが、第三段落では文字の効用を説いている。

【訳】

　この世にどうしてこんなことがあったのだろうと、すばらしく思われるのは、手紙でありましょう。『枕草子』に繰り返し申してあるようですから、あらためて申すまでもないけれども、やはりたいそうすばらしいものである。遠い土地に離れ住んで、何年も会わない人ではあるけれど、（その人の）手紙というものさえ見たならば、現在向かい合っている気がして、かえって、直接向かい合っていたのでは思うままに言い続けにくい気持ちも（手紙なら）表現したり、言いたいことをも細々と書き尽くしたりしたのを見る気持ちは、新鮮でもあり嬉しくもあり、対面して（話して）いるのに劣っていようか（劣っていない）。

　手持ちぶさたな折に、昔の人の手紙を見つけたときには、ちょうどその（手紙をもらった）ときの気持ちがして、たいそう嬉しく思われる。まして死んだ人とかが書いた物などを見るのは、ひどく心を動かされ、多くの年月が経っていても、たった今筆を濡らして書いたような（感じがする）のは、返す返すすばらしいことである。（何事も）ただ向き合っている間の気持ちだけで（時が経てば消えてしまうもので）ありますが、この手紙というものは、（時が経っても）昔のまま少しも変わることのないのも、すばらしいことである。

　すばらしかった延喜や天暦の御代の昔のことも、中国やインドという見知らぬ世界のことも、この文字というものがもしなかったとしたら、今の世の私たちがその一部でもどうして書き伝えることができようか（できないだろう）、とか思うにつけても、やはりこれほどすばらしいことはよもや（他に）ありますまい。

〈文学史〉

総合問題

問一 (1) ① オ ② エ ③ ウ
(2) a B b A c C
d C e A f B
g C h A i B
j A k B l C
(3) ウ・エ

問二 (1) イ (2) イ (3) ア
(4) ウ

問三 (1) エ (2) イ (3) ア
(4) ア (5) ウ

問四 (1) イ (2) キ (3) ウ
(4) コ (5) カ (6) ア
(7) ク (8) オ (9) ケ
(10) エ

問五 (1) イ・h (2) キ・a
(3) カ・f (4) ウ・e
(5) エ・c (6) ア・d

(7) オ・b

問六 (1) ク (2) ソ (3) ウ

(4) ス (5) キ (6) シ

(7) イ (8) コ (9) エ

(10) カ (11) サ (12) オ

(13) ケ (14) ア (15) セ

看護医療学校受験

オープンセサミシリーズ　参考書　①　国語

2024年２月15日　第１版第１刷

編　著　東京アカデミー

発行人　佐川　泰宏

発行所　株式会社ティーエーネットワーク
名古屋市中村区名駅 1-1-1
ＪＰタワー名古屋６Ｆ
〒450-6306　TEL　052-586-7805
FAX　052-563-2109

発売元　東京アカデミー七賢出版株式会社
東京都豊島区西池袋 1-11-1
メトロポリタンプラザビル 13F
〒171-0021　TEL　03-6852-0803
FAX　03-6852-0180

印刷・製本　名鉄局印刷株式会社

ISBN978-4-86455-656-9　C7037
Printed in Japan